Am Römerturm
3
3

Kaspar Kraemer Architekten

bauen zeichnen denken

WIENAND

Als ich vor 25 Jahren am 1. Juli 1999 mein Büro neu gründete, war nicht ansatzweise abzusehen, dass wir 2024 in der Lage sein würden, eine umfangreiche Zusammenfassung unserer Arbeit vorzulegen. Getragen von glücklichen Umständen wie einer funktionierenden Demokratie, einer prosperierenden Wirtschaft und einem daraus resultierenden Wachstum mit entsprechenden Bauaufgaben und somit einer gesteigerten Nachfrage nach Planungsleistungen haben wir in diesem Vierteljahrhundert 450 Projekte unterschiedlichster Größenordnungen in fast allen Bereichen der Baukultur planen und fast 100 davon realisieren dürfen. Von diesem Œuvre werden in dem vorliegenden Bildband insgesamt 75 Arbeiten – gebaute und nicht realisierte – beispielhaft zusammengefasst, um einen Überblick über unsere Tätigkeit zu vermitteln. Das in diesem Jahr am 1. Juli 2024 zu begehende Bürojubiläum erschien uns ein guter Zeitpunkt, diesen „Summenstrich" zu ziehen und Rechenschaft abzulegen über unsere Tätigkeit. Dass dieser Rückblick so umfangreich und vielfältig ausfallen würde, hat uns selbst überrascht.

So stehen wir in diesem Moment der Besinnung erstaunt vor unserer eigenen Produktivität, die unser Büro all die Jahre an den Tag gelegt hat und die in diesem Buch dokumentiert wird. Diese Zusammenfassung ist nicht nur ein Rückblick, sondern dient zugleich auch der Standortbestimmung unseres Berufsbildes, das sich unter den veränderten Rahmenbedingungen unserer Arbeit neu ausrichten muss: Durch die Vielfalt unserer bewältigten Aufgaben sehen wir uns auch angesichts der zu beobachtenden Krisen gut gerüstet, weiterhin unserer Verantwortung als Architekten gegenüber Gesellschaft und Schöpfung gerecht werden zu können.

Unsere Architektursprache war stets von Lesbarkeit, Selbstverständlichkeit und Einfachheit im besten Sinne bestimmt. Sie hat immer ihren Ausgangspunkt im Kontext des öffentlichen, des städtischen oder ländlichen Raumes und ordnet sich ihm unter, schreibt ihn stärkend und verbessernd fort. Maßstab, Materialität und Farbgebung werden rücksichtsvoll und zurückhaltend eingesetzt. Wir vermeiden Übertreibungen, unsere Bauwerke wollen nicht auftrumpfen, sondern selbstverständlich und unprätentiös ihre Funktion erfüllen, ohne auf Gestaltung zu verzichten. Ihre konstruktive Richtigkeit garantiert Dauerhaftigkeit und langfristige Nutzbarkeit. Im Bewusstsein unserer Verantwortung gegenüber unseren Bauherren und der mit ihrem Auftrag übertragenen Mittel versuchen wir Konstruktion und Funktion zur überzeugenden Gestalt ordnend zu formen und so das Bauwerk unabhängig von seiner Dimension zur Architektur zu erheben.

Wir sind stolz darauf, sagen zu dürfen, dass sich alle unsere Projekte in unterschiedlichster Weise bewährt und die in sie gesetzten Erwartungen und Vorstellungen erfüllt haben. Angesichts immer schwieriger werdender Rahmenbedingungen unserer

Arbeit ist das keine Selbstverständlichkeit und wir sehen darin unsere Haltung der „komplexen Einfachheit" mehr als bestätigt.

Das Glück zweier Großaufträge – die Verwaltungsgebäude für Accenture in Kronberg [→ S. 50] und für Hochtief in Essen [→ S. 42] unmittelbar nach der Bürogründung 1999/2000 – ermöglichte in den neuen (alten) Räumen Am Römerturm 3 den Aufbau einer funktionierenden Infrastruktur und die Gewinnung zahlreicher hervorragender Mitarbeiterinnen und Mitarbeiter. So entwickelte sich das Büro fast aus dem Stand auf über 25 Mitarbeitende und war in der Lage, auch größere Bauaufgaben zu bewältigen. Die rechnerunterstützte Bearbeitung der Projekte, die uns früh zu den ersten BIM-Anwendern werden ließ, ermöglichte eine enorme Produktivität, von der dieser Bildband einen guten Eindruck vermittelt. Diese Arbeitserleichterung erlaubte uns zudem, stärker inhaltlich und konzeptionell an den Entwürfen arbeiten und darüber hinaus eine enorme Bandbreite entwickeln zu können, die den Aufbau einer weitgefächerten Kompetenz ermöglichte. So können wir uns als „Spezialisten für alles" verstehen und uns in kleinen wie großen Bauaufgaben für unsere Auftraggeber engagieren.

Begleitet wurde die Arbeit des Architekturbüros – das Bauen – von meiner Lust am Zeichnen und Aquarellieren, die sich nicht nur in den ersten Konzeptskizzen der jeweiligen Entwürfe artikulierte, sondern meine Arbeit auch in freien, ungebundenen Bildern dauernd begleitete. So füllten sich 860 Moleskine-Skizzenbücher – Format DIN A6 – mit 26.400 Aquarellen und entstanden weitere zahlreiche Zeichnungen unterschiedlicher Größenordnungen mit Filz und Bleistift sowie großformatige Aquarelle, sodass der Bestand auf circa 30.000 Blätter angewachsen ist. Diese dauerhafte Zeichentätigkeit ist nicht nur Ausdruck der Freude am Hervorbringen, sondern auch der Versuch, Stimmungen, Atmosphären und Erinnerungen festzuhalten und ihre Flüchtigkeit ins Dauerhafte zu verwandeln. Auch davon legt diese Publikation Zeugnis ab.

Der dritte Komplex dieses Buches ist dem geschriebenen Wort gewidmet: den Gedanken, die die Arbeit geleitet und bestimmt haben und in denen das Selbstverständnis und die geistige Grundlage der eigenen Arbeit deutlich werden. 1984 in den Bund Deutscher Architekten BDA berufen, bin ich 1998 über den Landesvorstand Nordrhein-Westfalen und als Vizepräsident des Bundesverbandes der Freien Berufe (BFB) in das Bundespräsidium des BDA berufen worden. 2001 zum Präsidenten gewählt, habe ich mich neben der Arbeit im Büro für die unabhängige, eigenverantwortliche und somit freie Berufstätigkeit des Architekten engagiert und versucht, im Verbund mit meinen Kolleginnen und Kollegen für die Baukultur zu werben und die Gesellschaft von der Notwendigkeit guten Planens und Bauens zu überzeugen. So sind im Laufe der Jahre weit über 100 Reden und Texte entstanden, die – begleitet von persönlichen Aufzeichnungen – Auskunft geben über meine Auffassung von Architektur, ihre geistige und gedankliche Grundierung und ihre gesellschaftliche Verantwortung. Einige dieser Gedanken sind am Ende dieses Buches noch einmal zusammengefasst.

Bauen Zeichnen Denken: Diese drei Tätigkeiten sind es, die im Wesentlichen die Arbeit des Architekten kennzeichnen. Dass aus den gedanklich geprägten und strukturierten Bewegungen der Hand – oder wie Paul Steinberg formulierte: „Zeichnen ist eine Form des Nachdenkens auf dem Papier." – Pläne entstehen, die immer weiter verfeinert und detailliert Grundlage für Ausschreibungen und Angebote werden und letztendlich die vorweggenommene Struktur des zu erstellenden Bauwerks bilden, ist ein wunderbarer Vorgang, dessen Großartigkeit allzu häufig übersehen wird. Vielleicht kann dieses Buch helfen, ein wenig daran zu erinnern.

Dipl.-Ing Kaspar Kraemer Architekt BDA, 1949 in Braunschweig geboren, absolvierte nach dem Abitur in Braunschweig von 1968 bis 1969 seinen Grundwehrdienst. Von 1969 bis 1976 studierte er Architektur an der TH Darmstadt und der ETH Zürich – gefolgt von einem einjährigen Studienaufenthalt infolge eines DAAD-Stipendiums an der Yale University in den USA. Zwischen 1977 und 1984 arbeitete er in dem von seinem Vater gegründeten Architekturbüro KSP Kraemer Sieverts + Partner in Köln und Braunschweig, wo er 1985 Partner wurde. 1984 wurde Kraemer in den Bund Deutscher Architekten BDA berufen, 1988 Mitglied im Landesvorstand des BDA Nordrhein-Westfalen und als Vizepräsident des Bundesverbands der Freien Berufe BFB ab 1999 kooptiertes Mitglied des BDA-Präsidiums. Von 2001 bis 2007 war Kraemer Präsident des Bund Deutscher Architekten BDA, in der Folge bis 2012 Mitglied im Beirat der Bundesstiftung Baukultur in Potsdam. Nach dem Ausscheiden aus der Büropartnerschaft KSP 1998 gründete er 1999 sein eigenes Architekturbüro Kaspar Kraemer Architekten BDA in Köln. 2015 wurde Kaspar Kraemer mit der Ehrenplakette des Architekten- und Ingenieur-Vereins Köln/Bonn geehrt, 2018 wurde ihm die BDA-Ehrenmitgliedschaft verliehen, 2019 folgten die Eintragung in das Goldene Buch der Stadt Köln sowie die Verleihung des Hanns-Schaefer-Preises.

Bauen ist immer eine Gemeinschaftsleistung, ebenso das Planen. Niemand vermag etwas ganz allein und die Erstellung und Umsetzung eines Planes bedarf immenser Zuarbeit. Daher habe ich mich immer gegen die „Heroisierung" der Einzelpersönlichkeit gewandt und ich möchte am Ende dieser wenigen Zeilen des Vorwortes allen danken, die unsere Arbeit ermöglicht und begleitet haben:

- unseren Bauherren, die uns ihr Vertrauen geschenkt haben und mit denen wir gemeinsam die vorliegenden Projekte entwickeln durften
- unseren Planungspartnern aus den Fachbereichen der Tragwerksplanung, der Gebäudetechnik, der Außenanlagenplanung und Inneneinrichtung sowie den Gutachtern und Beratern
- unseren Ansprechpartnern in den Bauverwaltungen und der Politik
- und unseren Mitarbeiterinnen und Mitarbeitern, ohne die ebenfalls keines der gezeigten Projekte entstanden wäre.

Mein Dank gilt zudem Herbert Gratze, der die Büroleitung von 2008 bis 2018 innehatte und mir durch seine engagierte Unterstützung ermöglichte, die ehrenamtlichen Aufgaben im BDA, im BFB und in der Bundesstiftung Baukultur wahrzunehmen. Ohne ihn wäre das alles nicht möglich gewesen.

Und natürlich danke ich meinen Partnern Daniel Böger, Hans-Günter Lübben, Oskar Molnar und Georg Ritterbach, die fast alle von Anfang an dabei waren und das Büro Kaspar Kraemer Architekten mit aufgebaut und geprägt haben. Ich freue mich sehr, dass wir daraus eine so harmonische Partnerschaft haben entwickeln können.

Bauen Zeichnen Denken ist der Versuch einer Zusammenfassung, der Versuch, die vielen Dinge, die unsere Arbeit bestimmen und strukturieren, darzustellen. Dass wir ein solches Werk vorlegen können, verdanken wir dem Wienand Verlag sowie Hans-Günter Lübben als zuständigem Projektpartner, Tobias Schewe und Fabian Kieven, insbesondere aber der Bucharchitektin Kathrin Schmuck, die unsere Arbeit so wunderbar gestaltet hat, und David Kasparek, der mit wenigen Interviews die wichtigen Aspekte unserer Genese herauszuarbeiten verstand.

Der größte Dank aber gilt meiner Frau Sybil, die 1999 mit ihrer Gewissenhaftigkeit, Klarheit und juristischen Präzision die interne Verwaltung des Büros übernahm und bis heute als „guter Geist" hinter und vor den Kulissen wirkt. Ohne ihr Verständnis und ihre Unterstützung auch in den schweren Zeiten wäre es nicht zum Erfolg von Kaspar Kraemer Architekten gekommen.

HOTEL
DES
MARRONNIERS
St Germain des Prés
Paris

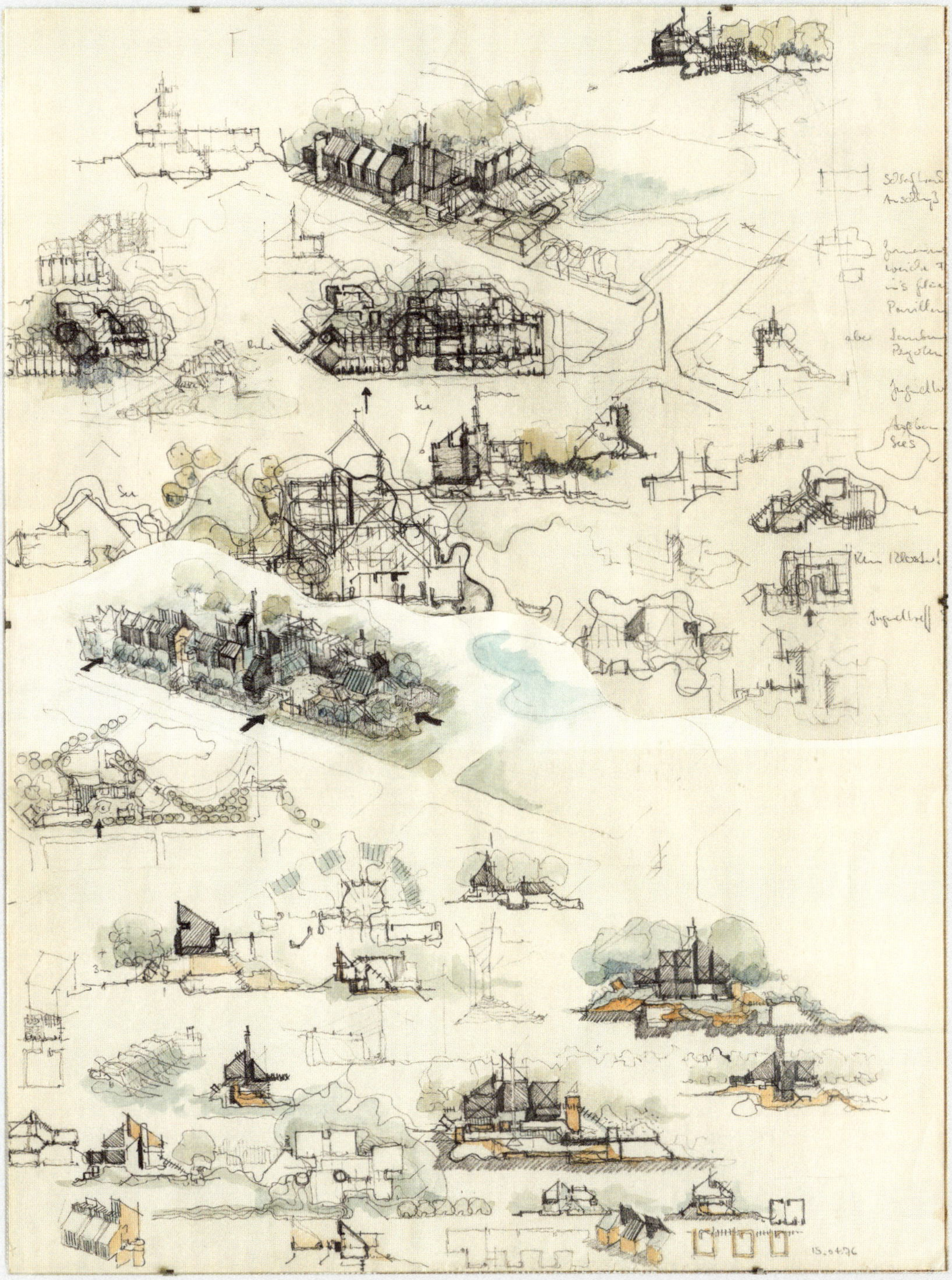
Parillon
Pergolen
Seees
Kein Kloster!
Jugendtreff
15.04.76

Haus Am Römerturm 3, Ruine, Köln um 1965

Friedrich Wilhelm Kraemer, Haus Am Römerturm 3, Köln 1975

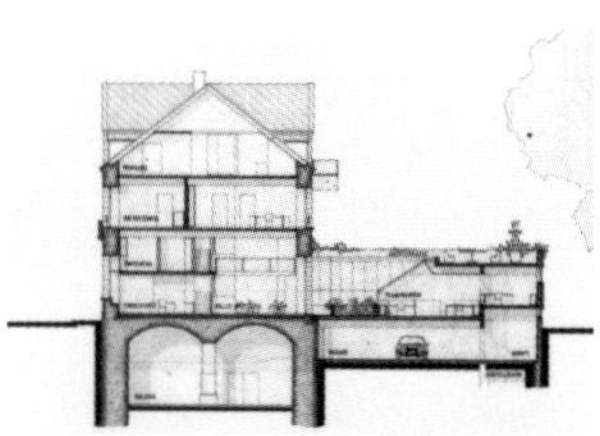

Wenn derart viele Fäden zusammenlaufen, ist das schon etwas Besonderes: Im Jahr 2024 wird das Architekturbüro Kaspar Kraemer Architekten 25 Jahre alt, 50 Jahre alt der Umbau des Firmensitzes Am Römerturm 3, 75 Jahre alt der Bürogründer und 100 Jahre alt wäre dessen Mutter in eben diesem Jahr geworden. Heute fällt es schwer zu glauben, dass das Treiben, das sich im Haus Am Römerturm 3, dieser Oase inmitten Kölns, anno 2024 zeigt, nicht immer so emsig gewesen sein soll: Am Empfang im Erdgeschoss wird gleich an zwei Arbeitsplätzen telefoniert und organisiert, im Besprechungsraum findet gerade eine Sitzung mit Bauherren statt, im Neubauteil jenseits des kleinen Gartenhofs wird an einer Vielzahl von Arbeitsplätzen geklickt und gescrollt, an den Wänden hängen Pläne, auf den Tischen liegen Skizzen, Notizen und Arbeitsmodelle aus dem 3D-Drucker, in der großen Eingangshalle geben Präsentationspläne und entsprechende Modelle Einblicke in das Werk des Architekturbüros. Der Blick schweift zum Galeriegeschoss, wo ebenfalls in mehreren, durch Glaswände abgetrennten Büroräumen gearbeitet wird. Eine Frau geht zügig quer durch die Halle, ein Mann läuft über die Galerie, Gespräche sind zu hören, von irgendwo hört man ein Lachen, auf der anderen Straßenseite gibt es weitere Räume, in denen Architektur gemacht wird. Das Büro Kaspar Kraemer Architekten ist offenkundig ein ebenso lebendiger wie produktiver Ort.

Doch das war nicht immer so: 1999, im Gründungsjahr, herrschte hier Leere. Kein Lachen, keine Gespräche, keine Produktivität.

Friedrich Wilhelm Kraemer, Vater des Firmengründers Kaspar Kraemer, war von 1975 bis 1985 das K in KSP gewesen: Kraemer Sieverts und Partner war die Nachfolgeorganisation jenes Büros, das Kraemer 1935 gegründet, ab 1960 in Partnerschaft mit Günter Pfennig und Ernst Sieverts in Braunschweig geführt und nach den Anfangsbuchstaben der Partner KPS genannt hatte. Nach seiner Emeritierung an der Technischen Hochschule in Braunschweig, an der er als Professor nicht nur Generationen von Architektinnen und Architekten geprägt hatte, sondern eine ganze Schule sprichwörtlich hatte werden lassen, zog es Friedrich Wilhelm Kraemer nach Köln, wo er zwischen ruinösen Außenmauern jenes Haus wieder aufbaute, das heute einem geschäftigen Bienenstock der Architektur gleicht und in dem es 1999 so merkwürdig still war.

Kaspar Kraemer, der Sohn, beginnt 1977 nach seinem Architekturstudium an der damaligen Technischen Hochschule in Darmstadt, der ETH Zürich und der Yale University in New Haven im US-Bundesstaat Connecticut, im Büro seines Vaters zu arbeiten [Niemandsland und Horizonterweiterung: Darmstadt und Yale → S. 106]. Als der Vater seine aktive Bürotätigkeit beendet, wird der Sohn zum Partner. Zunächst als jüngster unter vornehmlich älteren Gesellschaftern, fühlt sich der 1949 in Braunschweig geborene Kaspar Kraemer ein wenig unwohl und bestärkt das Team darin, weitere junge Partner ins Boot zu holen. Doch die anfangs konstruktive Zusammenarbeit verändert sich, unterschiedliche Auffassungen über die Ausrichtung des Büros treten zutage und führen schließlich zum Bruch zwischen Kaspar Kraemer und den anderen Gesellschaftern. Einvernehmlich scheidet das K aus; die eingeführte Marke „KSP Architekten" jedoch wird fortgeführt – nun allerdings von anderen. Kraemer aber erhält ein Konkurrenzverbot, darf das Büro und damit das Haus, das sein Vater wieder aufgebaut hat und in dem die eigene Mutter nach wie vor wohnt, nicht mehr betreten. Das neu aufgestellte Büro KSP sucht sich in der Folge neue Räumlichkeiten in der Domstadt; im Haus Am Römerturm wird es für kurze Zeit ruhig.

Seine ersten Schritte als praktisch tätiger Architekt hatte Kaspar Kraemer von hier aus unternommen – ganz im Sinne der Bürophilosophie, die in der Tradition der architektonischen Moderne funktionale und wohlgeordnete Grundrisse mit rationalen Konstruktionen, sauber gegliederten Fassaden und bis ins Detail angemessener Gestaltung zu verbinden wusste. Ein frühes Beispiel dafür ist das von Kaspar Kraemer entworfene Arbeitsamt in der Ruhrgebietsstadt Bochum. Keine 15 Gehminuten südlich des Hauptbahnhofs gelegen, überzeugt der Klinkerbau bis heute durch seine selbstbewusste städtebauliche Setzung an der Universitätsstraße. Um einen Innenhof herum gruppieren sich vier Gebäudeflügel, die an ihren Kreuzungspunkten unterschiedlich weit in den Stadtraum ragen, sodass sich eine Grundrissfigur ergibt, die man mit heutigem Vokabular als unregelmäßigen *hashtag* beschreiben könnte – oder eben als das gute alte Raute-Zeichen auf der Taste des Festnetztelefons. Durch diese Überstände wirkt der Bau trotz seines großen Volumens unaufdringlich und offenbart immer wieder unterschiedliche Ansichten. Zudem sind die fünf Stockwerke souverän gegliedert: mit einem durch größere Fensteröffnungen deutlich ablesbaren Erdgeschoss, bis zum vierten Stockwerk aufgehenden Lisenen und dem darüberliegenden, das Haus nach oben optisch abschließenden Geschoss. Mit den reliefierten Klinkerwänden des Künstlers Anselm Treese erhält das zwischen 1982 und 1984 fertiggestellte Gebäude überdies eine überzeugend in die Gesamtkonzeption eingebundene künstlerische Komponente.

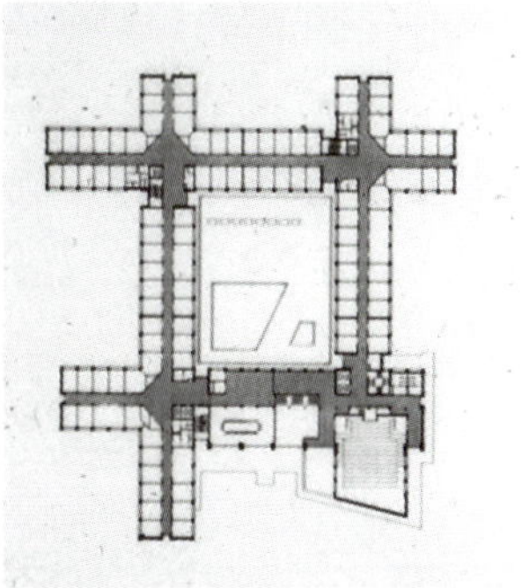

KSP, Arbeitsamt Bochum, Bochum 1982–1984

Auch am prestigeträchtigen Bau des damals neben Frankfurt zweiten Stammsitzes der Deutschen Bank auf der Düsseldorfer Königsallee ist Kaspar Kraemer beteiligt [Coming of Age: Von KSP zu Kaspar Kraemer Architekten → S. 150]. Fertiggestellt wird der Bau 1990, im Jahr des Todes von Friedrich Wilhelm Kraemer. Damit ist das Haus gleichermaßen Endpunkt wie Beginn, denn es deutet erstmals auf die ganz unmittelbare Beschäftigung des Architekten Kaspar Kraemer mit dem gebauten Bestand hin.

KSP, Hauptverwaltung Deutsche Bank, Düsseldorf 1976–1990

Bei der Renovierung des Kölner Gürzenichs, Mitte der 1990er-Jahre, geht Kraemer ebenfalls dezidiert mit dem Bestand und dessen unterschiedlichen Zeitschichten um. Das Büro KSP saniert das bis 1955 von Rudolf Schwarz und Karl Band instand gesetzte und umgebaute Gebäude feinfühlig und macht es mit einem Erschließungsbauwerk am südlich gelegenen Günter-Wand-Platz angemessen zugänglich: Ein Glasturm wird vom historischen Bestand respektvoll abgerückt und über eine elegante Stahl-Glas-Brücke in luftiger Höhe angebunden. In Gestalt dieser Brücke wird eines der von Kaspar Kraemer im Laufe der Jahre wieder und wieder gezeichneten architektonischen Ur-Elemente manifeste Wirklichkeit. Neben einer kleinen Baumgruppe im Osten des Platzes funktioniert das 1997 fertiggestellte Bauwerk deutlich als Zeitzeugnis – und damit wie eine Art Brennglas, das die historische Fassade dieses geschichtsträchtigen Kölner Bauwerks erst recht betont und kontextualisiert. Spätestens hier wird klar, welche Rolle das Denken mit Stift und Pinsel in der Arbeit von Kaspar Kraemer spielt. Stetig zeichnet er, auf nahezu allem, was ihm unter den Stift kommt.

Kaspar Kraemer, Gitterbrücke, Zeichnung, 2004

KSP, Erschließungsbauwerk Gürzenich, Köln 1996–1997

Kaspar Kraemer, Haus am Meer, Zeichnung auf Kalenderblatt, 2008

KSP, Fernmeldeamt, Aachen 1987

Kaspar Kraemer Architekten, Wohnhaus in Köln-Marienburg, Köln 1999–2002

Großformatige Kalenderblätter dienen dem Architekten neben handelsüblichen Papieren dabei ebenso als Untergrund wie Briefumschläge oder kleinformatige Skizzenbücher. Über 25.000 aquarellierte Skizzen sind so in den letzten Jahren entstanden, Archetypen wie das kleine Haus, der Leuchtturm und das Meer tauchen neben der Gitterbrücke immer wieder auf. Nur logisch also, dass eines der Motive der Banderole, die dieses Buch umfasst, als grafische Vorlage dient und der Monografie damit gleichsam polychromer Taktgeber ist [Traum, Ideal und Wirklichkeit: Denken mit Stift und Pinsel → S. 242].

Der vermeintliche Nullpunkt des Büros Kaspar Kraemer Architekten 1999, nur zwei Jahre später also, ist dann von einer zweiten Konstante im Leben Kraemers geprägt und zeugt von seiner menschlichen Integrität. Der Mensch Kaspar Kraemer weiß für sich einzunehmen, überzeugt mit fachlichem Wissen ebenso wie mit zwischenmenschlicher Aufmerksamkeit und Verbindlichkeit. Diese Kombination ist der Schlüssel zu einer Vielzahl von beruflichen wie privaten Bindungen. Mit dem Ingenieurbüro für Baukonstruktion von Alexander Pirlet hatte Kaspar Kraemer bereits das Fernmeldeamt in Aachen realisiert; schon die Väter der beiden hatten zusammengearbeitet. Pirlet nun bietet Kaspar Kraemer in jenem Jahr nicht nur Unterschlupf in seinen Räumlichkeiten an, sondern beauftragt ihn am Tag des Ablaufs des Konkurrenzverbots auch mit dem Bau seines eigenen Wohnhauses. Auf einem der letzten freien Grundstücke der Villenkolonie Marienburg im Kölner Süden passt Kraemer den neuen Bau harmonisch in den gewachsenen Bestand ein. „Gewachsen" ist hier im doppelten Wortsinn gemeint, denn sowohl die benachbarten Bauten als auch die Bäume auf dem Grundstück sind über eine beachtliche Zeit hinweg zu dem geworden, was sie bis heute sind, nämlich eine der beliebtesten – und teuersten – Wohngegenden der Domstadt.

Zur Straße hin zeigt sich das Wohnhaus als zweigeschossiges Ensemble aus zwei Bauteilen: im Norden ein in seiner Proportion an typische niederrheinische Ziegelarchitekturen erinnernder Baukörper mit flach geneigtem Satteldach, im Süden ein durch eine Glasfuge verbundener, flach gedeckter Kubus. Die einheitliche Fassade aus rotem Mauerwerk zieht die beiden Bauteile optisch zusammen. Beim Betreten des Hauses stellt sich heraus, dass der Bauteil mit Satteldach den Kubus in einem Winkel umfängt, sodass die Gesamtfigur des Gebäudes im Kontext der umgebenden Villen adäquat aufgelockert erscheint. Auch hier erkennt man die klare Grundrissstruktur: Der flachgedeckte Kubus nimmt eine zweigeschossige Bibliothek mit offenem Kamin auf; die Erschließung des gesamten Hauses inklusive der offenen Treppe findet in der lichten Glasfuge statt, die Wohnräume samt ihrer dienenden Anräume sind sinnfällig in der Winkelfigur organisiert. Mit dem Fassadenmaterial, den Fensterformaten und dem flach geneigten Satteldach nimmt Kraemer am Ort tradierte architektonische Elemente auf, ohne sich jedoch formalästhetisch anzubiedern und in bauliche Mimikry zu verfallen [Wohnhaus in Köln-Marienburg → S. 36].

Mit Jörg Beckmann kommt schon bei diesem Projekt ein Architekt hinzu, den Kraemer bereits aus seiner Zeit bei KSP kennt – eine weitere personelle Konstante. „Diejenigen Mitarbeiter aus dem alten KSP-Büro, die sich in diesem Haus ebenso zu Hause fühlten wie ich, sind zurückgekommen", erklärt Kaspar Kraemer im Gespräch und mit Blick auf das Haus Am Römerturm 3, wo das neue Büro Kaspar Kraemer Architekten seit dem 1. Juli 1999 erstmalig wieder ansässig ist [Coming of Age: Von KSP zu Kaspar Kraemer Architekten → S. 150]. „So hatte ich fast die gleiche Struktur, die bekannten Abläufe – und das ganze Know-how war wieder da. Bis hin zur Sekretärin." Neben Hans-Günter Lübben kommen Oskar Molnar und Daniel Böger dazu, die heute beide Partner sind; drei Jahre später vervollständigt Georg Ritterbach das Team.

Daniel Böger, Oskar Molnar, Kaspar Kraemer, Hans-Günter Lübben und Georg Ritterbach

Mit diesen vier Architekten kann das heutige Büro aufgebaut werden; inzwischen sind Böger, Lübben, Molnar und Ritterbach gemeinsam mit Kraemer Teil der Geschäftsführung [Von hier an weiter: Kaspar Kraemer Architekten heute und in Zukunft → S. 292]. Sie sind gemeinsam mit dem damaligen Büroleiter Herbert Gratze der Grund dafür, dass Kaspar Kraemer nicht nur Architekt ist, sondern Lobbyist der Baukultur im besten Sinne. Das vielfältige baukulturelle Engagement des dauerhaft Zeichnenden ist ohne ein funktionierendes Büro, in dem ein Zahnrad fehlerfrei in das andere greift, nicht denkbar: Im Bundesverband der Freien Berufe ringt Kraemer gleichermaßen für die Belange des Berufsstandes wie im Bund Deutscher Architektinnen und Architekten BDA, dem er von 2001 bis 2007 in für den Verband turbulenten Zeiten als Präsident vorsteht. Mit Mitstreiterinnen wie Dörte Gatermann hebt er das Kölner Stadtmodell aus der Taufe [Im Dienste der Baukultur: BFB und BDA, Stadtmodell und Schilderwald → S. 196].

Mit einem stetig wachsenden Team bearbeitet das Büro in der Folge Projekte in Kronberg, Mönchengladbach, Braunschweig, Hannover, Bochum und immer wieder in Köln. Dabei reicht die Spanne von großen Campusbauten „auf der grünen Wiese", wie dem für Accenture in Kronberg [→ S. 50], über städtebaulich ordnende Großfiguren wie die beiden Bauabschnitte des Fagus-Kontorhauses in Braunschweig [→ S. 262], zu fein in den Bestand integrierten, kleineren Projekten und Umbauten.

Bemerkenswert ist darunter sicher der Bau des 2008 fertiggestellten Hochwasserpumpwerks am Kölner Rheinufer auf Höhe der Schönhauser Straße [→ S. 84]. In einer sanften Welle erhebt sich der Sockel dieses vermeintlich rein infrastrukturellen Bauwerks aus der Befestigung des Rheinufers, ortstypisch zum Fluss sowie zur Stadtseite hin mit Basalt verkleidet, die Oberseite mit Rasen begrünt. Sanft steigt zwischen diesen beiden Begrenzungen die begrünte Welle des Sockelbereichs auf, gekrönt von dem aus der Mitte der Wellenfigur gesetzten, eigentlichen Betriebsgebäude. Als scheinbar einzig sichtbares architektonisches Element sitzt dieser Baukörper auf dem Sockel und ragt keck über die Ufermauer hinweg. Seine Bekleidung aus einem Metallgitter wird in der Dunkelheit hinterleuchtet. Die jeweilige Modulation der Lichtfarben entspricht dem Wasserstand des Rheins, was das historische Motiv des Pegelhauses in einem Akt technischer Abstraktion in unsere Zeit überträgt.

Ebenfalls im Umfang klein, in der Wirkung – noch dazu an dieser Stelle – aber kaum zu überschätzen, ist der Zugang zum Südturm des Kölner Doms, der in Folge eines Wettbewerbsgewinns zwischen 2006 und 2009 entsteht [→ S. 100]. Lange Jahre eine der gravierenden Fehlstellen im touristischen Zentrum der Stadt, füllt das Eingangsbauwerk diese gleich auf mehreren funktionalen Ebenen. Zuallererst ist der Südturm der herrlichen Kathedrale durch den neuen Zugang nun unabhängig von der Öffnung des Gotteshauses und den dort stattfindenden Messen erreichbar. Zudem finden sich dank der neuen Architektur im absoluten Zentrum der Stadt barrierefreie, öffentliche WCs. Und zu guter Letzt wird der Verkauf von Souvenirs hier adäquat räumlich eingehaust. Dankenswerterweise erliegen die Architekten erst gar nicht dem Versuch, neben dem Dom architektonisch auftrumpfen zu wollen, sondern ziehen sich auf den Standpunkt baulichen Understatements zurück. Auf den ersten Blick wirkt es, als wüchsen zwei Baukörper gleichen Materials aus der steinernen Domplatte, dem die Kathedrale umgebenden Platzraum: ein etwa zweigeschossiges Türmchen mit einer hochrechteckigen Öffnung, einer angemessenen Landmarke in dieser Stadtlandschaft gleich, flankiert von einem flachliegenden Baukörper mit zwei Fenstereinschnitten. Erst beim Näherkommen offenbart sich der Treppenabgang zwischen diesen beiden Bauteilen – und dass hier ein tiefergelegter Hof den Dom sowie einen am Ort

Kaspar Kraemer Architekten, Hochwasserpumpwerk, Köln 2005–2008

Kaspar Kraemer Architekten, Zugangsbauwerk Südturm Hohe Domkirche Köln, Köln 2006–2009

Kaspar Kraemer Architekten, Wohn- und Bildungscampus, Köln 2019–2025

Kaspar Kraemer Architekten, Wartengebäude, Brauweiler 2015–2018

vorgefundenen römischen Keller zugänglich macht. Dass das unter der Domplatte befindliche Parkhaus so ebenfalls endlich einen räumlich schön gefassten Eingang erhält, wirkt da fast wie architektonischer Beifang. Eine Serie von Kernbohrungen durchdringt hier unten das Fundament des Südturms des Doms, eingefasst von einer betonierten Brosche auf der historischen Gründungsmauer, was den eigentlichen Zugang räumlich fasst und formal in feiner Zurückhaltung inszeniert. Wo der kleine Turm den Fahrstuhl zwecks barrierefreien Zugangs aufnimmt, beherbergt der liegende Baukörper den Souvenirshop. Bis hin zu den Details wie der Beschilderung überzeugt dieses kleine Ensemble neben seinem prominenten Nachbarn durch die sensible Zurückhaltung bei gleichzeitigem Zurschaustellen einer architektonischen Wertigkeit, die der Bauaufgabe angemessen ist.

Diesen hier erprobten und zu beeindruckender Güte gebrachten Umgang mit dem Bauen im historischen Kontext erproben Kaspar Kraemer und seine Mitstreiter seit 2019 beim sogenannten „Campus Kartause“ in der Kölner Südstadt in größerem Maßstab [→ S. 270]. In Folge eines gewonnenen Realisierungswettbewerbs entsteht am Kartäuserwall ein Haus der Bildung, das auf der Fläche eines ehemaligen Parkplatzes die etwas ausfasernde Stadtstruktur der Altstadt mit den nach dem Zweiten Weltkrieg implementierten architektonischen Großformen versöhnt. Der straßenbegleitenden Bebauung folgend und von Süden kommend, schwingt die städtebauliche Figur dieses Ensembles ins Blockinnere, umfängt in einem architektonisch klar gefassten Außenraum einen Campanile-artigen Turm und kommt als flach gedeckte Zeile wieder nach vorne zur Straße, wo sie den Takt für die sich nordwestlich anschließende Nachkriegsbebauung vorzugeben scheint. Mit diesem Schachzug wird das heterogene Umfeld stadträumlich maßgeblich beruhigt, was auch auf architektonischer Ebene seine Entsprechung findet: Das Zentrum des Platzes bildet ein kleiner Brunnen, umstanden von Bäumen und Sitzgelegenheiten; die Architektur fasst diesen städtischen Außenraum mit einer Rundbogenarkade. Darüber gehen klar gegliedert und ablesbar drei Obergeschosse auf, in denen Räume für Arbeiten, Lernen und Wohnen als Elemente städtischen Lebens beherbergt werden. Den notwendigen Erschließungsturm überhöhen die Architekten und rücken ihn aus der Fassade hinaus in den Stadtraum, sodass er den Platz räumlich fasst und zudem Assoziationen an italienische Orte weckt.

Wie durch Architektur Orte entstehen und Räume definiert werden, zeigen Kaspar Kraemer Architekten mit den Gebäuden, die für den Übertragungsnetzbetreiber Amprion in mehreren Bauabschnitten im Westen Kölns entstehen [→ S. 250, 258 und 308]. Das Unternehmen betreibt von dort das zweitgrößte Höchstspannungs-Stromnetz in Deutschland mit knapp 11.000 Kilometern Stromkreislänge. Neben einer neuen Schaltwarte, einem Konferenzzentrum und Büros realisiert das Büro Kaspar Kraemer Architekten hier auch ein Klubhaus. Hier zeigt sich, wie eine an sich ortlose Stelle Landschaft zwischen Gewerbegebiet und zersiedeltem Einfamilienhausteppich durch Architektur räumlich gefasst wird. Herman Sörgel war es, der vom „Janus-Gesicht“ der Architektur schrieb und damit verdeutlichte, dass eine Wand nicht etwa eine Vorder- und eine Hinterseite, also ein Gesicht und einen Hinterkopf besitzt, sondern immer in beide Richtungen „blickt“, sprich, räumlich wirksam ist. Zum einen definiert eine derlei gestaltete Wand im Inneren eines Hauses Innenräume, zum anderen fasst sie außerhalb des Gebäudes den Außenraum. Für Amprion entsteht seit 2018 Stück für Stück ein Ensemble, das mehr ist als eine bloße Addition wirtschaftlich gedachter Büroflächen, verpackt in optimierte Kuben. Die Architekten denken offenkundig atmosphärisch-räumlich und kreieren durch die Anordnung der Gebäude einen tatsächlich gefassten Außenraum mit Straßen und Plätzen, bei dem sich ein Gebäude auf das andere bezieht und sie alle gedanklich einem größeren Ganzen angehören. Der rote Klinker, mit dem die Architekturen bekleidet sind, verstärkt diese Wirkung als einheitliches Ensemble noch. Das Material weckt zudem Erinnerungen an die hiesigen Backsteinarchitekturen rheinischer Dörfer auf der einen und an die Industriearchitektur der frühen 1910er- und -20er-Jahre auf der anderen Seite.

So wohlgeordnet der städtebauliche Grundriss der Anlage angelegt ist, so harmonisch fügen sich auch die Innenräume der Gebäude darin ein. Die funktionalen Grundrisse in diesen vermeintlich rein zweckgebundenen Gebäuden überzeugen ebenso wie die feinfühlig gewählten und damit wiederum atmosphärisch wirksamen Materialien.

Kaspar Kraemer, Daniel Böger, Hans-Günter Lübben, Oskar Molnar, Georg Ritterbach und ihr Team zeigen immer wieder aufs Neue, welch beruhigende Wirkung tatsächlich architektonisch gedachte Interventionen in Stadt und Land in unserer sonst allzu aufgeregten Gesellschaft haben können. Analog zu seinem 75. Geburtstag, den der Bürogründer Kaspar Kraemer im Jahr des 25-jährigen Bestehens des Büros begeht, finden 75 dieser Projekte nun chronologisch geordnet Eingang in diese Werkmonografie. Ergänzt wird dieser Werkbericht um Gespräche mit Kaspar Kraemer sowie mit Daniel Böger, Hans-Günter Lübben, Oskar Molnar und Georg Ritterbach. Sie beleuchten die jeweiligen Werdegänge der Architekten ebenso wie den des Büros. Vervollständigt wird all das durch zahlreiche Texte und Reden, die Kraemer im Rahmen seines baukulturellen Engagements hielt und verfasste, sowie ausgesuchte Zeichnungen und aquarellierte Skizzen. Letztere legen zum einen Zeugnis ab von der im wahrsten Wortsinne dauerhaften Beschäftigung dieses Architekten mit unserer gebauten Umwelt und zeugen zum anderen von seiner Könnerschaft im Umgang mit Stift und Pinsel.

Dabei ist die Wechselwirkung zwischen dem Werk und dem Ort, an dem es entsteht, nicht zu übersehen: Trotz der gelebten Geschäftigkeit liegt das Haus Am Römerturm wie ein geschützter Raum inmitten der Stadt, umfängt zusammen mit dem Neubauteil aus dem Jahr 1974 einen kleinen Hof, in dem vom Trubel der unmittelbar umliegenden City nichts zu spüren ist. Die Geschichte dieses Hauses, oder vielmehr die Geschichten, die in ihm zusammenlaufen, sind dabei vielfach spürbar [Das Haus Am Römerturm 3 in der Gegenwart → S. 416].

Mit seiner „Poetik des Raums" war es der französische Philosoph Gaston Bachelard, der in der Literaturwissenschaft ein „Verfahren des Widerhalls" begründete, nach dem Bilder, Atmosphären und Räume im Geist der Menschen bestimmte Erinnerungen anregen und Dinge zum Klingen bringen. So funktioniert auch die Architektur von Kaspar Kraemer Architekten – und so ist auch das Gebäude Am Römerturm 3: mit einem Keller, der tief in der Kölner Stadtgeschichte wurzelt, mit einem Haus, dessen innere Raumschale ganz im Geiste der Nachkriegsmoderne in die äußere Raumschale eines klassizistischen Wohnhauses aus der ersten Hälfte des 19. Jahrhunderts eingepasst wurde und in dem Architektur für das Hier und Jetzt entsteht, und mit einem Dachboden, der bis heute den Geist seines Erbauers, Friedrich Wilhelm Kraemer, atmet und in den sich sein Sohn, Kaspar Kraemer, immer wieder gerne zum Zeichnen und Nachdenken, ja zum Träumen, zurückzieht. Es ist wahrlich ein Kosmos der Architektur, in dem Bauen, Zeichnen und Denken zusammenfinden und eins werden.

Kaspar Kraemer in der Dachwohnung des Hauses Am Römerturm 3

bauen zeichnen denken

Die 1912/13 im englischen Landhausstil errichtete großbürgerliche Villa wurde 1999/2000 umfassend für eine neue, zeitgemäße Wohnnutzung saniert. Dabei galt es, neueste Technik- und Komfortansprüche mit den Belangen des Denkmalschutzes abzustimmen. Im Westen des Grundstücks wurde dem ehemaligen Kutscherhaus eine unterirdische Tiefgarage vorgelagert, die über einen Autoaufzug erschlossen wird. Hierdurch konnten die Planungen der Landschaftsarchitekten ohne eine störende Abfahrtsrampe realisiert werden. Ein im Untergeschoss geplantes Schwimmbad empfängt sein Tageslicht aus einem Rosen- und Rhododendrongarten, der einem Amphitheater gleich angelegt wurde. Teehaus, Gewächshaus und Voliere komplettieren die Gartenanlagen, die den angrenzenden Südpark räumlich in das Gesamtensemble einbeziehen.

Das Entwurfskonzept dieses Hauses am Rautenstrauch-Kanal, einer außergewöhnlich großzügigen öffentlichen Grünanlage vom Beginn des letzten Jahrhunderts, folgt formal der Architektursprache hanseatischer Vorbilder der 1920er-Jahre und fügt sich harmonisch in die Grünanlage und die umgebende Bebauung ein. Die Symmetrie der Fassade spiegelt den klassischen Grundriss wider. Eine Mittelachse vom Eingang bis zum Austritt in den Garten erschließt Zimmerfluchten und gestattet Durchblicke in ein repräsentatives Ambiente.

Zwei Kuben aus Ziegelsichtmauerwerk empfangen Besucherinnen und Besucher des Einfamilienhauses im Kölner Stadtteil Marienburg. Ein L-förmiger, mit einem Satteldach gedeckter Baukörper umfängt einen kompakten Kubus, der eine zweigeschossige Bibliothek beherbergt. Zwischen beiden Baukörpern nimmt eine gläserne Fuge sowohl die horizontale als auch die vertikale Erschließung auf und lässt die Eingangssituation licht und großzügig erscheinen. Charakteristisch für die Straßenfront sind weitgehend geschlossene Wandflächen mit wenigen eingeschnittenen Fensteröffnungen. Die Gartenfassade hingegen öffnet sich nach Osten. Ein flachgedeckter Putzbau mit stehenden Fensterformaten steht hier in Kontrast zu dem benachbarten Ziegelmauerwerk. Das Wechselspiel zwischen den Baukörpern und sorgfältig aufeinander abgestimmten offenen und geschlossenen Flächen fügt das Haus harmonisch in die umgebende Bebauung ein. Die Zinkdeckung des Daches, anthrazitfarbene Fensterprofile und das Ziegelmauerwerk verleihen dem Haus eine dem Ort angemessene Charakteristik. Trotz altem erhaltenswertem Baumbestand und einem engen Grundstückszuschnitt konnten ein Schwimmbad in die Außenanlagen integriert und Außenräume mit unterschiedlicher Aufenthaltsqualität geschaffen werden.

SPORTWAGEN-DESIGN DER 1950ER BIS 1970ER JAHRE
GRISEBACH
DER WALD
PETER WOHLLEBEN
SORTIMENTSKATALOG 96/97
RHODODENDREN UND AZALEEN
ZIMMERPFLANZEN
Aichele/Schwegler · Welcher Baum ist das?
Gartenträume
Die Gartengestaltung
Gärten in allen Jahreszeiten
Garten als Wohnraum
GÄRTEN IN DER STADT
Vom Traum zur Wirklichkeit
ROLAND WEBER
ROLAND WEBER
Gartenkunst des 20. Jahrhunderts
Ein englischer Garten in Köln
THE GLORY OF THE ENGLISH GARDEN
GARTENKUNST IN EUROPA
Zu Gast bei Claude Monet
Kreuzers Lexikon
ITALIENISCHE GÄRTEN
Italienische Gärten
ITALIAN PARKS AND
Jahre Golf in Deutschland
Jahre Golf in Deutschland
Jahre Golf in Deutschland
Jahre Golf in Deutschland

Das Gebäude bietet in fünf Obergeschossen die Möglichkeit der Unterbringung von bis zu zwölf unabhängig voneinander nutzbaren Büroeinheiten. An eine Raumfolge aus Eingangshof an der Alfredstraße im Osten, einer überglasten 20 m hohen zentralen Erschließungshalle und einem begrünten Innenhof schließen sich beidseitig vier Büroriegel kammförmig an. Zwei Untergeschosse nehmen Lager- und Archivflächen sowie 500 Autostellplätze auf. Nach Norden orientieren sich Laden- und Gastronomieflächen. Die Binnenhöfe sind nach unterschiedlichen Themen gestaltet und zur BAB 52 aus Lärmschutzgründen mit einer Glasmembran geschlossen. Diese Glasmembran wird farbig angestrahlt und verwandelt das Gebäude bei Dunkelheit in einen leuchtenden Kristall. Das hochflexible Mietbürohaus war der erste Baustein zur Umwandlung des Gruga-Stadions mitsamt der angrenzenden ehemaligen Festwiese zu einem attraktiven, messenahen Dienstleistungsstandort. [Wettbewerb 1. Preis 1999]

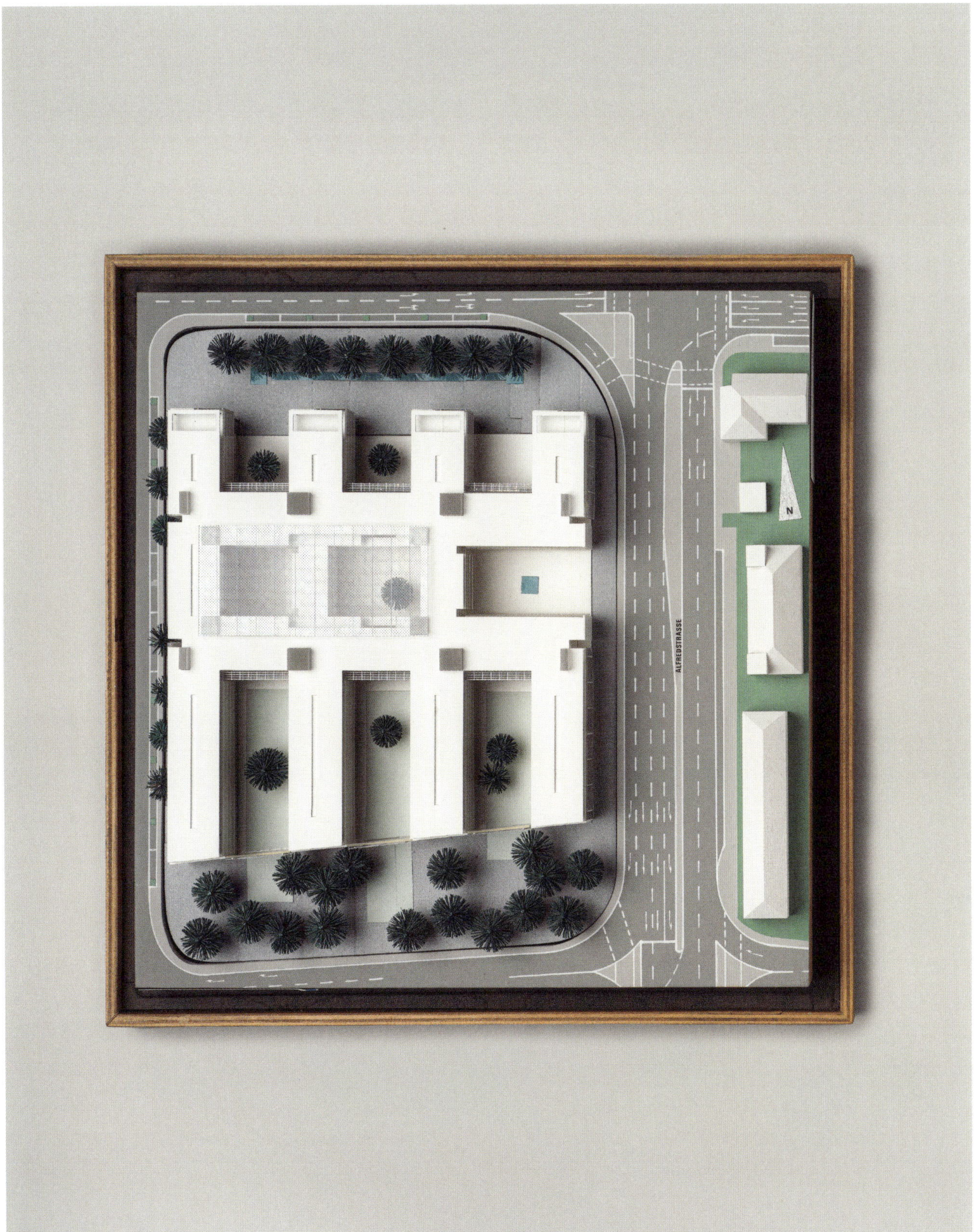
ALFREDSTRASSE
N

Am Ortsrand von Kronberg entstand von Mitte 2000 bis Anfang 2003 die Deutschlandzentrale der Unternehmensberatung Accenture und bietet 1.200 Mitarbeiterinnen und Mitarbeitern ihren Arbeitsplatz mit Blick auf die Skyline von „Mainhattan". Neue flexible Arbeitsplatzkonzepte ermöglichen die Nutzung der Immobilie rund um die Uhr. Auf einer dreigeschossigen Tiefgarage mit 732 Einstellplätzen erheben sich zwei fünfgeschossige Büroriegel, die untereinander und mit einem Sondergebäude über Brücken verbunden sind. Dieses Sondergebäude beinhaltet Konferenz-, Schulungs- und Repräsentationsbereiche sowie Rechenzentrum, Auditorium und Casino/Cafeteria. Eine großzügige Außenanlagengestaltung bindet den Gebäudekomplex harmonisch in die reizvolle Taunushanglage ein und ermöglicht „Arbeitsplätze im Grünen", die durch die nahegelegene S-Bahn-Haltestelle an die verkehrstechnische Infrastruktur des Rhein-Main-Gebietes optimal angebunden sind.

accenture

Das Wohnhaus besteht aus einem ziegelverkleideten Baukörper und einem flach geneigten Zinkdach. Im Norden ist eine Doppelgarage mit Gästewohnung, im Süden zum Garten hin eine Balkonkonstruktion aus Stahl vorgelagert. So entsteht im Norden eine gefasste Einfahrts- und Zugangssituation und zum Garten hin eine gegliederte Fassade, die nicht nur als Balkon mit Sonnenschutzfunktion fungiert, sondern die Strenge des Hauses gezielt auflöst und überspielt. Durch die bewusste Beschränkung auf die Materialien Ziegel, Stahl, Zink und Glas sowie eine einfache prägnante Grundform wird das Haus zum Abbild eines Refugiums als Inbegriff von Schutz und Geborgenheit.

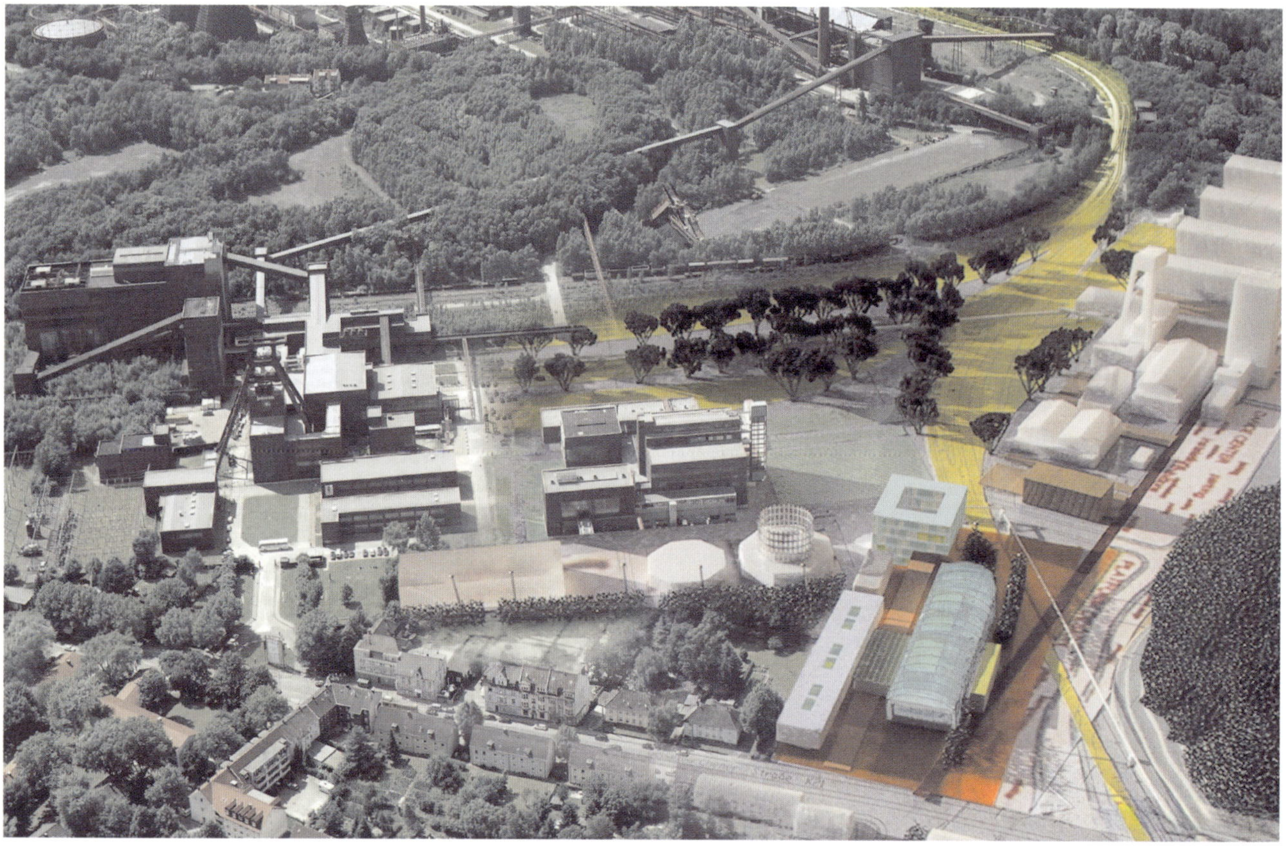

Der Wettbewerbsbeitrag zur Design School Zollverein und dem dazugehörigen Creative Village wird im Wesentlichen von dem Entwurfsgedanken geprägt, die räumlich indifferente städtebauliche Situation an der Gelsenkirchener Straße zu einem neuen Eingangs- und Empfangsplatz des ehemaligen Zechengeländes umzugestalten, der sich Besucherinnen und Besuchern öffnet und den Auftakt zur vielschichtigen Raumfolge des „Weltkulturerbe Zollverein" bildet. Hierdurch wird die gesamte räumliche Situation neu definiert. Themen wie Offenheit, Transparenz und „Schaufenster Design School" werden deutlich akzentuiert. Die vorhandene Werkzeughalle wird nicht abgerissen, sondern entkernt und auf ihre ursprüngliche Größe zurückgebaut. Die skelettierte Halle nimmt dann als transparente Hülle die Lehrfunktionen der Schule auf. Von der Außenhülle abgerückte Einbauten mit fest installierten Boxen bilden dabei einen spannungsvollen atmosphärischen Innenraum. Alle Bereiche sind frei bespielbar und können je nach Anforderung flexibel aufgeteilt werden. So entstehen dialogisch Raumfiguren und Raumgrößen während der laufenden Projektierung der Schule. Die einmal festgelegten Räume sind nicht starr fixiert, sondern können sich jeweils neuen Bedingungen anpassen. Parallel zur alten Werkzeughalle werden in der Gebäudeflucht der Bebauung Gelsenkirchener Straße die Start-Factory und der Verwaltungsbereich angeordnet. Dieser Riegel nimmt die Büros und Konferenzräume beidseitig in einer offenen Innenzone auf. Das zwischen die beiden Baukörper – Halle und Büroriegel – gestellte Foyer mit Cafeteria verknüpft die verschiedenen Funktionen und ist gleichermaßen Entree, Ausstellungsfläche, Marktplatz, Treffpunkt und Auditorium. Die Gleisanlagen ermöglichen die Einbeziehung von Waggons als temporäre Ateliers oder Labore. [Wettbewerb 2004]

[d|s|z]
[d|s|z]

Der Wettbewerb hatte die Umnutzung des alten „Kaispeichers A" an der Kehrwieder-Spitze im Hamburger Hafen zum „Medienhaus" zum Gegenstand. Um das Volumen des Ziegelkörpers in seiner alten Struktur beizubehalten und dennoch mehr Nutzfläche zu generieren, wurde dem Haus eine Glasloggia „übergeworfen", die einerseits die Dreiecksfigur des Grundrisses komplettiert und andererseits ein markantes Zeichen des Neuen unter Beibehaltung des alten Speicherbaus zum Wasser hin bildet. Die zusätzlich geforderten Büroflächen wurden in einem als neuem Wahrzeichen des MediaCityPort fungierenden Doppel-Hochhaus angeordnet, das wie der Speicher über einen neu geschaffenen Vorplatz erreicht wird. Durch Entkernung des alten Speichers entsteht eine mit Glas gedeckte Halle als zentraler Erschließungs- und Erlebnisraum, von dem aus über freistehende Aufzüge, Treppen und Brücken die jeweiligen Mieteinheiten erreicht werden. Die geforderten Autostellplätze werden im Untergeschoss nachgewiesen; das Dachgeschoss wird mit Blick über den Hafen als „Wellnesslandschaft" ausgebildet. Die Glasspitze beherbergt Konferenz- und Empfangsräume. [Wettbewerb 2005]

Am Beethovenpark in Köln-Sülz bilden drei Gebäuderiegel eine eigenständige Wohnanlage mit 46 Eigentumswohnungen unterschiedlicher Größe. Das Gebäudeensemble aus einer straßenbegleitenden Bebauung und zwei nach Südwesten ausgerichteten Baukörpern umschreibt einen maßstäblichen Quartiersplatz im Inneren der Anlage, der parkseitig vom hohen Baumbestand des Beethovenparks eingefasst wird. Der Innenbereich wird durch einen zweigeschossigen Baukörper mit Staffelgeschoss und erhöhtem Gebäudesockel visuell und schalltechnisch zur Straße hin abgeschirmt. Den beiden inneren dreigeschossigen Häusern mit Staffelgeschoss sind auf der Südwestseite großzügige Stahlbalkone vorgelagert.

ZU VERKAUFEN
Rufen Sie uns an:
SCHWAB
IMMOBILIEN

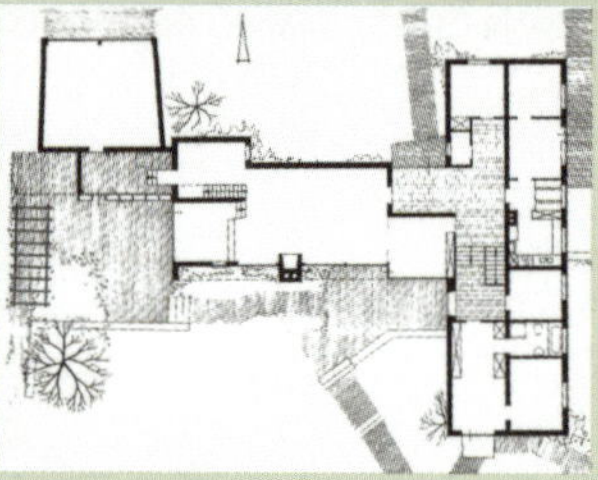

Friedrich Wilhelm Kraemer,
Wohnhaus Kraemer,
Braunschweig 1955

Die ersten Jahre im Leben von Kaspar Kraemer sind geprägt durch die Geburtsstadt Braunschweig und den Sylter Norden. An beiden Orten wächst der heutige Wahlkölner mit drei Geschwistern auf. Welche Rolle dabei seine Mutter spielt und welche sein Vater, der Architekt und Hochschullehrer Friedrich Wilhelm Kraemer, und wie wichtig die Räume des Lebens der Familie an den grundverschiedenen Orten sind, reflektiert Kaspar Kraemer im Gespräch mit David Kasparek.

David Kasparek: Herr Kraemer, beginnen wir in den 1950er-Jahren. Sie sind 1949 in Braunschweig zur Welt gekommen, an welchem Ort haben Sie Ihre Kindheit verbracht?

Kaspar Kraemer: Wir sind zunächst in einem Haus groß geworden, das mein Vater schon 1935 gebaut hatte, er war damals erst 28 Jahre alt. Dort habe ich die ersten sechs Jahre meines Lebens verbracht, allerdings habe ich kaum Erinnerungen daran. 1955 sind wir in das Haus am Zuckerberg Hasselfelder Straße 6 gezogen, das in drei Monaten errichtet worden ist und für das die Baugenehmigung beim Einzug zum Weihnachtsfest 1955 in der Post lag (*lacht*). So waren damals die Verhältnisse. Planerisch hat dieses Haus Dr. Hoge betreut, der damals der zuständige Projektarchitekt im Büro meines Vaters war. Er war lange Zeit sein Assistent, führte dann selbst ein großes Büro in Kiel, wo er mit fast 100 Jahren bis heute wohnt – wir stehen immer noch in freundschaftlichem Kontakt.

Steht dieses Haus noch, können Sie es beschreiben?

Nein, es wurde leider abgerissen. Das Grundstück mitsamt dem Haus wurde verkauft, alles abgeräumt und zwei Kaninchenställe im vermeintlichen Bauhausstil darauf errichtet. Ein echter Verlust, denn es war ein wunderbarer Ort, mit einem sehr großen Garten, mit einer Fassade, die zur Straße hin geschlossen und zum Garten, vollkommen transparent, mit großen Glasscheiben versehen war. Das Haus war dunkelgrau gestrichen, so wie auch Egon Eiermann sein Haus in Baden-Baden gestaltet hatte – Eiermann und mein Vater waren befreundet und haben sich sehr geschätzt. Unser Haus war skandinavisch inspiriert und hatte ein 30 Grad geneigtes Dach – im Gegensatz zu den 60-Grad-Dächern, die mein Vater in der Zeit des Nationalsozialismus in Braunschweig baute. Er hatte ein großes Verständnis für Wohnen und Wohnformen und hat das sowohl in den konventionellen Häusern umgesetzt – die heute noch sehr beliebt sind, so sie noch da sind –, als auch in den Umbauten der Wiederaufbauzeit nach der Katastrophe des Zweiten Weltkriegs. Dieses Haus am Zuckerberg war ein besonderer Ort mit fließenden Räumen, gleichermaßen aber auch sehr bescheiden mit den kleinen Kinderzimmern. Wir hatten eine phantastische Jugend in diesem Freiraum mit dem großen Garten. Es gab um die Ecke einen kleinen Fußballplatz, wo wir von morgens bis abends Fußball gespielt und uns vollkommen verausgabt haben.

Wie sah Ihre Erziehung aus?

Wir wurden im bürgerlichen Sinne erzogen, mit Bastel-, Klavier- und Malunterricht. Es gab sogar einen Versuch, mir Ballett beizubringen, aber das wurde schnell ad acta gelegt (*lacht*). Stattdessen kam der Sportverein und ich begann, mit neun Jahren Hockey zu spielen – und das bis zum Alter von 50 Jahren. Später kam noch Tennis hinzu. Hockey als Mannschaftssport hat mich fast mein ganzes Leben lang begleitet und mir immer große Freude gemacht. In jeder Stadt, in der ich war, habe ich immer am zweiten Tag den Hockey-Verein aufgesucht und mich dort angemeldet, um in einer Mannschaft mitzuspielen.

War Ihnen damals schon klar, wie besonders und privilegiert dieses Leben war?

Ja, das war es. Zum einen durch unsere Freunde: Nur durch eine große Straße getrennt von unserem Haus, lag ein Wohngebiet mit mehrgeschossigen, genossenschaftlichen Siedlungsbauten, der sogenannte Bebelhof – eine sehr gut gemachte Siedlung aus den 1920er-Jahren. Da wohnten viele unserer Mitschüler aus der Volksschule und dadurch hatten wir natürlich einen guten Vergleich. Zum anderen hat unsere Mutter uns Kinder auch ins Waisenhaus geführt und uns gezeigt, wie es den Kindern dort ergeht. Nicht ostentativ, sondern ganz objektiv: Sie hat uns einfach hindurchgeführt und uns das empfinden lassen. Auf der anderen Seite war alles in unserem Leben so selbstverständlich. Wir haben erst in der Resonanz mit den anderen gemerkt, dass es etwas Besonderes war. Wir hatten Personal: eine Köchin, ein Kindermädchen, einen Fahrer, der auch Gärtner war. Mein Vater war schwer kriegsverletzt und hatte all das um sich herum organisiert, sich mit einem regelrechten Stab umgeben, der ihm das Leben erleichterte. Das spielte auch zu Hause eine große Rolle und war die Grundlage einer enormen Verwöhnung, was später allerdings etwas anstrengend wurde, als ich in Wohngemeinschaften gewohnt habe. Da war ich doch ziemlich unterentwickelt in sämtlichen küchentechnischen Fähigkeiten (*lacht*). Ich bin darüber auch nie zum Koch geworden, weil das bei uns immer delegiert wurde: Es wurde gekocht, serviert und wieder abgeräumt, ich selbst musste nichts machen.

Ihr Vater, Friedrich Wilhelm Kraemer, war Architekt und Hochschullehrer, eine Koryphäe seiner Zeit. Sie haben an anderer Stelle einmal gesagt, dass Architektur zu Hause dennoch keine große Rolle gespielt hat.

Ja, das ist richtig, es wurde im Prinzip gar nicht darüber gesprochen, weder über den Büro- oder Hochschulalltag noch über architektonische Themen.

Welche Gesprächsthemen spielten am Abendbrottisch dann eine Rolle?

Schlicht der Alltag. Mein Vater fragte zum Beispiel immer mittags nach dem Essen: „Wann wird Klavier geübt?“ Er war zu dieser Zeit sowohl an der Hochschule wie auch im Büro tätig. Es war die Aufbauphase nach dem Krieg und alle haben wirklich sehr viel gearbeitet. Er war mitunter so erschöpft, dass er sich gar nicht unterhalten wollte. Meistens kam er um eins aus der Hochschule, hat sein Essen hinuntergeschlungen, sich dann exakt eine Stunde ausgeruht, dann gab es einen Kaffee und um drei fuhr er wieder in die Hochschule, von wo aus er um fünf ins Büro fuhr und um sieben wieder zu Hause am Abendbrottisch saß. Das war relativ strikt geregelt. Dass wir uns über irgendetwas

Friedrich Wilhelm Kraemer 1955

Kaspar Kraemer, 1955

Die Eltern Inge Kraemer (oben) und Friedrich Wilhelm Kraemer (unten, gemeinsam mit Kaspar Kraemer)

groß unterhalten hätten, daran erinnere ich mich nicht. Ich glaube auch, dass mein Vater mit Kindern eher wenig anfangen konnte. Für ihn war das die Aufgabe der Frau: dass die Kinder erzogen wurden und sich anständig verhielten. Im Wesentlichen sind wir von meiner Mutter geprägt worden.

Sie meinen sich und Ihre drei Geschwister …

Ja, wir waren vier Kinder und unsere Mutter hat sich sehr um uns gekümmert, wobei die Gewichte ungleich verteilt waren, denn die Schwierigkeiten meiner jüngeren Geschwister in der Schule waren ungleich größer als bei meiner älteren Schwester und mir. Wir sind beide relativ glimpflich durch die Schule gekommen. Meine jüngeren Geschwister hatten größere Lernprobleme, was sich auch daran zeigte, dass sowohl mein jüngerer Bruder als auch meine kleinere Schwester dann ins Internat kamen. Beide haben dort jeweils Abitur gemacht und waren dadurch selten zu Hause. Meine große Schwester ging in der elften Klasse in die USA und ich war dann mehr oder weniger alleine zu Hause.

Trieb Sie schon damals die Freude an Klassik und Romantik, an Schiller und Goethe um?

Gelesen habe ich damals Thomas Mann und Gottfried Benn, Bücher, die bei uns im Regal standen und somit präsent waren. Im Abitur habe ich *Tonio Kröger* von Thomas Mann gelesen. Schon immer habe ich sehr viel gelesen: zum Beispiel *Ein Kampf um Rom* von Felix Dahn, *Winnetou* und andere Geschichten von Karl May, Enid Blytons *Insel der Abenteuer* – was es alles so an Kinder- und Jugendliteratur gab, habe ich verschlungen. Mein Vater hat jeden Sonntagmorgen das Klassikkonzert auf NDR 2 gehört – es war sozusagen unsere Begleitmusik zum Frühstück. Wir haben immer alle zusammen gefrühstückt: mit sehr schön gedecktem Tisch, mit Pampelmuse, Ei, Tee und Toastbrot. Das war sehr kultiviert und dadurch auch bestimmend. Aber dabei wurde nicht über Bücher, Romane oder sonst etwas diskutiert. Stattdessen war das jedem selbst überlassen, und jeder musste sehen, was er daraus für sich macht. Die Musik spielte eine große Rolle: Ich habe sechs Jahre, bis ich zwölf war, Klavierunterricht bekommen, das Spielen dann aber leider aufgegeben – und erst jetzt, nach 60 Jahren, wieder begonnen.

Sie sitzen gerade vor einem Bild des Leuchtfeuers auf Sylt, neben Braunschweig damals wahrscheinlich der zweite prägende Ort für Sie. Welche Erinnerungen haben Sie daran?

Ellenbogen auf Sylt, 1950

Dieser Ort war sehr entscheidend. Mein Vater hatte dieses Haus bereits 1949 durch einen großen Zufall entdeckt. Er erkundigte sich, wem es gehört und erfuhr, dass das Wasser- und Schifffahrtsamt zuständig war, und dass das Haus für Meeresforscher benötigt würde, die in der biologischen Anstalt in unmittelbarer Nähe untergebracht werden sollten. Zwei Jahre später rief dann tatsächlich das Wasser- und Schifffahrtsamt bei meinem Vater an und meinte, das Projekt hätte sich zerschlagen. Er war natürlich sofort interessiert und hat diese Ruine des alten Leuchtturmwärterhauses gekauft.

Es ist das Leuchtturmwärterhaus am Leuchtfeuer Ost …

Im Norden der Insel gibt es zwei Leuchtfeuer: West und Ost. West ist knappe 40 Meter nördlicher als Ost und damit das nördlichste Bauwerk Deutschlands überhaupt. Unser Haus lag völlig einsam, gefühlt am Ende der Welt. Es gab keinen Strom, wurde mit Petroleum und Kerzen erleuchtet, es gab Kohleöfen – das war es auch schon. Es war primitiv und wunderbar. Das hat uns extrem geprägt. Von Juni bis September waren wir drei Monate auf der Insel, und als Kinder nur mit uns selbst beschäftigt. Es gab keinen Fernseher, kein Radio. Meine Mutter hatte kein Auto, nur ein Fahrrad und ihre Hilfskraft, und mein Vater kam am Wochenende ab und an dazu.

Auch später war es Ihr Ferienhaus für die Sommerfrische?

Ich habe dort immer Sommerferien gemacht. Im Winter war das Haus zu Beginn nicht bewohnbar. Es wurde dann grundlegend umgebaut – beziehungsweise eigentlich wurde es 1969 abgerissen und neu gebaut. Als ich schon Abitur hatte und anfing zu studieren, konnte man sich auch im Winter gut dort aufhalten. Ich war oft mit Kommilitonen da, wir haben uns auf Prüfungen vorbereitet und hatten wunderbare Zeiten. Meine Mutter war häufig mit dabei, weil sie es genoss, ihre Kinder und auch die anderen Jugendlichen um sich zu haben. Es war das Haus meiner Mutter. Als sie 2009 starb, löste sich die Bindung etwas auf, weil das Haus doch stark durch sie geprägt war. Heute fehlt es mir manchmal.

Was hat Sylt für Sie ausgemacht, oder macht es bis heute für Sie aus?

Es ist der Zusammenklang von Landschaft, Meer und Himmel. Das Wolkenspiel, das sich permanent verändert, je nach Witterung, Tageszeit und Wind. Die Schreie der Möwen, die Wellen, die Brandung. All das, was auch Theodor Storm beschrieben hat – deshalb auch die Nähe zu seinen Gedichten. Dazu das Gefühl der Geborgenheit, am Ende der Welt, in diesem kleinen Häuschen zu sein, um das der Wind pfiff, wo der Regen gegen die Fensterscheiben klatschte und wo man einfach zu Hause war. Obwohl das Haus vollkommen einsam lag und nie abgeschlossen wurde, hatte man keine Angst dort. Wir hatten ein vollkommenes Urvertrauen, das durch dieses Haus erzeugt wurde.

Wie sind Sie damals überhaupt von Braunschweig aus nach Sylt gereist?

Die ersten Fahrten in den 1950er-Jahren waren mit einem VW, wir Kinder auf dem Rücksitz. Es gab ja noch keine Autobahn und die Fahrt nach Niebüll dauerte rund zehn Stunden. Dort setzte man mit dem Autozug über und fuhr weiter zum sogenannten Ellenbogen im Norden der Insel. Es war ein Gefühl, ans Ende der Welt zu reisen: mit der Bahn auf die Insel zu kommen, dort langsam durch die Dünenlandschaft nach Norden hoch – und dann, auf einmal, öffnet sich das wunderbare Wattenmeer mit dem Ellenbogen als Nehrungshaken. Und ganz hinten sieht man dann das Leuchtfeuer Ost, und darunter dieses reetgedeckte Haus. Das war traumhaft und jedes Mal eine Art Heimkehr. Es war das eigentliche Zuhause, das immer als Anker geblieben ist, bei allen Veränderungen: Meine Eltern haben Braunschweig 1974 Richtung Köln verlassen, ich habe in Darmstadt, Zürich und Yale studiert, bin selbst nach Köln gezogen und hatte hier verschiedene Wohnungen, aber Sylt war einfach immer da. Es war ein Heimatort – und diese Funktion hat das Haus auch bis zum Verkauf 2015 beibehalten. Die Doppelhaushälfte in Köln-Marienburg ist im Laufe der letzten Jahre an seine Stelle getreten – und natürlich dieser Ort hier, Am Römerturm 3, weil es das Verankert-Sein in der Welt über ein Bauwerk verkörpert. Ich habe immer das Gefühl, ich spreche mit dem Ort, an dem ich bin.

Ellenbogen auf Sylt 2000

Kaspar Kraemer, Zeichnung 2004

Der traditionsreiche Hersteller von Damen- und Herrenoberbekleidung van Laack errichtete 2005 einen Neubau für Verwaltung, Design und Logistik im Nordpark in Mönchengladbach, um die bislang auf zwei Standorte verteilten Unternehmensbereiche zusammenzufassen. Im vorderen Drittel des dreigeschossigen Baukörpers befindet sich die Verwaltung für ca. 100 Mitarbeiterinnen und Mitarbeiter. Diese flexibel nutzbaren Büroflächen sind U-förmig um ein Atrium angeordnet. Im Weiteren schließen sich ein Shop sowie der Designbereich für neue Kollektionen an, die an diesem Standort entwickelt werden. Ein dreigeschossiger Logistikbereich schließt den Baukörper ab. Alle Funktionen sind wirtschaftlich in einem Baukörper zusammengefasst, dessen Eingangsbereich durch eine Stahllamellen-Loggia prägnant markiert wird.

Das Verwaltungs- und Logistikzentrum van Laack wurde 2017 um ein Multifunktionsgebäude erweitert, das den Bestandsbaukörper in nordöstlicher Richtung ergänzt. In der neuen Gebäudeerweiterung befinden sich Shops, Multifunktionsflächen sowie ein Restaurant. Diese Nutzungseinheiten erstrecken sich über zwei Geschosse mit großzügigen Lufträumen. Im zweiten Obergeschoss sind flexibel nutzbare Büroflächen angeordnet. Südlich des Gebäudes befinden sich oberirdisch die Kundenparkplätze, die durch eine Tiefgarage im Untergeschoss ergänzt werden. Analog zum ersten Bauabschnitt sind alle Büroflächen hochflexibel und die Fassaden der Büro-, Design- und Shop-Bereiche mit bodentief verglasten Pfosten-Riegel-Konstruktionen geplant, um diesen Funktionsbereichen eine hohe Transparenz und eine besondere Strahlkraft zu verleihen.

CINQUE
van Laack

van Laack
van Laack

CINQUE
van Laack

Das Schulgebäude in Porz-Urbach schließt den Straßenraum der kleinteilig bebauten Kupfergasse und bildet einen kleinen Vorplatz aus. Durch die Berücksichtigung der Gebäudehöhen der angrenzenden Bebauung, die Ausbildung von Satteldächern und die Gestaltung der Klinkerfassade fügt sich der Neubau harmonisch in das Ortsbild ein. Die Klassentrakte sind in Gebäuderiegeln längs zur Kupfergasse angeordnet. Diese werden durch bauliche Fugen, in denen sich die interne Erschließung befindet, voneinander getrennt und somit ablesbar ausgebildet. Im Erdgeschoss befinden sich südlich der Offene-Ganztags-Bereich mit Küchentrakt, nördlich der Verwaltungsbereich mit Lehrerzimmer und westlich das Forum. Das Foyer mit der Erweiterung zum Forum und die Galerie des ersten Obergeschosses werden zum zentralen Raum und Kommunikationsort der Schule. Die Fassade mit Klinkervormauerschale wird durch Pfeiler optisch gegliedert und die Fenster erhalten durch schlanke Stützen eine vertikale Gliederung. Emaillierte Glasbrüstungen setzen einen kontrastierenden, heiter-farbigen Akzent für die Grundschule.

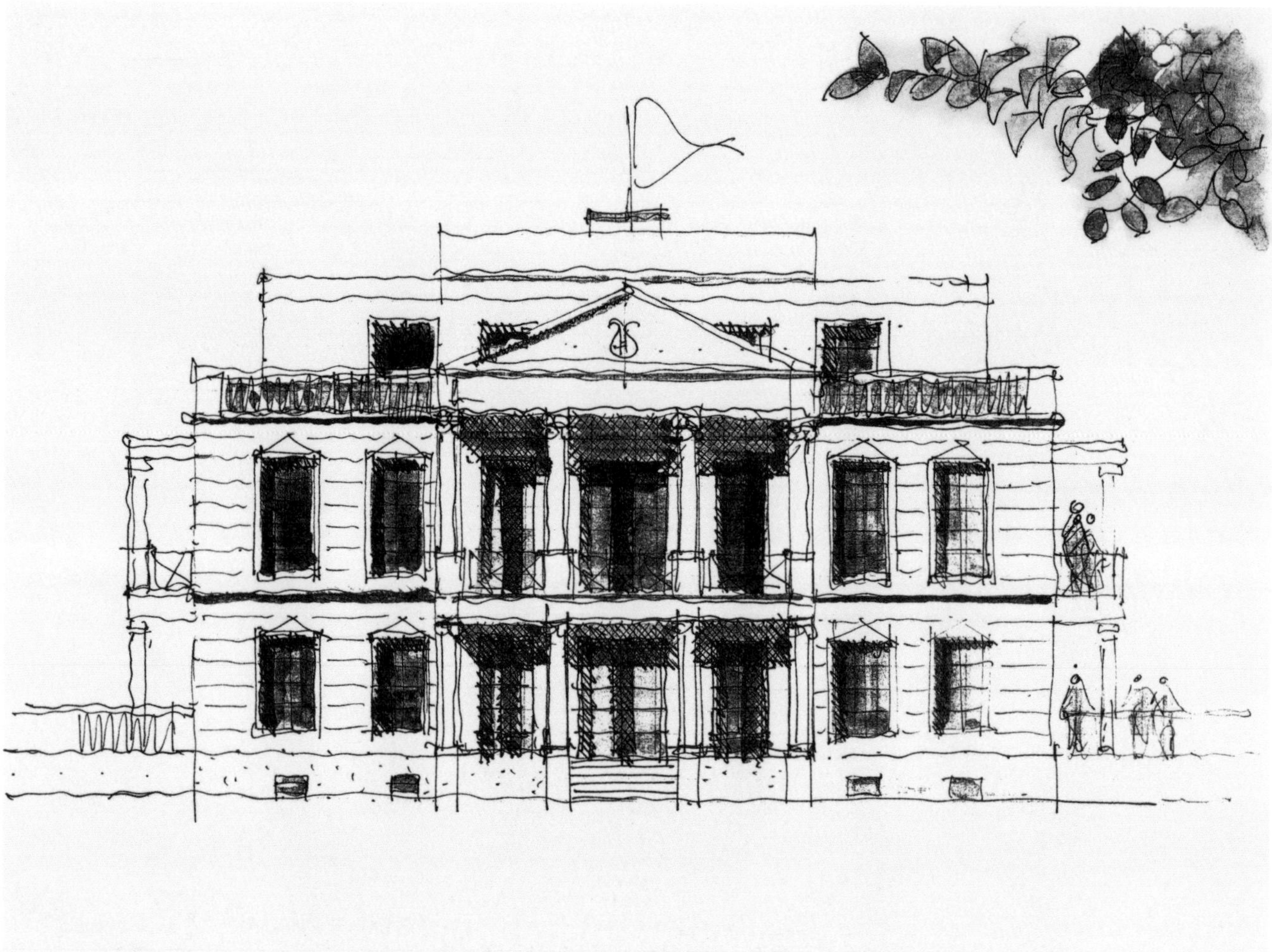

Gestaltungsprinzipien des Klassizismus prägen den Charakter dieser Villa in Grund- und Aufriss. Zurückgesetzt von der Straße empfängt das Haus seine Besucherinnen und Besucher über einen Vorhof, der von einem giebelgekrönten Portikus bestimmt wird. Die Fassade ist durch gerahmte Fenster und Gesimse gegliedert; Gauben beleben das zinkgedeckte Walmdach. Seitlich anschließende eingeschossige Garagen trennen den hinteren intimen Gartenbereich ab. Während das Erdgeschoss Atelier- und Büroräume aufnimmt, befindet sich im Obergeschoss die großzügig bemessene Wohnebene mit Raumhöhen von bis zu 3,40 m. Im Dach ist ein Wellnessbereich angeordnet, dessen aufschiebbare Glasüberdeckung das Schwimmen unter freiem Himmel ermöglicht.

Grundidee des Entwurfes ist es, den Baukörper des Hochwasserpumpwerkes durch eine fließende Geländemodulation in den sensiblen Landschaftsraum des Rheinufers einzubinden. Diese Modulation leitet sich zum einen aus der Terrassierung der Uferböschungen mit ihren differenzierten Neigungen, zum anderen aus der funktional notwendigen Rampenerschließung des Betriebsgebäudes ab. Das Tiefbauelement des Hochwasserpumpwerkes mit seinem befahrbaren Gründach fügt sich durch seine wellenförmige Ausbildung harmonisch in die Uferböschung ein und bildet den Sockel für das Betriebsgebäude, das als signifikante Landmarke betont wird, um die wesentliche Bedeutung dieser weitgehend nicht beachteten technischen Infrastruktur zur Abwehr der Hochwassergefährdungen bewusst zu machen. Die mit Basaltsteinen versehene Fassade des Tiefbauelementes steht im Kontrast zu dem Betriebsgebäude des Hochwasserpumpwerkes, das allseitig mit einer transluzenten Metall-Gitterrost-Konstruktion verkleidet ist, die mit einer farbigen LED-Illumination hinterleuchtet wird. Farbige Lichtszenarien spiegeln den jeweiligen, dem Wasserstand des Rheins entsprechenden Belastungsstatus des Pumpwerkes wider und geben dem Bauwerk insbesondere bei Nacht eine weithin sichtbare eigene Identität und Zeichenhaftigkeit. [Wettbewerb 1. Preis 2003]

Schönhauser Straße
16
Rodenkirchen-Sürth-Wesseling-Bonn/Hbf-Bad Godesberg

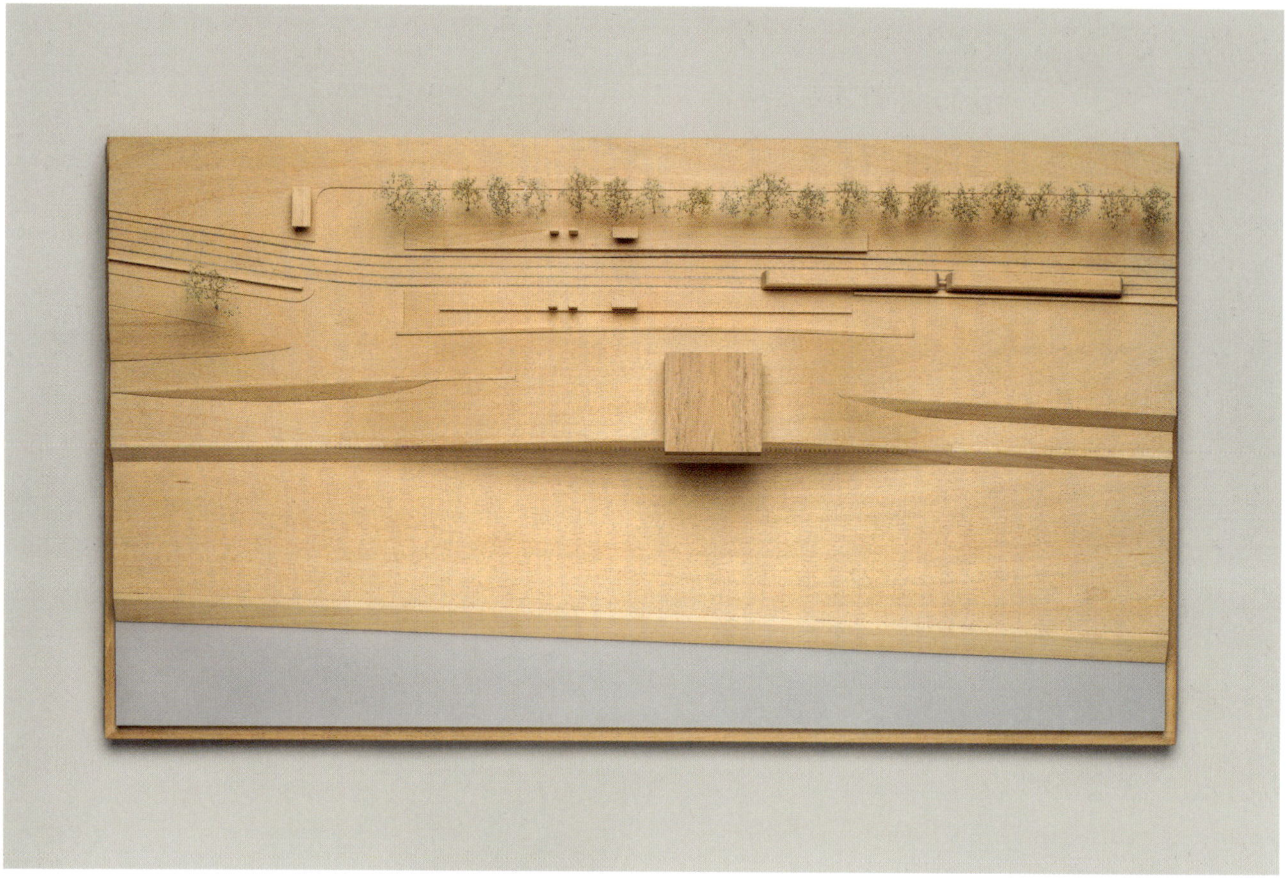

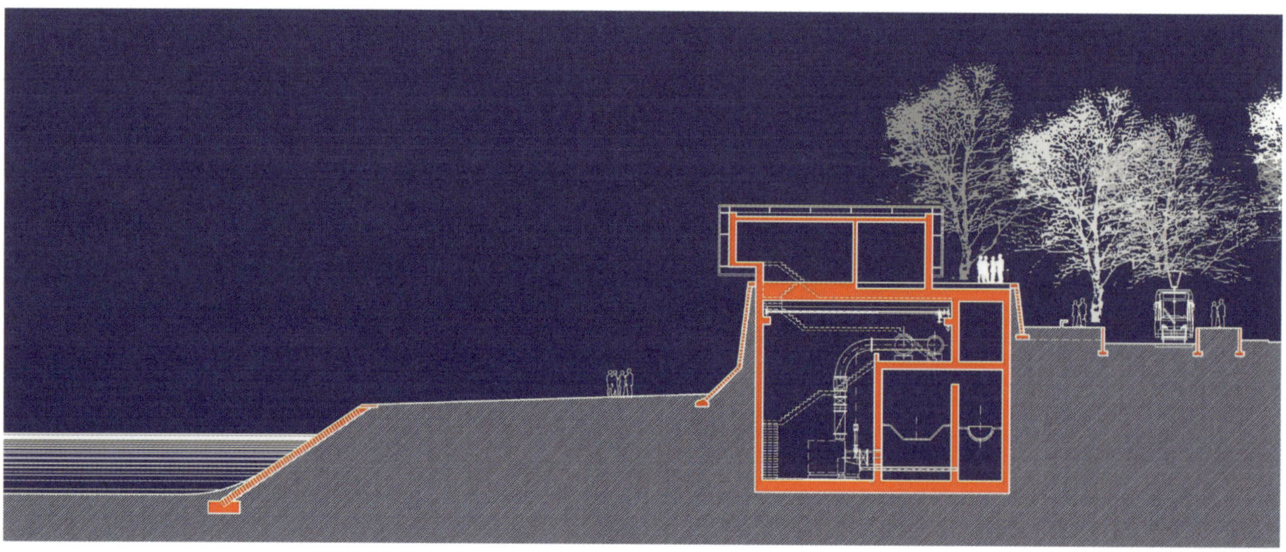

Das Entwurfskonzept sieht vor, innerhalb der drei vorgegebenen, historisch gestalteten Fassadenabschnitte das ehemalige Hohenzollernschloss in seiner grundsätzlichen baukörperlichen Blockstruktur mitsamt den ehemaligen Raumtiefen wieder zu errichten. Diese Wiederherstellung erinnert nicht nur an die alte Gestalt, sondern ermöglicht auch die spätere Rückgewinnung kunsthistorisch wertvoller Innenräume. Ebenso sollen die Portale außen und innen sowie ihre räumlichen Verbindungen wiederhergestellt werden. Der wiedergewonnene Schlüter-Hof fungiert dabei als zentraler Eingangsbereich.

In den so wiedererstehenden, nunmehr ungeteilten Innenhof des Schlosses wird ein Baukörper gestellt, der die Erschließungs- und Verteilerfunktion mit Ausstellungs- und Nebenflächen aufnimmt und so die umlaufenden Raumfolgen des rekonstruierten Schlossbaukörpers frei von kleinteiligen Nutzungen uneingeschränkt und flexibel für die musealen Sammlungen zur Verfügung stellt. Dieser Quader fungiert so als Kern, das Schloss als umgebende Schale. Beide Volumina sind durch Brücken miteinander vernetzt. Zwischen ihnen entsteht ein glasgedeckter, umgebender „Straßenraum" von hoher räumlicher Qualität, aus dem heraus das Ursprüngliche und das Hinzugefügte deutlich ablesbar sind und in ihrer dialektischen Verknüpfung erkennbar werden. Es gelingt dadurch nicht nur die Wiedergewinnung der alten Schlossstruktur, sondern auch eine optimale Erschließung samt der Ver- und Entsorgung aller Ebenen sowie eine übersichtliche Orientierung und Auffindbarkeit aller Museumsbereiche. Den östlichen Blockabschluss bildet als separater Baukörper die Landesbibliothek, die als Ort der Wissensvermittlung dem Bildungsgedanken des Humboldt-Forums sichtbaren und strahlend-offenen Ausdruck verleiht.

Letztendlich bilden die Fassaden des Schlosses gemeinsam mit dem eingestellten Erschließungs- und Ausstellungsquader einen U-förmigen Straßenraum, dessen Ausbildung in Verbindung mit der Eingangshalle und dem Schlüter-Hof eine Raumfaszination schafft, die dem großen Gedanken des Humboldt-Forums angemessen ist. [Wettbewerb 2008]

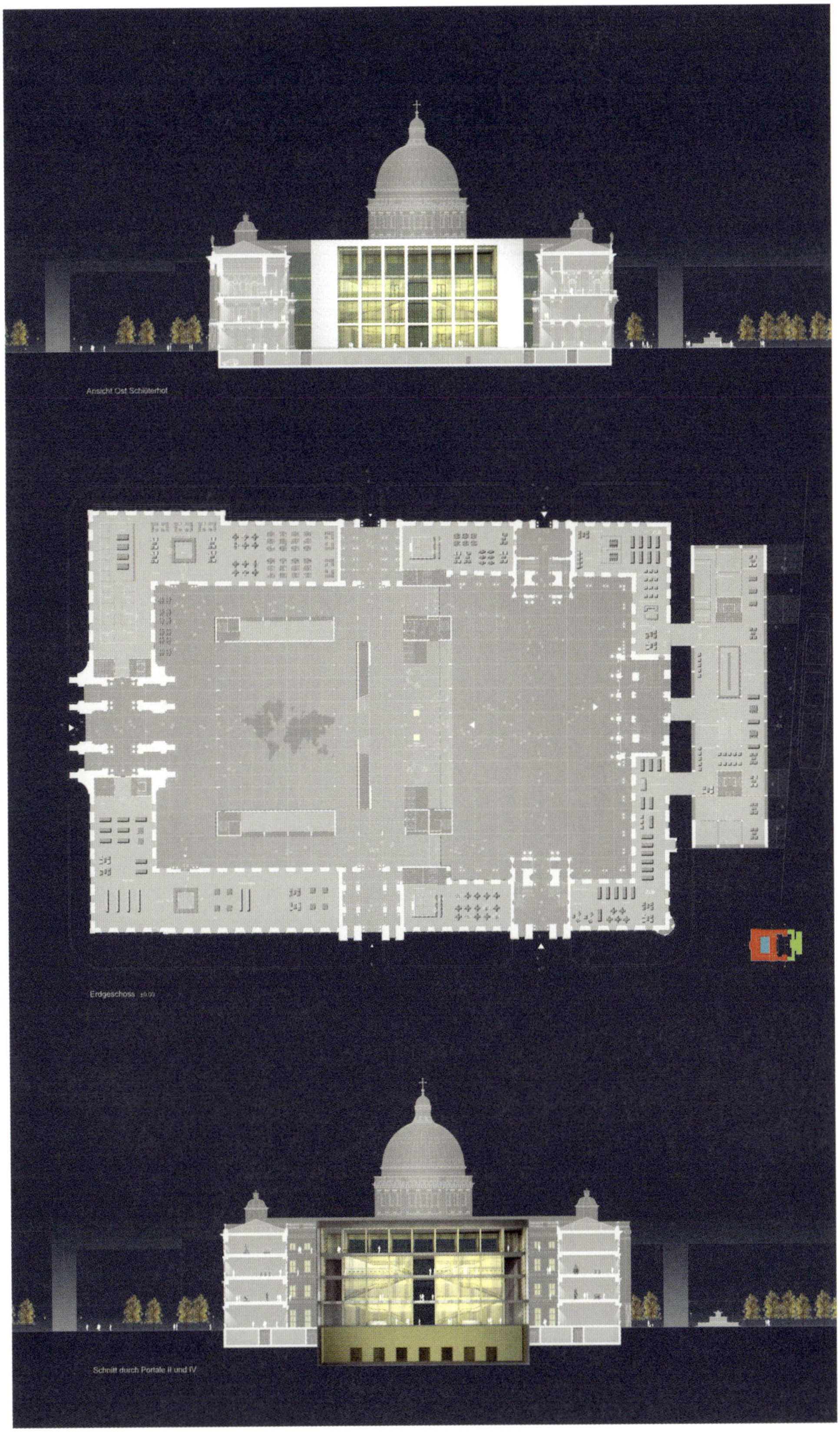
Ansicht Ost Schlüterhof
Erdgeschoss ±0.00
Schnitt durch Portale II und IV

07.07.08

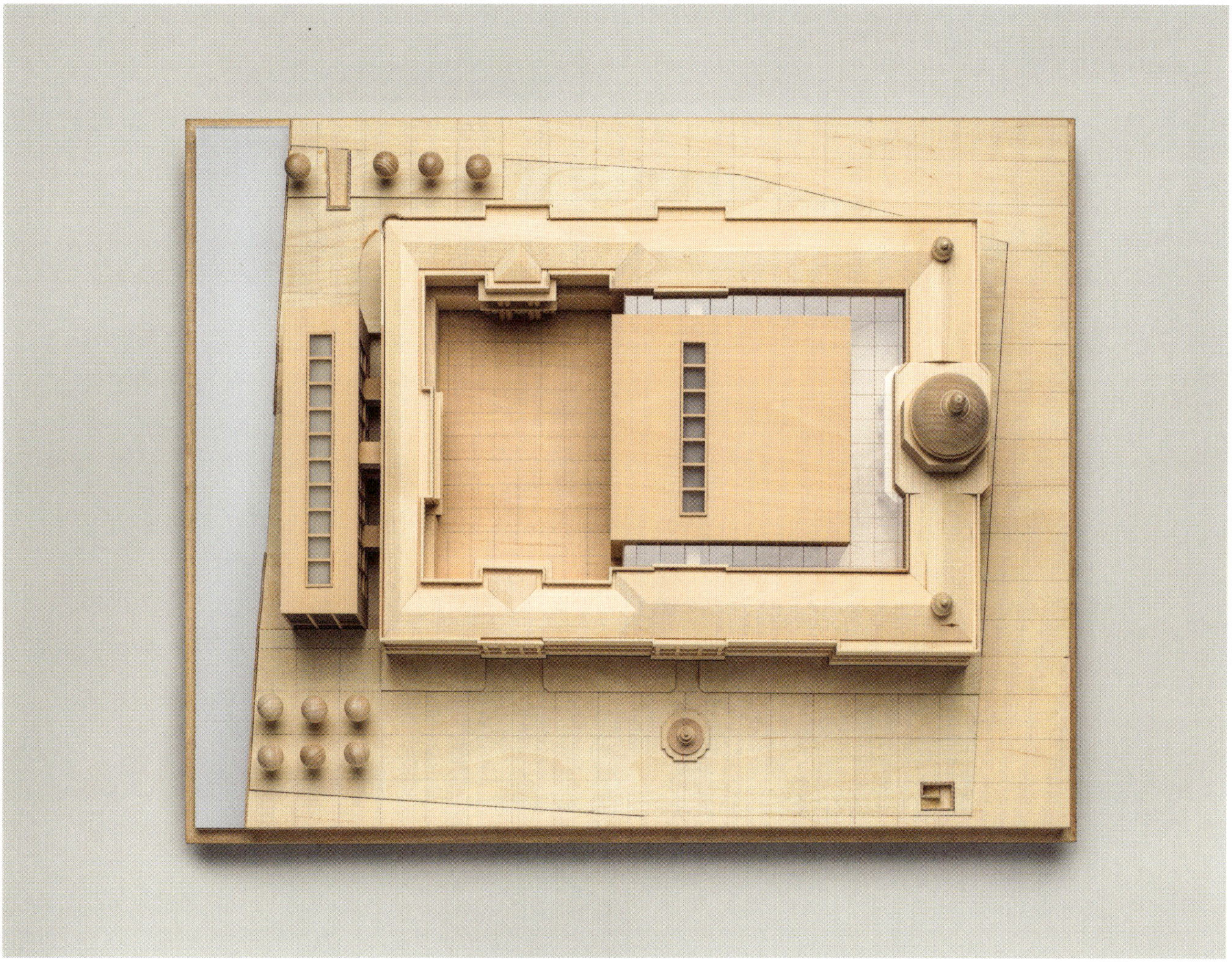

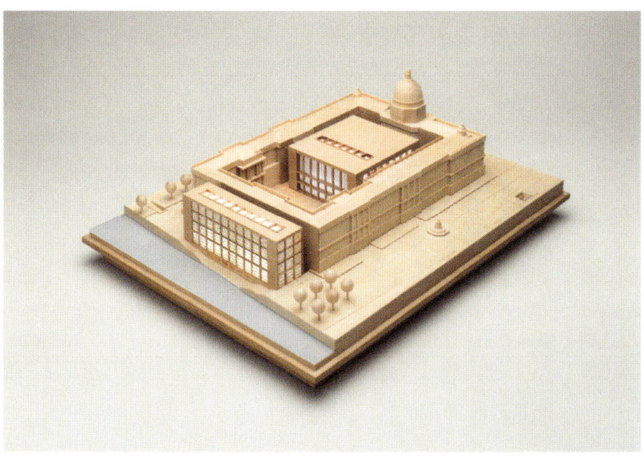

Der Entwurf ordnet die Funktionen des Jüdischen Museums in einem L-förmigen Baukörper an, der rechtwinklig Synagoge und Mikwe als eigenständige „Skulpturen" im Norden und Westen schirmt und den Rathausplatz weitestgehend von einer Bebauung freihält.
Museum, Mikwe und Synagoge bilden so ein Ensemble, das bescheiden und unprätentiös, gleichwohl aber eindringlich an das jüdische Leben an dieser Stelle vor mehr als 680 Jahren erinnert. Die südliche Platzfläche des Rathausplatzes ist in ihrem Niveau angehoben und bildet so einen Sockel für die steinernen Monumente von Synagoge und Mikwe, welche durch eine weitläufige Freitreppe oberirdisch erschlossen werden und auf diese Weise als im öffentlich zugänglichen Freiraum situierte „Denkmäler" erfahrbar sind. Sie gewährleisten durch Fenster und Sichtscharten Einblick in ihr Inneres. In ihrer skulpturalen Ausformung wirken sie als steinerne Relikte der jüdischen Kultur und entfalten in ihrer solitären Positionierung ihre Kraft des Erinnerns und Besinnens. Der Zugang zur unterirdischen Archäologischen Zone erfolgt über den Alter Markt und das ehemalige Rathaus-Restaurant, das zur Eingangs- und Empfangshalle umgebaut wird. [Wettbewerb 2008]

depuis 1709
Wallraf
das Museum

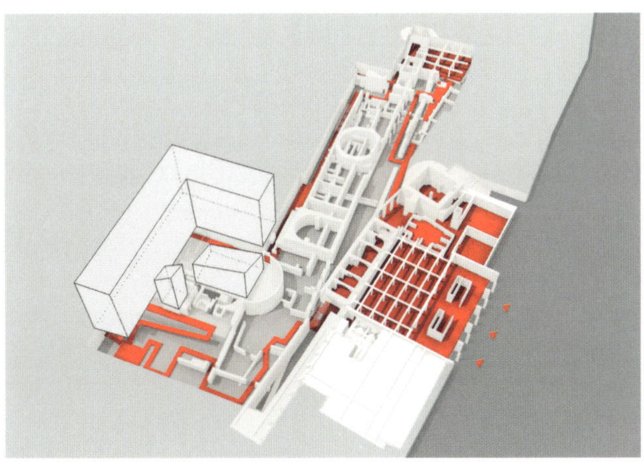

Bei der Verlegung des Zugangs zur Domturmbesteigung aus dem Innenraum der Kathedrale nach außen sollte die Erschließung zur Turmtreppe mit Hilfe einer Durchbohrung des südlichen Turmfundamentes im Untergeschoss erfolgen. Dazu wurde ein Zugangsbauwerk errichtet, das die behindertengerechte Erschließung ermöglicht, einen Kiosk und eine öffentliche Toilettenanlage aufnimmt sowie den Zugang zur archäologischen Ausgrabung unter der Kathedrale und zur angrenzenden Tiefgarage sicherstellt. Eine breite, nicht überdachte Freitreppenanlage verbindet großzügig den Roncalliplatz mit der Verteilerebene im Untergeschoss und spiegelt in ihrer großzügigen und freundlichen Ausformung die Wirkung einer gestuften Terrasse als Teil der Platzfläche wider. Die zwei oberirdisch sichtbaren Baukörper mit minimalistischem Erscheinungsbild sollen eher als skulpturales Ensemble denn als Bauwerke im herkömmlichen Sinne gelesen werden. Aus der Steinfläche des Roncalliplatzes emporwachsend, unterstreichen sie in ihrer präzisen Strenge die Würde des Ortes und machen den unterirdischen Zugang zum Dom markant, aber unaufdringlich sichtbar: Verkaufsraum und Fahrstuhlturm sind steinerne Zeichen, deren in

der Platzfläche verankerte Kubatur sich herkömmlicher Pavillonarchitektur entschlägt und in bewusstem Kontrast zu dieser tritt. Zwischen ihnen spannt sich der Treppenabgang auf. Die Verteilerebene des Untergeschosses wird durch die Öffnung nach oben aus ihrer Kellerexistenz befreit und Teil des oberirdischen Platzraumes, von dem aus der Blick über die untere Ebene auf den freigelegten römischen Keller und die Fundamente des Südturmes fällt. Die bauhistorische Schichtung des Ortes wird so signifikant verdeutlicht und als Schaufenster kölnischer Geschichte inszeniert. [Wettbewerb 1. Preis 2006]

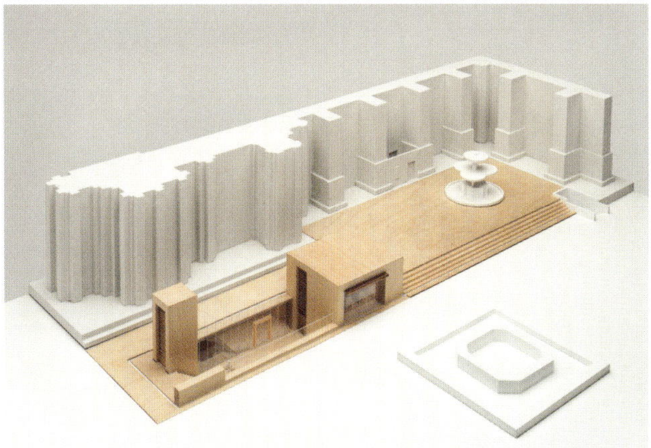

Statt an die von seinem Vater geprägte Hochschule in der Heimatstadt Braunschweig zieht es Kaspar Kraemer zum Architekturstudium nach Darmstadt. Auch dort lehren bekannte Persönlichkeiten wie Max Bächer, Walter Belz oder Günter Behnisch. Im technisch geprägten Studium lernt der angehende Architekt sich selbst ebenso kennen wie bis heute präsente Kolleginnen und Kollegen. Schnell wird klar: Die Architektur ist als alleiniges Betätigungsfeld ebenso zu klein wie die südhessische Hochschulstadt. Im Gespräch mit David Kasparek spricht Kaspar Kraemer über wichtige Lehrer, welche Rolle Architekturtheorie in der damaligen Ausbildung spielte und welche das Zeichnen.

David Kasparek: Herr Kraemer, 1969 begannen Sie Ihr Studium der Architektur in Darmstadt. Warum Darmstadt und nicht ein anderer Studienort, etwa Braunschweig, wo Ihr Vater lehrte?

Kaspar Kraemer: In Darmstadt bestand ich die Aufnahmeprüfung. Ich hatte damals eine Freundin in Wiesbaden, sodass ich glaubte, das passe ganz gut. Ich hatte mir keine allzu großen Gedanken darüber gemacht, sondern dachte: Ich studiere irgendwo Architektur, und dann mal schauen … Ich wollte auf keinen Fall in Braunschweig bei meinem Vater studieren. Weder als Schüler noch als Student habe ich im Büro meines Vaters gearbeitet, was bei anderen Architektenkindern häufig der Fall ist. So bin ich nach Darmstadt gekommen – in ein Niemandsland, wo ich niemanden kannte. Der Vater meiner Freundin in Wiesbaden war ein relativ bekannter Architekt, der auch Landesvorsitzender des BDA in Hessen war: Rainer Schell, ein Meisterschüler von Egon Eiermann und ein ganz besonderer Mensch, ein komplett anderer Typ Architekt als mein Vater. Mein Vater war keiner, der den Stift in die Hand nahm. Man hat ihn nie zeichnen sehen, was, so glaube ich, mit seiner Kriegsverletzung zusammenhing. Vor dem Krieg hatte er viel gezeichnet, danach nicht mehr. Ich habe ihn nur einmal zeichnen sehen: ein Schattenwurf eines Efeublatts auf der Wand im Gewächshaus in Braunschweig. Rainer Schell wiederum machte Krüge selbst, in denen Pinsel steckten, er malte in Öl, webte und knüpfte Teppiche, machte wunderbare Aquarelle und entwarf Möbel. In der BDA-Bundesgeschäftsstelle stehen noch ein paar seiner Stühle und Tische …

… zwei davon, und ein Tischchen, standen bei mir im Berliner Büro, als ich dort arbeiten durfte – ein schöner, unprätentiöser Entwurf …

Rainer Schell war ein besonderer Mann, den ich immer bewunderte und zu dem ich stets und durch alle Veränderungen hindurch Kontakt gehalten hatte. In Darmstadt zog ich dann in ein kleines Zimmer, wo ich das erste Semester

Hochschulgebäude für den Fachbereich Architektur der Technischen Hochschule Darmstadt, 1967–1969

ziemlich kümmerlich zugebracht habe. Im November in Darmstadt anzukommen ist wirklich die Hölle (*lacht*). Ich kam direkt von der Bundeswehr und stieg erst sechs Wochen später ins Studium ein, wodurch ich sehr viel Stoff aufholen musste – vor allem Statik und Geometrie. Ich hatte ein humanistisches Abitur, habe Griechisch und Latein gelernt und konnte Mathematik schon in der elften Klasse ablegen. Ich musste mir alles entsprechend mühsam aneignen.

Die Gebäude der TH Darmstadt auf der Lichtwiese müssen damals gerade fertig gewesen sein, oder?

Wir waren die ersten Studierenden, die einzogen, und die ersten, die die roten Rollcontainer nutzen durften, alles war ganz frisch und neu. Das war schon beeindruckend und wir haben uns relativ schnell in das vierte Obergeschoss gesetzt, sodass das „4. OG West" ein Begriff wurde. Norbert Berghof und Michael Landes von Berghof Landes Rang Architekten waren dabei, Volker Freischlad, Brigitte Holz, Johannes Dietrich Meyer – genannt „Dille" –, Barbara Fleckenstein und ich.

Sie haben ihre relative Distanz zur Architektur, trotz Ihres Vaters, beschrieben. Warum haben Sie dennoch Architektur studiert?

Als Abiturient wurde man dauernd gefragt, was man eigentlich studieren wolle – und ich habe einfach „Architektur" gesagt, obwohl ich überhaupt keine Ahnung hatte und es nur sagte, weil mein Vater Architekt war. Eigentlich war das damals völlig unreflektiert. Ich hätte mir auch vorstellen können, Jura zu studieren ... in die Architektur bin ich also recht somnambul hineingetappt. Nach der anfänglichen Einsamkeit in Darmstadt hat sich dann schnell eine Wohngemeinschaft zusammengefunden, und wir haben zu dritt in einer kleinen Dachwohnung gewohnt.

Wer ist „wir" in diesem Fall?

Das waren Andreas Pfadt und Hans Joachim Neiss. Andreas Pfadt vertiefte sich im Städtebau und war in der Lehre an der Hochschule in Hamburg tätig. Hajo Neiss ist in die USA gegangen und hat unter anderem bei Christopher Alexander gearbeitet.

In Darmstadt lehrten damals schon seit 1964 Max Bächer, seit 1967 Günter Behnisch, 1972 wurde Walter Belz berufen. Haben Sie bei einem dieser bekannten Hochschullehrer studiert, sind gar von ihm geprägt worden?

Nein. Bis zum Vordiplom ging es eigentlich nur um das Pauken von Fächern wie Heizung und Lüftung, Geometrie oder Vermessungskunde. Peter Färber ist mir nachdrücklich in Erinnerung geblieben. Er war Assistent von Max Bächer und wurde später Professor für Zeichnen in Braunschweig. Auch Fritz Auer ist mir in guter Erinnerung. Bruno Müller-Linow unterrichtete Zeichnen. Im Hauptstudium habe ich Entwürfe bei Peter Färber und auch einen bei Walter Belz gemacht, aber zum Beispiel nie bei Günter Behnisch. Rund um die Fertigstellung der Olympiabauten in München hat er so etwas wie einen Heiligenschein getragen. Viele Kommilitonen wollten damals unbedingt bei und für Behnisch arbeiten. Mir aber war es immer etwas suspekt, den Professoren die Aktentaschen hinterhertragen zu wollen ...

Behnisch & Partner mit Frei Otto und Günther Grzimek, Olympiapark, München 1967–1972

Wurden Sie im Studium von Professoren oder Kommilitonen auf Ihren in der Architektur bekannten Vater angesprochen? Wie war es, mit einem Architekten- und Professoren-Vater im Hintergrund das gleiche Fach zu studieren?

Es wusste kaum einer, dass ich der Sohn von Friedrich Wilhelm Kraemer bin. Bei mir war das anders als zum Beispiel bei den Töchtern von Günter Behnisch,

Demonstration in Frankfurt am Main am 10.5.1976

oder bei Gabriele Schürmann, bei der jeder sofort an ihre Eltern in Köln dachte. Bruno Müller-Linow wusste es, sonst eigentlich keiner. Ich weiß noch, wie überrascht Walter Belz war, als er davon erfuhr. Er kannte meinen Vater persönlich aus verschiedenen Preisgerichten und wollte mich in sein Büro in Stuttgart holen. Als er mich damals fragte, was meine Pläne nach dem Diplom seien, meinte ich, ich ginge wahrscheinlich zu meinem Vater ins Büro. Er fragte erstaunt: „Ach, Ihr Vater ist auch Architekt? Wie heißen Sie noch mal? Krämer?" „Kraemer, mit ae." Da erst wurde es ihm bewusst. Kraemer ist ein Allerweltsname, bei dem sich niemand etwas denkt. Ich wurde jedenfalls nicht als Professorensohn wahrgenommen. Wir waren einfach die „blauen Jungs" aus dem „4. OG West"...

Warum „die blauen Jungs"?

Wir hatten immer blau-weiß gestreifte Hemden an, blaue Pullover und Jeans. So liefen wir herum: Wir waren die coolen Typen. Es war ja eine Technische Universität in Darmstadt, die meisten trugen karierte Hemden und sahen wenig, heute würde man sagen, stylish aus. Die Architekturfakultät war die einzige Fakultät, wo es überhaupt Frauen gab. Und wir hatten eine tolle Zeit mit Partys und allem, was dazugehört.

Die späten 1960er-Jahre waren international von studentischen Umwälzungen, ja Unruhen, geprägt. Haben Sie das in Darmstadt wahrgenommen?

Es hat keine große Rolle gespielt. Ich war ein- oder zweimal auf einer Demonstration in Frankfurt für Angela Davis. Rudolf Sinz bot ein Soziologie-Seminar an, zu dem ich immer hingegangen bin, das aber mit der Unterrichtsstunde Zeichnen bei Müller-Linow kollidierte. Müller-Linow hat mir im Vordiplom eine Fünf in Zeichen gegeben. Aus Ärger, weil ich nie da war. Die Studentenrevolution war eher ein Randthema, das in Frankfurt mit Häuserkampf und allem Drum und Dran stattfand, bei uns aber kaum eine Rolle spielte. Wir waren im Grunde unpolitisch.

Kaspar Kraemer, Bestandsaufnahme Gelnhausen, Studienarbeit, 1974

Kaspar Kraemer, Skizzenbuch Architekturstudium, 1977

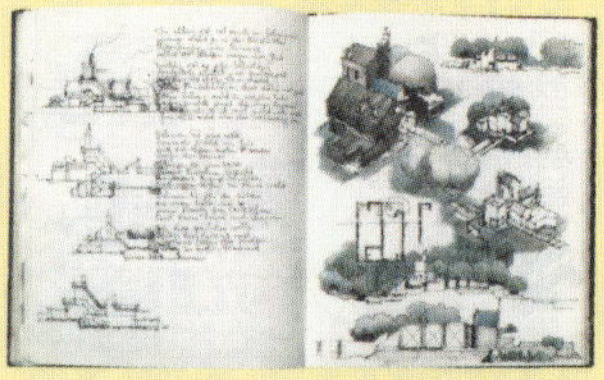

Kaspar Kraemer, Entwurf, Studienarbeit, 1974

Inwiefern war das Zeichnen bei Bruno Müller-Linow wichtig für Sie? Welche Rolle spielte es im Vergleich zur frühkindlichen Erziehung, die Sie eingangs geschildert haben?

Ich habe als Kind viel gezeichnet. Wir Kinder hatten an der Kunstschule Zeichenunterricht, eine Stunde mit Basteln, konnten mit Lehm und Ton arbeiten, durften Glasscherben zu Tieren zusammenkleben. Mit dem Eintritt in die Oberschule hat das aufgehört. Auch zu Beginn des Studiums war ich nicht sehr eifrig mit dem Zeichnen. Mich interessierte eher, wie man Häuser vor dem Abbruch bewahrt, als dass ich sie zeichnete. Es war nicht so, dass ich früher schon viel gezeichnet hätte. Alles war eher tastend: Entwerfen, Skizzieren – das kam erst im achten, neunten und zehnten Semester und ist dann im Diplom wichtiger geworden.

Wie sah das Studium damals in den 1970ern in Darmstadt aus?

Bis zum Vordiplom gab es den Katalog von Fächern: Statik, Geometrie, Heizung und Lüftung, Vermessungskunde, Baugeschichte. Nach dem Vordiplom ging ich ein halbes Jahr nach Zürich und kam dann im Sommer wieder nach Darmstadt zurück. Wir machten unsere Entwürfe, und nebenbei hörte man Vorlesungen oder nahm an Seminaren teil – und machte so seine Scheine. In jedem Semester gab es eine Entwurfsübung und nebenbei einige Stegreifentwürfe – eigentlich alles relativ anspruchslos. Gemessen am Medizin- oder Jurastudium war das „Holiday and Sunshine".

Hat Theoriebildung in Ihrem Studium eine Rolle gespielt?

Hanno-Walter Kruft gab einige Seminare über Architekturtheorie. Und weil er merkte, dass wir das Fach eigentlich hätten vertiefen müssen, schrieb er sein bis heute bekanntes und grundlegendes Buch über die Geschichte der Architekturtheorie. Ansonsten lag die Theorie ziemlich brach. Max Bächer, so sehr ich ihn geschätzt habe, hatte diese vom Krieg geprägte Haltung der Abkehr von jeglicher Achse und Symmetrie und all dem, was Schinkel zum Beispiel ausmachte – das war durch den Nationalsozialismus, die Megalomanie und die schwersten Kriegsgräuel mehr als kontaminiert. Diese Haltung zeigte sich auch im damals vorherrschenden Betonbrutalismus. Wir hatten eigentlich gar keine richtige Architekturausbildung im klassischen Sinne. Es war eine *Empfindung*, die man zu Papier brachte, und es begann erst sehr langsam, dass daraus wieder etwas Architektonisches wurde. Es war alles ziemlich grafisch: Türen hatten keinen Anschlag, die Wände liefen alle durch. Das war dann der Stil, wie man zeichnete, und man kann es auch gut an den Diplomarbeiten dieser Zeit erkennen. Aber Architekturtheorie, und dass es so etwas wie „Tragen und Lasten“ gibt, oder eine Relation zwischen Fenster und Wand, das spielte keine große Rolle. Wir wurden ermutigt, aus einem Bauchgefühl heraus zu entwerfen.

Hanno Walter Kruft, Geschichte der Architekturtheorie, 1985

Hat Ihnen die Theorie in dieser Zeit nie gefehlt?

Wir wussten gar nicht recht, dass es sie gibt. Wir sind sehr naiv gewesen. Ich habe mich als Architekt erst später damit beschäftigt. In den ersten Jahren, nach dem Studium, habe ich bei meinem Vater im Büro gelernt, einen eigenen Blick zu entwickeln, ein Urteil zu bilden, und dass es dafür Kriterien gibt. Das war es, was mein Vater repräsentierte: Er hatte ein Urteil und deshalb hat er ex cathedra immer sagen können, das ist schlecht, oder falsch, und das ist gut. Bis hin zu Schrift und Typografie. *Antiqua Garamond* auf seinem Briefpapier und als Signet der Buchstaben KSP: Das war eben nicht irgendwie hingemalt, sondern überlegt und wohl bedacht. Er war sehr stilsicher, baute dieses Haus Am Römerturm mit seiner historischen Fassade wieder auf, richtete es mit einer Kombination aus Alt und Neu ein und verknüpfte Biedermeiermöbel mit moderner Kunst. Diese Haltung, bewusst zu sehen, zu handeln und zu entscheiden, hat ihn ausgezeichnet. Und das gab es in Darmstadt an der Technischen Hochschule nicht, man musste es sich selber erarbeiten.

Bei wem haben Sie Diplom gemacht und was war die Aufgabe?

Ich habe bei Helmut Striffler diplomiert. Die Aufgabe war, ein Jugendgästehaus zu entwerfen. Ich habe wochenlang daran herumgetüftelt, weil ich mich nicht entscheiden konnte. Mein ganzes Skizzenbuch hatte ich vollgemalt und mich zum Schluss dann zu einem Entwurf durchgerungen. Es war jedoch zeitlich relativ eng geworden und ich wurde nur mit Hilfe von Kommilitonen rechtzeitig fertig. Aber es ist dann doch eine sehr gute Arbeit dabei herausgekommen. Walter Belz zum Beispiel war zunächst gar nicht so von ihr angetan. Erst, als er beim Blick in das Skizzenbuch sah, wie viele Gedanken darin steckten, zeigte er sich überzeugt. Am Ende wurde die Arbeit ausgezeichnet, sodass ich mein Stipendium für die USA auch deshalb bekam.

Briefbogen Friedrich Wilhelm Kraemer mit dem Schriftschnitt Garamond

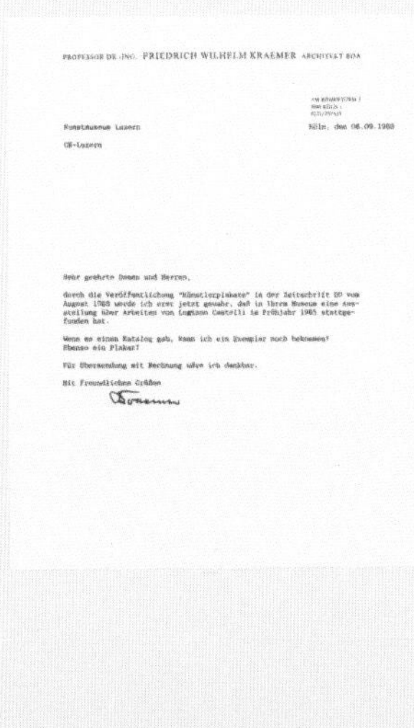
PROFESSOR DR.-ING. FRIEDRICH WILHELM KRAEMER ARCHITEKT BDA

Kunstmuseum Luzern

CH-Luzern

Köln, den 06.09.1988

Sehr geehrte Damen und Herren,

durch die Veröffentlichung "Künstlerplakate" in der Zeitschrift DU vom August 1988 wurde ich erst jetzt gewahr, daß in Ihrem Museum eine Ausstellung über Arbeiten von Luciano Castelli im Frühjahr 1985 stattgefunden hat.

Wenn es einen Katalog gab, kann ich ein Exemplar noch bekommen? Ebenso ein Plakat?

Für Übersendung mit Rechnung wäre ich dankbar.

Mit freundlichen Grüßen

Wie eng wurden Sie in der Arbeit von Professoren wie Helmut Striffler oder Walter Belz begleitet, wie frei waren Sie?

Wir waren völlig frei und konnten alles ganz alleine machen, Helmut Striffler hat es im Prinzip gar nicht wirklich begleitet. Wir saßen zu dritt in zwei Zim-

Kaspar Kraemer, Diplomarbeit, Darmstadt 1976

mern nebeneinander: Volker Freischlad, Michael Landes und ich haben alle drei das gleiche Thema bearbeitet und sind doch zu völlig unterschiedlichen Entwürfen gekommen – und wir wurden alle drei mit einer Eins benotet.

Das klingt nach einer freien Zeit, ohne klare Bezugspersonen, prägende Lehrer oder gewichtige Theorien. Was war Ihnen in dieser Zeit wichtig?

Ich fand es gut, wie es war. Es war irgendwie ... ausreichend. Ich hatte nie die Sehnsucht, etwas ganz anderes machen zu wollen oder zu müssen. Alles war geordnet, ich war gesund, hatte meinen Verein, meine Freundinnen und Freunde, und auch ausreichend Anregungen aus dem Studium. Wir konnten Theater spielen: Ein Jahr lang haben wir mit Joachim Wagner als Spiritus rector jeweils ein Stück pro Semester aufgeführt – mit intensiven Proben und einem richtigen Dramaturgen vom Staatstheater Darmstadt. Das Stück wurde an der Studentenbühne aufgeführt und sogar in den Zeitungen besprochen.

Eine interessante Person in dieser Zeit war auch Andreas Volwahsen, Assistent bei Thomas Sieverts. Er war vorher als Computerspezialist in Boston bei Meadows am MIT tätig, hat an *Die Grenzen des Wachstums* mitgearbeitet, obwohl er Kunsthistoriker war. Ein wirklich sehr besonderer Mensch, mit dem ich später immer wieder zusammengetroffen bin und auch befreundet war. Er unterstützte unsere Theaterarbeit finanziell aus Freude darüber, dass so etwas an einer Technischen Hochschule stattfand. Volwahsen war ein guter Tennisspieler und irgendwann standen wir nach dem Training zusammen und er fragte mich, was ich nach dem Studium machen wolle. Er schlug mir vor, doch in die USA zu gehen. Er selbst war in den Genuss eines Elitestipendiums in Harvard gekommen und durfte deshalb selbst mögliche Bewerber vorschlagen. Er hat mich dann auch vorgeschlagen, aber ich wurde in Harvard nicht angenommen. So kam ich auf die Idee, es auch über den DAAD zu versuchen und hatte dort tatsächlich Erfolg – ein Glücksfall.

Wie war es, nach dem Studium in die USA, nach Yale, zu gehen? Was haben Sie dort gelernt, erlebt?

Meine Zeit in Darmstadt war zu Ende. Ich war 13 Semester lang dort – inklusive einem Urlaubssemester und zwei Semestern Theaterspielen. Amerika war eine Offenbarung. Es war eine tolle Zeit. 1976 wurde der 200. Geburtstag der Gründungsurkunde von 1776 begangen, Amerika war im Glanze und es war eine phantastische Erfahrung, dabei zu sein. Die Gebäude der Yale-Universität sind ganz im Geiste eines englischen Campus errichtet. Man glaubt, in Oxford zu sein ... Dazu die Offenheit der Menschen und die fremde Sprache: Es war so befreiend.

Ich konnte das, was ich in Deutschland gelernt hatte, in neuen Entwürfen anwenden, aber mit ganz anderen Einflüssen, und in einem anderen System. Es gab zwar einen festen Lehrkörper, aber dazu kamen die *Visiting Scholarships*: bekannte Architekten, die zu den Kritiken anreisten, ihnen wurden die Entwürfe vorgestellt, zu denen sie dann etwas sagten – und dann sind sie wieder abgereist. Richard Meier, James Stirling, Charles Moore, Stanley Tigerman, Paul Rudolph und Philip Johnson habe ich so erleben dürfen. Das war großartig! Es gab einen wunderbaren Zeichensaal, ich konnte ganz früh Computerprogrammierung lernen, habe Kunst- und Baugeschichte gehört, habe gelesen und gezeichnet, Theater gespielt. Ich bin gereist, habe Ausstellungen gesehen und war im Konzert, Theater und Kino in New York. Diese unheimliche Fülle, die man dort erleben konnte, war wahnsinnig bereichernd. Und dann rief

Campus Yale University, New Haven 1977

mich eines Tages mein Vater an und meinte: Du musst jetzt nach Köln ins Büro kommen.

Das Büro Ihres Vaters, KSP, hatte in Köln mehrere Wettbewerbe gewonnen, war nach der Ölkrise 1974/75 zunächst stark geschrumpft und vergrößerte sich nun wieder deutlich. Hatten Sie überlegt, in anderen Büros zu arbeiten?

Ich bin dem Ruf meines Vaters gefolgt, was im Nachhinein betrachtet gar nicht so gut war. Ich hätte eigentlich erst einmal woanders lernen sollen, was Architekt-Sein in einem Büro bedeutet. Zum Beispiel bei von Gerkan Marg und Partner oder HPP, also ähnlich strukturierten Büros wie dem meines Vaters. Dennoch bin ich in sein Büro eingestiegen, weil ich mich darauf freute, jetzt endlich einmal etwas mit meinem Vater zusammen zu machen. Ich hatte ihn ja nie in dem Sinne erlebt, und er gab mir nun das Gefühl, mich bei sich haben zu wollen. Er wollte jemanden, der das, was er sich vorstellt, mit dem Bleistift zu Papier bringt – er wollte aber wohl auch seine Abwesenheit in der Kindheit wiedergutmachen. Es war rührend und gleichzeitig kompliziert: Die gesetzten Partner im Büro wollten mich gar nicht unbedingt im Büro haben und empfanden es eher als beunruhigend, dass mit mir die nächste Generation Kraemer auftrat. Dabei wurde in der Zeit, als ich Diplom machte, die GmbH gegründet, sodass es gar nicht dazu hätte kommen können, dass mein Vater seinen Nachfolger allein hätte bestimmen können.

Kaspar Kraemer, Bleistiftzeichnung, Darmstadt 1976

Das Bürogebäude „Rüttenscheider Tor" bildet den Auftakt für die Entwicklung des neuen Areals „Stadttor Süd" in Essen und setzt die städtebauliche Achse bis an die Alfredstraße fort. Ein zweigeschossiger verglaster Sockelbereich, drei Obergeschosse sowie ein verglastes Dachgeschoss ergeben den sechsgeschossigen Baukörper, dessen Funktionalität in seiner Fassade zum Ausdruck kommt, die sich in Farbe und Material am Nachbargebäude „Büropark an der Gruga" orientiert. Die Verwendung von hochwertigen und nachhaltigen Materialien wie Naturstein und Edelstahl im Äußeren und im Inneren unterstreicht den hohen Qualitätsmaßstab und verleiht dem Gebäude ein repräsentatives und zugleich dezentes Erscheinungsbild. Der L-förmig konzipierte Büroneubau wird über separate Eingänge an der Alfredstraße und der Messeallee erschlossen. Dies sorgt für eine schaltbare kleinteilige bis großflächige Aufteilung in horizontale wie vertikale Mietbereichsmodule, die einen effizienten und flexiblen Mietflächenzuschnitt ermöglichen.

Der Entwurf am Breslauer Platz ordnet die geforderten Büroflächen in einem sechsgeschossigen, dreieckigen Baukörper zum Breslauer Platz, einem viergeschossigen Bürotrakt zur Altenberger Straße und zwei sich im Blockinneren erhebenden Hochbauten an. Auf diese Weise ergeben sich eine ruhige, straßenbegleitende und maßstabshaltende Raumkante nach Norden, eine klare Platzkante zum Breslauer Platz und ein Hochpunkt als Signal für den Hauptzugang. Die sich durch diese Anordnung ergebende Innenzone wird als zweigeschossige, den Komplex durchziehende Erschließungshalle genutzt, die aus einem attraktiven Binnenraum die Durchquerung des Blocks von allen Seiten und darüber hinaus eine Fläche für Veranstaltungen und Sondernutzungen selbstverständlich und stadtraumbereichernd ermöglicht. Mit der Ausbildung der zentralen Erschließungshalle wird zudem erreicht, dass die Büroflächen an der Altenberger Straße von ihrer rückwärtigen Lage befreit werden und eine zusätzliche Attraktivität erfahren. Im Erdgeschoss sind flexibel aufteilbare Laden- und Gastronomieflächen zum Breslauer Platz hin angeordnet, in den Obergeschossen die Büroflächen, die in Zweibund-, Kombibüro- oder Großraumgliederung ausgebildet werden können und ein Höchstmaß an unterschiedlichen Büroraumausformungen ermöglichen. [Wettbewerb 2009]

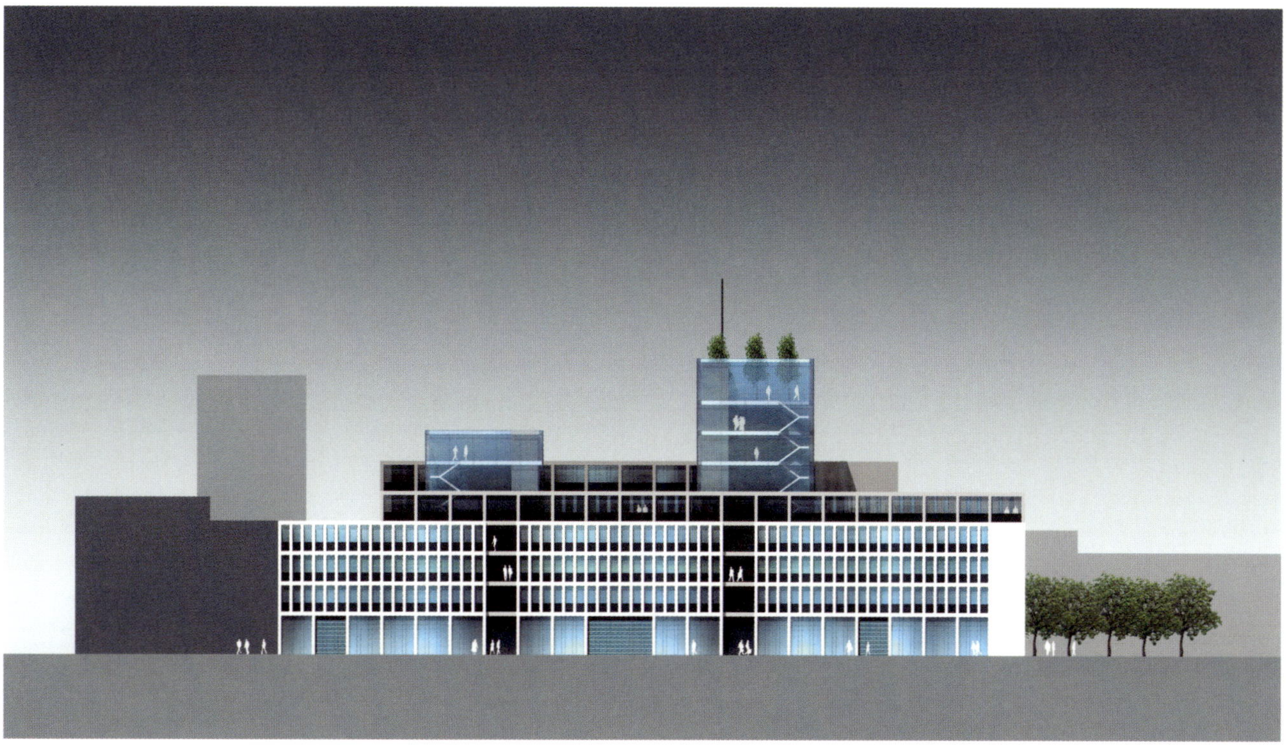

Im Zusammenspiel mit den angrenzenden Bestandsgebäuden bildet die einfache und robuste H-förmige Grundstruktur des Neubaus ein Ensemble, das die Flucht der Altenessener Straße schließt und als Zentrum des neuen Campus fungiert. Eine großzügige Erschließungsachse mit hochwertigen freiräumlichen Qualitäten durchzieht das Gelände und verbindet die Baukörper mit dieser repräsentativen Grünachse.

Die H-förmige Gebäudestruktur umfasst im Süden im Erdgeschoss den zweigeschossigen Sonderbereich des Händlersaals und formuliert im Norden eine neue Platzsituation als Eingangsgeste. Gegliedert wird der Baukörper über sechs Geschosse in die Dreibund-Anlage des Mittelbaus und die beiden Zwei-Bund-Anlagen der flankierenden Gebäuderiegel. Herzstück des Gebäudes ist die in Ost-West-Richtung gelagerte Empfangshalle im Erdgeschoss des Mittelbaus, die direkt an den repräsentativen Zufahrtsbereich angegliedert ist und von der aus der Blick in den Händlersaal ermöglicht wird.

In Anlehnung an die angrenzenden gründerzeitlichen Altbauten in der Altenessener Straße sind die längsgerichteten Baukörper in Ziegelstein mit langgestreckten Fensterbändern ausgeführt. Der quergestellte Mittelbau mit der Zugangshalle und dem Händlersaal setzt sich mit seiner Metall-Glas-Fassade bewusst von den flankierenden Büroriegeln ab. [Wettbewerb 1. Preis 2008]

Aufgrund der städtebaulichen Lage und der Nutzung als Science Center verlangt der Entwurf einen eindeutigen und unverwechselbaren Gebäudetypus mit überregionaler Strahlkraft. Mit der selbstbewussten Form als Solitär bildet das Gebäude den städtebaulichen Eingang für das neue Quartier des ehemaligen Industriestandortes Chemische Fabriken Kalk. Der Hauptzugang mit seinem baumbestandenen Vorplatz wird Teil der städtebaulichen Diagonale Kalker Hauptstraße/Bürgerplatz und lenkt diese zur projektierten S-Bahn-Station. Der geforderte Freibereich als Außenspielplatz wird schallgeschützt mit einer Glaswand in die Gebäudehülle einbezogen und so integraler Bestandteil des Gebäudes. Die Außenfassade aus farbig behandelten Betonfertigteilen wird durch eine einheitliche Metallgewebefassade, die sich wie ein schimmerndes Kleid über das Gebäude legt, veredelt. Das semitransparente Metallgewebe lässt das Gebäude trotz seiner differenzierten Funktionsbereiche als einheitlichen geometrischen Baukörper erscheinen. Einzig die Foyerfassade zum Vorplatz an der Corintostraße ist als „gläsernes Eingangsportal" konzipiert. [Wettbewerb 1. Preis 2008]

ODYSSEUM
KÖLN

Der Entwurf ordnet das Hotel nördlich von Schloss Paffendorf als langgestreckten, den Waldrand parallel begleitenden dreigeschossigen Baukörper an, der von einer eingeschossigen, dachbegrünten Erschließungs- und Funktionsspange mit eingeschnittenen Innenhöfen begleitet wird. So bleibt das historische Wasserschloss weitestgehend als Solitär freigestellt. Gleichzeitig wird der Landschaftsraum so gering wie möglich versiegelt. Das Hotel ist in seiner Eigenständigkeit als „Marke" erkennbar. Alle Zimmer erhalten den gleichen freien Blick nach Südwesten und ordnen sich in eine einfache, übersichtliche und leicht zu bewirtschaftende Gesamtstruktur ein. Baumpflanzungen, Binnengärten und Rasenflächen integrieren den Neubau selbstverständlich, harmonisch und maßstäblich angemessen in die Gesamtanlage des Schlossbereiches. [Wettbewerb 2010]

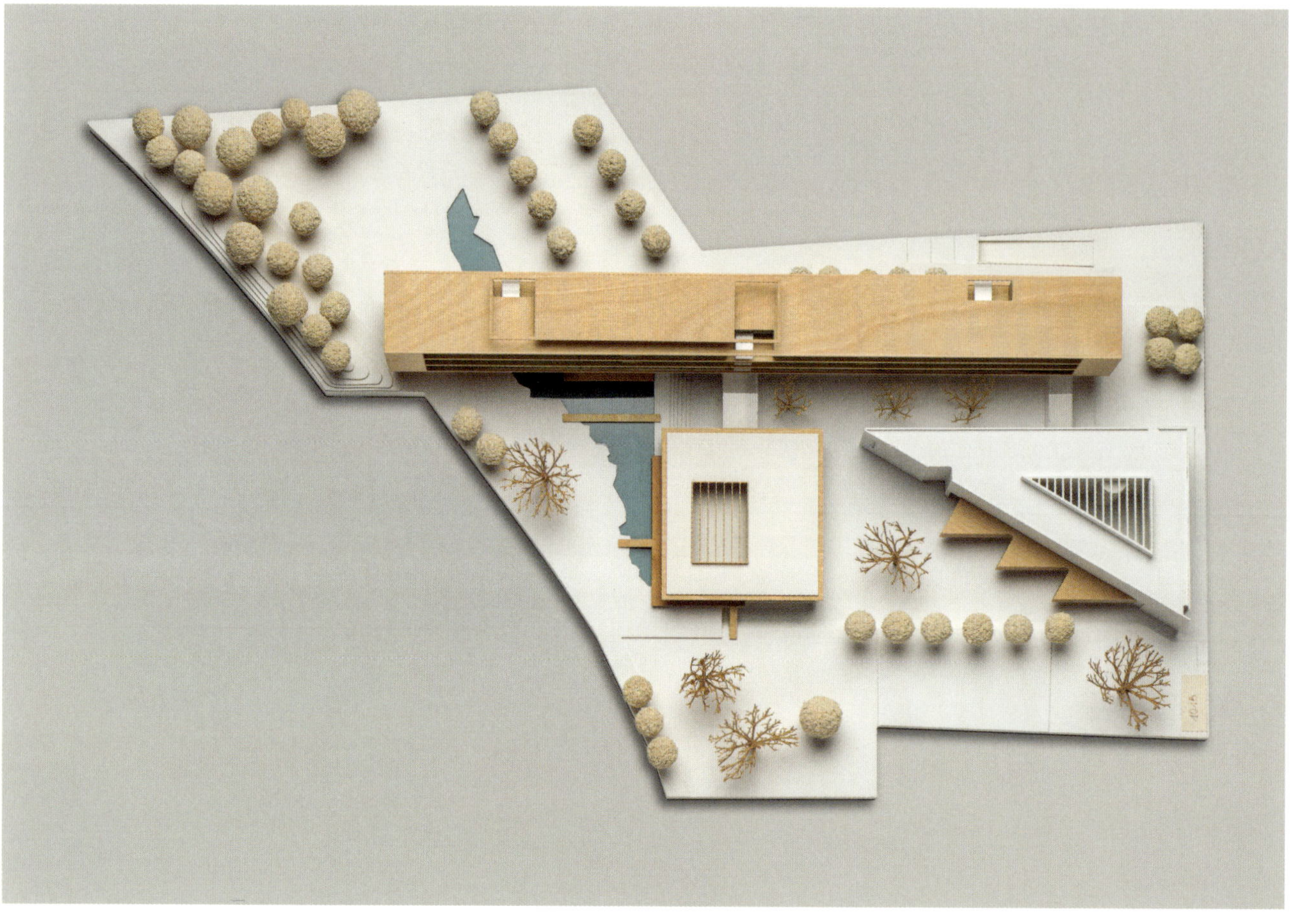

Städtebaulich antwortet der Entwurf auf das disparate und heterogene Umfeld mit einem klar ausgeformten Bauvolumen, das sich als eindeutige Geste zwischen die bestehenden und im ersten Bauabschnitt zu erhaltenden Altbauten legt. Hierdurch wird für das Ensemble aus bestehendem Verwaltungsgebäude und Neubau eine neue zentrale Eingangssituation zur Langen Weihe erzielt. Mit diesem Konzept verbindet sich der Wunsch nach einem neuen städtebaulichen Akzent, der ein sichtbares Zeichen für die Deutsche Rentenversicherung Braunschweig-Hannover setzt. Gleichzeitig werden durch diese Anordnung des Gebäudeensembles weite Teile des Grundstückes für einen großzügigen Freiraum freigehalten, in den der Sonderbaukörper des Casino- und Konferenzbereiches eingebettet ist. Der siebengeschossige Baukörper bildet das Rückgrat des zukünftigen Gebäudeensembles, dem sich das bestehende Verwaltungsgebäude und der neue Sonderbaukörper für das Casino anlagern.

Er ist als offenes, für die Zukunft flexibles Drei-Bund-System konzipiert und vereint in den sechs Obergeschossen jeweils drei Basismodule pro Ebene, deren Zentrum ein in die Fassade eingeschnittener zweigeschossiger Bürogarten ist. Mit Hilfe von Lufträumen, offenen Decks und Balkonen verwebt sich dieser Raum mit der jeweiligen Nutzungseinheit bis tief ins Innere des Gebäudes. Dieser Bürogarten stellt „das Herz und die Lunge" eines jeden Basismoduls dar und ist in seiner Peripherie mit kommunikativen Mitarbeiterfunktionen belegt. [Wettbewerb 1. Preis 2010]

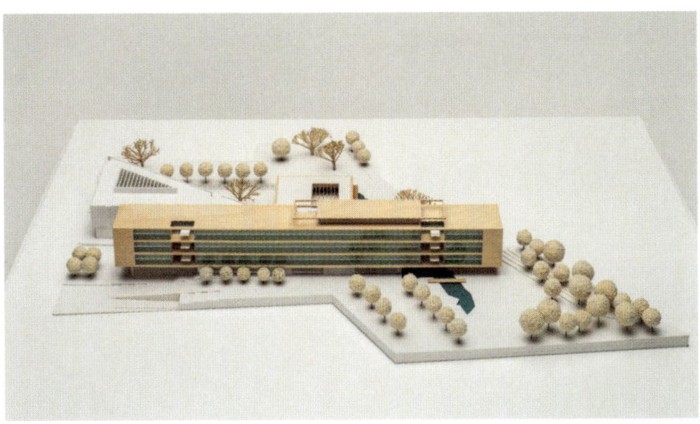

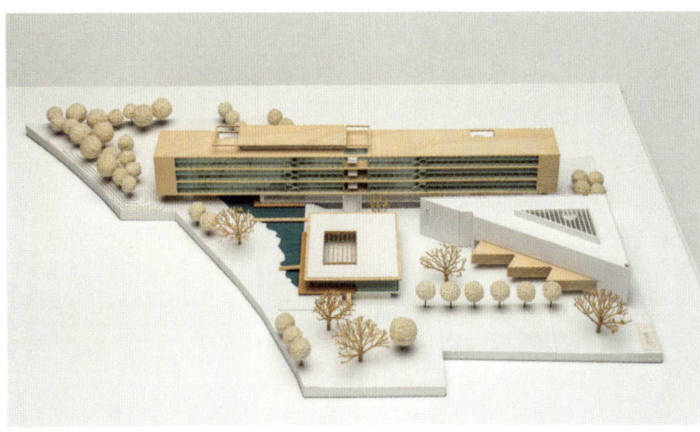

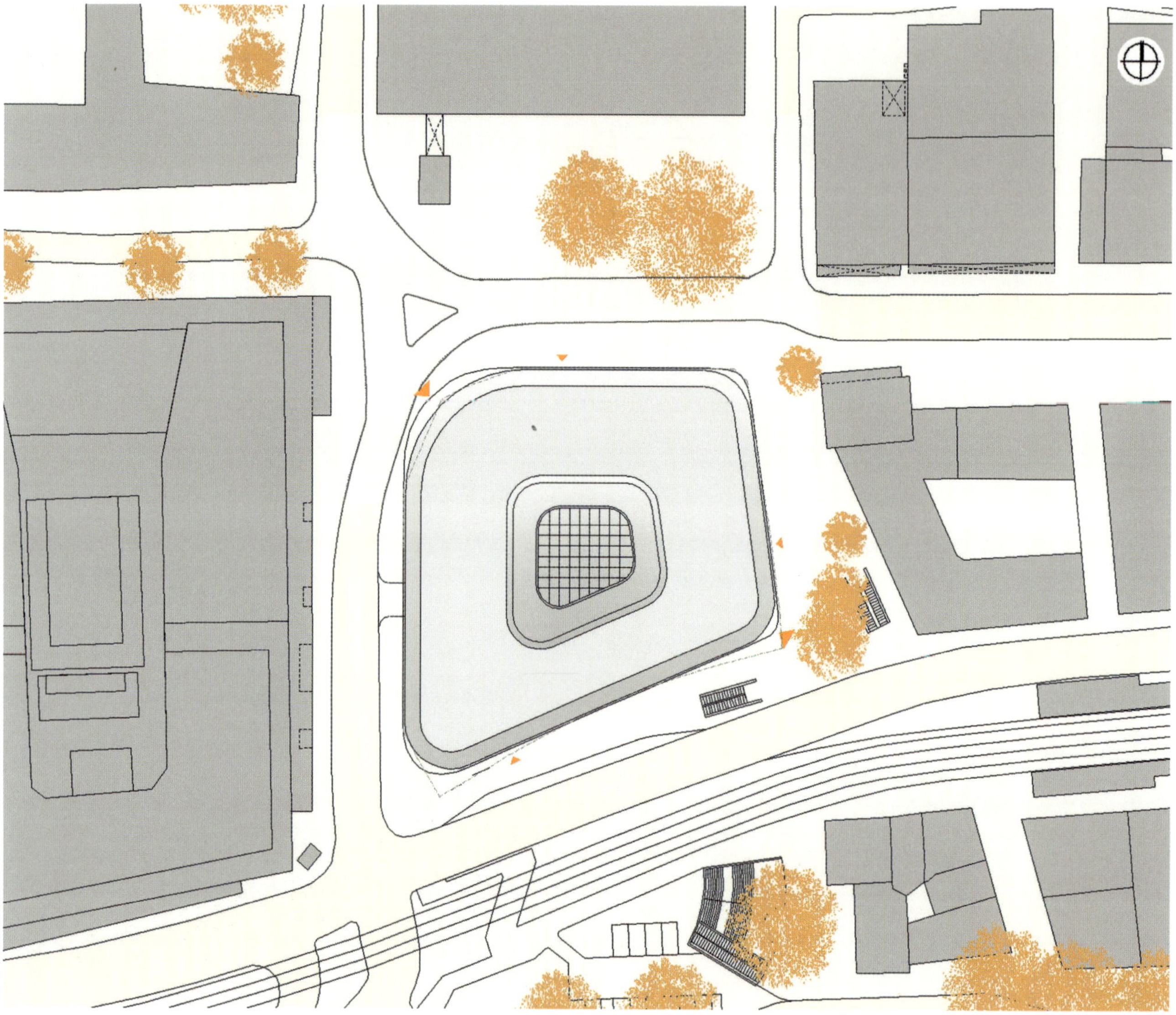

Die neue Quartiersbebauung am Gürzenich ist bewusst als einheitlicher Baublock definiert, um die innerhalb der Via Culturalis angeordnete Großstrukturbebauung – Spanischer Bau, Wallraf-Richartz-Museum und Gürzenich mit Sankt Alban – aufzunehmen und fortzuschreiben. Die südliche Randbebauung der Gürzenichstraße als Block soll eine ruhige, zurückhaltende, gleichwohl signifikante Ausstrahlung aufweisen, um einerseits den Gürzenich zu respektieren und andererseits die Gürzenichstraße zu einem attraktiveren Platz werden zu lassen. Der siebengeschossige Baukörper gliedert sich in eine zweigeschossige Sockelzone mit Pfeilerreihung, eine dreigeschossige Mittelzone und ein zweigeschossiges Staffelgeschoss. Die einheitliche, vertikal strukturierte Fassade mit Naturstein-Pfeilern und geschosshohen Fenstern wird durch leicht auskragende Geschossdecken und durch die Ausbildung ausschwingender Balkonflächen an den Gebäudeecken umspielt und gebrochen. Die das Gebäude umlaufende Fassadenausbildung wird durch die vertikale Erschließung dezent gegliedert und ermöglicht eigenständige Adressen für die Büroflächen in den Obergeschossen. Das Erdgeschoss mit seinen Ladenflächen ist von der Gürzenichstraße aus zu den Abgängen der U-Bahn-Haltestelle Heumarkt durchquerbar; die Zugänge zu dieser Passage sind entsprechend signifikant ausgeführt. Als Materialien sind heller Naturstein, bodentiefe Fenster mit dunklen Rahmen und dunkel beschichteten Geländern konzipiert. Umlaufende bordeauxfarbene Textilmarkisen akzentuieren und veredeln das Erdgeschoss. [Wettbewerb 2010]

Cyclo

Gürzenich
kölnkongress

Die straßenbegleitende Wohnanlage in Lindenthal versammelt in zwei Voll- und einem Staffelgeschoss 14 großzügige, über zwei Treppenhäuser erschlossene Wohnungen unterschiedlichen Zuschnitts. Der einfache, klassische, strenge Baukörper ist durch Risalite, Gesimse und Loggien gegliedert; die Eingänge sind durch Vorbauten akzentuiert. Dadurch fügt sich das Gebäude trotz seiner Größe maßstäblich, unprätentiös und selbstverständlich in den Villencharakter der Umgebung ein. Die schlichte Gartengestaltung unterstreicht den gewünschten Charakter vornehmer Zurückhaltung.

Der Neubau des ECE-Einkaufszentrums auf dem ehemaligen Thier-Areal bot die Chance, den städtebaulichen Kontext neu zu ordnen und die große Baumasse so zu gliedern, dass die Grundstruktur von Straßen und Plätzen und damit ein funktionierendes Stadtbild wiedergewonnen werden kann. Die Gestaltung seiner Fassaden war Gegenstand des Wettbewerbs Thier-Areal. Die hochwertigen architektonischen Qualitäten der beiden Bestandsbauten Berlet-Haus und Verwaltungsgebäude mit ihrer jeweils würdigen und wertigen Anmutung werden aufgenommen und bestimmen den Entwurf. Die Fassadenstruktur des Berlet-Hauses als Gebäudeauftakt und Haupteingang wird aufgegriffen, indem die Gliederung in Sockelzone, Mittelzone und Architrav mit dazwischenliegendem horizontalem Gebälk und vertikalen Stützen modern interpretiert wird. Zugleich wird der Verwaltungsbau über die Materialität des Natursteins eingebunden, sodass die einzelnen Teile trotz differenzierter Ausgestaltung als Einheit erkennbar sind. Die Baumasse ist in zwei Häuserblöcke mit dazwischenliegender Straße bzw. Glasfuge gegliedert. Die Fassadenstruktur findet sich in beiden Blöcken wieder und verbindet sie zu einer gestalterischen Einheit. [Wettbewerb 1. Preis 2011]

RITUALS...
home & body cosmetics
39°C

Das Haus des Thyssenkrupp-Konzerns im historischen Zentrum Berlins zu entwerfen – in unmittelbarer Nachbarschaft des Humboldt-Forums, des ehemaligen Staatsratsgebäudes, des Auswärtigen Amtes, der wiederaufzubauenden Bauakademie sowie gelegen am östlichen Endpunkt der Straße Unter den Linden mit so markanten Landmarken wie Kommandantur, Schlossbrücke, Zeughaus, Lustgarten, Dom, Altem Museum und der sich nach Norden anschließenden Museumsinsel – ist eine ungewöhnliche Herausforderung: Nicht nur gilt es, dem Auftritt eines der bedeutendsten Technologieunternehmen der Republik ein seiner Stellung und Kompetenz angemessenes Gesicht zu verleihen, sondern das neue Gebäude auch in das geschichtsmächtige baukulturelle Umfeld respektvoll, zurückhaltend und würdig einzufügen. Im Bewusstsein dieses Spannungsfeldes aus gewachsener Baukultur, bedeutungsvoller Geschichte und symbolischer Sonderstellung des neuen Hauses des Thyssenkrupp-Konzerns wurde ein einfacher Baukörper entwickelt, der sich auf einem quadratischen Grundriss der

Höhenentwicklung von Humboldt-Forum und ESMT Berlin zuordnen lässt und somit einen neuen Baustein in der von Karl Friedrich Schinkel konzipierten „Kupfergrabenlandschaft" formuliert. Diese „Grundhaltung des Einfachen" war der Ansatz, die Spannung zwischen selbstbewusster Repräsentanz einerseits und behutsamer Einordnung in die vorhandene Bebauung andererseits angemessen aufzulösen. In der Ausformung einer transparenten Stahl-Glas-Fassade, die in ihrer Struktur die Ordnung der Bauakademie aufnimmt und zugleich in ihrer Materialität bewusst die DNA des Technologiekonzerns Thyssenkrupp formuliert, wurde dieser Haltung deutlich Ausdruck verliehen. Das Bauwerk integriert sich in den von Karl Friedrich Schinkel intendierten Dialog „korrespondierender Kuben" auf der Spreeinsel und es entsteht so eine Fortschreibung des einzigartigen Bauensembles der Berliner Mitte. [Wettbewerb 2011]

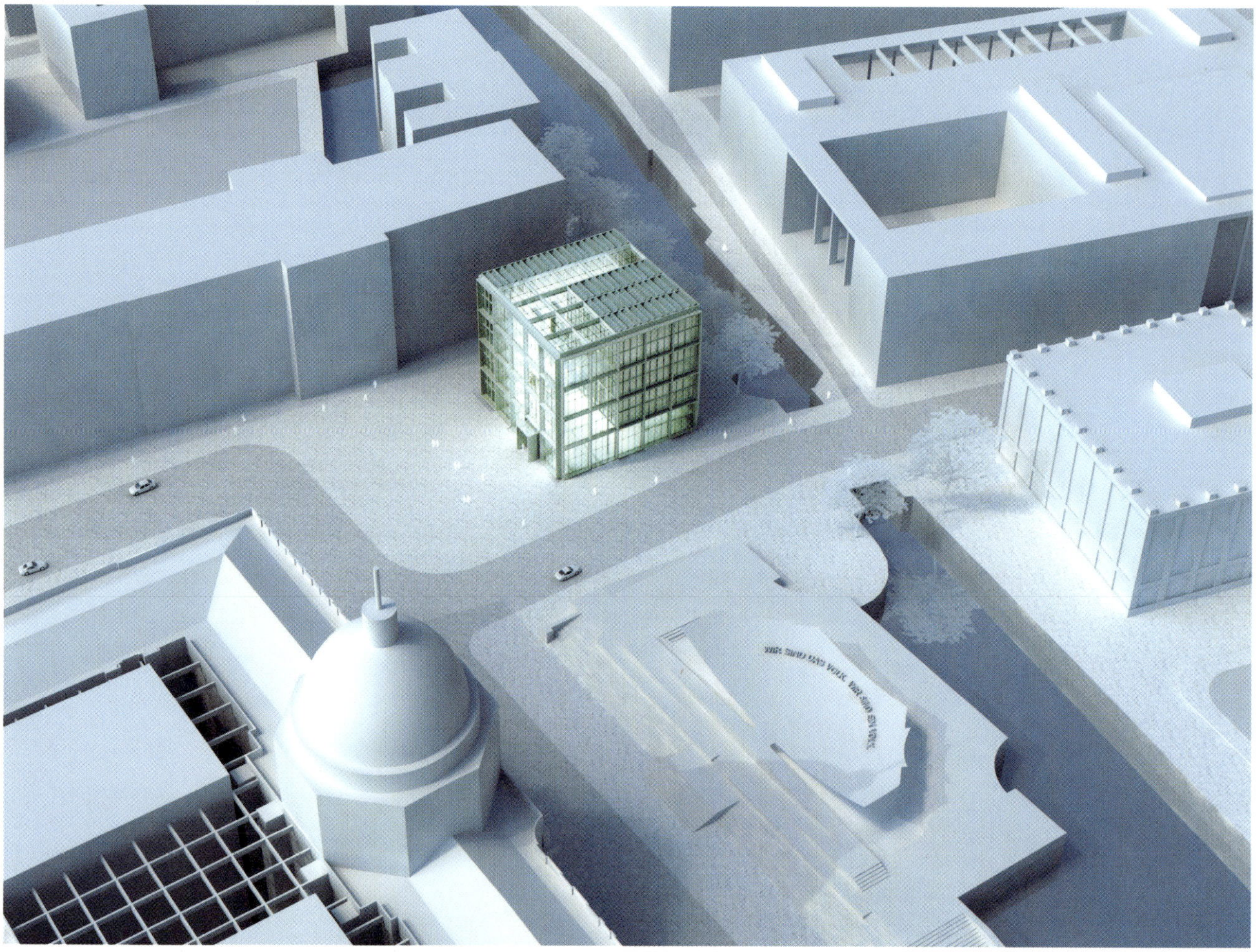

10.07.11

12.07.11

Schinkelplatz

Der Entwurf ordnet die geforderten Büro- und Wohnflächen in einem rektangulären Blocksystem an, das trotz seiner einfachen Grundstruktur ein Höchstmaß an Wohn- und Arbeitsplatzqualität bietet. Durch das wechselvolle Spiel von Hof- und Straßenbereichen, Landschaftsräumen und Freiflächen soll die vorhandene Architekturqualität am Standort Bonner Bogen angemessen fortgeschrieben werden. Das Quartier gliedert sich in drei Baublöcke, die so gestaltet sind, dass sie einerseits qualitätvolle Binnenräume aufweisen, gleichwohl aber eine offene und luftige Atmosphäre bieten. Diese drei Binnenräume werden durchquert und zusammengebunden von einer Magistrale, die alle Quartierbausteine untereinander verknüpft und als zentrale Erschließungsachse fungiert. Die ihr westlich vorgelagerten Wohngebäude schirmen die Binnenbereiche zur Joseph-Schumpeter-Allee ab und bilden gleichzeitig eine eindeutige Raumkante dieser für das Gesamtgebiet so wichtigen Erschließungsstraße. Es entsteht eine ruhige, straßenbegleitende Bebauung, die den westlich vorhandenen gestaffelt angeordneten Büro-

bauten und dem Hotel mit einer klaren Raumkante antwortet. Aus dieser einfach erscheinenden baukörperlichen Anordnung entwickeln sich wie selbstverständlich vielfältige Raum- und Sichtbeziehungen. Die robuste Grundstruktur der drei Quartierbausteine ermöglicht weitere Differenzierungen und unterschiedliche gestalterische Ausformungen und garantiert somit Vielfalt in der Einheit. Zudem erlaubt sie eine klare Erschließungsführung sowie die sukzessive Erstellung in mehreren Bauabschnitten. [Wettbewerb 1. Preis 2011]

Standesgemäß steigt der junge Kaspar Kraemer nach dem Studium in das inzwischen auch in Köln ansässige Architekturbüro des Vaters ein. Wie glücklich dieser Schritt zum damaligen Zeitpunkt war, reflektiert Kraemer im Gespräch ebenso wie die Frage, wie es zum Ausscheiden aus der Büropartnerschaft kommen konnte, die Friedrich Wilhelm Kraemer einst mit Günter Pfennig und Ernst Sieverts gründete, und die in den 1980er- und -90er-Jahren einen Generationenwechsel durchläuft.

David Kasparek: Herr Kraemer, nach dem Studium in Darmstadt, Zürich und Yale stiegen Sie 1977 in das Büro Ihres Vaters ein. Wie verlief der Beginn bei Kraemer Sieverts Partner?

Kaspar Kraemer: Ich habe mich über die Chance gefreut, etwas zusammen mit meinem Vater zu machen. Denn das war bis dahin nicht der Fall. Es war schön, gewollt und gebraucht zu werden. Das Büro stellte sich nach der Schrumpfung während der Ölkrise in den 1970er-Jahren neu auf, da es verschiedene größere Wettbewerbe gewonnen hatte: Den Neu- und Umbau der Deutschen Bank in Düsseldorf, die Stadtwerke GEW und das Reichardhaus für den WDR in Köln sowie die Hauptverwaltung für Thyssen-Gas in Duisburg. Das Büro in Köln wuchs von sechs auf 50 Personen an und mein Vater war der Meinung, ich sollte dabei helfen und müsse zudem Büro und Haus fortführen. Im Nachhinein betrachtet wäre es klüger gewesen, sich erst einmal anderswo „die Hörner abzustoßen". Ich kam, gerade diplomiert und nach dem Stipendium in Amerika, ohne große Erfahrung ins Büro. In dieser Konstellation – als normaler Angestellter, der aber schon als Partner oder Projektleiter angesehen wurde, und Sohn vom Senior-Chef – musste ich meine Rolle erst einmal finden. Das fing schon beim Duzen und Siezen an. Es war auch nicht ganz einfach mit den Partnern meines Vaters, die alle 15, 20 Jahre älter waren als ich. Nach den guten Erfahrungen in den USA mit ihren begeisternden Innovationsmöglichkeiten kam mir Deutschland zudem zunächst sehr klein und glanzlos vor.

KSP, DKV-Hauptverwaltung, Köln 1966–1971

Was war Ihre erste Aufgabe im Büro KSP, das ja inzwischen im Haus Am Römerturm in Köln ansässig war, in das Ihre Eltern 1975, nach der Emeritierung Ihres Vaters, selbst eingezogen waren?

Für die Kassenhalle der Deutschen Bank in Düsseldorf gab es einen bürointernen Wettbewerb. Diesen habe ich für mich entscheiden können, sodass ich zu einer Art „Projektleiter Entwurf" für dieses Bauvorhaben wurde und es im Rahmen meiner Möglichkeiten mit bearbeitet habe. Aber aus heutiger Sicht war ich ein Anfänger, und eben nicht so breit aufgestellt wie jemand, der schon mehrere Jahre in einem großen Büro tätig war und solch ein Projekt richtig leiten und führen konnte.

Wie lief das mit dem Projekt der Deutschen Bank in Düsseldorf?

Es war in gewisser Weise eine Art Abschlussprojekt für meinen Vater: ein Riesen-Komplex, direkt an der Königsallee. Es ist ja eher selten, dass ein Kölner Architekt in Düsseldorf 120 Meter Fassade an der Königsallee gestalten darf. Das war eine Art Belohnung für sein Lebenswerk, all seinen Einsatz und seine Initiative. Er konnte die Leute für sich gewinnen. Der Vorstand der Bank war damals auf Frankfurt und Düsseldorf aufgeteilt, es kam erst später zum kompletten Umzug nach Frankfurt. Insofern war die Deutsche Bank durch eine Dichotomie gekennzeichnet und das Projekt musste in Form und Status einen hohen Repräsentationsanspruch wie in Frankfurt erfüllen. Die Spitze der Deutschen Bank war hier im Haus am Römerturm, um sich ein Bild ihrer Filiale, die gleichzeitig auch eine Zentrale war, zu machen. Es ging um einen ganzen Block – etwa 120 mal 60 Meter –, fünf Geschosse unterirdisch, sieben Stockwerke über der Erde. Es war damit das größte Projekt, das das Büro jemals realisiert hat. Am Ende des Berufslebens meines Vaters war ich Teil seines großen Stabs von Mitarbeitern.

KSP, Deutsche Bank, Entwurfsskizze Kaspar Kraemer, Düsseldorf 1978

Hatten Sie Sorge, gleich am Anfang mit so einem Prestigeobjekt betraut zu sein?

Ich bin auch da relativ naiv hineingestolpert und hatte kein besonders ehrfürchtiges Gefühl. Ich habe das gemacht, was ich für richtig hielt. Wir hatten zum Beispiel einen Vorschlag für die Fassadengestaltung an der Königsallee erarbeitet, ähnlich wie Stirlings geschwungene Glasfassade der Stuttgarter Staatsgalerie. Ich glaube, wir waren keine zwei Minuten im Zimmer von Dr. Kleffel, dem Vorstand, ehe wir wieder hinauskomplimentiert wurden: Es sei eine Unverschämtheit, meinte er, ihm so etwas schlecht Modernistisches zu präsentieren ... So ist es für mich zu den ersten Versuchen gekommen, zwischen zwei Altbauten an der Königsallee eine neue Fassade zu entwickeln, die sich deutlich an den Bestand anlehnt. Wir haben lange daran herumgedoktert und unzählige Varianten gezeichnet, bis es zu einer Lösung kam, die im Wesentlichen auch durch meinen Kommilitonen Rolf Ahnesorg zustande kam, der später in Dortmund eine Professur für Zeichenlehre hatte. Er hat sich als Außenstehender alles angeschaut, strukturiert, und dann die Fassade so entwickelt, wie sie heute steht. Ich konnte als Entwerfer viele Dinge bestimmen, aber die tatsächliche Projektleitung machten andere. Ich musste nur die Skizzen zeichnen und blieb von der ganzen Kärrnerarbeit mit all den Vorschriften, Regelungen und Normen verschont. Ich konnte also auf der leichten Welle mitschwimmen und das hat sich so durchgezogen, bis das Projekt zu Ende ging – und ich keine richtige Aufgabe mehr hatte.

Wie ging es dann weiter?

Ich war unzufrieden und merkte, dass ich etwas anders machen wollte. Das war um 1980, ungefähr drei Jahre nach meinem Einstieg ins Büro. Damals habe ich meinen ersten Wettbewerb hier in Köln gemacht, bei dem wir gemeinsam mit Gottfried Böhm einen der beiden ersten Plätze belegten: das Altenheim Sankt Vincenz an der Rheinuferstraße. Walter von Lom hatte den dritten Platz belegt. Es ist eine skurrile Geschichte: Das Preisgericht dachte offenbar, unsere Arbeit wäre ein Entwurf von Walter von Lom und war erstaunt, dass „das böse Großbüro KSP" so einen schönen Entwurf gefertigt hatte. Es gab also eine Überarbeitungsphase, die dann Walter von Lom gewann. Ich bin anschließend nach

Käthe Buchler, Fotografie der eigenen Tochter Ellen, 1912

Braunschweig gegangen, um am dortigen Standort unseres Büros ein Projekt zu übernehmen, für das wir den ersten Preis gewonnen hatten: das Arbeitsamt in Bochum.

Eine nachgerade schicksalhafte Fügung …

In der Tat, denn an meinem ersten Abend in Braunschweig fand im Städtischen Museum eine Veranstaltung zu Bildern meiner Urgroßmutter Käthe Buchler statt. Sie war um 1900 eine bedeutende Fotografin in Braunschweig. Auf diesem Vortragsabend habe ich meine heutige Frau kennengelernt. Hätte ich den Wettbewerb in Köln gewonnen, wäre ich jetzt nicht mit ihr verheiratet. Und so kann ich Walter von Lom bis heute nicht böse sein: Er ist in gewisser Weise mit dafür verantwortlich, dass meine Frau und ich uns gefunden haben und wir sind auch deshalb mit ihm befreundet (*lacht*).

War das Arbeitsamt in Bochum der Grund, warum Sie 1985 Partner im Büro KSP wurden?

Bochum war sozusagen mein Gesellenstück. Das Sichtmauerwerk sieht heute noch sehr gut aus, es wurde kürzlich saniert. Das Gebäude steht als eines der ersten Häuser an der Universitätsstraße in Bochum – und das auch nach 40 Jahren in einer vollkommenen Selbstverständlichkeit. Der damalige Präsident des Landesarbeitsamtes, Olaf Sund, sagte bei der Einweihung: „Chapeau, Herr Kraemer, so stelle ich mir ein Arbeitsamt vor." Es sei genau das, was im Ruhrgebiet richtig wäre: Es strahle die Fürsorglichkeit der sozialen Idee aus und gleichzeitig auch eine klare, würdevolle Haltung als Haus des Staates. Das empfand ich als großes Kompliment. Ich habe viel daran gelernt, auch durch meinen späteren Partner bei KSP, Lutz Käferhaus, der sich in Braunschweig um mich kümmerte. Sylvester Grund hat im Wesentlichen die Details des Mauerwerks entwickelt. Wir haben das Projekt gemeinsam erarbeitet: ich skizzenhaft, und er hat dann alles in die Ausführungsplanung umgesetzt. So ist das Haus geworden, wie es jetzt ist – auch im Dialog mit dem Künstler Anselm Treese, der die Innenarchitektur mit den Ziegelreliefs mitgestaltet hat. Auch die Zusammenarbeit mit den Gartenarchitekten Boedeker, Wagenfeld und Partner lief gut. Es war eine sehr schöne Erfahrung. Ich fuhr immer morgens um sieben von Braunschweig mit dem seinerzeit brandneuen IC los. Zu Anfang nach Dortmund, wo wir unsere Planung im Finanz-Bauamt vorstellen mussten, und später nach Bochum. Vom Bahnhof waren es zehn Minuten zu Fuß zur Baustelle.

Hat Ihre Rolle innerhalb des Büros durch den Aufstieg zum Partner an Klarheit gewonnen?

Ja. Das war eine Anerkennung, die nicht selbstverständlich war. Die anderen Partner waren nicht so von mir überzeugt. Ich muss im Nachhinein sagen: Ganz im Unrecht waren sie nicht, weil ich die Fähigkeit zur Führung, wie ich sie heute besitze, damals noch nicht hatte. Das hat sich erst später entwickelt, als ich mein eigenes Büro geleitet habe. Auch mit meiner Tätigkeit beim BDA, der Darstellung in der Stadt und der Präsenz in der Bürgerschaft hat sich mein Selbstbewusstsein entwickelt. Diese Tätigkeiten haben meine damaligen Partner bei KSP nicht wahrgenommen. Und ich weiß nicht, ob sie es überhaupt zugelassen hätten, so aus dem Kontext KSP heraus zu agieren.

KSP, Arbeitsamt Bochum, Bochum 1980–1984

Welche Projekte haben Sie in dieser Zeit bearbeitet?

Ich hatte einen guten Start durch das Arbeitsamt in Bochum. Wir haben dann für die Oberpostdirektion in Aachen, Köln und Sankt Augustin gebaut – dort das letzte deutsche Postamt. Dabei ging es jeweils um das Bauen für

Behörden, mit ähnlichen Strukturen und Regularien wie in Bochum. Darin waren wir firm, damit konnten wir die Leute gewinnen. Es war vieles von Sympathie getragen, alle waren zugänglich und konstruktiv. Ich hatte immer gute Mitarbeiter und auch das gehört dazu: Die guten Leute kommen zu einem, weil sie sich wohlfühlen und weil das Umfeld stimmt, weil man kein Tyrann ist und nicht durchdreht oder wie ein Wahnsinniger durch die Büros zetert.

Gibt es rückblickend ein Lieblingsprojekt aus Ihrer KSP-Zeit?

Sicher das Arbeitsamt in Bochum – einfach, weil es das Schlüsselprojekt war. Auch die Sanierung des Gürzenich hier in Köln war bemerkenswert. Das ist ja ein fast 600 Jahre altes Haus, das 1444 eingeweiht wurde. Die Renovierung fand 1997 statt. Zur Einweihung am 27. September kam Bundespräsident Herzog, das war schon etwas Besonderes. Parallel haben wir die Berlin-Kölnische Versicherung gebaut: ein Projekt, für das ich den Wettbewerb mit bearbeitet hatte, den wir 1992 gewannen. Damit wurde 1994 begonnen, 1997 war es fertiggestellt. Im gleichen Jahr also zwei spektakuläre Bauprojekte in Köln ... Auch das Dom-Hotel haben wir sanieren dürfen, mit den englischen Bauherren von Trusthouse Forte, mit denen alles auf Englisch verhandelt werden musste. Wir bauten eine Verglasung in die Kolonnaden ein und haben alle Flure saniert. Rückblickend wird das alles eins, ist alles Teil des Lebens. Es gibt nicht *das* Lieblingsprojekt. Es gibt Dinge, die einem weniger Spaß gemacht haben, aber letztendlich ist alles mehr oder weniger vom gleichen Geist geprägt: durch die Haltung, die meinen Vater ausmachte, die subkutan in alles eingeflossen ist und sich dann später im eigenen Büro auch so manifestiert hat.

KSP, Fernmeldeamt Aachen, 1987

KSP, Sanierung Dom-Hotel, Köln 1988

Bitte beschreiben Sie diese Haltung doch.

Alles, was uns heute auch ausmacht: mit der Klarheit, der körperlichen Erscheinung, der richtigen Setzung im Raum, der Proportion der Fassaden und vor allen Dingen mit der hohen Funktionalität der Grundrisse und der konstruktiven Richtigkeit – eigentlich all das, was die Braunschweiger Schule repräsentiert. Das ist das Wesen unserer Arbeit. Ich empfinde es als sehr gut, dass ich, obwohl ich nicht in Braunschweig studiert und nicht mit meinem Vater darüber diskutiert habe, mit der Zeit und durch das Studium der Projekte da habe hineinwachsen können. Das Haus hier am Römerturm in Köln repräsentiert all das, was diesen Geist ausmacht, obwohl es eine klassizistische Rekonstruktion ist: Die Ordnung, Systematik, Klarheit und Funktionalität sind durch dieses Gebäude in einen selbst übergegangen.

Kann man das schon im Studium erlernen?

Nein. Wir haben nichts Wesentliches von all den Themen gelernt, die mich heute bestimmen – gerade was Proportions- oder Harmoniefragen betrifft. Architekturtheorie gab es damals so noch nicht. Die Generation unserer Professoren war aus dem Krieg zurückgekommen, Max Bächer und die anderen haben diese Betonbunker gebaut. Es war eine Tragik, wie der Klassizismus verunglimpft wurde, weil er natürlich durch die Nationalsozialisten sehr diskreditiert war. Aber das wird einem ja erst hinterher klar. So richtig wurde mir das auch erst in den letzten zehn bis 20 Jahren bewusst.

Ende der 1980er-Jahre wurde das Maritim-Hotel am Kölner Heumarkt fertiggestellt. Um den Entwurf gab es einige Kontroversen, bestimmte Motive erinnerten an den Züblin-Bau von Gottfried Böhm, die Jury glaubte angeblich,

KSP mit Gottfried Böhm, Maritim-Hotel am Heumarkt, Köln 1987–1989

Böhm auszuzeichnen und war überrascht, dass der Entwurf tatsächlich von KSP stammte. In der Folge kam es zu einer Zusammenarbeit zwischen Böhm und KSP. Wie haben Sie die Geschichte damals erlebt?

Die Geschichte war eine Blamage, und für mich mit einer schmerzlichen Enttäuschung verbunden. Ich war 1985 Partner bei KSP geworden und litt darunter, in dieser Partnerschaft kein gleichaltriges Gegenüber zu haben. Die gesamte Auslobung hatte von Anfang an eine gewisse Tragik. Es war ein beschränkter Wettbewerb, zu dem nur sechs Büros aus Köln eingeladen waren, darunter Ungers, Böhm, KSP. Der BDA Köln hatte sich öffentlich intensiv dagegen ausgesprochen, weil der Wettbewerb beschränkt und nicht offen war. Wir wurden als „Drei-Buchstaben-Büro" diskreditiert. Gottfried Böhm beugte sich diesem Druck und gab öffentlich bekannt, er werde nicht am Wettbewerb teilnehmen. Dadurch war das ganze Thema schon belastet. Vorsitzender des Preisgerichts war Hans Kammerer. Beim Begutachten der Arbeiten während des Preisgerichts kam die Frage auf, warum Böhm denn doch mitgemacht hätte, weil diese eine Arbeit so ähnlich war wie sein Züblin-Haus.

Wie kam diese Ähnlichkeit zustande?

Als wir den Wettbewerb bearbeiteten, schmiss vier Wochen vor Abgabe der entsprechende Sachbearbeiter hin – an die genauen Gründe erinnere ich mich nicht mehr. Aber er war eben von jetzt auf gleich weg. Und dann kam Stefan Schmitz, der an der RWTH Aachen bei Böhm seine Diplomarbeit über genau dieses Grundstück gemacht hatte. Er schlug die Lösung mit den beiden Gebäuderiegeln vor, was wir alle logisch und richtig fanden. Deshalb hat der Entwurf ja auch den ersten Preis gewonnen. Intern ist uns durch diese Umstellung die gesamte Terminkette durcheinandergeraten und alles musste im Schweinsgalopp zu Ende gebracht werden. Die Ansichten wurden also von meinem damaligen Partner Henning Huth auf die Schnelle frei Hand gezeichnet, weil er keine Zeit mehr hatte, an der Zeichenschiene zu arbeiten. Er konnte sehr gut freihändig zeichnen, hat alles frei skizziert und ist am Abgabeabend aus dem Büro gegangen. Aber dann haben sich drei Mitarbeiter, die noch da waren – unter anderem Stefan Schmitz – einen Spaß daraus gemacht, auf die Türmchen noch ein paar Fähnchen zu malen, alles noch ein wenig auszuschmücken. Und so kam es zu immer mehr Parallelen zur bekannten Böhmschen Formensprache und zu dieser formalen Ähnlichkeit.

Wie reagierten die Betreuer des Wettbewerbs?

Irgendjemand aus dem betreuenden Wettbewerbsbüro wurde losgeschickt zur nahegelegenen Buchhandlung Walther König, um ein Buch mit Böhms Bauten zu kaufen. Hans Kammerer hat sich mit einem Bild des Züblin-Hauses vor die Preisrichter gestellt und gefragt: „Was ist das?" Ab diesem Zeitpunkt wurde nicht mehr darüber diskutiert, dass der Entwurf einen Typus behandelt – nämlich eine Passage –, den es schon seit dem 19. Jahrhundert gibt. Kammerer drohte, das Verfahren platzen zu lassen. Maritim hatte als Bauherr aber eine Zeitschiene und musste das Hotel termingerecht bauen. Dann hat man sich auf diesen Kompromiss verständigt, Böhm zu bitten, mit uns zusammenzuarbeiten. Gottfried Böhm meinte, wenn er mitmache, müsse es auch seine Handschrift tragen. Und dann ist das Gebäude so geworden, wie es heute dasteht, aber eigentlich ist es doch ein KSP-Bau. Die Innenarchitektur wiederum kam von den hauseigenen Maritim-Architekten. Ich schaue auf dieses Haus mit gemischten Gefühlen: Ich finde es städtebaulich richtig, es trifft eine gute Aussage. Es ist unser Entwurf, der von Böhm übernommen und gestaltet wurde. Das ist eben eine jener schmerzlichen Erfahrungen, die man im Beruf machen muss.

Welche Konsequenzen haben Sie daraus für sich gezogen?

Das war für mich ein ganz wichtiger Anlass, zu sagen: „Ich möchte jetzt Partner, die so denken wie ich, mit denen ich mich über Architektur austauschen kann, mit denen solche Sachen nicht passieren, und die so alt sind wie ich." Ich kannte Michael Zimmermann, der für GMP die Stadthalle Bielefeld geplant hatte, noch aus Braunschweiger Zeiten in den 1980er-Jahren. Er hatte mich schon damals gefragt, ob er nicht als Partner bei uns einsteigen könnte. Zu der Zeit gab es diese Option noch nicht, nun aber schon. Mit ihm und Jürgen Engel fanden wir Partner, mit denen ich meinte, auf Augenhöhe agieren zu können. In der Folge arbeiteten viele, heute namhafte Architekten für uns: Kai Richter, Jens Bothe, Hadi Teherani und einige andere – auch wenn sie davon nachher nichts mehr wissen wollten. In ihren Vitae taucht KSP nie auf, weil es als peinlich galt, im Großbüro gearbeitet zu haben. Auch das war für mich eine schmerzliche Erfahrung. Aber auch hier: Das versteht man alles immer erst hinterher. Man begreift das in dem Moment nicht wirklich, weil einem die Außensicht fehlt. Mir ist inzwischen klar, dass man in einem solchen Großbüro nicht als Einzelpersönlichkeit erkennbar ist, weshalb man zum Beispiel auch gar nicht an eine Hochschule berufen wird.

War eine Professur deshalb nie ein Thema für Sie?

Ich werde das häufiger gefragt, weil ich eine große Lust habe, zu vermitteln und zu erklären, zu lehren, und auch glaube, begeistern zu können. Ich bin schlicht nie gefragt oder berufen worden, ich habe mich selbst aber auch nie an einer Hochschule beworben.

1998 kam es zum Bruch zwischen Ihnen und den damaligen Partnern des Büros KSP. Was war passiert?

Wir haben uns einvernehmlich getrennt. Wir kamen nicht mehr miteinander aus, ich musste meinen eigenen Weg finden. Dabei hat es mich auch überrascht, dass es überhaupt so weit gekommen ist. Zwar deutete es sich über einen gewissen Zeitraum langsam an, aber ich konnte es zunächst gar nicht wirklich glauben. Ich erkannte jedoch, dass wir in der Art unserer Arbeitsweisen und Auffassungen zu unterschiedlich waren.

Dennoch ist es nicht unbedingt der naheliegende Schluss, dass ausgerechnet diejenigen, deren Initialen im Kürzel nicht auftauchen, den Büronamen weiterführen …

Ja, aber das ist ein Thema der Gesetzgebung und der Tatsache geschuldet, dass das Büro als GmbH organisiert war. Das Büro als Marke KSP war eine GmbH, der Name Kraemer war Teil dieser Marke, unabhängig von den Namen der Geschäftsführer. Hätte man diese GmbH geteilt, so hätte es andere Probleme gegeben. Dadurch, dass ich als Gesellschafter ausschied, war das keine Option und man hielt es offensichtlich für vernünftig, den Namen KSP weiterhin zu führen – und das war es ja auch. Unter dieser Fahne segelte es sich offenkundig gut und erfolgreich. Jürgen Engel macht es ja bis heute sehr gut. Es ist eine Erfolgsgeschichte, wie er das Büro weitergeführt hat. Aber es hat in meinen Augen nichts mehr mit dem zu tun, wofür die drei Buchstaben KSP einmal standen: mit der Braunschweiger Schule, mit meinem Vater und der Tradition, in der ich mich selbst sehe. Für mich gibt es das

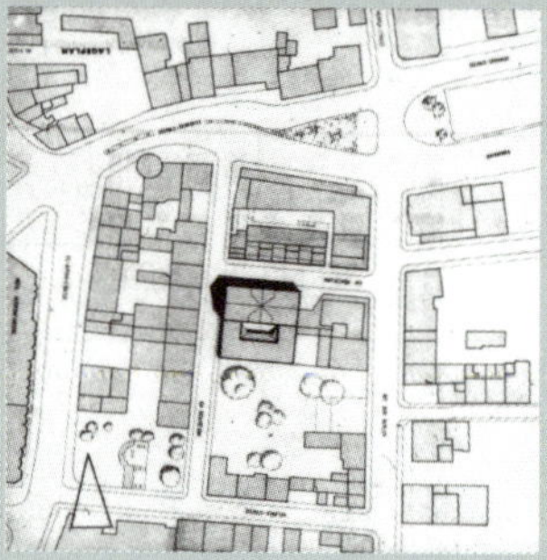

Friedrich Wilhelm Kraemer, Haus Am Römerturm 3, Köln 1974

Büro von Friedrich Wilhelm Kraemer, und dann eine Zwischenphase. Seit der GmbH-Gründung bis jetzt ist es für mich ein anderes Büro.

Das klingt abgeklärt ...

Ich habe eher verwundert von außen darauf geblickt, wie in einem Film. Es fühlte sich an wie eine gescheiterte Ehe. Man muss sich aber auch selbst fragen, was man falsch gemacht hat, oder wo es anfing, schiefzulaufen. Aber letztendlich wog die tiefe Enttäuschung schwer. Mit 50 Jahren stand ich plötzlich gewissermaßen auf der Straße und wusste nicht genau, wie es weitergehen sollte. Das war schon ungewöhnlich. Aber ich hatte ein gewisses Urvertrauen, dass doch alles funktionieren und weitergehen würde.

Sie hatten ein halbes Jahr „Konkurrenzverbot", durften also nicht als Architekt arbeiten. Wie haben Sie diese Zeit erlebt?

Ich musste das Haus in Köln, das mein Vater saniert und gebaut hatte, verlassen, das Büro KSP war ja noch hier ansässig. Aber ich hatte meine Frau, meine Tochter, und ich hatte meine Freunde. Außerdem gab es viele Leute hier in der Stadt Köln, die mir über die Zeit des Konkurrenzverbots hinweghalfen. Ich bin sofort in meine eigene Welt eingestiegen unter dem Motto: „Gut, dann war es das jetzt eben." Schnell war der Gedanke da, dass das eine Art Befreiung sein könnte und einem Neustart nichts im Wege steht. Meine Mutter, das war sehr rührend, sagte mir später einmal, sie hätte immer gewusst, dass das für mich das Richtige gewesen wäre. Im Nachhinein sagt sich so etwas natürlich leichter, aber es stimmt: Es war tatsächlich für mich die richtige Entscheidung. All das, was danach kam, die erfüllten 25 Jahre seitdem, hätte ich ja nie machen können als Teil von KSP.

Sie haben das Haus am Römerturm, in dem wir auch heute für dieses Gespräch zusammensitzen, schon mehrfach erwähnt. Die Arbeit Ihres Vaters wird hier spürbar. Es gab eine Ausstellung von Karin Wilhelm, die sein Werk würdigte, und einen begleitenden, sehr schönen Katalog [Gesetz und Freiheit → S. 426]. Welche Rolle spielten das Haus und die Ausstellung damals für Sie?

Das Haus ist für mich bis heute ein wunderbarer Stabilitätsanker. Die damalige Ausstellung mit Karin Wilhelm und das Buch waren deswegen so besonders, weil eigentlich zum ersten Mal mein Vater und seine Arbeit umfassend gewürdigt wurden. Ich konnte das in dieser Zeit initiieren und das Thema Karin Wilhelm anvertrauen. Bis heute bin ich beeindruckt davon, wie großartig sie das umgesetzt hat. Das hat mich meinem Vater sehr viel nähergebracht. Es freut mich, dass es gelungen ist, ihn so darzustellen, wie er es selbst nie gemacht hätte. Einfach, weil er immer nur nach vorne gedacht hat und nie an Archivierung, Darstellung oder so etwas wie Nachruhm interessiert war. Eine Publikation mit der Darstellung des Gebauten, also des Vergangenen, zu machen, hat ihn nie interessiert.

Karin Wilhelm, Olaf Gisbertz, Detlef Jessen-Klingenberg und Anne Schmedding: Gesetz und Freiheit: Der Architekt Friedrich Wilhelm Kraemer, 2007

Wie ging es weiter, wie sah Ihr Neustart aus?

Es gab die ersten Ansätze für ein Villen-Projekt in der Kölner Marienburg: Die Sanierung eines denkmalgeschützten Hauses von 1912/13 im Englischen Landhausstil [→ S. 32]. Bearbeitet habe ich das Projekt bei Alexander Pirlet im Büro, der dann fast zeitgleich mein nächster Bauherr wurde. Ich hatte ja keinen Ort mehr, an dem ich hätte arbeiten können. Pirlet war sofort an meiner Seite und bot mir ein Zimmer in seinem Ingenieurbüro am Kölner Neumarkt an. Wir hatten ein Projekt in Aachen zusammen gemacht, mein Vater war mit seinem Vater, der eines der großen deutschen Ingenieursbüros führte, gut bekannt. Wir hatten schon verschiedene Projekte gemeinsam realisiert – zum Beispiel für die Oberpostdirektion, die ich bereits erwähnte. Somit hatte ich dann wieder eine Adresse, eine Sekretärin und ein Zimmer zum Arbeiten. Und dann fing es wirklich rührend an, weil nach und nach junge Mitarbeiter dazustießen, die mich aus der Zeit bei KSP kannten. Wir haben mit zwei Leuten angefangen, und bald kam Hans-Günter Lübben dazu, der heute Teil der Geschäftsführung ist. Am 1. Juli 1999 konnten wir wieder hier, Am Römerturm 3, einziehen. Und passend zum Einzug kam Alexander Pirlet und brachte den Auftrag für sein eigenes Wohnhaus mit. Kurz darauf kam die Anfrage von Professor Weiß, den ich auch von einem früheren Projekt kannte, für ein Projekt, aus dem das Verwaltungsgebäude für Arthur Andersen Consulting – heute Accenture – in Kronberg entstand. Diejenigen Mitarbeiter aus dem alten KSP-Büro, die sich in diesem Haus ebenso zu Hause fühlten wie ich, sind zurückgekommen. So hatte ich fast die gleiche Struktur, die bekannten Abläufe – und das ganze Know-how war wieder da. Bis hin zur Sekretärin. Neben Hans-Günter Lübben kamen Oskar Molnar und Daniel Böger dazu, die heute beide Partner sind; drei Jahre später stieß Georg Ritterbach, inzwischen auch Partner, dazu. Diese vier Architekten haben das Büro mit aufgebaut. Ich fand es richtig und wichtig, dass sie als Mitbegründer und Partner Teil einer neuen Identität und Zukunft wurden.

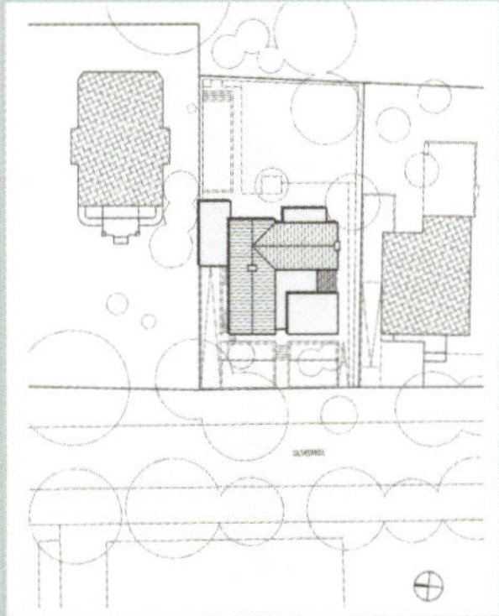

Kaspar Kraemer Architekten, Haus Pirlet, Köln 1999–2002, Luftbild, Lageplan

Auch Ihre Frau spielte im Büro eine wichtige Rolle ...

Ja, sie ist Volljuristin und hat mit ihrer Präzision und Klarheit, mit Stringenz und Logik den gesamten verwaltungstechnischen Bereich übernommen – alles, was mit Mitarbeitern, Geld, Versicherungen und Verträgen hier im Hause zu tun hatte. Mit ihren juristischen Qualitäten, der Genauigkeit und Sachlichkeit, und ihrer beeindruckend klaren Art war sie immens wichtig. Das Kleingedruckte zu durchdringen, liegt nicht in meiner DNA. So war sie eine wunderbare Ergänzung und auch der eigentliche Grund für unseren Erfolg in diesen 25 Jahren. Wir haben noch nie einen Prozess mit Bauherren führen müssen.

Sie hatten am Anfang also Direktaufträge. Welche Rolle haben Wettbewerbe gespielt?

Wir hatten das Glück, dass wir gleich nach dem wichtigen Direktauftrag für Accenture zu einem Wettbewerb eingeladen wurden: Hochtief in Essen. Dieses Verfahren konnten wir gewinnen und auch dieses Haus durften wir bauen. Mit dem Honorar konnte ich alles verstetigen, die ganze Infrastruktur von den Computern über die Telefonanlage bis hin zur Visitenkarte sofort bezahlen, ohne dass ich Kredite aufnehmen musste. So hat sich immer wieder eins aus dem anderen ergeben: van Laack, das Cologne Science Center „Odysseum", das Einstiegsbauwerk zum Kölner Dom, das Hochwasserpumpwerk, das Gemeindezentrum in Bickendorf. Das sind alles Bauten, die aus Wettbewerbserfolgen hervorgingen.

Waren das vor allem eingeladene Wettbewerbe?

Kaspar Kraemer Architekten, Accenture New Office Campus, Kronberg 2000–2003

Meistens ja. Wenn wir mit sieben, acht anderen Büros eingeladen werden, haben wir eigentlich immer recht gute Chancen, weil die Auftraggeber, die uns einladen, auch unsere Architektursprache kennen. Sie wollen nicht Zaha Hadid oder Frank O. Gehry, sondern sie wollen das Brauchbare, Solide, Dauerhafte. Das ist vielleicht etwas bieder, aber es kann sich auch nach 50 Jahren noch gut behaupten.

Sie erzählten, dass Sie viele Jahre Hockey spielten, also Mannschaftssport betrieben. Aus eigener Erfahrung weiß ich, dass die dabei gesammelten Erfahrun-

Kaspar Kraemer Architekten, Bürogebäude Hochtief, Essen 1999–2002

gen gut für die Teamleistungen des professionellen Lebens in Redaktionen und Büros genutzt werden können. Wie haben Sie das erlebt?

Das ist eine fast frühkindliche Erfahrung des Miteinanders, die ich genial finde: Im Sommer spielt man Tennis, da ist man Individuum, es ist warm und man braucht keine besondere Unterstützung. Im Winter aber, wenn es kalt ist, braucht man die Mannschaft, die Gemeinsamkeit der gegenseitigen Hilfe. Also spielt man im Winter Hockey. Aus dieser in England entwickelten Idee sind die Tennis- und Hockeyclubs in Deutschland entstanden. Das ist eine wichtige Erfahrung von der Gemeinschaftlichkeit eines Teams für mich, die ich schon in Braunschweig während der Schulzeit kennengelernt habe, und die sich während der Bundeswehr fortgesetzt hat. Ich war bei der Panzerartillerie und bin als Leutnant der Reserve ausgeschieden. Wie einige große Architekten übrigens: Vitruv und Balthasar Neumann waren Artilleristen (*lacht*). Ich war Ausbilder, Schleifer, sagte man früher dazu. Das waren die allerersten Erfahrungen von Befehlsgebung, Führung und Vorbild sein, zum anderen aber auch von mannschaftlichem Miteinander. Für mich war das sehr wesentlich. Es betraf auch den Alltag, das Miteinander, die Wertschätzung und Rücksichtnahme auf diejenigen, die es nicht so gut hatten.

Diese Erfahrungen des Miteinanders und Teamgedankens spielen eine große Rolle für mich. An oder mit dem anderen denken, ist ja letztendlich die Regel für alles. Der Straßenverkehr macht es deutlich: Mit Umsicht, Nachsicht und Rücksicht bleibt man unfallfrei. Lässt man dann auch Voraussicht walten, ist es noch besser. Das alles sind Momente, die man durch die Gemeinschaft und durch das Zusammenleben lernt und einstudiert. Und wenn man in so einem verwöhnten Elternhaus aufwächst, wo einem für die damalige Zeit sehr viel zur Verfügung stand, und man dann in eine Stube mit acht Leuten kommt, wo man auf 20 Quadratmetern zusammensitzt, auf jeder Seite zwei Doppelstockbetten, in der Mitte ein Tisch, drum herum acht Stühle, auf denen man jeden Abend einen sogenannten „Kampfstuhl" bauen muss, wo alle Kleidungsstücke exakt darauf gehängt sein müssen – das sind Erfahrungen, die prägen.

Mir scheint, dass Ihnen auch von der auftraggebenden Bauherrenseite viel Wohlwollen entgegengebracht wurde …

Ja, ich denke, dass das viel mit gegenseitiger Sympathie zu tun hat. Es gab nach der Trennung von KSP auch Unverständnis für diesen Schritt und Viele, die mich unterstützt haben. Andere, die zu uns kamen, kannten mich und hätten sich vorher gar nicht getraut, auf dieses große Büro zuzugehen: Bauherren, für die wir wunderbare Einfamilienhäuser und Villen bauen durften, wären mit einem solchen Anliegen gar nicht erst in dem damaligen Großbüro gelandet. So aber konnten wir viele verschiedene Projekte vom Einfamilienhaus über Sonderbauten bis hin zum großen Verwaltungsgebäude für sie realisieren.

KSP, Arbeitsamt Bochum,
Zeichnung Kaspar Kraemer, 1981

Das straßenbegleitend an der Hunscheidtstraße gelegene, 1938 von Paul Bonatz entworfene denkmalgeschützte Verwaltungsgebäude der Maschinenfabrik Eickhoff bildet den Kopfbau für die dahinter verdeckt liegenden Produktionsstätten. In einem ersten Bauabschnitt wurde die Eingangshalle des Gebäudes saniert. In einer zweiten Bauphase galt es, die Büroräume des Verwaltungsgebäudes neu zu strukturieren und zeitgemäß einzurichten. Die vollkommene Entkernung des Gebäudes ermöglichte die Neukonzeption der Bürogestaltung, die durch verglaste Flur- und Bürotrennwände ein Höchstmaß an Transparenz aufweist und dem Haus im Inneren einen neuen zeitgemäßen, inspirierenden Charakter verleiht. Glas, edle Hölzer, Stoffe, Leder und Linoleum erzeugen eine angenehme und hochwertige, aber nicht aufdringliche Arbeitsatmosphäre. Historische Räume wie der sogenannte „Ahnensaal" und das Eckbüro der Geschäftsführung wurden unter Bewahrung ihres ursprünglichen Charakters behutsam auf den heutigen Stand der Technik gebracht.

Eickhoff

Das in den 1950er-Jahren entstandene und mehrfach umgebaute Clubhaus des Golf- und Land-Clubs Köln in Bergisch Gladbach wurde einer grundsätzlichen Neuordnung der Funktionen und einer Totalsanierung unterzogen. Wesentliches neues gestalterisches Element der umfangreichen Umbaumaßnahmen ist die Ausbildung einer säulengetragenen Terrassenüberdachung, die das Gebäude unter einer Gestaltidee wieder zusammenfasst und ihm den Charakter eines Clubhauses im Landschaftspark zurückgibt.

Das 1913 als „Königliche Eisenbahndirektion Köln" fertiggestellte Gebäude ist in seiner historistischen Haltung und seiner herrschaftlichen Erscheinung ein wichtiger Baustein des Kölner Rheinpanoramas. Aufgabe war es, dem durch Kriegsbeschädigungen verlorengegangenen Dachaufbau, der für Proportion und Gestalt prägend war, eine modernen Nutzungsanforderungen gerecht werdende neue Gestalt zu geben. Daher wurde analog zu dem ursprünglichen, geometrisch klaren Schieferdach eine ähnlich homogene Pfosten-Riegel-Konstruktion entwickelt, die die Gestaltungsmerkmale des ehemaligen Daches aufnimmt, im Einklang mit dem Gebäude steht und gleichzeitig den Nutzungsanforderungen nach Ausblick, Schallschutz, Sonnenschutz etc. Rechnung trägt. Zur Verbindung des Daches mit dem Baukörper wurden im Mansardgeschoss Gauben, als den ursprünglichen Entwurf prägende Elemente, die die Gliederung der Hauptfassade aufnehmen und ins Dach weiterführen, angeordnet. [Wettbewerb 2012]

Der Entwurf ordnet die Schule als eine viergeschossige Bebauung an der Clarenbachstraße an, aus der sich die eingeschossige, dachbegrünte Mensa rechtwinklig herausschiebt, um den Innenhof zum öffentlichen Raum des östlich angrenzenden Clarenbachkanals hin abzuschließen. Es entsteht so ein „hortus conclusus“, in dem die neuen Baukörper sich mit den vorhandenen zu einer Art „Kreuzgang“ verbinden und einen geschützten Binnenbereich als „grüne Mitte“ ausbilden. So legen sich die Auferstehungskirche von Gottfried Böhm im Süden, die Unterrichtsräume der Domsingschule im Westen, die Schulerweiterungs- und Wohnflächen im Norden sowie die Mensa im Osten schützend um den vorhandenen „Garten“ der Domsingschule und nutzen seine Raum- und Aufenthaltsqualitäten. Die Formensprache des Neubaus fügt sich selbstverständlich und unprätentiös in die Umgebung ein und entfaltet keine formale „Konkurrenz“ zur Auferstehungskirche. Auch die schlichte Bescheidenheit der nördlichen Wohnbebauung der Clarenbachstraße wird aufgenommen und in ihrer ruhigen Selbstverständlichkeit weitergeführt. [Wettbewerb 2014]

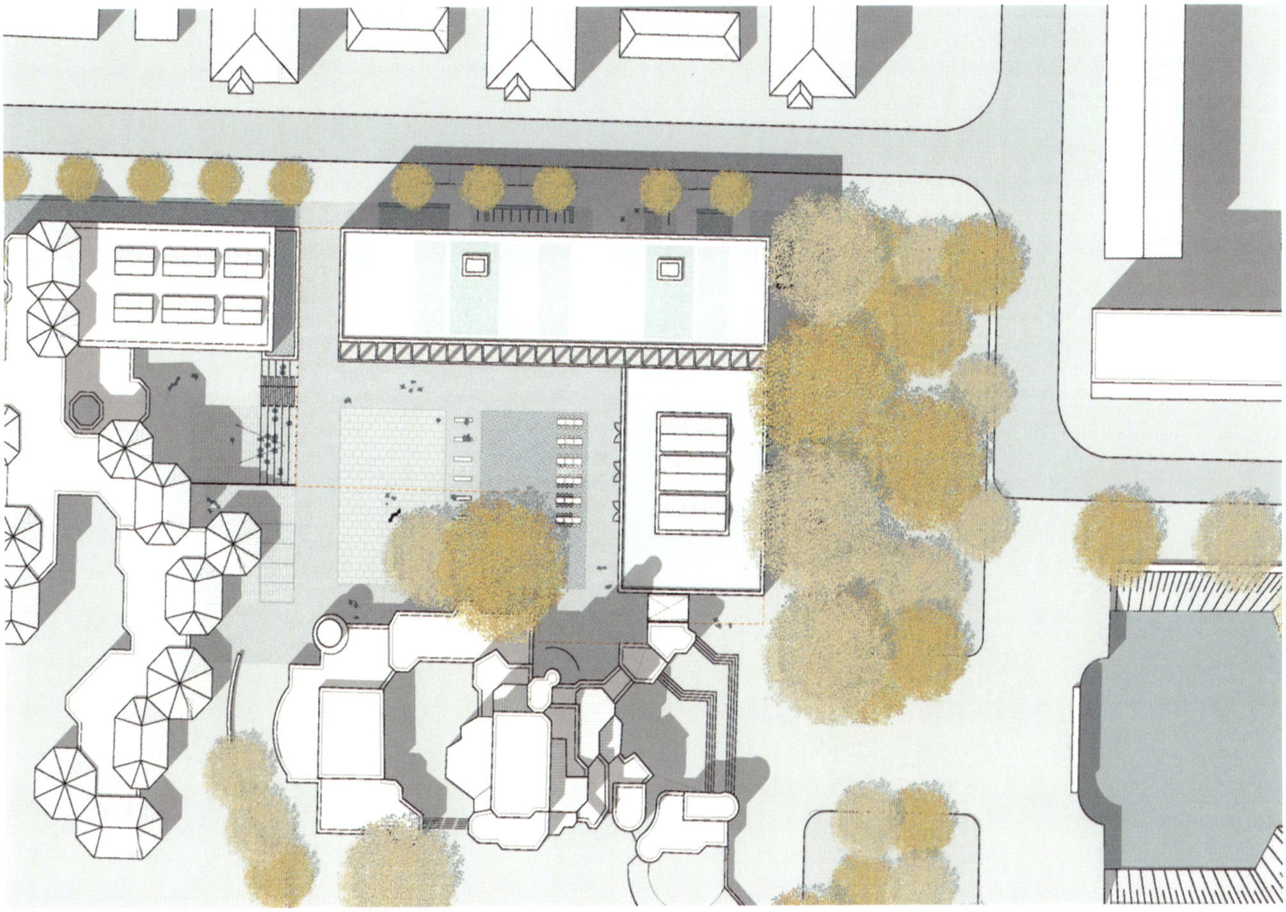

DOMSINGSCHULE

Dem bestehenden Werksgelände des Technologiekonzerns Thyssenkrupp vorgelagert, bildet das Multifunktionsgebäude als kompakter, identitätsstiftender Solitär an der Bernhäuser Straße den Auftakt zu dem Gesamtkonzept des „Elevator Campus“. Der im Grundriss quadratische Baukörper nimmt die Ausrichtung der Bestandsgebäude auf, orientiert sich mit seinem Vorplatz zur Haupterschließungsstraße des Werks und lässt im Westen des Baugrundstückes Raum für eine mögliche zukünftige Erweiterung. Die Büroflächen in den Obergeschossen legen sich um ein glasgedecktes Atrium, das im Erdgeschoss als „Showroom“ offenen Raum für Produktpräsentationen, Ausstellungen und Veranstaltungen bietet und – als „open space“ konzipiert – das räumliche und inhaltliche Zentrum für alle Mitarbeiterinnen und Mitarbeiter bildet. Durch ein überdimensionales Schaufenster orientiert sich der Showroom repräsentativ zur Bernhäuser Straße hin und signalisiert Offenheit und Transparenz. [Wettbewerb 1. Preis 2012]

Die Kapelle für das Hospiz Stella Maris in Mechernich liegt zentral im Grünraum der heterogenen Bebauungsstruktur der Pflegeeinrichtung. Sie bildet für alle im Hospiz sowie Besucherinnen und Besucher einen Rückzugsraum der Stille. Auf einer Grundfläche von 12 x 12 Metern entwickelt sich der Kubus der Kapelle mit seiner Kantenlänge von 6 x 6 x 6 Metern aus einer den Andachtsraum umfassenden und zu ihm hinführenden schirmenden Kalksteinmauer. Der sich an der Außenmauer spiralförmig entwickelnde Zugangsweg mündet im Raum der Stille, der zu Besinnung, Andacht und Gebet einlädt. Der Andachtsraum wird von einer von oben belichteten Pietà der Künstlerin Maria Fernandez bestimmt, die Trost und Zuversicht spendet.

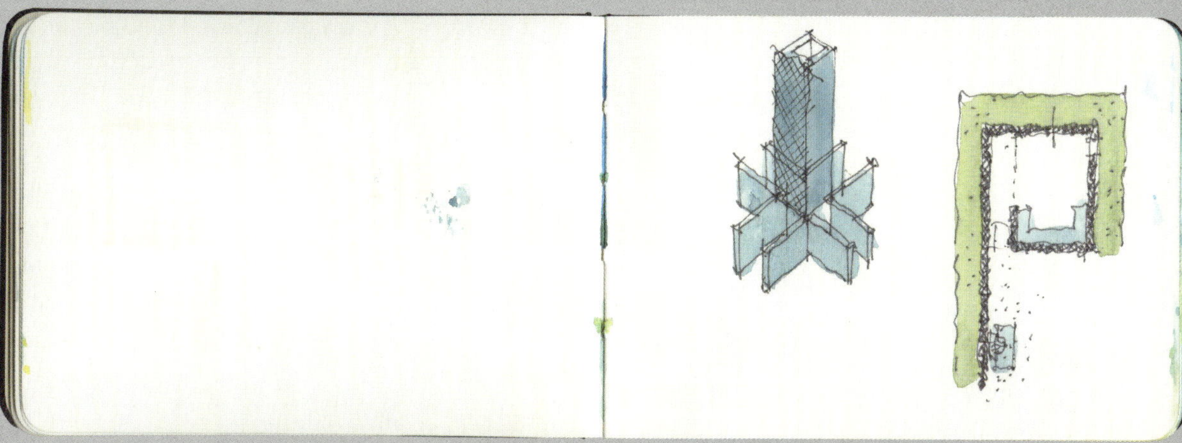

Die Kirche St. Rochus, die Platzfläche an der Kreuzung Rochusstraße/Feltenstraße und die vier Kastanien sind die topologischen Konstituenten, auf die der Entwurf des Pfarrzentrums sich bezieht. Aus dieser Grundüberlegung heraus definiert das Pfarramt mit Büros, Wohnungen und Gemeinschaftsräumen als lang gestreckter Baukörper das Rückgrat des Gebäudeensembles, an das sich nach Südosten der Gemeindesaal, nach Nordwesten die Kindertagesstätte mit ihrem abgeschirmten Gartenbereich und den darüber liegenden Wohnungen angliedern. Durch diese baukörperliche Setzung bildet der Pfarrplatz das Zentrum des Gemeindelebens zwischen der Kirche und dem neuen Pfarrzentrum und formt gleichzeitig eine eindeutige Zugangsgeste aus. Diese einfache Grundstruktur ermöglicht eine separate wie gemeinsame Nutzung der einzelnen Funktionsbereiche, eine hohe Übersichtlichkeit und zugleich fasst sie alle Bereiche des Neubaus als Teil eines Ganzen zusammen. In seiner Formsprache orientiert sich der Neubau an der Einfachheit und simplen Klarheit von Klosterbauten der romanischen Epoche. Eine beigegraue Ziegelstruktur, Glasflächen, die Zinkeindeckung des Daches und die Begrünung sollen eine zurückhaltende Atmosphäre der Gastfreundlichkeit und Zugangsoffenheit für jedermann signalisieren. [Wettbewerb 1. Preis 2012]

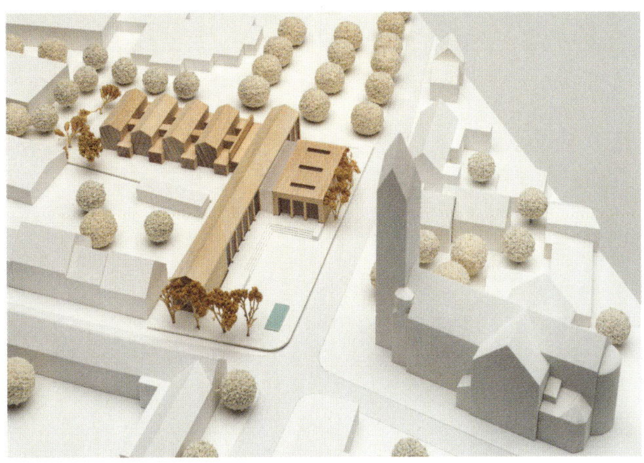

143 a

16.10.10

1
2
3
26.02.11

16.10.10

Der Neubau des Bürogebäudes mit Kantine und Kindertagesstätte formuliert für den expandierenden Standort des TÜV Rheinland eine neue städtebauliche Erweiterungsachse nach Süden, fasst den angrenzenden Park und macht ihn zum grünen Zentrum der Gesamtanlage. Durch zwei Kerne erschlossen, ermöglicht das Bürohaus die Aufteilung von jeweils vier voneinander getrennt zu vermietenden Büroeinheiten je Geschoss im Dreibund-System, das alle Büroformen flexibel ermöglicht und somit ein Höchstmaß an Effizienz und Wandelbarkeit bietet.

TÜVRheinland

Bei der Revitalisierung des in die Jahre gekommenen ECE-Marstall-Centers war entwurflich die Zielsetzung, eine Verlebendigung des Centers und Stärkung seiner Rolle als Attraktor zu erreichen und das Ensemble aus Parken, Einkaufen und Wohnen wieder zu einem bereichernden Baustein des Ludwigsburger Stadtbildes werden zu lassen. Wesentliches Ziel des Fassadenwettbewerbs war es daher, das Einkaufscenter über die Gestaltung wieder mit der historisch gewachsenen Umgebung zusammenzubinden und es zu einem wieder integrierten Teil der die Stadt prägenden Straßen- und Platzräume zu entwickeln. [Fassadenwettbewerb 1. Preis 2013]

MARSTALL

Seit Beginn seiner selbständigen Tätigkeit als freier Architekt engagiert sich Kaspar Kraemer in beeindruckendem Maße baukulturell und berufspolitisch. Dabei führt sein Weg vom Bundesverband der Freien Berufe bis zur Präsidentschaft des Bundes Deutscher Architekten (BDA). Der Beginn seiner BDA-Präsidentschaft fällt ausgerechnet in eine Phase großer Umbrüche und existenzieller Sorgen innerhalb des Verbandes. Wie es ihm und seinen Mitstreitern dennoch gelingt, den Wahlbund wieder in ruhiges Fahrwasser zu navigieren und dabei die Basis für die berufspolitische Relevanz des heutigen BDA zu legen, bespricht Kaspar Kraemer im Interview mit David Kasparek ebenso wie sein vielfältiges Engagement für seine Wahlheimat Köln.

David Kasparek: Herr Kraemer, Sie waren ab 1998 zehn Jahre lang Vizepräsident des Bundesverbands der Freien Berufe. Wie kam es zu diesem Engagement im BFB?

Kaspar Kraemer: Es war ein taktischer Schachzug von Carl Steckeweh, dem damaligen Bundesgeschäftsführer des BDA. Der Vizepräsident des BFB war qua Satzung kooptiertes Mitglied im Präsidium des BDA. So wurde ich kooptiertes Mitglied des BDA-Präsidiums und konnte meine ersten Einsichten in den Verband gewinnen.

Wie kam der Kontakt mit Carl Steckeweh zustande?

Ich lernte ihn in der legendären Bonner Villa in der Ippendorfer Allee kennen, die dem BDA zu dieser Zeit als Bundesgeschäftsstelle diente. Es gab eine Veranstaltung im Nachgang zum Godesberger Gespräch. Ich wollte das Haus betreten und er hat mir sozusagen die Tür verstellt, weil er mich nicht kannte. Das war unsere erste Begegnung. Ich war ja bereits seit 1984 BDA-Mitglied und im Landesvorstand des BDA Nordrhein-Westfalen. Durch das damalige Godesberger Gespräch jedenfalls hatte ich den ersten Kontakt zum Bundesverband aufgenommen. Mich interessierten die Themen, nicht so sehr die politische Lobbyarbeit – Dabeisein, Probleme benennen, anhören, sich damit auseinandersetzen und austauschen, das war mir wichtiger.

Wie waren Ihre ersten Erfahrungen mit dem Verbandsleben?

Carl Steckeweh wollte jemanden aus einem großen Büro mit an Bord haben – mit einem entsprechenden Büro im Hintergrund lässt sich ehrenamtliche Arbeit leichter bewältigen. Als Einzelner mit einem kleineren Büro ist das kaum zu stemmen. Ich bin langsam hineingewachsen und habe unter dem damaligen BDA-Präsidenten Andreas Gottlieb Hempel 1998 meine ehrenamtliche Arbeit für den BDA im Bundesvorstand begonnen. Bei Andreas Hempel erlebte ich die ganzen Auseinandersetzungen zwischen den Landesverbänden und dem

Bundesverband mit. Das war für mich völlig fremd, ich habe dennoch meine Meinung kundgetan und mich langsam in dieser Welt zurechtgefunden.

Zu dieser Zeit kam es zur Trennung zwischen Ihnen und Ihren damaligen Büro-Partnern bei KSP. Wie wirkte sich das auf Ihr berufspolitisches Engagement aus?

Tatsächlich sollte ich schon 1999 BDA-Präsident werden, das war jedoch der Zeitpunkt, zu dem ich aus meinem alten Büro ausschied und zunächst noch nicht genau wusste, wie es weitergeht. Das Amt habe ich dann abgelehnt und Heinrich Pfeffer – auch aus Köln – wurde zum Präsidenten gewählt. Andreas Gottlieb Hempel sollte nicht mehr als Präsident kandidieren, auch weil er den Vorsitz im Vorbereitungsteam des UIA-Weltkongresses innehatte. Die BDA-Delegierten aus Bayern waren ihm gegenüber immer skeptisch – dabei machte er wirklich *bella figura* auf dem Parkett: Er war nicht nur attraktiv und charmant, er sprach mehrere Sprachen, und er hatte auch sehr konkrete Vorstellungen von seinem Programm. Eigentlich hatte er alles, was man als Präsident braucht – auch das notwendige Stück Eitelkeit. Aber solche Menschen erzeugen eben auch Neid …

Carl Steckeweh im Gespräch Anfang der 2010er-Jahre

Nachdem Sie sich mit Kaspar Kraemer Architekten in Köln neu aufgestellt hatten, unternahmen Sie einen erneuen berufspolitischen Anlauf …

Ja, nach dem ersten Jahr meiner Bürogründung wurde erneut vom BDA angefragt, ob ich nicht doch noch einmal kandidieren wolle. Ich sagte zu, auch, weil ich gespürt habe, dass eine Mehrheit dafür war.

Das heißt: Der Einstieg in den BFB war tatsächlich für Sie der erste Schritt in Richtung BDA-Präsidium?

Das war mir damals in dieser Form nicht klar. Andere überlegen sich das sehr genau und strategisch. Bei mir war es eine fast naive Freude am Zusammensein mit Kollegen. Ich war ja nicht der beweglichste und kommunikativste Mensch im Team, sondern eher in mir selbst ruhend – die Verbandstätigkeit war eine Art Ventil. Durch sie traf ich sehr viele Leute, lernte Menschen kennen und stellte Gemeinsamkeiten fest. Die Freude am Miteinander, am Austausch und an der Geselligkeit unter Kollegen hing auch viel mit Carl Steckeweh zusammen. Er war ein extrem amüsanter Mensch, wusste viele Dinge, er war umtriebig, kannte jeden und jede und war ein ausgezeichneter Organisator. Und er adressierte auch die politische Seite des Architektenberufs sehr klar. Das war eine neue Erfahrung für mich.

Sie haben es angedeutet: Das Engagement für Berufspolitik und Baukultur in solch einem Wahlbund wie dem BDA funktioniert nur dann gut, wenn man ein entsprechendes „Back Office" hat, und ein Team, auf das man sich verlassen kann. Hatten Sie keine Bedenken, sich darauf Anfang der 2000er-Jahre, und damit kurz nach Ihrer beruflichen Umbruchphase, einzulassen?

Ich hatte großes Vertrauen zu den Mitarbeitern und Mitarbeiterinnen in meinem neuen Büro. Es gab zum einen meinen Büroleiter, Herbert Gratze, der nach einem Jahr von KSP zu mir kam, zum anderen Hans-Günter Lübben. Mit Jörg Beckmann kam ein weiterer, sehr erfahrener Mitarbeiter von KSP in mein Büro. Diese drei waren die Säulen des neuen Büros Kaspar Kraemer Architekten und sie beherrschten perfekt die ganze Thematik von Entwurfs- und Ausführungsplanung bis hin zur Auseinandersetzung mit den Sonderingenieuren. Ich konnte mich völlig auf den Entwurf konzentrieren. Bei den wesentlichen Details wurde ich immer gefragt, aber diese Drei konnten in meinem Sinne frei agieren – nur so war mein Engagement für den BDA überhaupt möglich. Denn in der Tat war

Kaspar Kraemer auf dem UIA-Kongress, Berlin 2002

es eine ziemlich zeitraubende Angelegenheit. Leider war es so, dass kurz nach meinem Amtsantritt besagter UIA-Kongress stattfand. Ein halbes Jahr später war der BDA fast am Ende ...

Der 21. UIA-Kongress fand im Juli 2002 in Berlin statt. Während der vorangegangene Kongress in Barcelona rund 13.800 Besucherinnen und Besucher anlockte, kamen nach Berlin nur knapp 5.000 zahlende Gäste. Die Organisation und Finanzierung der Veranstaltung brachte den BDA an den Rand des Ruins. Wie stellte sich das als „UIA-Desaster" in die Historie des BDA eingegangene Ereignis für Sie als neuen BDA-Präsidenten dar?

Nach meinem Amtsantritt musste ich feststellen, dass ein halbes Jahr vor dem Kongressdatum vieles noch ungeklärt war, und es gab noch kein richtiges Programm im herkömmlichen Sinne. Ich habe daraufhin sofort eine „Task Force" einberufen, die sich mit diesen Themen auseinandergesetzt hat. Aber irgendwie fehlte der „Drive". Carl Steckeweh und Andreas Hempel hatten die Vorbereitungen so gestartet, dass sie diesen UIA-Kongress eher als BDA-Veranstaltung verstanden und inszenierten. Dadurch sind die anderen Verbände während der Vorbereitung und des eigentlichen Kongresses außen vor geblieben. Das war mir bis dahin nicht so ersichtlich. Die fehlende Einbindung der anderen Verbände war der eigentliche strategische Fehler. Dass dann zwangsläufig auch ein finanzielles Risiko auftrat, habe ich in dieser Vorbereitungshektik zunächst gar nicht realisiert. Wir hatten gehofft, dass genug zahlende Besucher kommen würden. Insgesamt, so dachten wir zu dieser Zeit noch, ist es eine tolle Sache. Man hat sich in Optimismus gewogen.

Durch die Art ihres Handelns lösten Steckeweh und Hempel einige Unruhe unter den BDA-Landesverbänden aus. Ganz kurz vor dem Kongress kündigte der Veranstalter Dertour an, sich zurückzuziehen. Für sie war absehbar, dass nicht genug zahlende Teilnehmer angemeldet waren und der Kongress ein finanzieller Misserfolg zu werden drohte. Damit brach die ganze Organisation für den Kongress zusammen: von den „Badges", die gedruckt werden mussten, bis hin zu den Zugangskontrollen.

Wie konnte der 21. UIA-Kongress dennoch stattfinden?

Wir haben von der SPD die Zusage der Übernahme einer Bürgschaft bekommen. So kam es zustande, dass wir überhaupt mit dem Veranstalter weitermachen konnten, was auch öffentlich ein gutes Zeichen war. Aber: Statt der kalkulierten 8.000 kamen nur 5.000 Besucher. 9/11, die Terroranschläge im September 2001 in New York, spielten dabei eine große Rolle. Die US-Amerikaner sind fast geschlossen nicht nach Europa gereist. Dies war ein besonderer Aspekt, weil die UIA ja auch durch die USA zur weltweiten Verständigung unter Architekten – angesichts der durch Deutschland provozierten Katastrophe des Zweiten Weltkriegs – gegründet worden war. Und das war nun der erste UIA-Kongress überhaupt, der in Deutschland stattfinden sollte, 50 Jahre nach Gründung dieser Institution ...

... noch dazu in einer der damals interessantesten europäischen Städte.

Richtig. Berlin war der Schmelztiegel verschiedenster Experimente. Deshalb war der Optimismus im Vorfeld gar nicht so unbegründet. Es gab schließlich viel Interessantes zu sehen. Die ersten zehn Jahre der Wiedervereinigung waren gelaufen, viele der namhaften europäischen und amerikanischen Architekten waren mit Projekten in der Stadt anwesend, zum Beispiel Frank Gehry, Helmut Jahn, Renzo Piano und James Stirling. Leider war innerhalb Deutschlands die

UIA-Veranstaltung nicht richtig beworben worden, auch unter den BDA-Architekten und -Architektinnen nicht. Sie kamen einfach nicht, auch weil es vielen zu teuer war.

Was passierte, nachdem klar wurde, dass die Veranstaltung nicht die erhofften Zahlen einspielte?

Wir mussten das Defizit ausgleichen, was nicht einfach war. Die insgesamt mangelnde Zahlungsbereitschaft ist mir auch bei der Gründung der Bundesstiftung Baukultur 2002 aufgefallen: Karl Ganser hatte das Ziel formuliert, dass bei rund 100.000 Architektinnen und Architekten, die in Deutschland in den Kammern eingetragen sind, jeder 100 Euro spenden müsste, damit zehn Millionen Euro Stiftungskapital zusammenkämen. Von diesen 100.000 Personen haben am Ende vielleicht 500 diesen Betrag bezahlt, manche das Doppelte und einige sogar noch mehr, aber der Großteil eben nicht. Insofern war es fast ein Wunder, dass es eine Solidaritätsaktion mit dem BDA gab, als feststand, dass wir mit dem UIA-Kongress so ein großes Minus gemacht hatten, das drohte, den Verband in die Insolvenz zu führen. An vielen Stellen habe ich dafür geworben, dass es ein immenser Schaden wäre, wenn der BDA insolvent ginge. Wobei es durchaus Stimmen gab – aus Bayern und Hessen –, die meinten: Lasst den Bund doch pleitegehen, die Landesverbände bleiben ja bestehen. Ich bezweifelte jedoch sehr, dass von außen zwischen einem hessischen Landesverband und dem Bundesverband BDA differenziert werden würde. Wenn die Medien über einen insolventen BDA berichten, wird in der Wahrnehmung nicht zwischen Landes- und Bundesverband unterschieden.

Appelle, die große Wirkung zeigten …

Es haben sich viele Leute sehr engagiert – unter anderem Christoph Ingenhoven, der sofort seine Unterstützung signalisierte. Jochen König vom Büro hks architekten aus Aachen war eine große Hilfe und natürlich Michael Frielinghaus von blfp in Friedberg, der als Vizepräsident sachlich und absolut professionell mit den Dingen umgegangen ist. Er selbst wurde Präsident des BDA, nachdem meine Amtszeit 2007 nach zweimaliger Wiederwahl und drei Amtsperioden abgelaufen war. Michael Frielinghaus und auch sein Nachfolger Heiner Farwick haben dieses Amt, wie ich, je sechs Jahre ausgeübt. Das war eine Kontinuität, die es bis dahin im Verband noch nicht gegeben hatte. Das lag einerseits an der menschlichen Qualität der Beteiligten, andererseits an der Strukturreform, die wir nach 2002 – nach dem UIA-Desaster – umgesetzt haben: Zum Jahresende 2002 hatten wir die Zeitschrift *Der Architekt* mit Andreas Denk als Chefredakteur neu organisiert. Die Relation zwischen den Landesverbänden und dem Bund wurde neu strukturiert, die Satzung geändert. Wir hatten festgelegt, dass der BDA-Tag im Sommer stattfindet, immer in unterschiedlichen Bundesländern, und das Berliner Gespräch, als Nachfolge des Godesberger Gesprächs, dafür im Winter. Es wurde eine Menge Kleinarbeit geleistet, die dem BDA sehr gut getan hat. Heute ist es wieder so, dass der BDA in sicherem Fahrwasser unterwegs ist, aber Anfang der 2000er-Jahre sah das noch ganz anders aus. Der Prozess der Konsolidierung zog sich bis in die 2010er-Jahre – unterstützt von vielen Personen, die diesen Prozess konstant und hilfreich begleiteten, wie unter anderen der BDA-Referent Olaf Bahner oder der jetzige Geschäftsführer der Bundesarchitektenkammer Tillman Prinz.

Carl Steckeweh als BDA-Geschäftsführer musste seinen Hut nehmen. War das Ihre Entscheidung?

Baustelle des Potsdamer Platzes 1996

Michael Frielinghaus, BDA-Präsident von 2007 bis 2013, im Jahr 2007

Erhard Tränkner, BDA-Präsident von 1987 bis 1993, und Tillmann Prinz auf dem UIA-Kongress, Berlin 2002

Andreas Denk, Chefredakteur der BDA-Zeitschrift „Der Architekt" von 2000–2021, im Jahr 2018

Ein schwankendes Rohr

Eichenlaublos: Hundert Jahre Bund Deutscher Architekten

Festakt am Abgrund

Der Bund Deutscher Architekten (BDA) wird 100 Jahre alt

Festakt zum 100-jährigen Bestehen des BDA in der Frankfurter Paulskirche

Dieter Bartetzko, „Ein schwankendes Rohr. Eichenlaublos: 100 Jahre Bund Deutscher Architekten", *Frankfurter Allgemeine Zeitung*, 21.6.2003

Wolfgang Jean Stock, „Festakt am Abgrund. Der Bund Deutscher Architekten (BDA) wird 100 Jahre alt", *Süddeutsche Zeitung*, 21.6.2003

Die Landesverbände verlangten seine Ablösung. Die Delegiertenversammlung hatte ihm das Misstrauen ausgesprochen. Mangelnde Vorbereitung wurde ihm vorgeworfen – und das sicherlich zu Recht. Im Wesentlichen kamen die Ablöseforderungen aus Bayern, Nordrhein-Westfalen, Hamburg und Hessen und die anderen Landesverbände trugen es mit. Andreas Gottlieb Hempel wiederum war in den Südtiroler Bergen verschwunden, der Hamburger Sven Silcher war damals BDA-Vizepräsident und spielte eine große Rolle, er federte viel ab und hielt den Kontakt zur BDA-Stiftung, denn diese verfügte über einige finanzielle Kapazitäten: Hans-Albert Ahrens aus Hannover, Günter Schudnagies aus Hamburg, Eberhard Zell aus Lübeck und Michael Bräuer aus Rostock vertraten die Stiftung und spielten eine große Schlüsselrolle bei der Rettung des BDA – ein gestandenes Quartett, für das es ebenfalls undenkbar war, dass der BDA bankrott gehen sollte.

Die 100-Jahr-Feier des BDA 2003 konnte dann trotz allem stattfinden. Welche Erinnerungen haben Sie daran?

Der Festakt fand im Juni 2003 in Frankfurt in der Paulskirche statt – die *SZ* titelte „Festakt am Abgrund". Das traf es recht gut ... Aber es war ein unbeschreiblich gutes Gefühl, in der Paulskirche am Pult zu stehen und eine Rede zum 100. Jubiläum des BDA zu halten – heute ist kaum mehr vorstellbar, wie knapp das alles war.

Inzwischen steht der BDA seit einigen Jahren wieder gut da. Den aktuell Handelnden wie Ihren Amtsnachfolgern ist Ihre Leistung bewusst: Heiner Farwick als damaliger BDA-Präsident hat Sie 2018 zum BDA-Ehrenmitglied ernannt. Ich habe Sie am Tag der Verleihung in Hamburg als sehr emotional erlebt. Warum hat Sie diese Ehrung so bewegt?

Das war ein sehr schöner Festakt in Hamburg. Das packt mich eigentlich immer wieder, weil ich so oft an den inzwischen verstorbenen Carl Steckeweh denken muss [Wiedersehen ist unsere Hoffnung → S. 464]. Es hat mich seinerzeit sehr geschmerzt, dass ich ihn, der auch mein Freund war, als BDA-Geschäftsführer entlassen musste. Wir waren bei vielen Themen auf einer Wellenlänge.

Eine inhaltliche Diskussion, die in die Zeit Ihrer Präsidentschaft fiel, war die Debatte um die Rekonstruktion des Berliner Stadtschlosses. Sie hatten sich seinerzeit öffentlich für den Wiederaufbau ausgesprochen und sind schwer angegangen worden. Warum hielten Sie damals die Rekonstruktion des Schlosses für richtig?

Kaspar Kraemer wird im Rahmen des BDA-Tages 2018 in Hamburg vom damaligen BDA-Präsidenten Heiner Farwick zum BDA-Ehrenmitglied ernannt

Ich habe das immer ideologiefrei gesehen. Die Gegnerschaft zur Rekonstruktion sehe ich stark politisch grundiert und im Wesentlichen aus der linksliberalen Ecke gesteuert. Die Bundesregierung hatte eine Kommission eingerichtet, die mit einer Stimme Mehrheit die Rekonstruktion befürwortete. Ich habe diesen Kommissionsbericht gelesen und fand ihn überzeugend. Bei der Haltung bin ich geblieben, auch wenn viele meinten, das sei eines modernen Architekten unwürdig. Es gab damals einen Wettbewerb der *FAZ*, der fragte, wie man mit dem Schloss umgehen könnte: Da waren Kuchenformen und ähnliche Varianten dabei, allerlei flapsige Reaktionen als Möglichkeitsformen des Wiederaufbaus. Das fand ich unwürdig. Das Schloss ist doch Teil der deutschen Geschichte. Durch den Nationalsozialismus ist unser Land sowohl äußerlich wie auch seelisch völlig zerstört worden. Die große Schande, die wir da auf uns geladen haben, hat mich immer sehr bewegt – und tut es immer noch. Zu reparieren, was nicht zu reparieren ist, war eine Sehnsucht vieler, und in meinen Augen war es unwürdig, damit so lächerlich umzugehen. Auch das war ein Grund für meine positive Reaktion auf die Schloss-Rekonstruktion. Nicht, um etwas wiedergutzumachen, was man nicht wiedergutmachen kann, sondern um eine Heilung einer schuldhaften Situation herzustellen. Dazu kam der Wunsch, ein beliebiges Bauwerk zu verhindern, das durch Zufall entsteht.

Innerhalb des Verbands hat diese Haltung damals hohe Wellen geschlagen. Es gab Kollegen, die Sie offen zum Rücktritt aufforderten.

Das war alles ziemlich oberflächlich. Ich habe versucht, alle Seiten zu betrachten und mich damit intellektuell auseinanderzusetzen [Rekonstruktion: Verrat an der Moderne? → S. 390]. Mir war schleierhaft, wie man überhaupt so denken kann, dass man etwas nicht wiederaufbauen darf, wenn es einmal weg ist. Schauen wir nach Venedig: Am Markusplatz ist der Campanile eingestürzt, und er wurde wieder aufgebaut, weil man meinte, er stand da richtig – also wird er auch künftig wieder da stehen. Das war mit dem Hamburger Michel, nachdem er abgebrannt war, genauso. Das sind nur zwei von vielen Beispielen, wo Wiederaufbau funktionierte. In Köln gab es auch vergleichbare Debatten um die romanischen Kirchen. Die sind auch alle wieder so entstanden, wie sie vor der Zerstörung waren, und es ist eindeutig und unbestritten, dass sie zur Identität Kölns beitragen.

Ohnehin stehe ich Rekonstruktionen eher positiv gegenüber, weil mein Büro seinen Sitz in einer rekonstruierten, wieder aufgebauten Ruine hat, und es funktioniert wunderbar. Hans Schilling machte meinen Vater damals auf diese Ruine „Am Römerturm" in Köln aufmerksam.

Das Gebäude wurde von Ihrem Vater ab 1972 wieder aufgebaut …

Im Grunde genommen ist es außen das klassizistische Gehäuse, mit einer modernen Architektur im Innern. Betritt man das Gebäude, bekommt man das Gefühl, in einem eigenständigen Kosmos zu sein. Unter diesen Aspekten hatte die Tatsache, dass man ein altes Haus wieder aufbaut, selbst wenn es nicht mehr da ist, für mich etwas Selbstverständliches. Durch Wiederaufbau wird ein Haus in seinen Kontext, in dem es 300 Jahre gestanden hat, re-installiert.

Köln ist mit den Werken von Margot und Joachim Schürmann ein Beispiel dafür, welch beeindruckendes architektonisches Amalgam durch die Arbeit zeitgenössischer Architektinnen und Architekten mit historischer Substanz entstehen kann. Groß Sankt Martin oder die Krypta von Sankt Gereon sind beeindruckende Räume voll schöner Details.

Genau, das war ein Momentum, wo erst durch den zeitgenössischen Umgang bewusst wurde, wie großartig diese romanischen Kirchen sind. Gerade Groß Sankt Martin ist ein phantastischer Raum, der eine Raumerfahrung ermöglicht, die wir in unserer zeitgenössischen Architektur kaum noch schaffen. Den Schürmanns ist da etwas Großartiges gelungen. Dieser Minimalismus im Respekt vor der Geschichte und gleichzeitig eine eigene Sprache zu entwickeln und zum Tragen zu bringen, hat mich enorm beeindruckt.

Wir kennen beim Thema Rekonstruktion jene Beispiele, wo große Architektur entsteht. Wir kennen aber auch die andere Seite: Etwa bei den Diskussionen um die Frankfurter Altstadt oder um die Garnisonkirche in Potsdam wird deutlich, welche Rolle Rechtspopulisten an manchen Stellen spielen, die versuchen, Architektur für sich zu vereinnahmen. Damit müssen wir uns auseinandersetzen. Gleichzeitig aber spielt der Ort für Architektur eine zentrale Rolle und ist ein grundlegender Parameter dafür, wie Architektur entsteht, und warum sie an

Kaspar Kraemer Architekten, Wiedererrichtung des Stadtschlosses, Wettbewerb, Berlin 2007–2008

Friedrich Wilhelm Kraemer, Haus Am Römerturm 3, Köln 1973–1974

Margot und Joachim Schürmann, Groß St. Martin, Köln 1961–1985

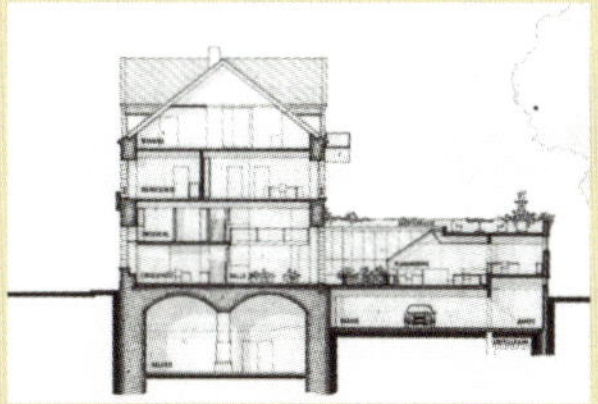

diesem Ort anders aussieht als an einem anderen. Ortsspezifische Architektur ist also etwas Zentrales, das uns auch zu Fragen von Wiederaufbau und Umgang mit dem Bestand bringt.

Ich habe Rekonstruktion nie unter dem Label Rechtspopulismus verortet. Das ist mir völlig fremd und in meinen Augen eher herbeigeredet. Die Debatte um „rechte Räume" ist von Ideologie geprägt, die zu nichts führt und auch kein neues Bewusstsein schafft. Sie stiftet nur Verwirrung, Vergiftung und Verärgerung.

Der Hinweis darauf erscheint mit dennoch wichtig. Das Dilemma an der Diskussion um „rechte Räume" ist ihr verschenktes Potenzial. Stattdessen haben wir in Berlin gesehen, wie persönliche Diffamierungen öffentlich ausgetragen wurden.

Wir haben aber doch aktuell eine ganz andere Aufgabe. Unsere Reaktion auf den Klimawandel, die Rolle, die Architektur dabei spielt und wie sie dazu dienen kann, dass Menschen sich wohlfühlen, ihr Leben geordnet, erleichtert und bereichert wird. Das sind doch die zentralen Punkte, die uns beschäftigen sollten. Stattdessen wird eine Debatte losgetreten, wo man sich gegenseitig fast die Köpfe einschlägt – das ist für mich nicht nachzuvollziehen.

Ich finde es gut, dass das Schloss da ist, und großartig, dass 100 Millionen Euro an Spenden zusammengekommen sind von unterschiedlichen Menschen, die die Idee mitgetragen haben, und dass so das Versprechen, die Fassaden des Humboldt-Forums bürgerschaftlich zu finanzieren, aufgegangen ist. Im Innern ist es leider eher dürftig geworden. Man merkt, dass die Fertigstellung ohne die letzte schöpferische Kraft und mit einer distanzierten Haltung begangen wurde. Je mehr der Senat Auftraggeber wurde – das sieht man jetzt auch an den Außenanlagen –, umso deutlicher wird diese Haltung: „Eigentlich wollen wir das Schloss nicht." Der Neptunbrunnen, der der Nabel Berlins war, wird nicht aufgestellt, dabei wurde von diesem Brunnen die preußische Meile gemessen, jede Entfernung nach Berlin bezog sich auf diesen Punkt. Früher stand der Neptunbrunnen auf der Südseite des Schlosses, jetzt steht er im Park mit Marx und Engels. Das ist für mich genauso unverständlich wie die Asphaltwüste vor dem Schloss. Warum kann das keine Heiterkeit ausstrahlen? So wird es dem Schloss und seinem Inhalt von allen Seiten schwer gemacht.

Sie erwähnten es bereits: Ihr Vater hat das Haus Am Römerturm wiederaufgebaut. Äußerlich wurde die historische Substanz wiederhergestellt, im Innern ist es deutlich zeitgenössisch. Zum Tag des offenen Denkmals machen Sie das Haus immer wieder zugänglich, Sie halten einen Vortrag, der das Gebäude in die Stadtgeschichte einordnet, die weit über die Grenzen Kölns hinausweist. Warum ist Ihnen das wichtig?

Weil man an diesem Haus wunderbar sehen kann, was Architektur zu leisten imstande ist. Es war eine Ruine; das Gebäude war im Krieg zerstört worden und lag 30 Jahre lang als Trümmerhaufen mitten in der Stadt. Mein Vater hat diesen Trümmerhaufen in den Stadtbaustein verwandelt, der er jetzt ist, und der aus diesem mediokren Kölner Häusermeer geradezu herausleuchtet – im wahrsten Sinne des Wortes. Dazu kommt ein hoch funktionales Gebäude als Anbau, in dem das Büro untergebracht ist, unterkellert mit einer Tiefgarage. Auf dem Gebäude gibt es einen Dachgarten, sodass der ursprünglich einmal vorhandene Garten zu Teilen wieder zurückgegeben wurde. Dieses Haus hat alles, was wir heute von Gebäuden verlangen – bis hin zur Einheit von Wohnen und Arbeiten: Meine Eltern haben im Dachgeschoss gewohnt und unten war die Werkstatt. Dann gibt es diesen wunderbaren Keller, der wie zum Dank zum Vorschein kam, als die Bauarbeiten begannen – ein Relikt des alten Klosters, das einst hier stand: Ein großer Raum aus dem 14. Jahrhundert, wo wir Veranstaltungen machen können und der mit seiner phantastischen Akustik ein wunderbarer Kammermusiksaal ist. Diese drei Ebenen des Hauses sind miteinander verwoben und mit ihnen kann man zeigen, was mit Bauwerken möglich ist.

In der Eingangshalle finden ebenso Vorträge statt, man kann die Fenstertüren öffnen, im Sommer draußen sein. Man kann Empfänge geben, Menschen festlich bewirten. Das ganze Gebäude leistet auch einen großen Beitrag für die Stimmung in unserem Büro. Die Identitätsstiftung, die dieser Ort darstellt, ist sicher auch ein Grund für viele, hier zu arbeiten. Wir haben einen guten Spirit, der stark durch das Haus mitgeprägt ist.

Sie sprechen von Köln und der Lage dieses Hauses in der Stadt. Das Kölner Stadtmodell, das diese Stadt seit einiger Zeit abbildet, haben Sie mitinitiiert. Woher kam der Impuls?

Ursprünglich von Heinz Bienefeld, der als damaliger BDA-Vorsitzender der Bezirksgruppe Köln diese Idee aufgebracht hat. Das fanden viele gut, und Ulrich Coersmeier hatte ein Modell für die Ost-West-Achse gebaut – das war der Ausgangspunkt. Darüber habe ich mich mit Dörte Gatermann ausgetauscht, die damals im Vorstand des BDA Köln war. Wir sind beide mit unseren Verbindungen losgezogen und haben mit der Stadt Köln gesprochen, mit dem damaligen Oberbürgermeister und dem Oberstadtdirektor sowie mit potenziellen Geldgebern, und wir bekamen viele positive Reaktionen. Wir stellten die Idee im Rahmen einer Veranstaltung im Rathaus vor. In der Piazzetta hatten wir zwölf mal zwölf Meter – so groß sollte das Modell werden – mit rotem Tape auf dem Boden abgebildet. Relativ schnell hatten wir die ersten 100.000 D-Mark beisammen, dann wurde das Modell über die Jahre hinweg immer weiter gebaut und erweitert. Jetzt ist es 30 Jahre alt: Wir haben 64 Platten zusammen, die im Maßstab 1:500 unsere Innenstadt beeindruckend abbilden.

Das Modell als Teil baukultureller Vermittlung?

Selbst konstruktiv zu sein und an seiner Stadt zu arbeiten, verbildlicht in einem musealen Raum, war die strategische Überlegung für das Stadtmodell. Eigentlich müsste die Stadt das Modell noch viel aktiver nutzen. Einmal im Jahr könnte direkt am Modell über den Zustand Kölns gesprochen werden: Was haben wir geleistet, wo gibt es ein akutes Problem, was haben wir uns vorgenommen? Einen aktuellen Zustandsbericht zur baukulturellen Lage der Stadt könnte man an diesem Modell vorstellen. Leider hat diese Idee bis jetzt niemand aufgegriffen.

Wir wollten ursprünglich auch ein Haus der Architektur in Köln etablieren, wo Aktivitäten rund um Architektur und Stadtplanung gebündelt werden können, wo das Modell steht und man Wettbewerbe durchführt, wo alle Verbände zusammentreffen und wo man für ein architektonisches Bewusstsein werben könnte. Das wäre eine große pädagogische Aufgabe, weil viele Menschen zu wenig Verständnis für Architektur haben. Ein Momentum für die Baukultur: Das zurzeit leerstehende Zeughaus könnte man dafür verwenden. Auch mit dem Schulamt müsste man dies noch einmal thematisieren, damit die Schulen ihre Wandertage darauf ausrichten und Kinder ihre Stadt sehen, erleben, als

Sancta Clara Keller

Dörte Gatermann und Kaspar Kraemer vor dem Kölner Stadtmodell

Oberbürgermeisterin Henriette Reker, Dörte Gatermann und Kaspar Kraemer während des Eintrags in das Goldene Buch der Stadt Köln

ihr Eigentum begreifen. Stadt ist ja eine unglaubliche Einrichtung, die der Mensch sich geschaffen hat: der Inbegriff von Zivilisation.

In der Folge wurde auch eine Website aus der Taufe gehoben, die über den Kölner Architekturdiskurs berichtete: koelnarchitektur.de. Inzwischen gibt es diese Plattform nur noch als Archiv. Wie kam es dazu?

Die Idee dazu habe ich mit Thomas Hebler entwickelt und sie ist auch gut aufgegangen. Es hätte aber einige finanzielle Mittel gebraucht, einen richtigen Stab zu beschäftigen, dann hätte sich ein richtiges Forum etablieren können, wo auch heute noch über alles berichtet wird, was Architektur in Köln betrifft: aktuelle Bauten, Wettbewerbe, Diskussionen, Personen. Dass man so eine Adresse hatte, war fabelhaft. Insofern habe ich es bedauert, dass es nicht weitergeführt werden konnte. Barbara Schlei und Uta Winterhager haben das über viele Jahre gut betreut.

Für Ihr Engagement in der Domstadt wurden Sie geehrt. Und zwar mit dem Eintrag ins Goldene Buch der Stadt. Stichwort „Schilderwald": Wie blicken Sie auf die Baukultur Ihrer Wahlheimat?

Sehr unbefriedigt – es gibt immer mehr und mehr Schilder. Ich habe fast das Gefühl, die Verantwortlichen rächen sich jetzt an mir, dass ich sie damals der Kritik ausgesetzt habe (*lacht*). Interessant ist, dass viele Menschen jetzt erst sehen, was diese absolute Beschilderung eigentlich anrichtet. Man sieht leicht darüber hinweg, unbewusst stört sie aber extrem. Es ist ein Kampf gegen Windmühlenflügel. Wenn im Amt für Straßenverkehrstechnik nicht die richtigen Leute sitzen, die die Anzahl der Schilder auf das absolute Minimum reduzieren, dann funktioniert das eben so wie hier in Köln – und eigentlich in ganz Deutschland. Es gibt offensichtlich Strukturen, die möglichst viel damit verdienen wollen. Wie sonst kommt diese Über-Sollerfüllung in der Stadt überhaupt zustande? Warum brauchen jetzt alle Einbahnstraßen zwei Einbahnstraßen-Schilder, wo es über 50 Jahre auch mit nur einem ging? Es ist auch so ein Unsinn, dass man eine Ampel hat, die nach links zeigt, dazu ein blaues Gebotsschild, das nach links zeigt und auf der Fahrbahn ist auch noch ein gemalter Pfeil, der nach links zeigt. Und auf der rechten Seite das gleiche Szenario. Wenn die Straße breit genug ist, hängt an jeder der Dreifach-Ampeln ein Achtungszeichen, und das für jede Straßenspur. Es ist völlig absurd – darüber kann ich mich sehr aufregen. Es gibt hier Straßensituationen, da wird man verrückt. Wer hat sich das ausgedacht? Diese Missachtung von Raum und Ästhetik führt dann auch zu solchen Wutreaktionen wie Graffiti und Vandalismus – unabhängig davon, dass da auch politische Botschaften transportiert werden. Aber wenn eine Stadt mit ihrem öffentlichen Raum so umgeht, so gleichgültig gegenüber der ästhetischen Erscheinung ist, kann man von den Leuten nicht erwarten, dass sie ihre Stadt und ihren Raum respektieren. Dann machen eben alle, was sie wollen.

Die Gründe finden sich in einer von Angst gesteuerten Planung bis hin zur Architektur, wo Wettbewerbsauslobungen sich mitunter wie juristische Proseminar-Texte lesen …

Kölner Schilderwald

Es geht um die Justitiabilität im öffentlichen Raum, die es braucht, damit Recht gesprochen werden kann – falls denn mal etwas passiert. Man will keine Präzedenzfälle schaffen. Selbst vor meinem Haus ist ja ein Schild mit einem großen P darauf, das anzeigt, dass ich ab da parken darf. Dabei sehe ich das schon, weil es auch noch einmal auf den Boden aufgemalt ist. Diese Zone muss definiert werden, weil nur dann Knöllchen an diejenigen verteilt werden können, die außerhalb parken. Es gibt viele vergleichbare Situationen, die man mit gesundem Menschenverstand nicht verstehen kann.

Sie waren von 2007 bis 2012 auch im Beirat der Bundesstiftung Baukultur. Wie kann man sich die Arbeit dieses Beirats vorstellen?

Man kann es mit dem Engagement für den BDA oder den BFB nicht vergleichen. Es gab relativ wenige Sitzungen, geprägt von kollegialem Austausch. Dabei ging es um Themen wie die Aberkennung des Kultur-Welterbestatus des Elbtals in Dresden durch den Neubau der Waldschlösschenbrücke und natürlich um die Frage, wo die Stiftung überhaupt ihren Sitz haben soll. Ich hatte mich seinerzeit auch für die Bauakademie in Berlin stark gemacht, das wäre der richtige Ort gewesen, weil das einem Präjudiz gleichgekommen wäre. Natürlich war aber auch verständlich, dass man nicht alles in Berlin ansiedeln wollte. Bauen, Architektur und Städtebau sind zentrale, wichtige Themen und ich habe deshalb auch nie verstanden, warum damals das Bauministerium abgeschafft wurde. Jetzt bin ich froh, dass es wieder ein Bauministerium gibt, auch wenn es vom Ressortzuschnitt noch zu beschränkt ist. Umweltfragen und Verkehr beispielsweise sollten im Bauministerium angesiedelt sein.

Zum Schluss noch einmal zurück zum BDA: Wie blicken Sie heute auf die Arbeit Ihres Wahlbundes?

Mit viel Sympathie. Wir haben damals viel Zeit auf die Sanierung im Innern legen müssen, was viel Kraft kostete. Unser großes Handicap war, alles wieder in ruhiges Fahrwasser bringen zu müssen. Politisch haben wir dadurch weniger erreicht, als man hätte erreichen können. Heute ist die Arbeit sehr viel politischer und nach außen gerichtet. Das ist sehr erfreulich.

Skizze „Jüdisches Museum in Köln" von Kaspar Kraemer, 2008

Der Entwurf für den Museumskomplex „Historische Mitte" ordnet die Funktionen von Kurienhaus, Kölnischem Stadtmuseum (KSM) mit Studiengebäude und Römisch-Germanischem Museum (RGM) in einem „Stadtbaustein", der der zentralen Bedeutung des Ortes gerecht wird, eine differenzierte Adressbildung gewährleistet und gleichzeitig die Raumfolgen des Wettbewerbsgebietes städtebaulich aufwertet.
Auftakt am Roncalliplatz ist das Kuriengebäude, das seine jetzige Solitärstellung als „Kopfbau" des Ensembles beibehält und den Startpunkt der „Via Culturalis" bildet, die sich von hier aus nach Süden entwickelt. Seine öffentlichen Nutzungen wie Café, Buchladen und Shop im Erdgeschoss leiten über zum Eingang des Kölnischen Stadtmuseums. Das Museum spannt sich vom Eingang am Roncalliplatz bis hinunter zum Kurt-Hackenberg-Platz. Die Verwaltungsbereiche von KSM und RGM werden – die Ausstellungsflächen begleitend – zur Straße Am Hof hin angeordnet und bilden die neue nördliche Raumkante des Straßenraumes. Für den Kurt-Hackenberg-Platz bilden die Ausstellungs-, Museums- und Bibliotheksräume die östliche Platzkante und geben ihm die gewünschte Fassung. Es entstehen so attraktive Stadträume, neu definierte Blickbeziehungen durch Einführung von Sichtachsen und vielfältig nutzbare Freiräume, die das Potenzial des Neubaus optional nutzen und Außen- und Innenräume mit einem hohen Maß an Urbanität und Öffentlichkeit miteinander vernetzen. Das KSM wird vom Roncalliplatz aus gegenüber dem neuen Haupteingang des RGM erschlossen. Eine alle Ebenen durchziehende Treppenanlage verbindet die Ausstellungsebenen in den Obergeschossen sowie den Eingangsbereich mit einem weiteren öffentlichen Marktplatz im ersten Untergeschoss, von dem aus Museumspädagogik, Vortragssaal, Ausstellungsflächen, Bibliothek, WC- und Garderobenbereiche erreicht werden. Die von oben belichtete Treppenanlage bietet einen reizvollen Erlebnisrundgang mit attraktiven Ein- und Ausblicken in die Museumsbereiche, wobei die großzügigen Öffnungen schaufensterartige Blickbeziehungen zu Dom, Kurt-Hackenberg-Platz, Rhein, Altstadt und Rathausturm herstellen. [Wettbewerb 2016]

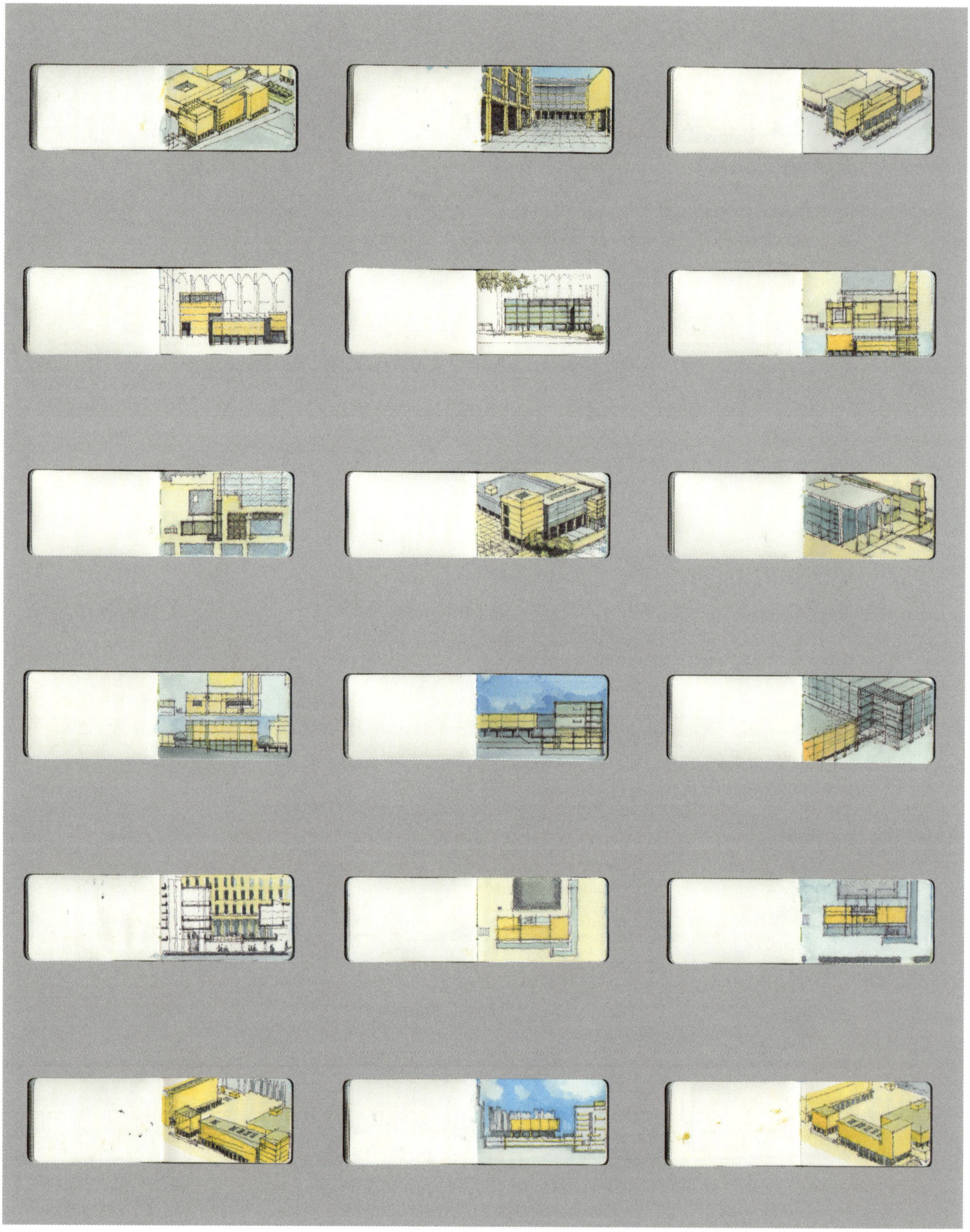

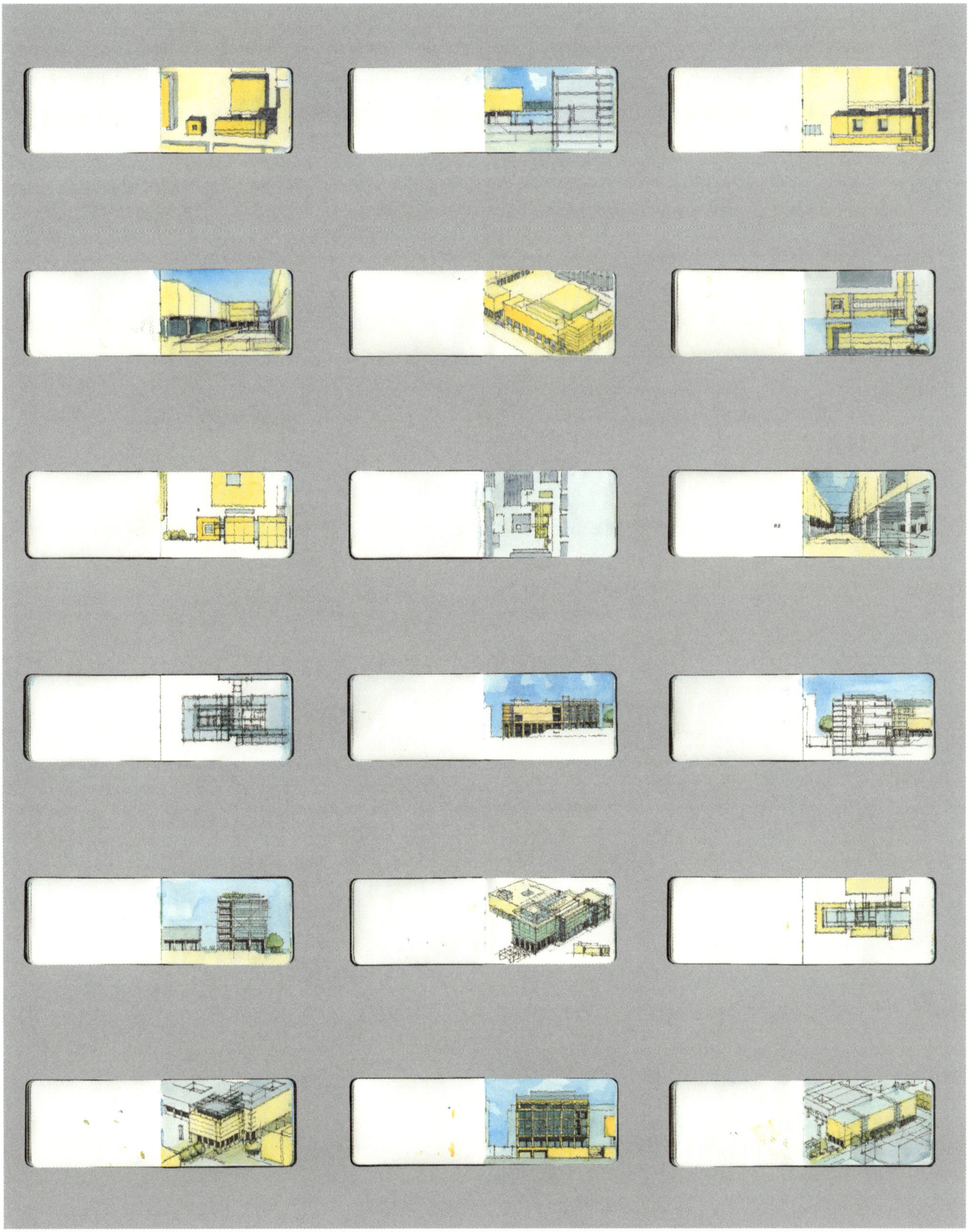

Die Baukörper des Entwurfs für das Pfarrzentrum ordnen die südöstliche Ecke des Kirchbergs und bilden zwei Plätze auf der Kirch- und Straßenebene aus. Durch die Lage am Hang und die Anordnung der Baukörper entsteht auf der „Stadtebene" ein urbaner Platz, der zum Verweilen einlädt, sowie auf der „Kirchebene" ein ruhiger Arkadenhof zwischen der Kirche und dem Pfarrzentrum, der zu einem lebendigen Mittelpunkt im Gemeindeleben werden soll. Das Gebäude des Gemeindezentrums markiert die südöstliche Ecke des Kirchbergs. Als Verlängerung und Endpunkt der Umfassungsmauer zeigt es sich hier selbstbewusst und deutlich sichtbar als Teil des Kirchbergs und lädt mit der großzügigen Eingangssituation zur Teilnahme am Gemeindeleben ein. Die Erschließung des Kirchhofs erfolgt durch die Freitreppe, die den Baukörper auf der Kirchebene teilt und das Ensemble gliedert. Durch die städtebauliche Ordnung und die Organisation der Funktionen im Inneren entsteht ein Gebäude ohne Rückseiten und mit einer eindeutigen Adressbildung an der Berghausener Straße. So wird aus dem Kirchberg, der Kirche und dem Pfarrzentrum ein neues, zeichenhaftes Ensemble, das nicht in Konkurrenz zur Kirche tritt. [Wettbewerb 2016]

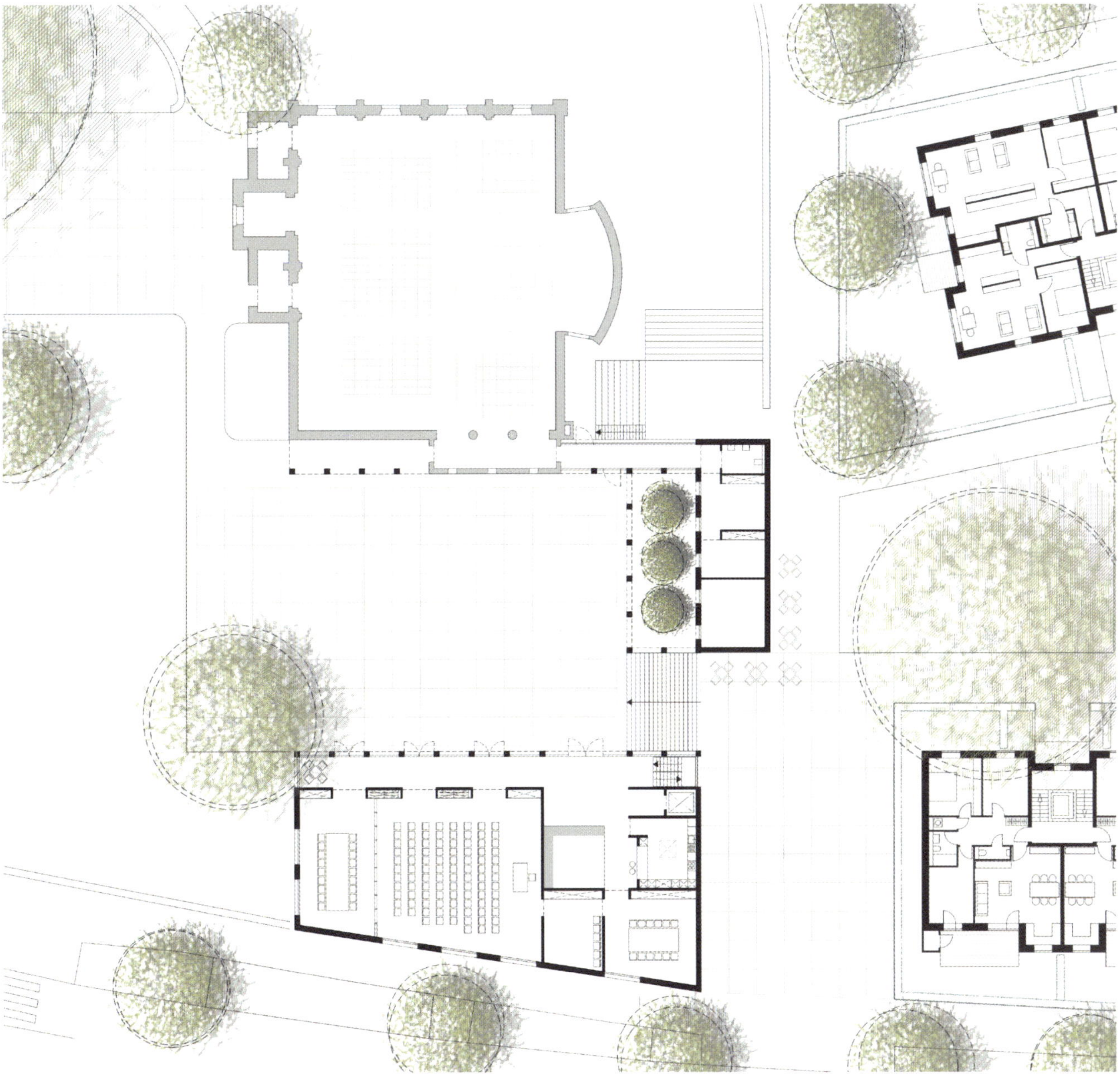

Der Entwurf ordnet die geforderten Büroflächen des Innogy-Campus in einer dem Grundstückszuschnitt folgenden Blockrandbebauung, die einen Innenhof einschließt sowie entsprechend der geforderten Bauabschnittsbildung in einzelne, unterschiedliche Baukörper gegliedert ist. Aus dem Blockrand heraus entwickeln sich kammförmig Büroeinheiten in das Hofinnere, sodass eine lebendige, optimal belichtete Anordnung der Büroflächen ermöglicht wird.

Nach Norden schließt sich ein weiterer Baustein an, der sich an der Ecke BAB 40/Huyssenallee zu einem Hochpunkt entwickelt und zur Innenstadt bzw. zum Bahnhofsvorplatz hin ein markantes Zeichen setzt.

Der sich bildende Hofbereich wird eingeschossig mit einer Tiefgarage unterbaut. Im Erdgeschoss des ersten Bauabschnittes befinden sich Eingang und Konferenzbereich. Die Kasinoflächen schließen sich nach Westen an und öffnen sich zum Blockinneren, das mit Bäumen, Grün- und Wasserflächen terrassiert gestaltet ist.

Gestalterisch folgt die Architektur dem Prinzip von Schale und Kern, sodass die straßenseitigen Fassaden eher einen geschlossenen, die hofseitigen Fassaden einen offenen, loftähnlichen Charakter aufweisen. Ihre Transparenz erlaubt ein „Arbeiten im Grünen“ und bietet ein Höchstmaß an Komfort für die Mitarbeiterinnen und Mitarbeiter. [Wettbewerb 2016]

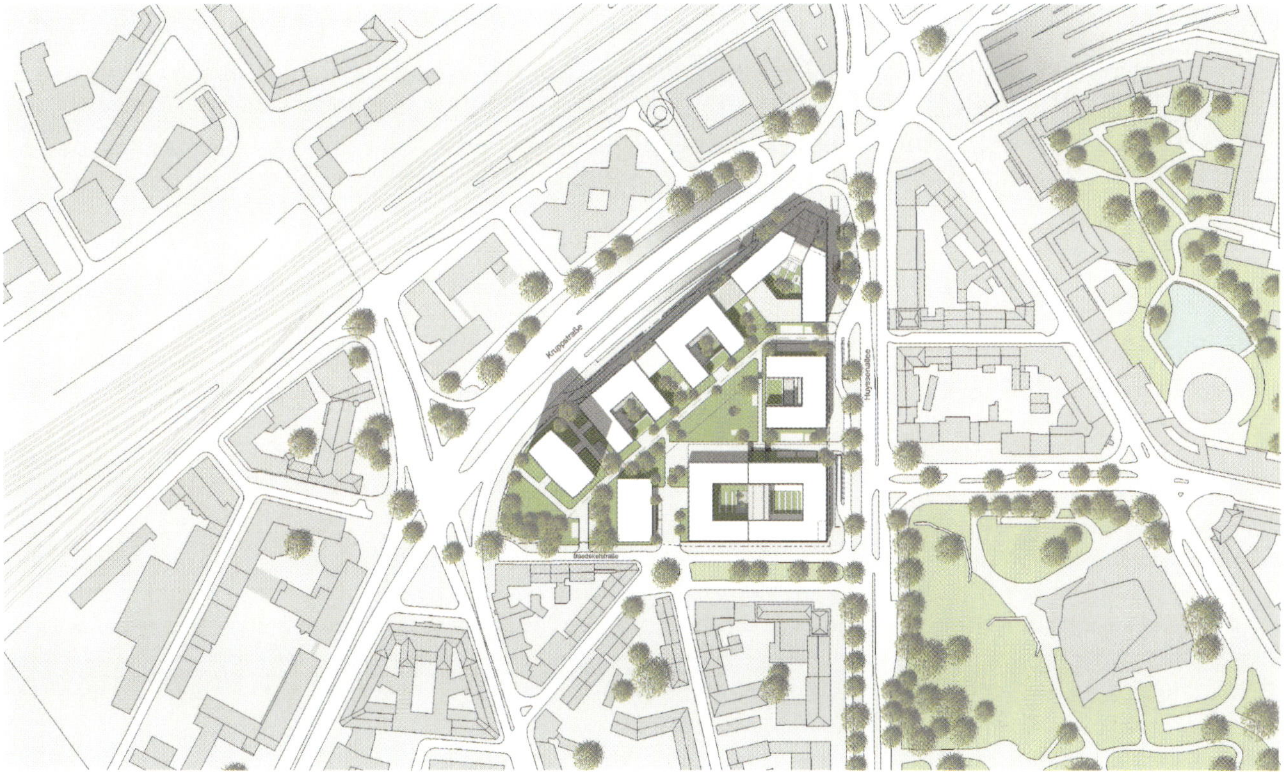
Kruppstraße
Huyssenallee
Baedekerstraße

Die straßenbegleitende Wohnanlage berücksichtigt in zwei Voll- und einem Staffelgeschoss 14 großzügige, über zwei Treppenhäuser erschlossene Wohnungen unterschiedlichen Zuschnittes. Der einfache, klassisch-strenge Baukörper ist durch Risalite, Gesimse und Loggien gegliedert, die Eingänge werden durch Vorbauten akzentuiert. Durch diese Fassadenstrukturierung fügt sich das Gebäude trotz seiner Größe maßstäblich und unprätentiös in die Umgebung ein.

In unmittelbarer Nähe zur Kölner Universität entstanden in der Dasselstraße 208 Studentenappartements mit Gewerbeflächen und Tiefgarage auf einem äußerst schmalen Grundstück. Das Gebäude schließt die Baulücke an der Ecke Dasselstraße / Zülpicher Straße und bildet die westliche Raumkante der Dasselstraße. So fungiert es einerseits als Schallschutz zur angrenzenden Bahntrasse und setzt andererseits einen neuen architektonischen Akzent im Studentenviertel „Kwartier Latäng".

Das sechsgeschossige Wohn- und Geschäftsgebäude fügt sich mit seiner Fassadengestaltung in die bestehende Struktur des Viertels in Maßstab und Ausformung ein. Das Konzept umfasst kleine Wohneinheiten in einem Mix aus funktional und offen angelegten Appartements sowie eine geringe Anzahl größerer Wohnungen. Eine Arkadenzone erschließt im Erdgeschoss moderne Gewerbeflächen.

Hotel
garni
BAR CENTRALE

Die Lage des Grundstücks an der Schnittstelle der großflächigen Bebauung der Karl-Wiechert-Allee mit Büro- und Institutsgebäuden und der kleinteiligen Struktur im Süden und Westen an der Berckhusenstraße forderte eine Baukörperausformung, die einerseits stark genug ist, um an der Karl-Wiechert-Allee einen städtebaulichen, spürbaren Akzent zu setzen, andererseits gleichzeitig den Maßstab des vorhandenen Direktionsgebäudes und der Wohnbebauung an der Berckhusenstraße berücksichtigt und fortschreibt. Die Lage des Gebäudes an exponierter Stelle bedingt zudem eine Solitärstellung, die einen eindeutig positionierten, klar lesbaren und aus sich selbst heraus selbstverständlich wirkenden Baukörper verlangt. Der Entwurf löst das notwendige Volumen des Gebäudes in vier einzelne „Häuser" auf, die sich um einen Innenhof gruppieren. Hierdurch wird einerseits die zur Karl-Wiechert-Allee notwendige städtebauliche gewünschte Großform erreicht, andererseits der „Block" aufgelöst, um den maßstäblichen Dialog mit dem kleinteiligen Bestand zu unterstützen. Von Süden aus erfolgt der Zugang in die Eingangs- und Ausstellungshalle, von der aus die beiden Erschließungskerne erreicht werden. Über jeden der beiden Kerne

werden zwei „Häuser" übersichtlich und störungsfrei erschlossen; eine Aufteilung der Büroflächen in maximal 400 m² große Einheiten wird so selbstverständlich ermöglicht. Im Erdgeschoss befinden sich die großflächigen, publikumsintensiven Bereiche wie Konferenzzone, Gesundheitsbereich und Cafeteria sowie Foyer und Anlieferung. Alle Bereiche sind übersichtlich zu erreichen und miteinander verbunden bei gleichzeitig möglicher separater Nutzung. Konferenzzone und Cafeteria können mit der Eingangshalle zu einem großzügigen Veranstaltungsbereich zusammengefasst werden. [Wettbewerb 1. Preis 2013]

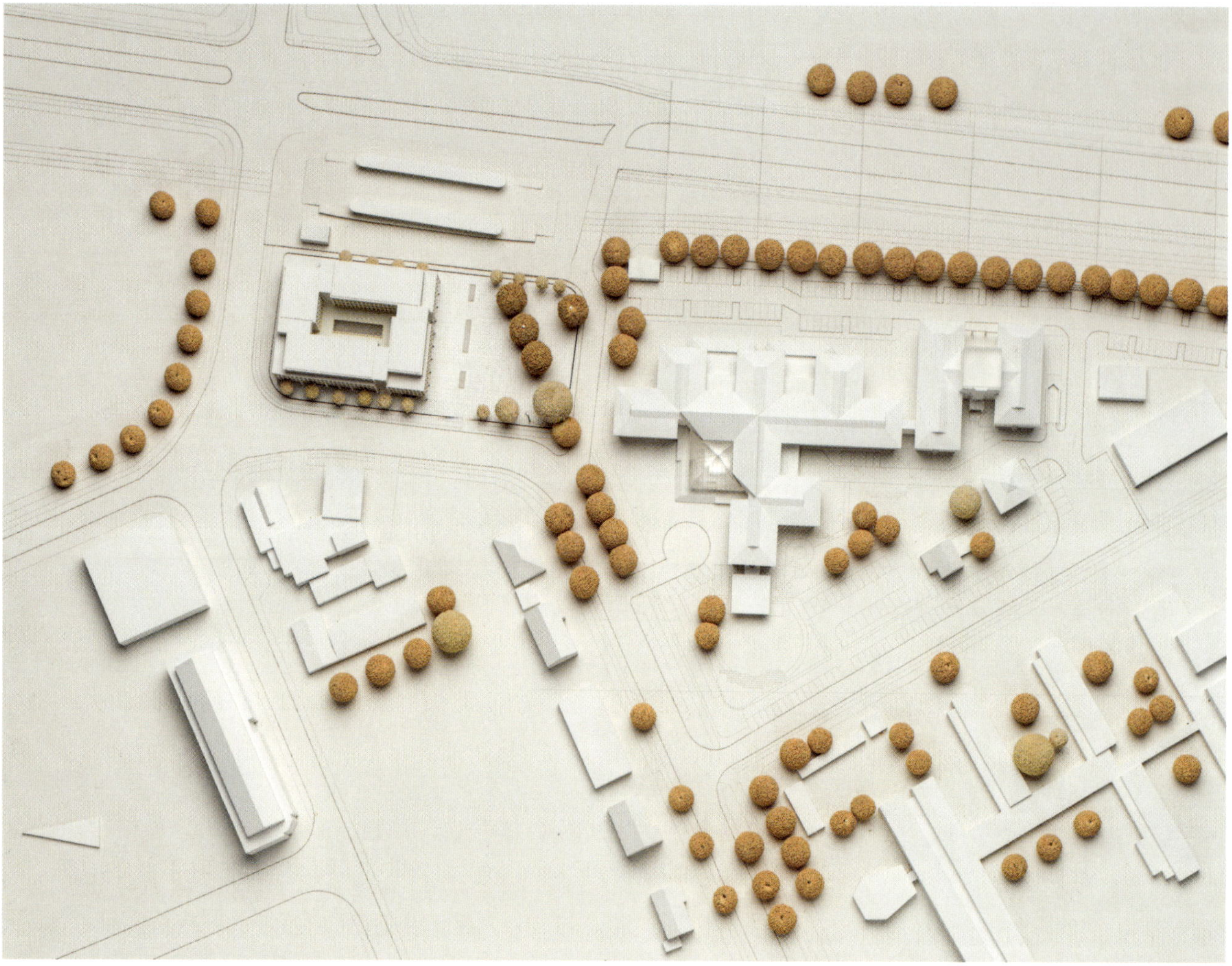

An der Kreuzung Grafenberger Allee / Sohnstraße betont ein Hochpunkt den Zugang zur Sohnstaße und formt mit dem sich östlich anschließenden Gebäuderiegel eine kleine, baumbestandene Platzsituation vor den erdgeschossigen Gewerbeflächen. Beide Baukörper schirmen den Hanielpark im Westen und geben der Sohnstraße eine neue räumliche Fassung, die in ihrer ruhigen Gestaltung den Respekt vor der denkmalgeschützten Haniel-Garage wahrt. Der Baukörper ist durch die Treppenhäuser in seiner Länge gegliedert und von einem Staffelgeschoss bekrönt. [Wettbewerb 1. Preis 2016]

Ein zentraler, quadratischer Stadtplatz, der Antoniterplatz, der die Idee des Kreuzganges aufnimmt und die orthogonale Struktur der Antoniterkirche als Zentrum des Glaubens fortschreibt, bildet die räumlich-geistige Mitte des neuen Antoniter-Quartiers. Er versammelt und ordnet alle Funktionen um dieses neue räumliche Zentrum und kündet gleichzeitig von einem spirituellen Ort der Ruhe und der Stille inmitten des geschäftigen Treibens der Innenstadt. Ihm vorgelagert ist der Kirchplatz als kleinere Platzfläche zwischen Antoniterkirche und Antoniter-Quartier, die als Übergangsbereich zwischen urbaner Geschäftigkeit und kontemplativer Konzentration fungiert. Um den Antoniterplatz herum legen sich schützend zwei-, vier- und sechsgeschossig die geforderten Volumina der Nutzflächen und beschirmen diesen neu gewonnenen Stadtraum als würdigen Mittelpunkt des Gemeindelebens. Durch die Ausrichtung des Entwurfs am Orthogonal-System der Antoniterkirche – und damit an der Struktur des römischen Stadtgrundrisses – wird die Südfassade des Komplexes nach Norden verschoben und erreicht so an der Antoniterstraße eine neue Platzqualität, die – überschattet von der großen Platane – auch den „rückwärtigen" Stadtraum zu einer neuen Qualität aufwertet. Das zwischen Antoniterplatz und Platanenplatz befindliche Gemeindezentrum mit seinem Foyer und Veranstaltungsräumen öffnet sich zu beiden Seiten und wirkt als einladende „Membran" mit vielfältigen Nutzungsmöglichkeiten. Kirchplatz, Antoniterplatz, Foyer und Versammlungsräume sowie der Platanenplatz werden so zu einer selbstverständlich wirkenden Raumfolge verbunden, die das neue Kirchenzentrum der AntoniterCityKirche zu einem in die angrenzenden Stadträume ausstrahlenden Gesamtensemble von hohem urbanen Reiz werden lässt. [Wettbewerb 2016]

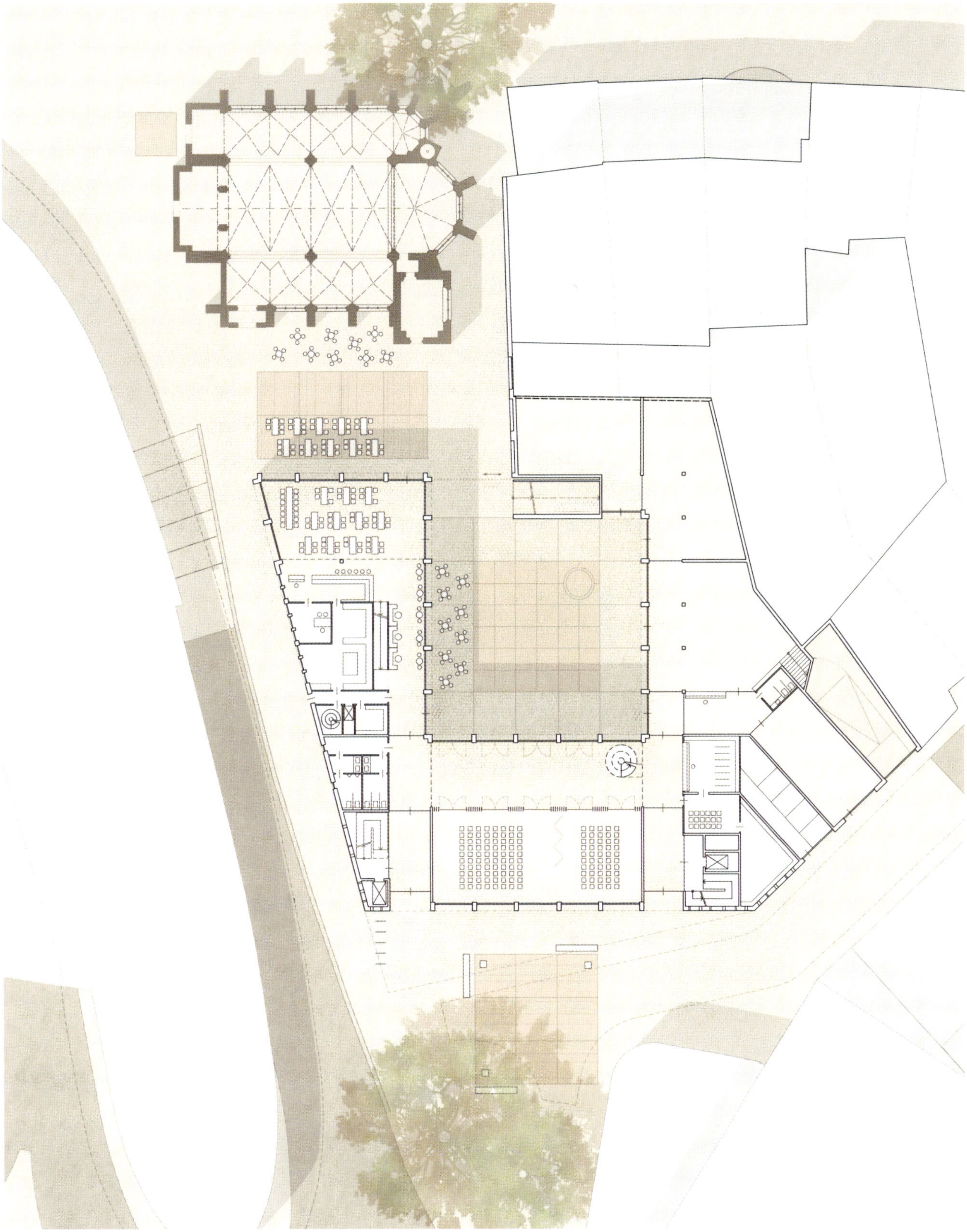

In mehreren Bauabschnitten wurde die denkmalgeschützte Kundenhalle der Kreissparkasse Köln am Neumarkt, neuen Beratungs- und Servicekonzepten entsprechend, vollständig umgestaltet und auf ihre ursprüngliche Erscheinung aus dem Jahr 1957 weitestgehend zurückgeführt. Insbesondere die installierte Streckmetalldecke mit „tuneable light"-Technik gibt dem Raum seine Großzügigkeit und ruhige Erscheinung zurück. [Wettbewerb 1. Preis 2000 und 2016]

Der Entwurf ordnet das komplexe Raumprogramm mit Büro-, Versammlungs- und Schulungsräumen, Wohnungen sowie Restaurants um die zentral gelegene Moschee in vier Baukörpern, die den Gebetsraum umgeben. Orientierung und schnelle Erreichbarkeit aller Nutzungen verbinden sich mit einer hohen Raumqualität straßenraumähnlicher Foyerflächen. [Wettbewerb 2012]

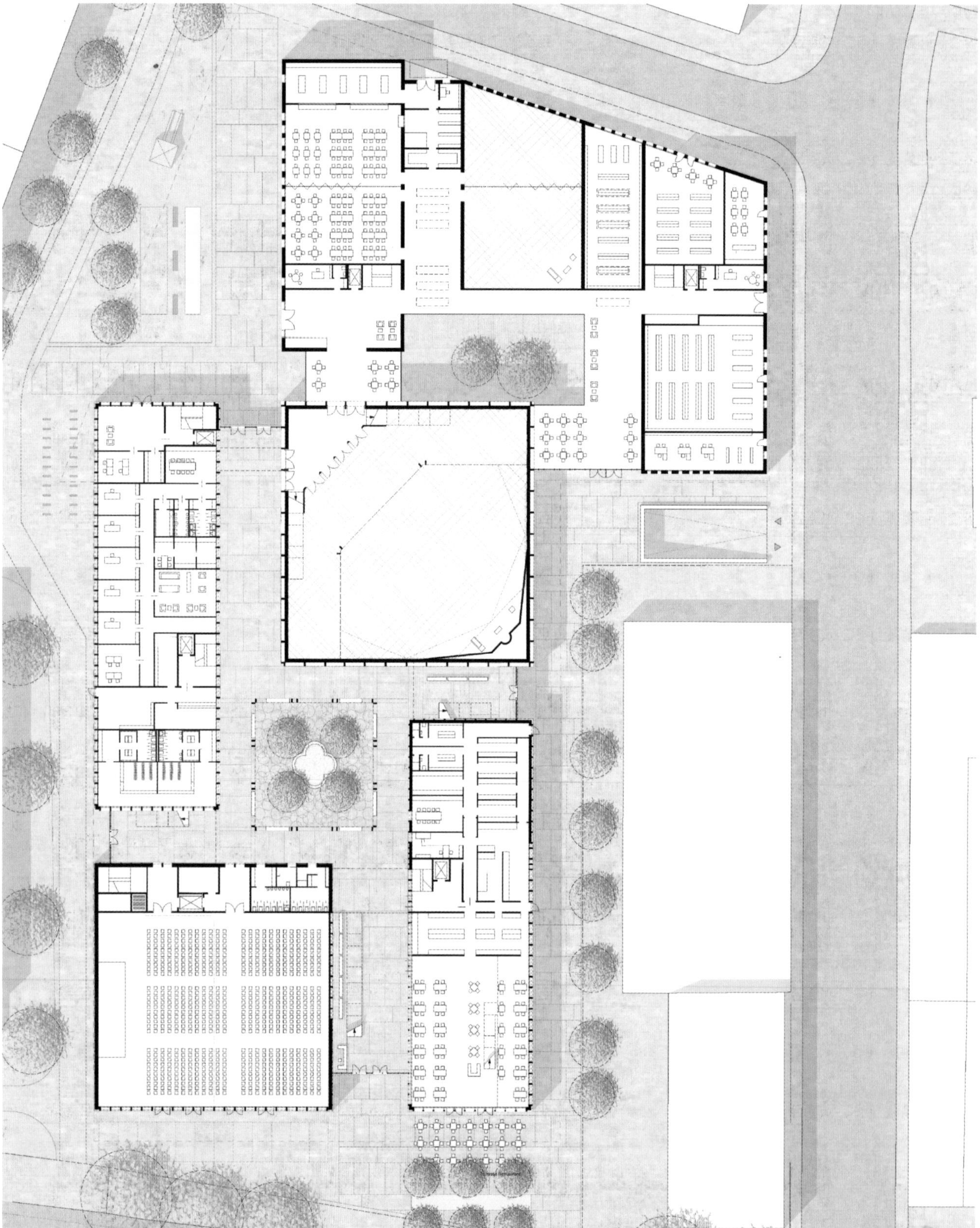

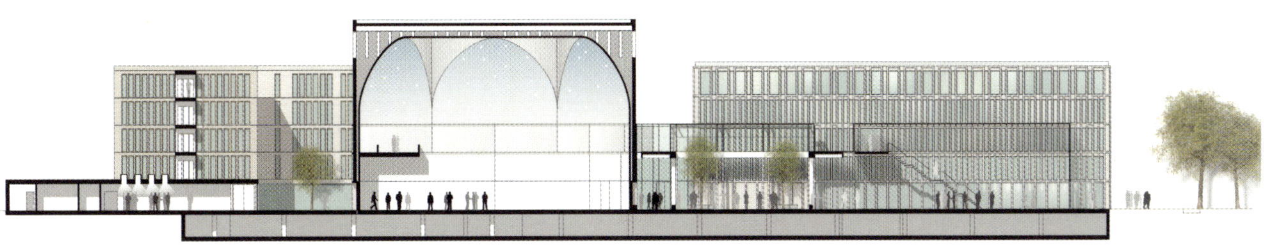

Der Entwurf situiert das komplexe Raumprogramm in drei Baukörpern, die sich in einem gegliederten Gebäudeensemble gruppieren, das sich maßstäblich und gestalterisch in den Charakter des Umfeldes einordnet. Eine großzügige Halle, die den umgebenden Grünraum transparent einbezieht, erschließt alle Funktionen übersichtlich und vermittelt den Eintretenden die Atmosphäre gastfreundlichen Willkommen-Seins. [Wettbewerb 1. Preis 2017]

Die Kubatur des hochflexiblen Mietbürohauses folgt dem Straßenverlauf am Rudolfplatz sowie den vorhandenen Höhenvorgaben der Nachbarbebauung. Farbgebung und Materialität respektieren die angrenzende Hahnentorburg und geben diesem besonderen „Baustein" der Kölner Ringe eine noble Erscheinung. [Wettbewerb 2017]

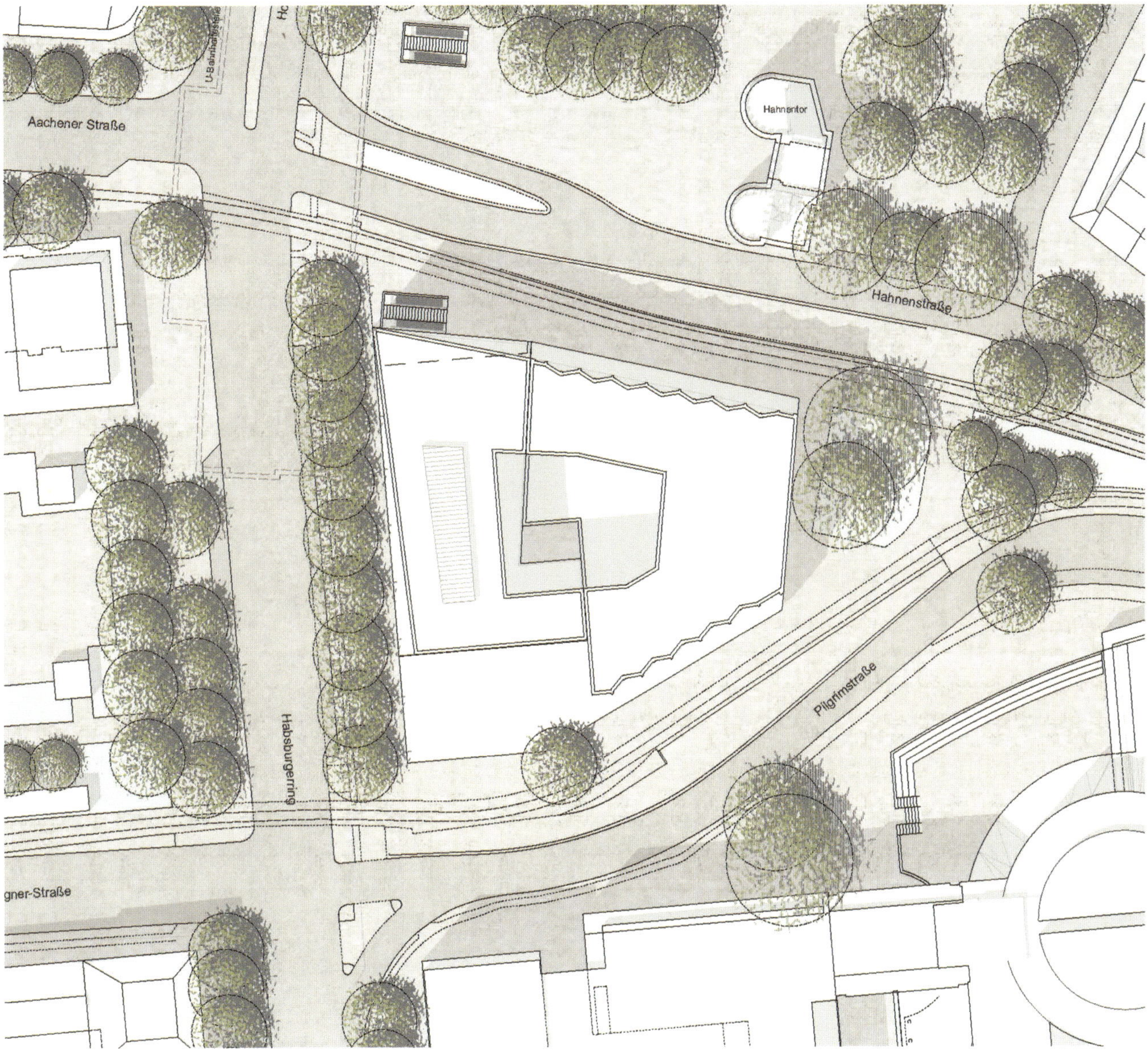
Aachener Straße
Hahnentor
Hahnenstraße
Habsburgerring
Pilgrimstraße

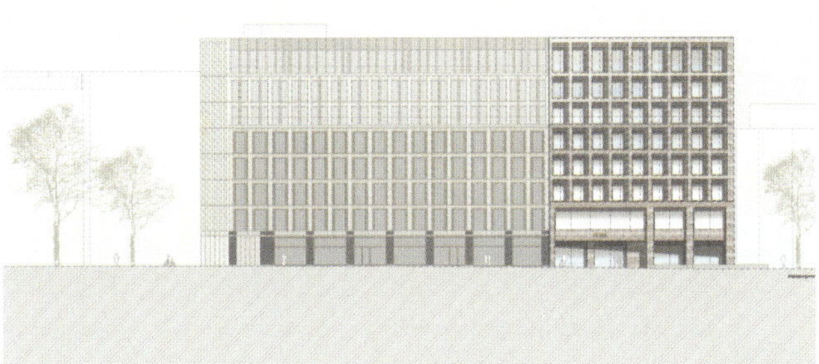

Das Grundstück für das neue Polizeipräsidium Ludwigshafen liegt zwischen der Stadtstruktur des 19. Jahrhunderts und der autogerechten Stadt der Nachkriegszeit positioniert. Diese Ausgangslage definiert den städtebaulichen Grundansatz des Entwurfes: Während die baukörperliche Setzung nach Norden, Osten und Westen dem Maßstab der gewachsenen Stadt folgt und mit diesem korrespondiert, bildet die Südseite zur Schnellverkehrsstraße einen signifikanten Hochpunkt aus, der gleichzeitig das Polizeipräsidium im übergeordneten Stadtraum weithin sicht- und erlebbar macht. Unterstützt wird dieser Gedanke durch eine dynamische und moderne Fassadensprache, die zum Vorplatz und damit zum Stadtraum hin mit einer zweigeschossigen Eingangshalle Bürgernähe und Transparenz signalisiert und die Besuchenden großzügig empfängt. Dabei verdeutlicht und überhöht die umlaufende ruhige Fassadengestaltung die differenzierte städtebauliche Kubatur des Gebäudes. Insgesamt positioniert sich das neue Polizeipräsidium Ludwigshafen mit seiner Metall-Glas-Fassade somit als markanter Stadtbaustein, der einerseits die Bedingungen des räumlichen Umfeldes beantwortet und andererseits der Institution des Polizeipräsidiums ein modernes Selbstverständnis verleiht. [Wettbewerb 2017]

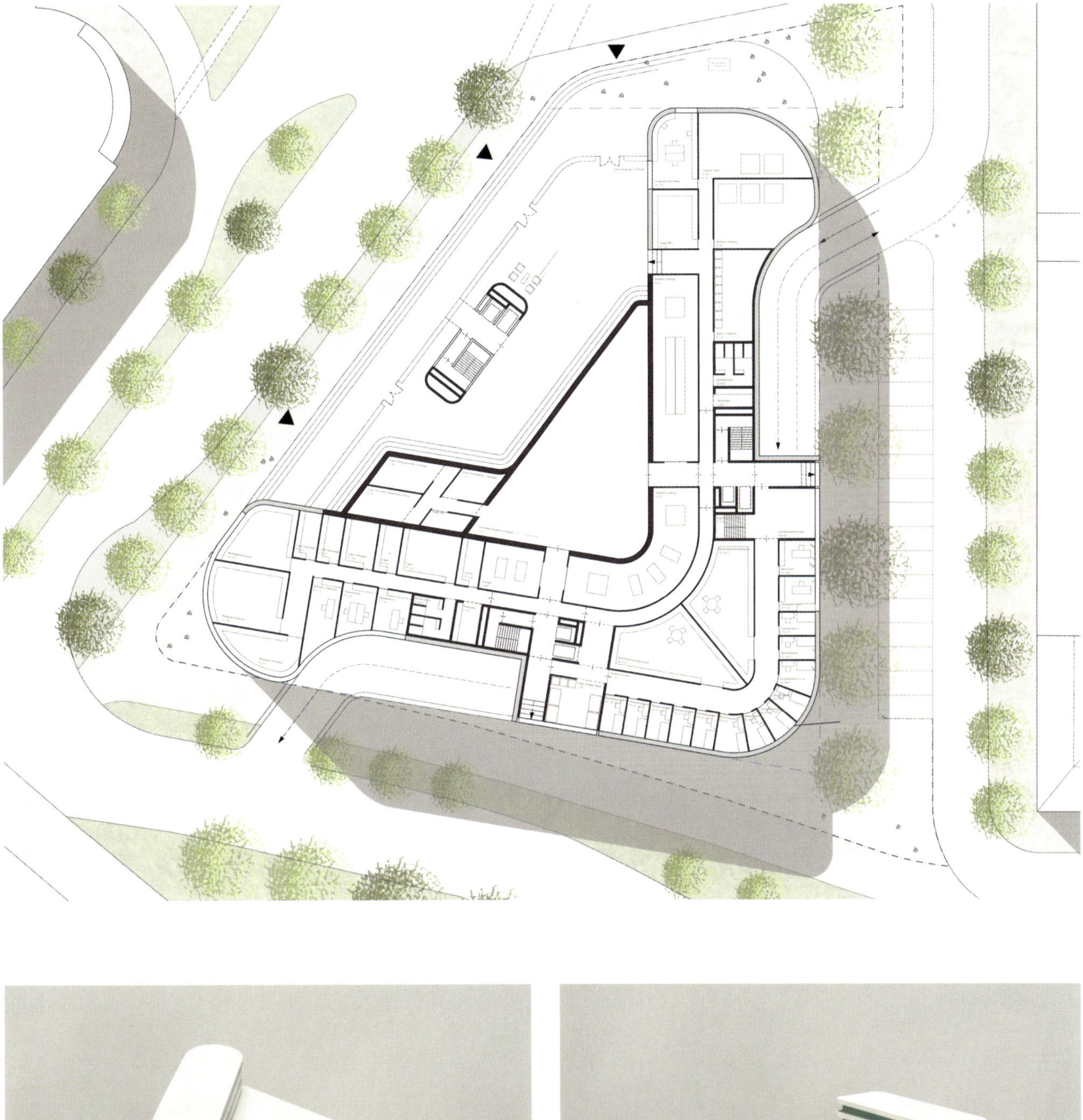

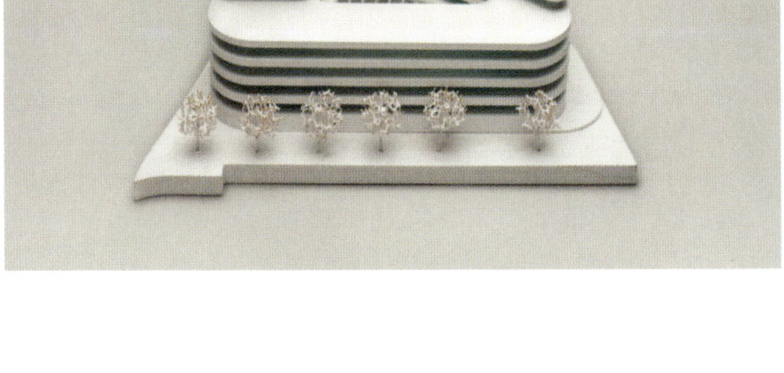

Die prominente Lage des Europaplatzes im Stadtzentrum von Mönchengladbach steht im elementaren Gegensatz zu seiner derzeitigen Gestalt: Der Platz zeigt starke strukturelle Defizite aufgrund seiner mangelhaften Aufenthaltsqualität und benötigt daher einen neuen städtebaulichen Impuls für das Nahumfeld des Bahnhofsplatzes. Hierbei bildet das „Haus Westland" die neue westliche Raumkante des Bahnhofsvorplatzes, fasst den großzügigen, luftigen Innenbereich des Neubaus und steigert sich zu einem Hochpunkt. Die Erdgeschosszone ist zum Bahnhofsplatz hin als Arkade gestaltet, um die südliche Ausrichtung der Außenbereiche optimal auszunutzen. Im Gegensatz zur derzeitigen baulichen Situation betont der Entwurf des neuen Busbahnhofs die Achse der Hindenburgstraße und lässt durch eine wesentlich geringere Höhe wichtige Blickbeziehungen zu. Die neuen Raumkanten ermöglichen eine bessere Orientierung. Die Platzfläche wird als verkehrsberuhigte Zone („shared space") gestaltet. [Wettbewerb 2017]

Kaspar Kraemer, Zeichnung, 2010

Stift, Pinsel, Skizzenbuch und Aquarellfarbkasten sind stete Begleiter des Architekten Kaspar Kraemer. In einem kaum fasslichen Maße skizziert Kraemer auf buchstäblich allem, was er zu fassen kriegt: Großformatige Briefumschläge und Kalenderblätter dienen ebenso als Zeichengrund wie Notizzettel oder kleinformatige Skizzenbücher. Einer meditativen Routine gleich füllt der Architekt diese Büchlein in steter Folge, sodass im Laufe der Zeit über 26.000 postkartengroßen Skizzen entstanden. Warum er das tut und welche Rolle dieses Nachdenken mit Stift und Pinsel für die alltägliche Arbeit spielt, erörtert Kaspar Kraemer im Gespräch mit David Kasparek.

David Kasparek: An der TH Darmstadt gab Bruno Müller-Linow den Zeichenkurs, Sie aber wollten lieber einen Soziologie-Kurs, der zeitgleich stattfand, belegen. Welche Rolle hat Müller-Linow für Sie gespielt?

Kaspar Kraemer: Die zwei Stunden Soziologie überschnitten sich mit Müller-Linows Zeichenkurs. Ich dachte, ich könne bereits ganz gut zeichnen und müsste nicht in seinen Kurs. Das war natürlich eine Illusion. Ich hätte den Kurs besser machen sollen, aber solche Fehler begeht man eben, wenn man jung ist. Ich hätte deswegen beinahe das Vordiplom nicht bestanden, weil er mir eine Fünf gegeben hat. Allerdings hat im Studium kaum einer der Professoren eine große Rolle für mich gespielt – außer Peter Färber, der später Zeichenlehrer in Braunschweig wurde und damals Assistent von Max Bächer an der TH war. Er war sozusagen der Türöffner zum Entwerfen: Was ich bei ihm gemacht habe, war hilfreich für mich. Ansonsten war man sehr für sich und eher im Dialog mit den Kommilitonen. Einen Lehrer, so wie Egon Eiermann ihn in Poelzig sah, hatte ich nicht. Aber vielleicht sehe ich das etwas ungerecht. Es gab sicher viele Leute, die mich auf die eine oder andere Weise beeinflusst oder beeindruckt haben, aber prägend oder vorbildhaft war niemand davon.

Computer und Zeichenprogramme, wie wir sie heute kennen, gab es damals nicht, Sie haben alle Pläne mit der Hand gezeichnet. Hat darüber hinaus Freihandzeichnen eine Rolle gespielt?

Ich habe immer einfach so gezeichnet, aus Freude, aber ohne Anleitung. Wir waren mit Müller-Linow einmal in Mannheim in der Kunsthalle, wo ich den *Singenden Mann* von Barlach gezeichnet habe. Diese Zeichnung habe ich noch. Auch unter freiem Himmel auf der Lichtwiese, wo damals noch viel gebaut wurde, haben wir die Baustelle gezeichnet. Ich hatte immer das Gefühl, Autodidakt zu sein.

Sie haben auch ein Stipendium für Yale bekommen …

Das Stipendium habe ich bekommen, weil ich ein sehr gutes Examen hingelegt habe. Ich hatte meine Diplomarbeit mit 1+ bei Helmut Striffler gemacht, und auch deswegen ein sehr gutes Abschlusszeugnis bekommen. Mit den guten Zensuren, dem Stipendium des DAAD und den Zeichnungen hatte ich mich irgendwo in Texas beworben, wurde aber nicht angenommen – witzigerweise aber eben an der Yale University, von der ich damals noch gar nicht wusste, was für eine bedeutende Universität das ist. Dass ich dort angenommen wurde, war ein großes Glück für mich und meinen eingereichten Zeichnungen zu verdanken.

Kaspar Kraemer, Zeichnungen und Skizzen

Haben Sie auch in den USA gezeichnet? Waren das schon Blätter, wie Sie sie heute zeichnen oder konkreter und gegenständlicher?

Ich habe immer für das Entwerfen gezeichnet, das damals ja nicht am Computer stattfand, sondern mit der Hand, Stift und Papier. Es ging sozusagen über den Kopf in die Hand und durch den Stift auf das Papier. Das Ertasten des Raumes, der Raumfolgen und ihrer funktionalen Zusammenhänge führt zu einem grundlegenden Verständnis von Architektur. Das mache ich auch heute noch sehr, sehr gerne. Eine meiner Stärken als Architekt ist es, Dinge logisch zu ordnen und zu einem vernünftigen Ganzen zu fügen. Ein solches Bild entstehen zu lassen, die Gestalt eines Gebäudes, war für mich immer ein zeichnerischer Vorgang, und das Zeichnen war Nachdenken auf dem Papier, wie es Saul Steinberg einmal trefflich gesagt hat. Gerade beim Entwurf ertastet man die Logik der Raumfolgen mit dem Stift, ordnet sie und bringt sie in Zusammenhänge. Das ist etwas ganz anderes als die Skizzen, die ich in meinen kleinen Zeichenbüchern fertige. Sie entstehen nebenbei, sind Ausdruck von Nervosität auf der einen und Freude auf der anderen Seite – ein bisschen so wie früher Zigaretten zu rauchen. Das wirft man schnell hin und freut sich, wenn es gut ist. Zehn Prozent dieser Bilder würde ich als gut durchgehen lassen.

Gab es eine Zeit, in der Sie nicht gezeichnet haben?

Ich habe als Kind Werkunterricht gehabt, es wurde gebastelt, mit Lehm und Ton gearbeitet und auch gezeichnet. Als ich acht oder neun Jahre alt war, hörte das auf. Da spielte ich lieber Hockey oder schaute bei den Nachbarn das Fernsehprogramm. Während meiner Schulzeit habe ich kaum gezeichnet. Erst im Studium fing ich wieder damit an. Diese Anfänge waren vorsichtig, unsicher, schüchtern tastend und holprig. Auch diese Zeichnungen habe ich teilweise noch. Heute ist es so, dass ich mich aus reiner Lust am Wochenende hinsetze, ein Blatt Papier aufspanne und zu zeichnen beginne.

Stift, Pinsel und Aquarellfarben: Die Arbeitsmaterialien von Kaspar Kraemer

Es gibt viele Kolleginnen und Kollegen, die in der gleichen Zeit ausgebildet wurden, die auch beruflich mit der Hand zeichnen mussten, aber nicht ganz diese Freude und Lust am Freihandzeichnen entwickelt haben. Woher kommt diese Freude bei Ihnen?

Vielleicht ist es eine Begabung. Talent wurde mir sicherlich geschenkt und bricht immer wieder durch, ohne dass ich es provoziert hätte und ohne spezielle Anleitung. Es hat sich seit dem Studium langsam entwickelt. Alles, was man gut kann, erfreut einen. Man bekommt damit auch Anerkennung. Ich habe immer ein kleines Geschenk für jeden: Ich brauche nur ein Bild zu malen, einen Rahmen dazuzufügen und habe ein Mitbringsel. Das ist patent und lebenspraktisch. Die meisten Menschen freuen sich über so ein Bild, es sei denn, sie haben schon mehrere (*lacht*).

Der Architekturkritiker Manfred Sack hat in einem schönen Text zum ebenfalls feinen Buch *Zeitfraß* von Horst von Bassewitz über das Zeichnen geschrieben,

Kaspar Kraemer, Zeichnung, 2008

dass es zeichnenden Architekten nicht zuvorderst um den Zweck der Zeichnung gehe, sondern um das Vergnügen an ihr selbst, sie sei eine „förderliche Stimulanz ihrer (Entwurfs-)Arbeit". Wie erleben Sie das?

Es ist gut, dass Sie den Namen Bassewitz nennen, den ich als Zeichner sehr bewundere. Er hat eine Qualität des Zeichnens erreicht, zu der ich nie gelangt bin. Die Reise-Skizzen in diesem Buch sind wunderbare künstlerische Artikulationen – gerade durch das Weglassen von bestimmten Dingen und das Betonen von Ausschnitten. Er setzt sich hin und zeichnet tatsächlich das, was vor ihm ist. Das habe ich nur ganz selten gemacht, auch weil ich viel zu faul dafür war. Ich habe fast immer nur „mein Haus" und „meinen Turm" gezeichnet. Letztendlich ist es eine permanente Wiederholung, bei der aber doch jedes Bild anders ist. Es gibt nur gleiche Typen und gleiche Motive. Das Meer, mal rechts, mal links, das Haus, der Turm, die Gitterbrücke, die ich so liebe. Und dann sind es meist Perspektiven in Straßen. Wenn man diese 26.000 kleinen Zeichnungen – ungefähr postkartengroß – durchblättert, erkennt man etwa zehn Themenfamilien, die man ordnen könnte und zwischen ihnen bewegt sich immer wieder alles, was ich zeichne.

Sie sagten, es gibt bestimmte Motive, die immer wieder auftauchen. Das Meer, der Leuchtturm: Das ist Sylt und Ihre Prägungen in der Kindheit auf der Insel. Wo kommen die anderen Motive her, die toskanisch anmuten und mich auch an Potsdam, den Jungfernsee und Glienicke erinnern?

Der Grundtenor ist Romantik. Die Romantik hat mich immer sehr bewegt, ihre Literatur, das Empfinden von landschaftlicher Schönheit und Stimmung. Das wollte ich im Bild festhalten. Die Lyrik von Eichendorff oder Theodor Storm, Lyrik generell, durchzieht mein Leben – und diese kleinen Momente lagern sich im Unterbewusstsein an und treten immer wieder ins Bewusstsein. Zypressen, Pappeln oder Säuleneichen sind toskanische Motive, dazu das Meer und der Himmel, das ist Schleswig-Holstein. Das einfache Haus ist das simple Haus, das auch Schinkel auf seiner Italienreise gesehen und gewürdigt hat. Eben nicht das große, aufwendige, wie bei Palladio, den Goethe vorgezogen hat. Es ist ein kubisches, geschlossenes und selbstbewusst in der Landschaft stehendes Haus, das der Ausdruck menschlicher Kultur ist. Dabei spielt ein Amalgam aus Erfahrungen, aus Literatur, aus Gesehenem eine Rolle, das sich in diesen Zeichnungen abbildet. Es ist eine Freude, es immer wieder hervorzurufen.

Es gibt fast immer diesen Hang, und darauf das Haus. Der Hang fällt von links nach rechts ab – kann aber auch andersherum sein. Dazwischen gibt es Plateaus, die ein Fundament für das Haus sind, Treppen führen hinauf. Darin steckt ein Moment der Einsamkeit, aber auch das Momentum der Gastfreundschaft, was sich auch im Gegensatz von Vertikale und Horizontale spiegelt. Das ist also die Ordnung der Welt, in der wir uns bewegen. Auch als Architekt ist man den Gesetzen der Schwerkraft unterworfen. Dazu kommt das Vegetative, das immer als Kontrast zum menschlich Gebauten zu sehen ist, aber auch eine Bereicherung darstellt: Die Natur ist einerseits Gegner, andererseits etwas, mit dem man sich verbünden muss. Dieser Zusammenklang von Landschaft und Architektur ist genau das, was Potsdam, Sanssouci oder Glienicke auszeichnet. Das ist meine Prägung, mein Denken und mein Charakter.

... und die See?

Das Naturerlebnis der Kindheit ist wichtig – auch weil es gekoppelt ist an die Erfahrung der Unendlichkeit. Meine Mutter erzählte, dass ich als Kind, als wir über die Düne gingen und ich das erste Mal das Meer sah, laut aufgeschrien hätte und wieder weggerannt sei. Das Licht, diese Unendlichkeit, das war mir scheinbar alles zu groß, zu gewaltig. Ich finde das heute nachvollziehbar, auch wenn es sich komplett verändert hat und ich das Meer liebe. Am Meer habe ich mich sehr viel mehr zu Hause gefühlt als in den Bergen, das kommt sicher durch die frühkindliche Prägung der Sylter Aufenthalte. Ein Bergtal kann auch beeindruckend sein, aber mir fehlt der Ausblick. Das Meer ist die vergegenständlichte Abstraktion. In den Bildern von Rothko ist überall Landschaft zu sehen: Linien, die wie die Horizontlinie am Meer sind.

Kaspar Kraemer, Zeichnung, 2012

Dieser Horizontlinie ist dann etwas entgegenzusetzen: Gegen die Unendlichkeit, die ja auch eine Form der Sinnlosigkeit darstellt, will ich in der Zeichnung ein Artefakt stellen, und zwar als Ausdruck menschlicher Tätigkeit. So sehe ich auch den Beruf des Architekten, der das Leben der Menschen verbessert und dafür sorgt, dass sie sich wohlfühlen. Wir brauchen keine Utopie. Der Architekt hat eine dienende, sachliche und helfende Aufgabe. Dieser muss er gerecht werden, dafür muss er sich ausbilden, darüber muss er nachdenken und streiten. Und dafür steht das Bild des Leuchtturms, der der Unendlichkeit etwas entgegensetzt und gleichzeitig ein Signal für Heimkehr und Orientierung ist – eine Vokabel für menschliches Leben.

Ist das Haus ein Ideal?

Ja, es ist eine Art Traumhaus, das ich immer wieder gezeichnet habe. Ich weiß ganz genau, wie es aussieht: Ich gehe eine Treppe hoch und links ist das Haupthaus, rechts daneben ein zweites, kleineres Haus. Das ist mein Atelier. Die beiden Baukörper stehen in einem L-Winkel zueinander und dort, wo sie zusammenstoßen, ist der Zugang. Links ist natürlich die Garderobe, der Eingangsbereich und die Küche. Eine Treppe führt nach oben in die Schlafräume, unten kommt man zunächst in das Esszimmer und das Wohnzimmer. Das Wohnzimmer geht auf den Hof und dahinter ist das Meer. Der Winkel öffnet sich zum Meer hin und auch das Atelier hat ein Fenster zum Hof. So kann ich, wenn ich ankomme, gleich nach rechts in mein Atelier abdriften oder nach links in die Gemeinschaft der Familie gehen. Das Ganze ist Ausdruck des Dialogs, den das eigene Leben braucht, eine Verräumlichung dieses Austausches.

Sie sprechen von einem Ideal, das in Ihren Zeichnungen auftaucht, wo die Welt im Einklang zwischen Natur und Gebautem ist, wo Harmonie eine große Rolle spielt. Wo ist der Mensch in Ihren Zeichnungen?

Der Mensch gehört da gar nicht hinein. Ich habe kein Interesse, einen Menschen in den Zeichnungen zu sehen. Gleichzeitig ist der Mensch überall, denn der Mensch bin ich selbst. Die Zeichnung ist ein Ausdruck meiner inneren Welt, die ich in mir trage. Ich schaue in dieses Bild und erwarte nicht, dass da noch jemand ist und mich ansieht.

Ein weiteres Motiv in Ihren Zeichnungen sind Brücken, die oft raumgreifende Tragwerke sind. Was fasziniert Sie an der Brücke?

Kaspar Kraemer, Gitterbrücke, Zeichnung, 2014

Eine Gitterbrücke hat mich immer fasziniert, weil sie ein Ausdruck menschlicher Erkenntnis und Intelligenz ist. Man löst die Stabilisierung einer Scheibe auf in Zug- und Druckstäbe, kann mit minimiertem Materialeinsatz große Spannweiten überbrücken und gleichzeitig ein grafisches Bild erzeugen. Das war für mich so prägend, dass ich immer wieder versucht habe, es in Architektur zu übersetzen. Beim Bau für Accenture in Kronberg sind Brücken zwischen den Baukörpern, auch die kleine Brücke beim Aufzug am Gürzenich oder eine kleine

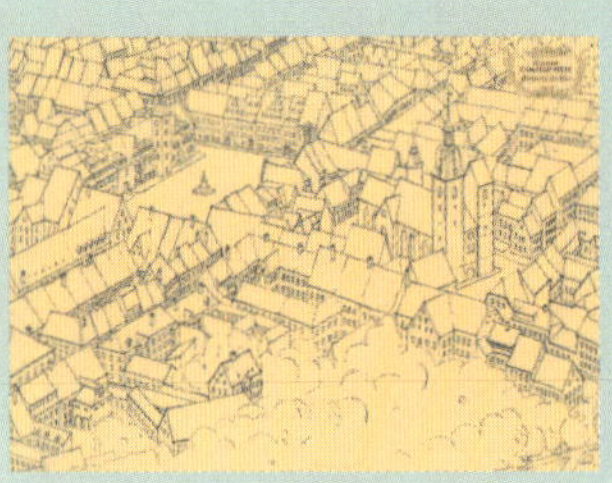

Friedrich Wilhelm Kraemer, Freiberg, Zeichnung 1928

Brücke für einen Aussichtsturm in Braunschweig gibt es. Das Brückenschlagen, das Verbinden, ist das Herstellen von etwas Positivem. Letztendlich ist auch das ein Harmoniegedanke: dass man Abgründe überwinden kann durch Konstruktion, Intelligenz und Genauigkeit – durch Wissenschaft, wenn man so will.

Dachten Sie jemals darüber nach, diese Art des romantischen und assoziativen Hintergrundrauschens zu konkretisieren und Werke aus der Romantik zu verbildlichen oder Serien zu konkreten lyrischen Stücken zu machen?

Ich hatte den Gedanken, Gedichte zu bebildern. Was Eichendorff über Täler und weite Höhen schreibt, ist natürlich bei jeder Tiefenwirkung im Landschaftsraum einer Zeichnung präsent. Ich wollte auch selbst eine Poetik verfassen. Was erzeugt Stimmung in der Architektur? Welche Konstituenten sind es, die romantische Räume schaffen? Es gibt bestimmte Elemente, die das liefern. Dazu eine Art Wörterbuch oder ein Vokabular der Poesie für architektonische Elemente zu machen, war einmal ein träumerischer Gedanke. Es gibt sogar schon einen Text dazu …

Manfred Sack beschreibt in seiner Einführung zu Bassewitz' Buch sehr schön die Unhöflichkeit, die man als Zeichnender seinen Mitreisenden aufoktroyiert, wenn man sich für Stunden hinsetzt und zeichnet. Man nimmt in Kauf, dass die Mitreisenden ungeduldig werden. Das haben Sie nie so gemacht?

Nein. Aber eigentlich kann man in der Gruppe gar nicht reisen, wenn man zeichnen will. Man ist immer unfreundlich, immer isoliert. Während die anderen irgendwo Wein trinken, essen, sich unterhalten, saß man da und hat irgendwas gezeichnet. Das kann man der Gemeinschaft einer Gruppe nicht antun. Aber ich habe einen Traum: Mein Vater hat als Student 1928 eine sehr schöne Abschlussarbeit geschrieben, in der er in Freiberg in Sachsen das Stadtbild aufgenommen und Zeichnungen gemacht hat. Diese Zeichnungen werden bald 100 Jahre alt und ich möchte noch einmal nach Freiberg reisen, die gleichen Motive zeichnen und beide Serien gemeinsam ausstellen oder publizieren.

Sie haben die kleinformatigen Aquarelle angesprochen, die heute überwiegen. Daneben finden sich auch großformatige Blätter, herrlich schraffierte Bleistiftzeichnungen, oder mit Filz- und Buntstift ausgeführt. Die Aquarelle aber überwiegen. Haben Sie immer schon aquarelliert oder gab es zwischendurch andere bevorzugte Techniken?

Mit Öl oder Acryl habe ich nie gemalt, immer nur mit Bleistift, Buntstift, Aquarell und Filzstift, meist Magic Marker oder Copic. Der Filzstift hat den großen Nachteil, dass man kaum Nuancen ausdrücken kann. Mit Bleistift dagegen kann man durch Schraffuren eine unglaubliche Tiefenwirkung entwickeln. Im Augenblick fülle ich diese kleinen Moleskine-Bücher. Ich benutze einen Filzstift von Faber-Castell mit der Strichstärke 0,3 für die Vorzeichnung, das Ausmalen mit Aquarell ist dann ein wenig wie bei einem Kinderbilderbuch. Das ist noch nicht einmal ein richtiges Aquarell, sondern eher ein Anmalen. Das Papier vorher wässern und bestimmte Strukturen herstellen, wie man das beim Aquarellieren tut, mache ich ja gar nicht.

Kaspar Kraemer, Zeichnungen und Skizzen

Es gibt Momente, in denen ich eine Bleistiftzeichnung machen möchte und genau diese Haptik in der Hand spüren will, wenn etwas aus der Hand hervorgeht, das Stimmung ausdrückt und prägt. Das ist ein sehr freudiger Moment. Genauso geht es mir auch mit einem Filzstift. Ich hebe Kalenderblätter, die man zu Weihnachten bekommt, mit diesem sehr glatten Papier auf, um sie mit Filzstift zu bemalen. Da gleitet so ein Filzstift ganz wunderbar drüber. Es ist eine fast körperliche Lust, die spürbar wird. Wenn ich die Zeit habe, nutze ich sie und lebe das aus – und freue mich an der Zeichnung. Nach zwei Stunden habe ich sie dann meistens fertig: dieses Schema mit dem Haus am Meer, mit Licht und Schatten und ein paar Wolken. Dann bin ich zufrieden und gehe meiner Wege …

Sie haben sich selbst zum Ziel gesetzt, 150 dieser kleinen Zeichnungen im Monat zu machen. Gibt es denn Tage, an denen Sie das als Bürde erleben?

Es sind sogar 180. Am Tag sechs Stück. Ja, das hat sich so ergeben und ist ein bisschen verrückt. Es hat damit zu tun, dass ich Magazinkästen habe, in die genau 30 Bücher hineinpassen – zwei nebeneinander, senkrecht gestellt, 15 in jeder Reihe – und damit, dass ich eben diese Bücher mit jeweils 30 Seiten benutze. Das heißt, im halben Jahr sind es 900, in einem Jahr 1.800 Zeichnungen. Das ist dann immer eine vollbrachte Leistung. Es gab Monate, da habe ich sieben Bücher gemacht, aber das wurde mir zu viel, also habe ich die „Schlagzahl" reduziert: fünf sind genug. Wenn ich Zug fahre, mache ich manchmal auch zehn Zeichnungen hintereinander, erst mal nur in Schwarzweiß, in Filz, die ich dann zu Hause „bunt mache". Ich habe die Bücher immer markiert mit dem jeweiligen Monat und der Zahl des Buchs. Natürlich kostet das auch Zeit, aber wenn ich morgens ins Büro komme, male ich eben eines an oder zwei. Auch im Auto an der roten Ampel habe ich mein Buch auf den Knien und mache eine Zeichnung. Manchmal, wenn ich im Büro ankomme, habe ich bei den bestehenden Verkehrsverhältnissen bereits zwei gefertigt (*lacht*).

Und das erleben Sie nie als Last?

Eine Last? Nein. Selbstdisziplin, die habe ich dabei. Natürlich könnte ich auch viele andere Dinge machen, aber so habe ich immer das Gefühl, produktiv zu sein.

Wie lange werden Sie diese Schlagzahl noch aufrechterhalten?

Ich weiß es nicht. Anfang Februar 2024 hatte ich die 26.000 voll. Vielleicht höre ich zum Jahresende auf und versuche etwas anderes. Ich hätte Lust, in Acryl zu arbeiten, einen richtigen Aquarellierkurs zu besuchen oder wieder Klavierstunden zu nehmen.

Inwiefern sind die Zeichnungen eine Form der Reflexion dessen, was Sie im Büro beschäftigt?

Es gibt immer wieder Projekte, wo eine Zeichnung der Ausgangspunkt ist. Die kleine Kapelle in Mechernich zum Beispiel. So ist es auch bei den Einfamilienhäusern. Meine Einfamilienhausentwürfe beispielsweise haben fast immer ein Dach. Das kommt auch aus diesen Zeichnungen: das Haus mit Dach, und zwar um 33 Grad geneigt, selten auch einmal 45 Grad. Ein Haus ohne Dach ist für mich heute eigentlich kein Haus mehr. Es kann ein Bauteil geben, auf dem kein Dach sitzt, aber irgendwie fehlt mir dann etwas. Das war früher ganz anders.

Gaston Bachelard spricht in der *Poetik des Raums* von der Wichtigkeit des Dachs und des Dachbodens auf der einen und der des Kellers auf der anderen Seite …

Ich habe das Buch in den USA gelesen und es hat mich sehr beeindruckt. Aber es hat erst spät seine Spuren in meiner Architektur hinterlassen. Der Keller verwurzelt das Haus, erdet es, und das Dach schließt es ab. Den Gedanken, dass ein Haus vier Ebenen hat, finde ich wunderbar: den Keller, das Erdgeschoss für das alltägliche Leben, darüber das für das Schlafen, Ruhen und vielleicht auch Arbeiten, und im Dach ist der Traum. Dieses Bild findet sich auch im Haus

Kaspar Kraemer, Sammlung von Moleskine-Skizzenbüchern

Kaspar Kraemer, Zeichnungen, 2023

Schinkelstiche in der Eingangshalle des Hauses Am Römerturm 3

meiner Zeichnungen: Es ist fast immer zweigeschossig und hat immer ein flach geneigtes Dach.

Kommt man in das Haus Am Römerturm, hängen in der Eingangshalle die wunderbaren Tafeln von Karl Friedrich Schinkel, die seinen Entwurf für das Schloss Orianda auf der Krim zeigen. Haben Sie Vorbilder beim Zeichnen?

David Hockney ist ein wunderbarer Zeichner. Besonders seine Schraffuren in Radierungen sind großartig. Die Zeichnungen von Schinkel sind immer ein Maßstab gewesen, den ich in meinen Augen nie erreicht habe. Von Schinkel gibt es diese phantastische Zeichnung der römischen Bäder in Sanssouci. Das ist ein wunderbares Blatt mit Grundriss, Ansicht und Perspektive, das ich 1971 im Kunstgeschichtsunterricht bei Professor Georg Koch entdeckte. Die hat mich enorm beeindruckt, ja geradezu begeistert. Schinkels Zeichnungen waren eine Offenbarung. Der Mann spielt für mich eine große Rolle: was er geschrieben, was er gebaut hat, das Ethos der Leistung, dem er sich unterworfen hat [Staat und Schönheit → S. 404]. Sehr beeindruckend.

Mir scheint, auf diesen Blättern erfüllt sich das, was Alvar Aalto meinte: „Gott schuf das Papier, um Architektur darauf zu zeichnen". Warum haben Sie sie aufgehängt?

Mein Vater hat sie hier angebracht, weil das Haus zur gleichen Zeit entstanden ist wie der Entwurf, den die Blätter zeigen. Der Entwurf stammt aus dem Jahr 1835, das Haus Am Römerturm 3 auch. Die Pläne für Orianda wurden 1838 gezeichnet und zeigen damit eigentlich so etwas wie Schinkels letztes Werk. Die Schwester Friedrich Wilhelms III. war mit dem russischen Zaren verheiratet und bat ihren Bruder, ob er nicht bei Schinkel anfragen könne, sich Gedanken über einen kleinen Ausflugspavillon auf der Krim zu machen. Schinkel entwickelte daraus dann gleich ein ganzes Museum und hat all seine Gedanken zur Menschheit, seinen gesamten Fundus an Wissen und wie er sich Architektur vorstellt, da hineingelegt. Für ihn war der Bau das Dokument einer guten Herrschaft, das zum Ausdruck bringt, dass ein guter Regent sein Volk erziehen und bilden müsse. Eine große Idee, die wir auch im Museum am Berliner Lustgarten erkennen können. Leider ist der Entwurf für die Krim eine Utopie geblieben.

Im Laufe der Zeit hat sich die Art und Weise, wie Architektur dargestellt wird, immer wieder verändert: allein in Ihrer aktiven Zeit von der reinen Handzeichnung über CAD zu BIM und exaltierten Methoden der computergenerierten Renderings. Die Vorteile von BIM etwa sind nicht zu leugnen. Dennoch habe ich oft das Gefühl, dass diese Art der Darstellung häufig merkwürdig blutleer wirkt. In Ihrem Büro wird bis heute immer wieder ein von Ihnen aquarellierter Himmel als Firmament in CAD-Zeichnungen genutzt …

Wettbewerbszeichnung mit aquarelliertem Himmel von Kaspar Kraemer

Ich sehe natürlich die Vorteile der Digitalisierung. Sie sind enorm: Wenn wir diesen Produktivitätsfortschritt nicht hätten, wären wir alle längst pleite aufgrund der zahlreichen Vorschriften und Regularien, denen wir heute gehorchen, und der ganzen Zeit, in der wir uns mit bauaufsichtlichen Problemen herumschlagen müssen. Das könnten wir uns gar nicht leisten, wenn wir nicht diesen Zeitgewinn über den Computer hätten. Es ist ja wirklich phänomenal, mit welcher Geschwindigkeit man aus der Zweidimensionalität sofort zu 3D-Darstellungen kommt, durch deren Räume wir virtuell durchgehen können. Aus der Zeichnung generiert man sehr zügig Massenermittlungen und Ausschreibungen, und wenn sich der Entwurf ändert, verändern sich die bis dahin ermittelten Kosten- und Flächenwerte gleich mit. Das ist phantastisch. Genau wie die

Chancen, die man durch Varianz erzeugen kann, etwa, indem man alle Bodenbeläge im gleichen Raum simulieren und damit die Raumeindrücke verbildlichen kann. Man kann Stimmungen herstellen, den Lichteinfall steuern.
Dass wir heute noch Aquarellhimmel benutzen, ist das Ergebnis von zahlreichen Versuchen, an deren Ende wir feststellten, dass die Mischung aus Aquarellzeichnung und Computerzeichnung eine wunderbare Spannung und einen schönen grafischen Reiz erzeugt. Sonst sind reine Computerdarstellungen in der Tat oft blutleer und stumpf. Aber es gibt Computerzeichnungen, die eine Atmosphäre ausstrahlen, Ortner & Ortner zum Beispiel können das wunderbar. Man kann wirklich sehr viel machen, entscheidend aber ist das ästhetische Urteil. Dieses Urteil fällt man aber nur, wenn man etwas weiß. Und je mehr man weiß, umso sicherer ist das Urteil, umso besser und auch überraschender sind die Ergebnisse. Und das ist nicht abhängig vom Computer, sondern vom Wissen desjenigen, der den Computer bedient.

Kaspar Kraemer, Zeichnung, 2006

Abschließend: Dieses kleine Haus mit dem flach geneigten Satteldach und dem Kamin – wann bauen Sie es?

Manchmal träume ich, dass ich es noch bauen werde. Wahrscheinlich würde ich es sogar in Holz bauen, aber mit einer 50 Zentimeter starken Außenwand. Warum also mache ich es nicht? Was ich oft als Ausrede benutze, ist, dass ich das Grundstück nicht habe. Was ich zeichne, ist ja ein Traum. Wenn ich so ein Grundstück besäße, würde ich mir das schon gebaut haben. So eine Bergkuppe am Meer gibt es vielleicht noch in China, vielleicht auch auf Sizilien ... Ich habe mich aber nie darum bemüht, weil es auch bestimmte Dinge gibt, die Traum bleiben müssen. Ich hätte große Schwierigkeiten gehabt, dieses Haus in einem Neubaugebiet zu bauen, wo ich erst einmal 20 Jahre auf die Bäume hätte warten müssen. Die Realisierung findet ja sowieso in einem selbst statt – und so ist das auch eine sehr sparsame Form des Genusses, und eine sehr nachhaltige Lebensweise dazu (*lacht*).

Kaspar Kraemer, „The Bank at the End of the World", Zeichnung, 1977

Für den Übertragungsnetzbetreiber Amprion ist mit diesem Bauvorhaben ein Multifunktionsgebäude geplant und umgesetzt worden, das auf einer quadratischen Grundfläche vier einzelne Gebäudeteile durch einen gemeinsamen Sockel zusammenfasst. Die Gebäudeteile bilden die interne Abteilungsstruktur ab; es entstanden je Abteilung ein quadratisches Wartengebäude sowie ein dazugehöriger zweigeschossiger länglicher Bürobund. Die Gebäudeteile werden durch eine kreuzförmige Erschließungsfuge miteinander verbunden, die durchgängig über Oberlichtbänder belichtet ist. Großzügige Ausblicke an den Enden schaffen einen Außenbezug und ermöglichen die Orientierung im gesamten Gebäude.

Die Gestaltung des Gebäudes zitiert die Architektursprache der angrenzenden historischen Industriegebäude der 1920er-Jahre und fügt sich durch die Klinkerfassade harmonisch in die Materialität des bestehenden Umfeldes der 1920er-Jahre ein. Gezielte gestalterische Maßnahmen wie die Reliefierung der Klinkerfassade heben das Gebäude zurückhaltend vom benachbarten Bestand ab und machen es mit seiner eleganten Präsenz zum zentralen Punkt des Campus. Auf seiner Eingangsseite wurde das von Amprion gesteuerte Höchstspannungnetz als „Kunst am Bau" signifikant appliziert. [Wettbewerb 1. Preis 2015; Auszeichnung: Nominierung Fritz-Höger-Preis 2017, Deutscher Lichtpreis 2023]

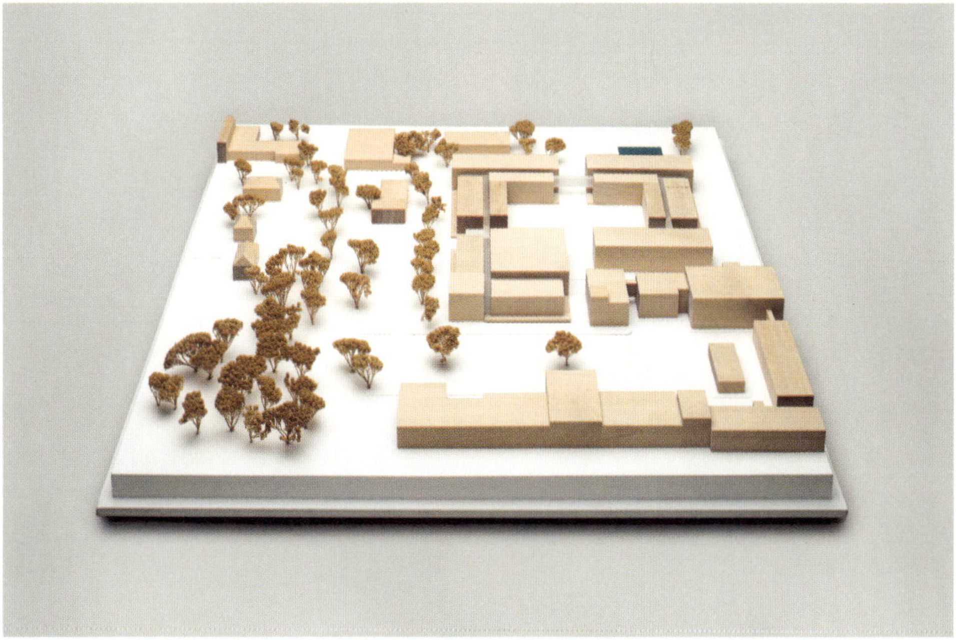

D1

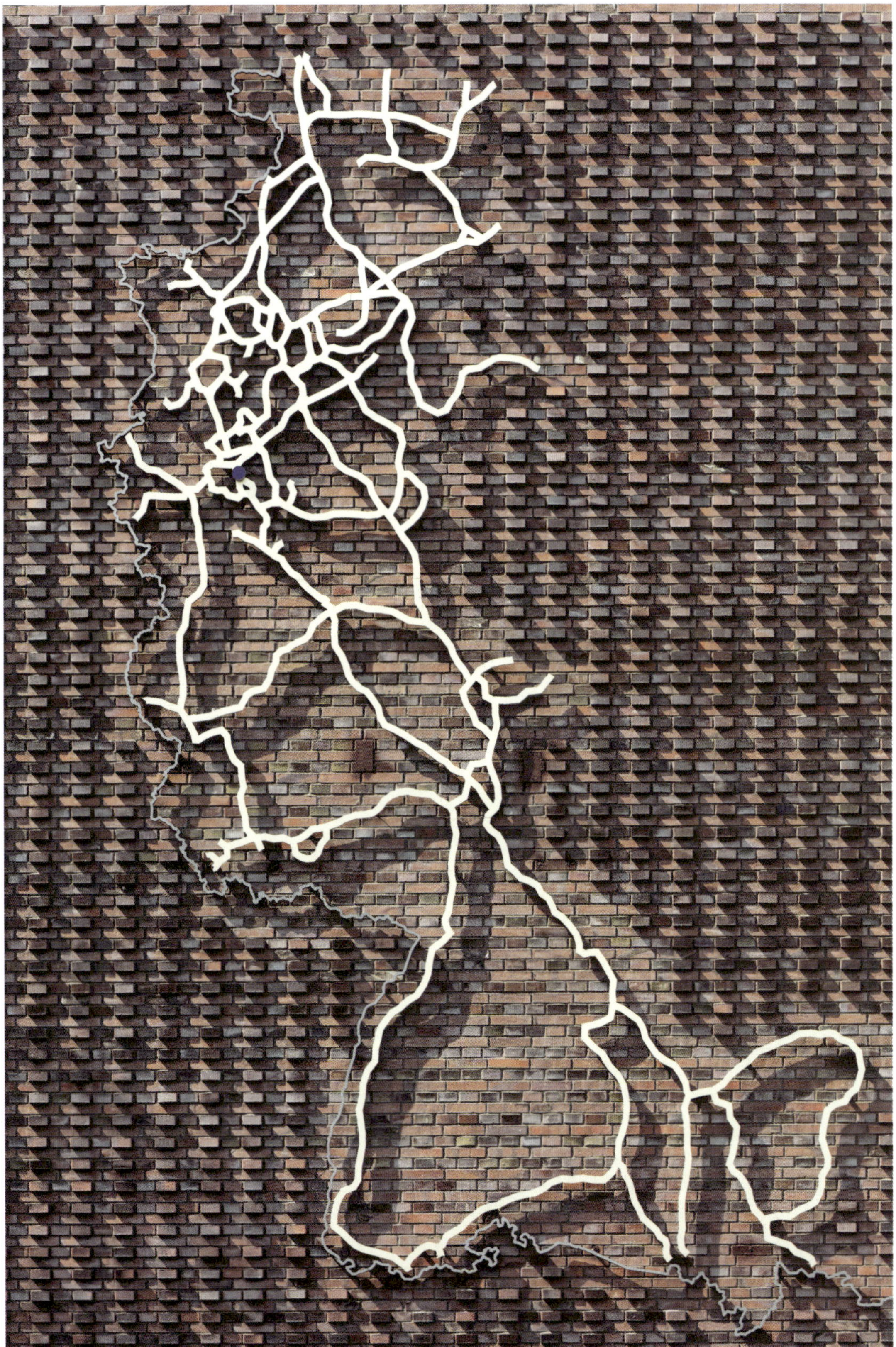

Das Konferenzgebäude bildet auf dem Campus von Amprion einen zentralen Ort für Konferenzen und Besprechungen. Der eingeschossige kubische Baukörper gruppiert um ein in der Mitte liegendes Foyer vier Besprechungsräume unterschiedlicher Größe. Über fahrbare Faltwände lassen sich die einzelnen Besprechungsräume wiederum mit dem Foyer zu einem großen Konferenzraum zusammenschalten. Die geklinkerte Fassade mit ihren hohen reliefartigen Fensteranlagen fügt sich in ihrer Materialität und Formgebung in den umgebenden Bestand ein.

amprion

M1

M1

amprion

Das „Kontorhaus Braunschweig" direkt am Europaplatz entstand in zwei Bauabschnitten in den Jahren 2009–2018 an der Frankfurter Straße und bildet den letzten Bauabschnitt des neuen innerstädtischen Quartiers, das auf einem aufgelassenen Industriegrundstück entlang der Oker Stadtvillen, Geschosswohnungsbau, ein Hotel und das „Kontorhaus" umfasst. Das gesamte Areal ist mit einer Tiefgarage unterbaut und über verschiedene Zu- und Ausfahrten erschlossen. Das „Kontorhaus" bildet nach Süden entlang der Frankfurter Straße mit über 200 m Gesamtlänge den stadträumlichen Abschluss des Areals. Der Baukörper weist vier Vollgeschosse und ein Staffelgeschoss auf und ist durch die jeweiligen Erschließungszonen in fünf Module gegliedert. Ein neungeschossiger Kopfbau schließt diese Reihung ab – als markante städtebauliche Dominante macht er das neue Ensemble am Europaplatz weithin sichtbar. Am Europaplatz bilden Kontorhaus und Hotel einen neuen Vorplatz im Osten als Adresse und arrondieren das Gebäudeensemble im innerstädtischen Kontext mit einem großzügigen Zugang zum Gesamtareal.

KONTORHAUS

289

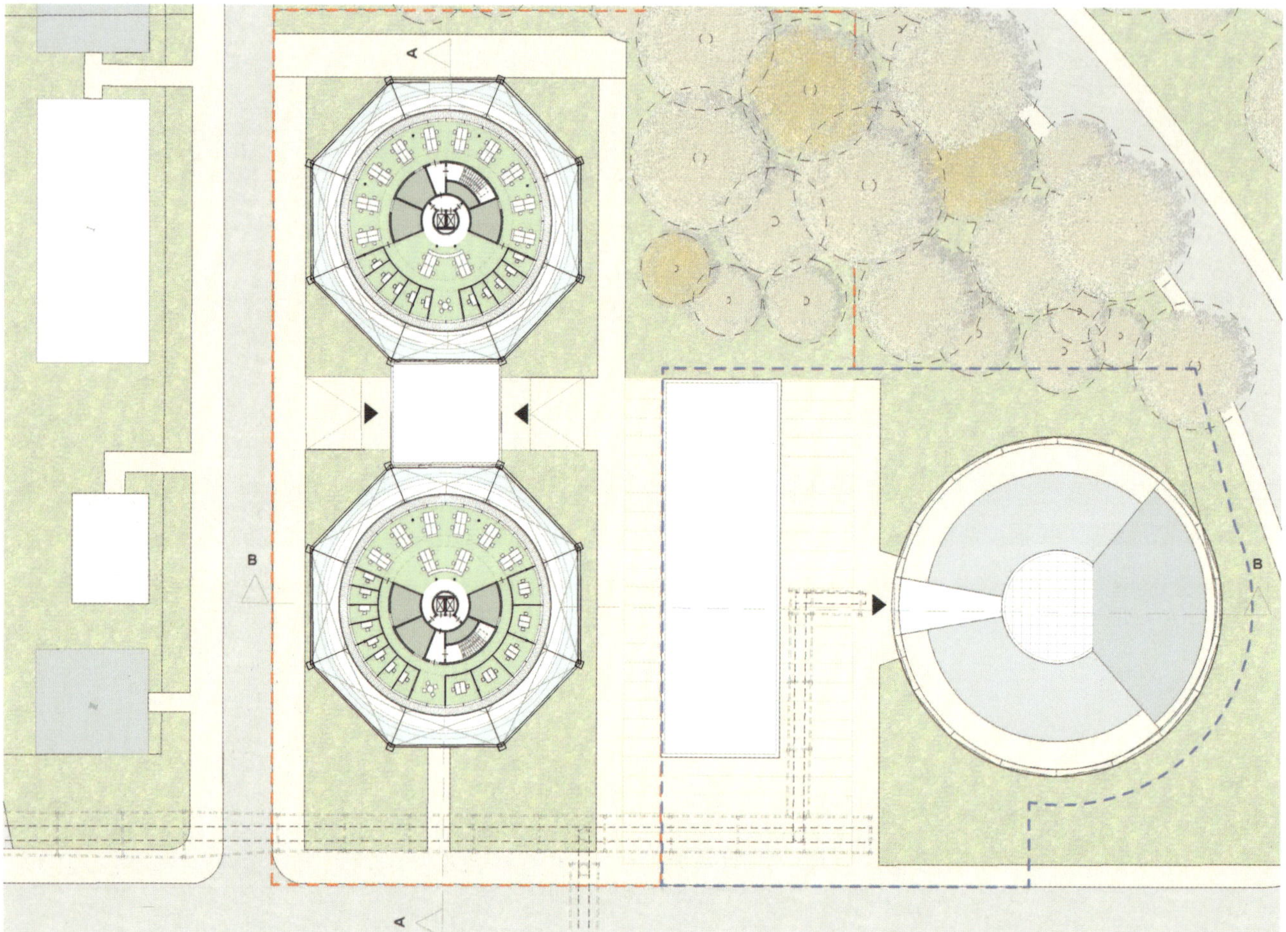

Mit dem Ziel der Revitalisierung und Umnutzung von zwei Kühltürmen auf dem Gelände des „UNESCO Welterbes Zeche Zollverein" integriert der Entwurf in die vorhandene denkmalgeschützte, stählerne Grundstruktur Flächen für Start-ups mit Büronutzung. Das Ergebnis sind zwei zwölfgeschossige multifunktional nutzbare „Hochhäuser", die über je einen inneren zentralen Sicherheitstreppenraum erschlossen werden. Hierfür wurde ein vorgefertigtes Baukastensystem aus Betonhalbfertigteilen entwickelt, die mit Kränen in das Innere der Kühltürme gehoben werden. Aus denkmalpflegerischen Gründen wahrt der neue Fassadenabschluss einen „Respektabstand" gegenüber der stählernen Tragstruktur, wodurch gleichzeitig ein Revisionsbereich für eine geplante Algenfarm entsteht. Der „Algengenerator" besteht aus horizontal an der Tragstruktur des Kühlturmes befestigten Kunststoffrohren, in denen über Photosynthese Algen als verwertbare Biomasse gezüchtet werden. Die grün schimmernden Algenrohre geben den Kühltürmen nicht nur eine neue Funktion, sondern auch eine unverwechselbare Identität unter Wahrung ihrer Form und Struktur. [Wettbewerb 2018]

Der Neubau des evangelischen „Campus Kartause" ordnet die baulichen Volumina analog der vorhandenen orthogonalen Grundstruktur des „Kartäuser-Geländes" und entwickelt so die vorhandenen markanten städtebaulichen Setzungen mit den offenen U-förmigen Hofstrukturen fort. Daran anschließend gestaltet der Entwurf seine städtebauliche Grundidee aus dem Topos des Kreuzganges: Um den quadratischen Innenhof gruppieren sich die geforderten Nutzungseinheiten mit Haus der Bildung, Wohnen, Verwaltung und Gastronomie. Sie sind durch einen umlaufenden Arkadengang miteinander verbunden. Die viergeschossigen Gebäuderiegel formen zudem einen Raum, der in seiner konzentrierten Strenge Würde und Anspruch religiös geprägten Lebens sichtbar macht. Insgesamt will der Entwurf mit dieser architektonischen Grundform des Miteinanders einer Bezugnahme auf die baugeschichtliche Tradition des Kartäuserordens sowie der hier versammelten geistigen Welt des Protestantismus und seiner Glaubensidee sichtbaren Ausdruck verleihen und so den „Campus Kartause" zu einem attraktiven und signifikanten Zentrum gelebter Religiosität im Kontext der Kölner Südstadt und darüber hinaus werden lassen. [Wettbewerb 1. Preis 2019]

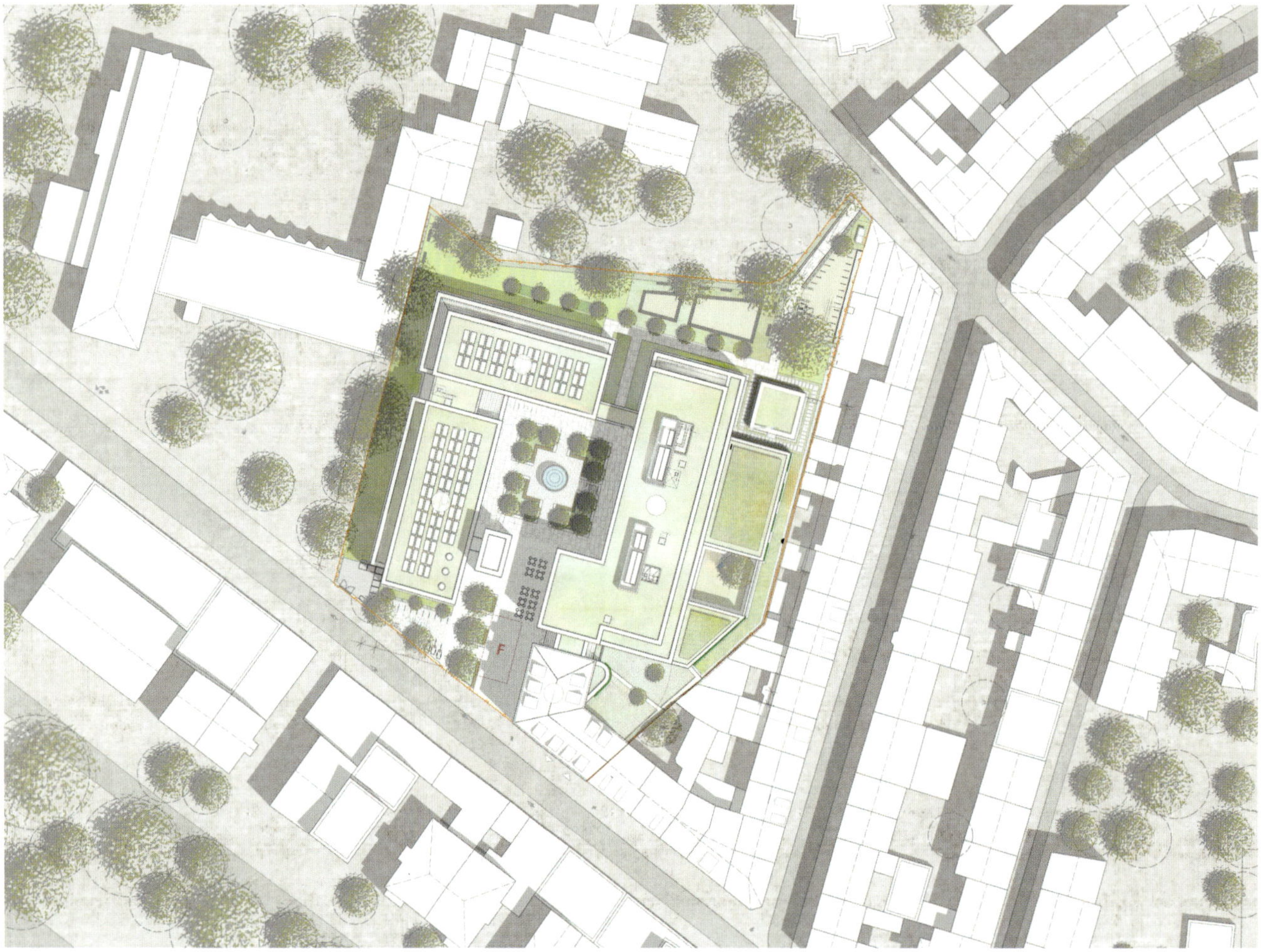

Grundlage für Standort und Entwurf des Hotels auf dem Gelände des Weltkulturerbes Zeche Zollverein bildet der durch uns für das Areal entwickelte Masterplan nordwestlich des Schachtes 1/2/8, der die Rationalität und Klarheit der Zollverein-Architektur von Fritz Schupp und Martin Kremmer fortschreibt. Das Hotel bildet eine sinnhafte Ergänzung des Areals und trägt zur Verlebendigung des Weltkulturerbe-Ensembles bei. Die Klinkerfassade, die streng den Funktionen folgend als rektanguläre Stahlkonstruktion mit ausfachenden Ziegelwänden ausgebildet ist, nimmt die Gestaltungsgrundlagen der eindrucksvollen Industriearchitektur der ehemaligen Zechenanlage auf. Das Hotel bietet 67 Zimmer, Suiten, einen Konferenzbereich sowie ein Bistro und Restaurant. In seiner Farbgebung und einfachen Ausformung und in seiner unprätentiösen Zurückhaltung ordnet sich der Baukörper mit seiner Ziegelfassade der vorhandenen denkmalgeschützten Industriearchitektur unter und wahrt damit den „genius loci" des Weltkulturerbes.

Für die neue Erzbischöfliche Schule in Köln-Kalk entwickelt der Entwurf die Grundrissfigur aus dem Grundbaustein des definierten und geforderten Lerngruppenclusters, der allen Bildungs- und Jahrgangsstufen zugrunde liegt: Klassen-, Differenzierungs-, Lehrer- und Nebenräume werden in einer quadratischen Grundform angeordnet. Aus dieser Grundidee bilden sich vier Satelliten, die um eine zentrale Erschließungshalle sternförmig angeordnet werden. Die Baukörper der Klassenräume und der Eingangshalle und die in den Zwischenräumen entstehenden Hofbereiche ordnen sich zu einem harmonischen Ensemble, das die Rationalität der Geometrie mit der lichtdurchfluteten Atmosphäre begrünter Außenräume verbindet. Es entstehen so ein lebendiger Cluster, eine gebaute „Stadtlandschaft" auf allen Ebenen des Baukörpers und abwechslungsreiche Räume von geschlossener und offener Atmosphäre sowie ein Stadtbaustein, der sich selbstverständlich in die vorhandene Altbebauung einfügt und die Textur des Stadtteils Köln-Kalk mit seiner Gebäudestruktur an der Dillenburger Straße fortschreibt. [Wettbewerb 2019]

Grundgedanke des Entwurfes zur Neuordnung des wissenschaftlichen Standortes ist, den vorhandenen eindrucksvollen Baumbestand weitestgehend zu bewahren, die Uferlage des Grundstücks zu respektieren, dabei die einzelnen Funktionsbereiche des Gebäudes wirtschaftlich zueinander zu ordnen und die Qualität des Neubaus am See für alle Arbeitsplätze erlebbar zu machen. Landschaftsplanerische Zielsetzungen für den Campus Zeuthen sind das Stärken der in Teilbereichen schon vorhandenen parkähnlichen Strukturen des Außenraumes und die Schaffung eines „Campus im Park“. Von einem neuen zentralen Platzraum werden das Laborgebäude mit der Generatorenhalle, die Seevilla sowie der Neubau für die Forschungseinrichtungen am See erschlossen. Der Neubau des Forschungsgebäudes wird dabei so positioniert, dass die großzügige Blickbeziehung zwischen Campus und See beibehalten wird. [Wettbewerb 2019 mit Oliver Jäckel]

Zentraler Entwurfsgedanke ist neben der maßstäblichen Einbindung in das Gesamtareal die Ausbildung eines Ensembles, welches zusammen mit der Kirche St. Michael das neue geistige und städtebauliche Zentrum der Gemeinde Königswinter Tal definiert. Drei Gebäude bilden mit der Kirche einen neuen, zentralen Pfarr- und Gemeindeplatz aus. Das Pastoralbüro mit den zugehörigen Wohnungen positioniert sich dabei gut sichtbar an der Heisterbachstraße und bildet den Auftakt für den neuen städtebaulichen Raum des Pfarrplatzes. Dieser wird im Norden durch zwei giebelständige Gebäude mit einem dazwischenliegenden Foyer gefasst. Alle Baukörper ordnen sich durch ihre maßstäbliche Ausbildung behutsam in den städtebaulichen Kontext ein. [Wettbewerb 1. Preis 2020]

Herzogstraße
Hauptstraße
Heisterbacher Straße

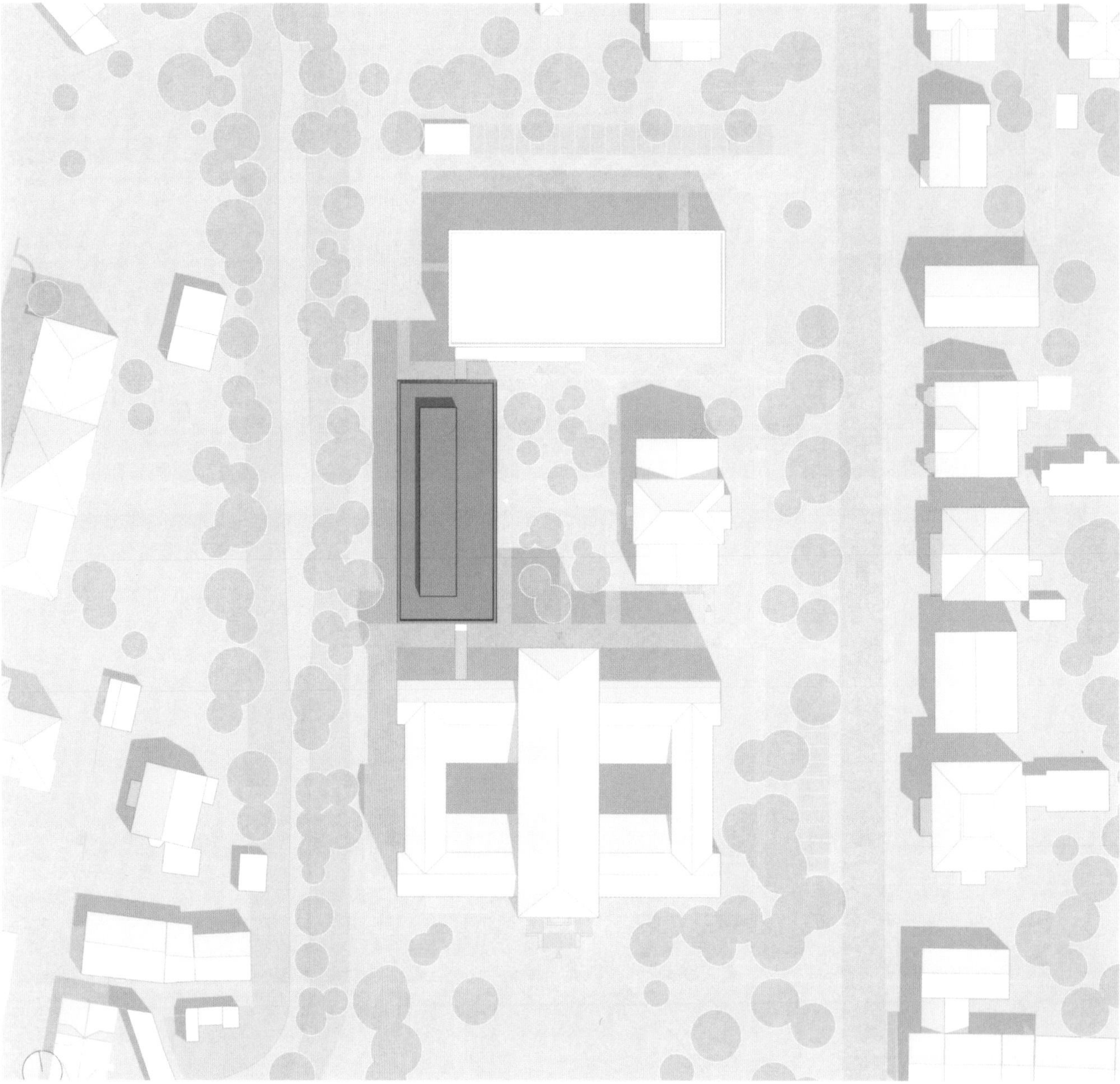

Das neue Servicegebäude der Herzog August Bibliothek fügt sich als Verbindungsbau in den vorgefundenen städtebaulichen Kontext und bildet als vierter Baustein des Ensembles gemeinsam mit den Bestandsbauten einen begrünten Binnenraum, den „Hortus Librorum". Der ruhig proportionierte Baukörper fungiert somit als vierte Platzwand und lässt nördlich des alten Bibliotheksgebäudes einen neuen Außenraum entstehen, der vielfältig genutzt werden kann. Der Grundriss ist als Dreibund konzipiert und ermöglicht eine einfache und effiziente Gliederung der unterschiedlichen Raumformate in drei Geschossen. Die Binnenzone beinhaltet neben der Erschließung und den Nebenräumen auch alle technischen Einrichtungen, die für die raumlufttechnische Ver- und Entsorgung notwendig sind. Die umlaufende Flurzone schafft eine effiziente Verknüpfung der Nutzungsbereiche. [Wettbewerb 2021]

HERZOG
AUGUST
BIBLIO
THEK

Der Entwurf für die Feuerwache und Institute der Universitätsklinik Köln an der Kerpener Straße entwickelt das geforderte Raumprogramm in einem kompakten Baukörper, der mit seiner markanten Adressbildung im Kreuzungsbereich Robert-Koch-Straße/Kerpener Straße den Auftakt des Universitäts-Campus als dessen südöstlicher Eckpunkt sowie der sich zukünftig nördlich anschließenden neuen Bebauung bildet und eine neue Adresse formuliert. Das Gebäude ist als Dreibundsystem organisiert und wird über zwei Kerne erschlossen. Die Außenhaut bildet eine hochdämmende Aluminium-Glas-Fassade, innerhalb derer sich die Feuerwache mit ihren semitransparenten Sektionaltoren und dem rahmenden Portal aus Fertigbetonteilen markant und eigenständig vom restlichen Gebäude absetzt. Die eloxierte Fassade bestimmt die Erscheinung und gibt dem Bauwerk die Ausstrahlung von technischer Effizienz und Eleganz. [Wettbewerb 1. Preis 2021]

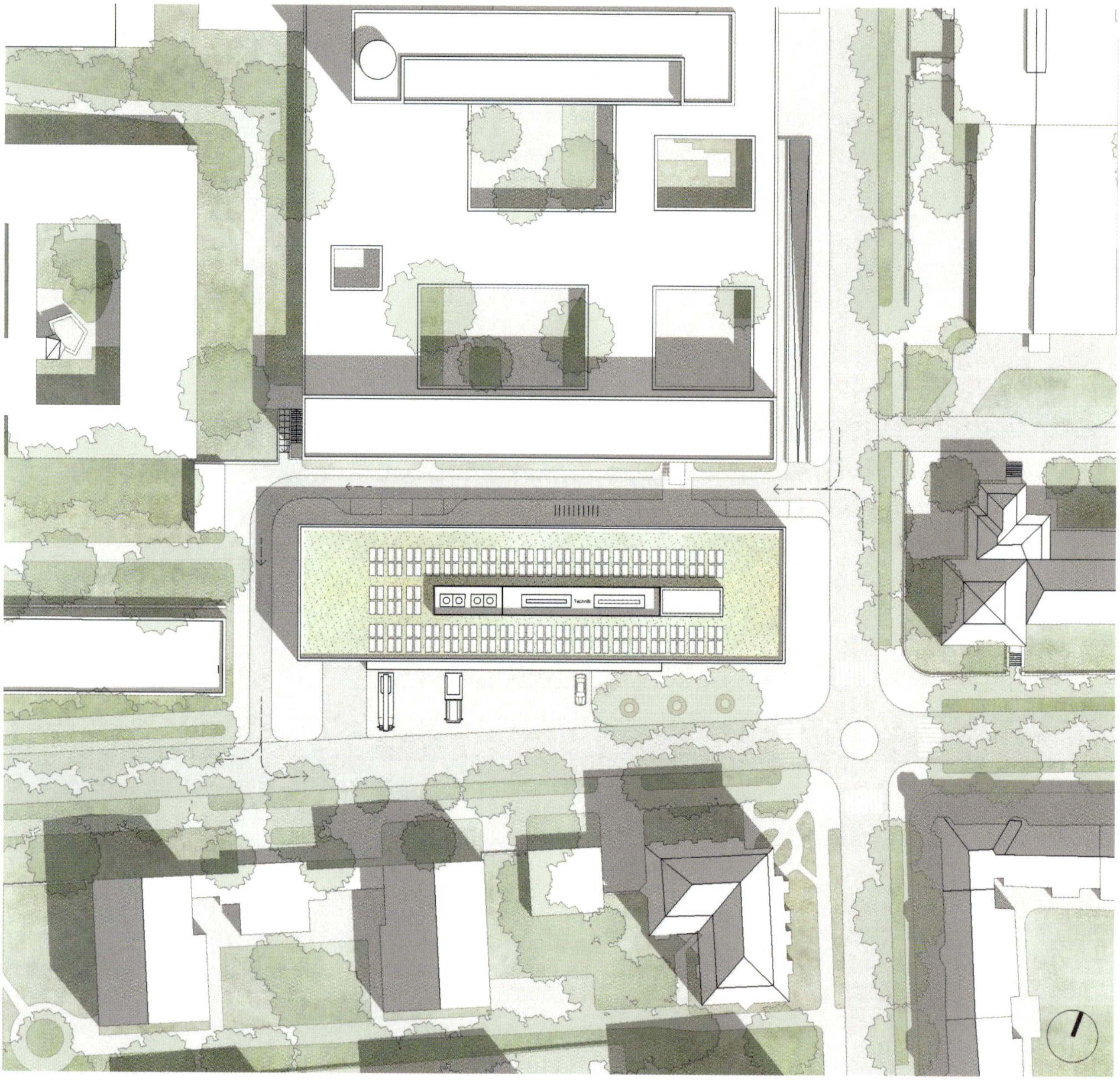

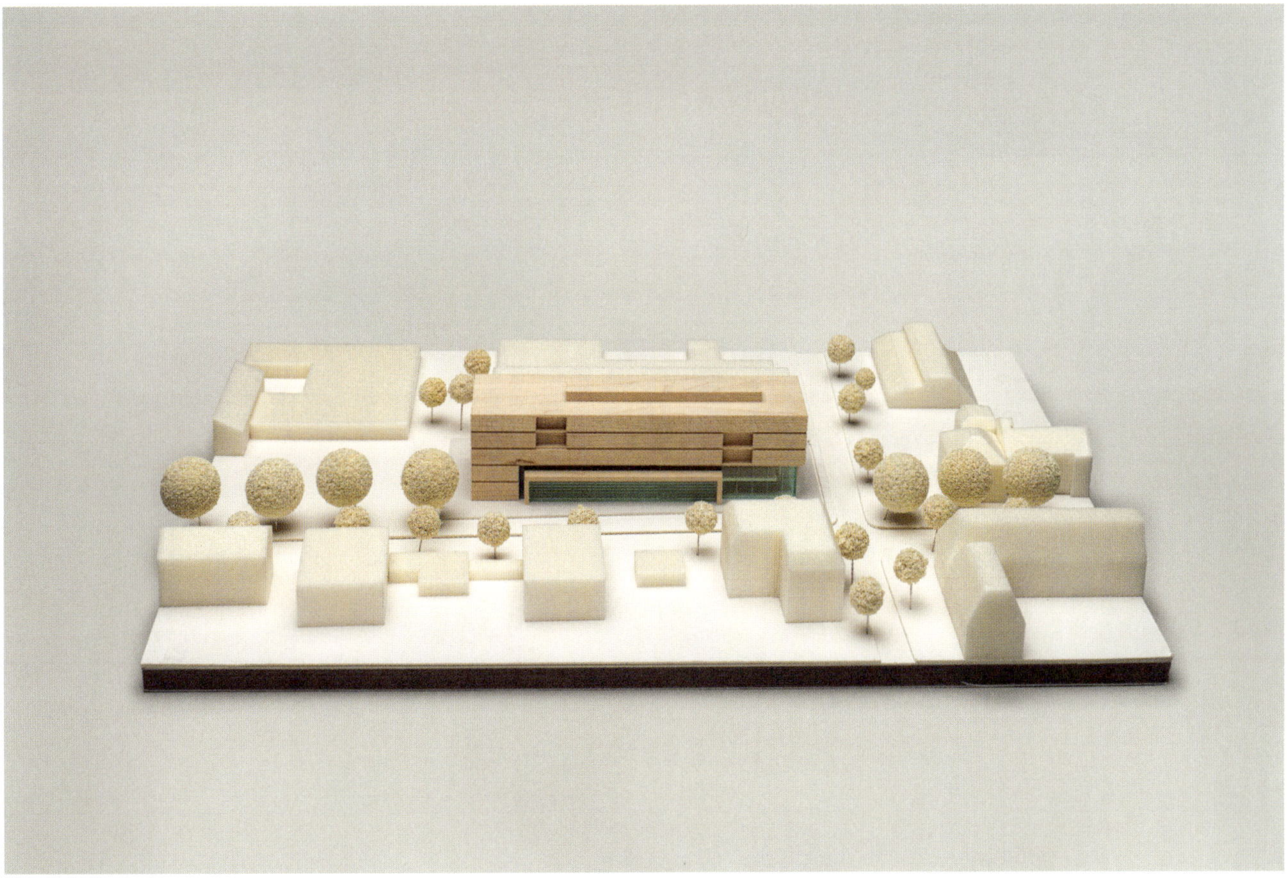

FEUERWACHE

Daniel Böger, Oskar Molnar, Kaspar Kraemer, Hans-Günter Lübben und Georg Ritterbach (v.l.n.r.)

Daniel Böger, Oskar Molnar, Hans-Günter Lübben und Georg Ritterbach sind seit dem Jahr 2018 Teil der Geschäftsführung der Kaspar Kraemer Architekten GmbH. Im Gespräch mit David Kasparek erläutern die vier Architekten, was sie zur Architektur geführt hat und wie sie von dort weiter ihren Weg in jenes Büro gefunden haben, das sie heute mit Bürogründer Kaspar Kraemer gemeinsam leiten. Dabei sprechen sie über ihre Ausbildung und persönlichen Lieblingsprojekte ebenso wie über die Herausforderungen, die Gegenwart und Zukunft für die Baubranche im Allgemeinen und das Büro im Speziellen bereithalten.

David Kasparek: Sie alle haben unterschiedliche Wege zur Architektur genommen. Ehe wir darauf zu sprechen kommen, interessiert mich, warum Sie sich überhaupt für diese Disziplin entschieden haben.

Oskar Molnar: Offengestanden war es fast so etwas wie ein Versehen, oder eher Zufall: Am Tag, als ich mich hier im Büro bewarb, haben die Bahnen gestreikt. An einer Haltestelle traf ich meinen Jugendtrainer, den ich lange nicht gesehen hatte. Wir sind ins Gespräch gekommen und ich habe ihn zum ersten Mal gefragt, was er eigentlich beruflich macht. Damals war er Bauzeichner im Büro KSP und erzählte von seinem Beruf. Schließlich sagte er, dass sie gerade Leute suchen – und so habe ich mich spontan beworben …

Das heißt, im Vorfeld war kein unmittelbares Interesse für Architektur da?

Molnar: Nein, nicht wirklich, ich hatte eine klassische Ausbildung als Bauzeichner der Fachrichtung Brückenbau begonnen, aber dann während der Ausbildung festgestellt, dass die Deutsche Bahn und die langen Planungszeiten nicht ganz das sind, was mir vorschwebte (*lacht*). Ich wollte schon immer gerne etwas entwickeln, gerne auch zeichnen – also habe ich mir das hier angeschaut, es hat einfach gut gepasst und so bin in die Architektur hineingerutscht.

Wie war das bei Ihnen, Herr Ritterbach, sind Sie auch wegen der Straßenbahn zur Architektur gekommen?

Georg Ritterbach (*lacht*): Nein. Aber ich habe tatsächlich zunächst überlegt, Kaufmann zu werden, und erst nach einem Schulpraktikum bei einer Bank gedacht, dass Architektur, als Verbindung von Technik und Gestaltung, schön ist und auch gut zu mir passen könnte. Also habe ich das Architekturstudium begonnen und schnell gemerkt, dass es das Richtige für mich ist. Es war kein Kindheitswunsch, sondern eine Überlegung, die nach dem Abitur beziehungsweise eigentlich erst nach dem Zivildienst wirklich zum Tragen kam.

Herr Böger, hatten Sie Architektur zu einem ähnlichen Zeitpunkt auf der Agenda?

Daniel Böger: Ja, ich hatte direkt nach dem Abitur noch gar keine Idee, was ich hätte machen wollen. Ich hatte Mathematik und Physik als Leistungskurse und dachte auch mal über Informatik nach – aber nicht wirklich ernsthaft. Dann war ich mit Taizé in Prag. Und dort führte uns ein alter tschechischer Architekt durch die Stadt, hat uns alles gezeigt und unter anderem erklärt, wie die Sowjets den Tschechen beim Bau der Metro die Tramwagen nach russischer Bauart aufgezwungen hatten, und wie deswegen alle Brücken verstärkt werden mussten, weil die russischen Waggons, die sie kaufen mussten, viel schwerer waren als die leichten schweizerischen, die bis dahin geplant waren. Dieser Mann erzählte all das so bildhaft, redete dabei frei und wusste unglaublich viel über die Stadt. Kurz: Er beeindruckte mich als Typ.

Herr Lübben, ist Ihr Zugang zur Architektur auf ähnliche Weise mit einer Person verbunden?

Hans-Günter Lübben: Nein, mit solch einer schönen Geschichte kann ich nicht aufwarten. Ich hatte ehrlicherweise kein genaues Bild von dem, was ein Architekt eigentlich genau macht, aber ich hatte dennoch schon ganz früh den Wunsch, Architekt zu werden. Ich konnte nicht besonders gut malen oder zeichnen, aber immer gut konstruieren und bauen. Irgendwie hatte ich also das Gefühl, ich müsste Architekt werden, und das wurde später verstärkt durch meinen Schwager, der in Braunschweig Architektur studiert hatte und dort an der Hochschule als Assistent tätig war.

Sie haben dann selbst in Braunschweig studiert. Rückblickend eine bemerkenswert gerade Linie in dieses Büro hier. War das damals intendiert und wer hat Sie dort besonders beeindruckt?

Lübben: Das war eindeutig Meinhard von Gerkan. Er war die prägendste Lehrperson und als Mensch klar und eindeutig – was sich auch in seiner Architektur widerspiegelte. Außerdem gab es Roland Ostertag, den auch eine sehr gute Lehre auszeichnete und der sich sehr um die Lehre in Braunschweig verdient gemacht hat. Persönlich, und vom Standing her, hat mich auch mein Schwager Gerhard Tjarks geprägt, der selbst ein erfolgreicher und kreativer Architekt in Braunschweig war. Mir war damals aber natürlich überhaupt nicht klar, dass ich in Meinhard von Gerkan genau den Professor vor mir hatte, der den Lehrstuhl von Friedrich Wilhelm Kraemer übernommen hatte, geschweige denn, dass ich später einmal bei dessen Sohn Kaspar Kraemer hier im Kölner Büro meine berufliche Heimat finden würde. Rückblickend ist es eine dieser unglaublichen Geschichten, die das Leben schreibt und die man sich nicht ausdenken kann.

Wie erlebten Sie die Zeit damals?

Lübben: Während des Studiums bin ich in die Zeit der IBA Berlin mit ihren postmodernen Spielarten geraten, die dann aber nach der IBA schnell durch den Dekonstruktivismus abgelöst wurde, der dann allerdings auch seine ganz speziellen Ausdrucksweisen entwickelte. Man versuchte, das alles irgendwie mitzumachen, fand es aber schon teilweise befremdlich. Vieles davon erschien mir wie Plattitüden, wenig inhaltlich. Sowohl Meinhard von Gerkan als auch mein Schwager Gerhard Tjarks, der eine Zeit lang selbst bei Gerkan Assistent war, haben in dieser Zeit die Kultur, die Friedrich Wilhelm Kraemer in Braunschweig mitbegründet hatte, gelehrt und von Struktur und Ordnung gesprochen. Das empfand ich viel nachvollziehbarer als vieles, was in der Postmoderne oder dem Dekonstruktivismus damals passierte. Es war, zugegeben, auch einfacher

Oskar Molnar, 1974 im heute serbischen Novi Sad geboren, absolvierte von 1992 bis 1994 eine Ausbildung zum Bauzeichner im Kölner Architekturbüro KSP, wo er anschließend und bis 1999 arbeitete. 1999 wechselte Molnar ins neu gegründete Architekturbüro Kaspar Kraemer Architekten BDA, dort ist er seit 2012 BIM Manager. Seit 2018 ist Oskar Molnar Teil der Geschäftsführung der Kaspar Kraemer Architekten GmbH.

Dipl.-Ing. Georg Ritterbach, 1967 in Köln geboren, absolvierte zwischen 1989 und 1995 sein Architekturstudium an der Fachhochschule Dortmund, wo er 1995 sein Diplom ablegte. Der Mitarbeit im Architekturbüro Günther Reich in Köln von 1995 bis 2002 folgte 2002 zunächst die Mitarbeit im Architekturbüro Kaspar Kraemer Architekten BDA und 2018 der Eintritt in die Geschäftsführung der Kaspar Kraemer Architekten GmbH.

zu verstehen und umzusetzen. Ein stehender Begriff war: Vielfalt in der Einfachheit. Ich denke auch, dass mich damals die Arbeiten und die Atmosphäre in den Braunschweiger Zeichensälen sehr beeindruckt und geprägt haben. Wir haben, im Nachhinein gesehen, alle viel und gegenseitig voneinander gelernt. Die Professoren und die Architekturliteratur gaben den Input und in den Zeichensälen haben alle etwas daraus gemacht.

Herr Böger, Sie haben an der RWTH Aachen und damit beim anderen Gründungspartner des Büros gmp studiert, bei Volkwin Marg. War er ähnlich prägend für Sie?

Böger: Volkwin Marg war definitiv wichtig für mich. Im Studium und auch danach. Die Bücher aus dem Büro gmp haben gerade wir zwei (*deutet auf Hans-Günter Lübben*) immer wieder herausgeholt und darin Inspiration und Ideen gefunden. Aber während des Studiums war Volkwin Marg eben auch schon wirklich gut. Das war einer von den beiden Lehrstühlen, die für mich wichtig waren. Der andere Professor war Wolfgang Döring. Beide fand ich sehr klar, strukturiert, nachvollziehbar.

Wolfgang Döring ist ohnehin eine interessante Person. Er hat durch seine Lehre an der RWTH Aachen sehr viele Leute geprägt, und letztlich ist er doch immer ein wenig unterhalb des Radars im bundesdeutschen Fachdiskurs geblieben …

Böger: Möglich, dafür aber war sein Abdruck an der Hochschule umso größer. Das war der härteste Lehrstuhl überhaupt: Baukonstruktion und Entwerfen. Es war stressig und hart – und einige sind in der Prüfung durchgefallen. Auch die Korrekturen waren heftig. Nächtelang hat man arbeiten müssen, musste wieder und wieder zu ihm hin – und wenn es dann immer noch nicht richtig war, hat er einen wirklich auseinandergenommen. Aber so haben wir gelernt, uns einer Sache zu hundert Prozent anzunehmen und sie bis zum Ende durchzuziehen.

Herr Ritterbach, Sie haben an der Fachhochschule in Dortmund studiert – Fachhochschulen gelten immer noch als vermeintlich praxisnäher, früher waren sie es eventuell, auf jeden Fall war und ist die Betreuung meist unmittelbarer durch die Professorinnen und Professoren. Wie haben Sie das erlebt und wer hat Sie geprägt?

Ritterbach: Für mich war es tatsächlich gut, an einer Fachhochschule zu studieren, vor allem wegen der von Ihnen genannten direkten Betreuung ohne eine Vielzahl von Assistentinnen und Assistenten dazwischen. Ich habe den direkten Austausch mit den Professoren sehr genossen. Davon, und von den Kommilitonen, unter denen schon einige etwas älter waren als ich und bereits abgeschlossene Ausbildungen hatten, habe ich sehr profitiert. In der Tat gab es im Studium einen relativ stark ausgeprägten technischen Schwerpunkt mit Baustofftechnologie, Baukonstruktion, Haustechnik und dergleichen mehr. Letztlich haben wir damals das gemacht, was heute vielfach propagiert wird, nämlich ein Projektstudium. Wir machten einen Entwurf, den plante man dann ganzheitlich mit den einzelnen Fachbereichen durch, von der Baukonstruktion bis zur Haustechnik.

Herr Molnar, Sie sind, wenn ich Sie richtig verstanden habe, mit der Architektur so richtig erstmals hier im Haus Kraemer zusammengekommen, damals hieß das Büro noch KSP. Gab es da prägende Personen?

Molnar: Ja, ich bin durch dieses Haus geprägt worden, durch die Partner, wie damals Kaspar Kraemer, aber auch durch die jeweiligen Projektleiter, die die

Projekte verantworteten, an denen ich arbeitete. Ich bin seit 30 Jahren hier und wirklich sehr von Haus und Hausherr geprägt …

Böger: Das stimmt: Kaspar Kraemer war dann, nach dem Studium, hier im Büro auch für mich und meine Arbeit eine sehr wichtige und prägende Person.

Ritterbach: Das gilt wohl für uns alle.

Sie alle haben nicht zeitgleich im Büro Kaspar Kraemer Architekten angefangen, sind dennoch schon lange dabei. Herr Molnar und Herr Lübben seit 1999, Herr Böger seit 2001 und Herr Ritterbach seit 2002. Seit 2018 bilden Sie gemeinsam mit Kaspar Kraemer die Geschäftsführung. Wir haben gerade schon Ihre unterschiedlichen Wege in die Architektur und Ihre verschiedenen Ausbildungen beleuchtet. Spielen Sie heute eigentlich die gleichen Rollen in verschiedenen Projekten oder verschiedene Rollen im jeweils gleichen Projekt? Oder anders gefragt: Teilen Sie sich die Aufgaben nach Fachbereich und Vorliebe auf?

Ritterbach: Wir haben insofern die gleiche Rolle, als wir alle Teil der Geschäftsleitung sind. Im Tagesgeschäft gibt es aber verschiedene Tätigkeitsschwerpunkte und Aufgaben. Ich habe etwa die klassische Entwurfsarbeit und Planungstätigkeit weitestgehend hinter mir gelassen und betreue die Bereiche Bauleitung und Kostenmanagement. Ich denke, dass uns diese Aufteilung gut tut, weil so jeder seine spezifischen Stärken einbringen kann und sein eigenes Spielfeld hat, das am Ende des Tages dem Büro als Ganzem wieder zugute kommt.

Molnar: Wie Sie es sagen: Wir kennen uns alle sehr lange. Wir wissen um die Stärken des anderen. Und die haben wir im Laufe der Jahre ausgebaut. So wissen wir genau, wie der andere tickt. Ich würde sagen, wir verstehen uns fast blind und können uns auch untereinander einmal Rat geben.

Lübben: In gewisser Weise ist das unser Erfolgsrezept.

Böger: Auch, aber nicht nur das. Was uns stark macht, ist, dass wir uns sehr intensiv um alles kümmern. Wirklich um alles. Vom Entwurf …

Lübben: … bis zum Austausch der Glühbirnen (*lacht*).

In der Tat habe ich gesehen, wie Sie, Herr Lübben, auf dem Weg zu unserem Gespräch noch rasch die Leuchtmittel im Treppenhaus gewechselt haben …

Böger: Das ist natürlich etwas Besonderes, aber die Bauherren können sich darauf verlassen, dass wir von A bis Z an ihrer Seite sind. Wir kümmern uns gut, und das führt dazu, dass sie immer wieder mit neuen Projekten zu uns kommen.

Lübben: Dem schließe ich mich vollumfänglich an. Aber noch mal zu Ihrer letzten Frage: Diese Aufteilung und Spezialisierung war nicht strategisch geplant. Unter der Schirmherrschaft von Kaspar Kraemer ist das gewachsen und wir konnten so alle voneinander partizipieren. Jeder konnte einbringen, was er am besten kann. Dieses gegenseitige Ergänzen ist ein echter Glücksfall. Ich kenne aus eigener Erfahrung auch Büros, wo die Partner immer wieder aneinandergeraten oder sich, im schlimmeren Fall, sogar trennen. Dass das bei uns nicht so ist, hat auch damit zu tun, dass jeder früh seinen Bereich hatte, sich nach seinen Interessen fortbilden konnte und dass dieses Konstrukt bis heute immer dichter zusammengewachsen ist – und das auch mit Kaspar Kraemer. Wenn wir (*deutet auf Daniel Böger*) früher einen Wettbewerb gemacht haben, dann hat er (*deutet auf Georg Ritterbach*) die Kosten bearbeitet, und er (*deutet auf Oskar Molnar*) hat alle Flächen berechnet

Dipl.-Ing. Daniel Böger, 1969 in Bonn geboren, studierte ab 1992 Architektur an der RWTH Aachen, wo er 1998 sein Diplom erwarb. Nach einer studienbegleitenden Mitarbeit im Aachener Architekturbüro pbr Richter folgte bis 2000 eine zweijährige Mitarbeit mit Büro VRAP gmbh + co kg in Aachen. Seit 2001 arbeitet Böger im Architekturbüro Kaspar Kraemer Architekten BDA. Seit 2018 ist Daniel Böger Teil der Geschäftsführung der Kaspar Kraemer Architekten GmbH.

Dipl.-Ing. Hans-Günter Lübben, 1962 in Wilhelmshaven geboren, studierte zwischen 1985 und 1994 Architektur an der TU Braunschweig. Statt dem Ruf seines Professors Meinhard von Gerkan nach Hamburg zu folgen trat Lübben nach dem Diplom und bis 1998 eine vierjährige Architektenwanderschaft an: Nach dem Vorbild vieler Architekten der 1920er-Jahre arbeitete er währenddessen freiberuflich in verschiedenen Architekturbüros in München, Köln und Hamburg – unter anderem bei Nickl Weller, Auer & Weber, Wolfgang Glaser Architekten und Ruby Scheuring Architekten. Nach einer einjährigen Selbstständigkeit mit Fritz Vennemann in Köln, in deren Folge er 1999 seine Tätigkeit im Büro Architekturbüro Kaspar Kraemer Architekten BDA aufnahm wo Hans-Günter Lübben seit 2018 Teil der Geschäftsführung der Kaspar Kraemer Architekten GmbH ist.

und das alles mit dem jeweils aktuellsten Stand der Technik, zum Beispiel in 3D-Filmen, visualisiert. Dieses Zusammenspiel hat sich weiterentwickelt bis hin zum heutigen Zeitpunkt und dazu tritt die Tatsache, dass wir uns, wie Daniel Böger sagt, um alles bis zum Schluss und darüber hinaus sehr intensiv kümmern.

Letztlich ist das natürlich auch eines der Erfolgsrezepte für das Gelingen des vielfältigen baukulturellen Engagements von Kaspar Kraemer. Er hat sich unmittelbar nach Bürogründung sehr intensiv in seine Arbeit als Präsident des Bundes Deutscher Architekten BDA gekniet und den Wahlbund gemeinsam mit seinen Mitstreitern so schließlich vor seinem Untergang bewahrt [siehe auch Im Dienste der Baukultur → S. 196]. Dabei konnte er sich auf sein Team hier im Büro und die eingespielten Prozesse verlassen.

Lübben: Ich muss an dieser Stelle unbedingt Herbert Gratze erwähnen, der zu dieser Zeit hier Büroleiter war. Er hat dafür gesorgt, dass hier alles läuft, dass die Wettbewerbe gemacht wurden und uns Zeiten eingeräumt, um diese gut zu bearbeiten. Bei Projekten hat er alle Projektbeteiligten immer wieder an den Tisch geholt, damit alle immer wussten, wer was bis wann macht. Von Herbert Gratze konnte man viel lernen.

Ritterbach: Wenn wir vorhin über Menschen sprachen, die einen geprägt haben, dann ist er sicher auch zu nennen. Inzwischen ist Herbert Gratze im wohlverdienten Ruhestand.

Ich möchte mit Ihnen über konkrete Architektur sprechen. Nachdem wir über beeindruckende Personen sprachen, interessiert mich, wenn Sie in die Architekturgeschichte blicken – die ja bis an diesen Moment heranreicht –, ob es Bauwerke gibt, die Sie besonders beeindruckten?

Böger: Mich haben während meiner Studienzeit die Gebäude von Heinz Bienefeld sehr beeindruckt. Wie er alles bis ins letzte Detail ausgearbeitet hat: Jeder Stein, jede Fuge, jede Schieferplatte ist richtig gesetzt, alles ist überlegt, und nicht nur fein durchdacht, sondern auch sehr fein gemacht. Das finde ich super gut. Und was mich schon vor dem Studium geprägt hat, ist meine Heimatstadt Bonn, in der ich aufgewachsen bin, speziell die Südstadt und die dortige, homogene Bebauung der Gründerzeit. Das hat einen guten Maßstab, eine angemessene städtebauliche Struktur, es gibt Ornamente – das fasziniert mich bis heute.

Ritterbach: Vor dem Studium kannte ich, glaube ich, keinen Architekten mit Namen. Was mich schon immer beeindruckte, waren die großen Kirchenräume, in die meine Eltern mich in den gemeinsamen Urlauben zerrten. Egal wo wir waren, die Kirchen in der Gegend mussten wir uns ansehen, und das hat mich berührt, ohne dass ich damals genau hätte sagen können, was genau es war. Aber auch als Kind oder Jugendlicher spürte ich die große Ruhe solcher Räume. Im Studium haben wir dann eine Exkursion nach Eichstätt gemacht und uns dort die Bauten von Karljosef Schattner angesehen. Mir imponierte sehr, wie bei den Bauwerken bis ins Detail zu Ende gearbeitet und Neu und Alt gefügt wurden. Dabei fand ich nicht jeden Bau unbedingt herausragend, aber es war doch sehr überzeugend. Wie präzise dort gearbeitet wurde, ist mir in dieser Güte eigentlich das erste Mal in dieser Form aufgefallen.

Lübben: Ich finde diese Antwort hochgradig spannend und bin völlig bei dir, Georg: Ich habe auch vor dem Studium keinen Architektennamen gekannt, außer den norddeutschen Backsteinpapst Fritz Höger. Und obwohl ich wusste,

dass ich Architekt werden wollte: Meinen Sie, ich hätte mir mal ein Buch gekauft? Es gab in der elterlichen Bibliothek ein paar alte Bücher über Kirchen oder Bauernhöfe, aber nichts zur zeitgenössischen Architektur.
Während des Studiums beeindruckte mich der Olympiapark in München von Günter Behnisch und Partner und Frei Otto – bis heute imponiert mir dieses Projekt sehr. Ich wusste zum damaligen Zeitpunkt dann, dass Fritz Auer und Carlo Weber die Bauten als Partner maßgeblich mitgeplant und umgesetzt hatten. Das war der Grund, warum ich nach dem Studium unter anderem ins Büro Auer Weber in München gegangen bin. Vor allem aber habe ich Architektur über das Modellbauen erlernt und verstanden. Im Studium hatte ich als Freiberufler sehr viele Modelle für verschiedene Büros in Braunschweig gebaut. Das war jenseits der konkreten Bauten aus der jüngeren oder älteren Geschichte eine grundlegende Beschäftigung mit Architektur, durch die ich Architektur eigentlich erst richtig kapiert habe. Wenn ein Entwurf von einem Auftraggeber, also einem Architekten, nicht einem klaren strukturierten Konzept folgte und sich dementsprechend umsetzen ließ, war er in meinen Augen nicht wirklich gut. Wenn dagegen klar formuliert werden konnte, was im Modell umgesetzt werden sollte, war auch klar, was Kern und Aussage des Entwurfs waren. Das half mir auch später, zu Beginn der eigenen Arbeit, mich immer wieder zu überprüfen. Das Arbeiten im und am Modell hat schließlich auch sehr gut hier ins Büro gepasst und wurde damals sowohl von Kaspar Kraemer als auch von Herbert Gratze sehr geschätzt.

Karljosef Schattner, Lehrstuhl für Journalistik, Eichstätt 1985–1987

Behnisch & Partner mit Frei Otto und Günther Grzimek, Olympiapark, München 1967–1972

Was hat Sie dann konkret in dieses Büro geführt?

Lübben: Bei mir war es eine eher banale wirtschaftliche Notwendigkeit. Mit meinem damaligen Weggefährten Fritz Vennemann wollte ich mich eigentlich selbständig machen – mit Blick auf die wirtschaftliche Gesamtsituation sozusagen antizyklisch. Mit mehreren zweiphasigen Wettbewerben sind wir aber gescheitert, weil wir die langwierigen Verfahren finanziell nicht durchstehen konnten. Wir hatten Ausgaben, aber noch keinerlei Einnahmen. Ich wohnte am Ende also irgendwann auf acht Quadratmetern in einer Dachkammer als angeschlossenes Zimmer einer kleinen Dachgeschosswohnung – und hatte nahezu kein Geld mehr. Durch Zufall traf ich zu diesem Zeitpunkt hier in Köln Sabine Mathow, eine ehemalige und nette Kommilitonin aus Braunschweiger Zeiten. Sie wusste, dass Kaspar Kraemer sich beruflich gerade neu aufstellte, und hat uns seine Kontaktdaten gegeben. So klein ist die Welt. Fritz Vennemann und ich haben dann Kaspar Kraemer hier am Römerturm, in diesem beeindruckenden klassizistischen Stadtpalais, aufgesucht. Er hat uns herumgeführt, und alles, die Halle, die Büros, alles stand leer. Das war schockierend eindrucksvoll. Es gab keinen Computer, keinen Plotter, kein Telefon. Was es allerdings gab, war ein zu erstellendes Gutachten. Das erarbeiteten wir dann freiberuflich mit Marvin Keim in unseren eigenen Büroräumen mit Kaspar Kraemer zusammen. Er kam damals mit dem Fahrrad zu uns und wir bearbeiteten das Gutachten zusammen auf hohem Niveau. Und wieder stand das Leben Pate: Zwei Jahre lang versucht man, sich selbständig zu machen und scheitert an zweiten und dritten Preisen – und gewinnt dann dieses Gutachten. Zwischenzeitlich hatte Kaspar Kraemer dann den Römerturm zu neuem Leben erweckt und bat uns, dieses Bürogebäude mit ihm in seinen Räumen baulich umzusetzen. Diesem Ruf sind wir nachgekommen und das war, speziell für mich, der Beginn für sehr vieles.

Kaspar Kraemer Architekten,
Büropark an der Gruga, Essen
1999–2002

Das klingt wie eine Verkettung von Zufällen.

Lübben: Genau das war es auch. Zufall und nochmals Zufall – allerdings auch Wollen und ein bisschen Können.

So konnten Sie also von Beginn an große Projekte wie die Hauptverwaltung für Hochtief in Essen-Rüttenscheid bearbeiten und realisieren, wie zum Beispiel den Büropark an der Gruga [→ S. 42].

Lübben: Das ist sicher auch ein entscheidender Unterschied zu den anderen Büros, in denen ich vorher arbeitete. Hier ließ man uns von Beginn an ran und der Wille, das Büro professionell aufzustellen, war da. Dann kam sehr schnell das Bauvorhaben Accenture in Kronberg [→ S. 50] als weiteres großes Projekt dazu und rasch wuchs das Büro auf 35 Mitarbeiter …

Böger: Ich fing am 1. Januar 2001 an und das Büro war so voll, dass es an meinem Schreibtisch weder Stuhl noch Telefon gab (*lacht*). Ich holte mir also oben aus der Bibliothek einen kleinen blauen Stuhl. Ein eigenes Telefon gab es so lange nicht, bis ein Kollege aufhörte – da bin ich schnell hin, habe den Apparat umgestöpselt und an meinen Platz geholt. Das zeigt, wie sehr das Büro schon kurz nach Gründung gebrummt hat. Durch die Insolvenz der Philipp Holzmann AG 2002 sind wir dann kurz danach etwas in Schwierigkeiten geraten, sodass akut Gelder fehlten und die Mannschaft auf insgesamt acht Leute reduziert werden musste: Herr und Frau Kraemer, Herbert Gratze, Herr Hox-Beier und wir vier. Wir kennen also die Hochs und Tiefs und sind zusammen durch Dick und Dünn gegangen – ich denke, das ist der Grund, warum wir uns so mit dem Büro identifizieren.

Dann noch mal einen Schritt zurück, Herr Böger: Wie sind Sie in das Büro gekommen, mit dem Sie sich dann später so identifizieren sollten?

Böger: Ebenfalls durch einen Zufall. Ich arbeitete während und nach dem Studium zunächst bei Klaus Richter in Aachen. Zum Ende des Studiums beschäftigten ein Kollege und ich uns mit Virtual Reality. Rechner und Monitore waren damals noch riesig (*lacht*). Das war natürlich interessant, hat sich dann aber zerschlagen – wir waren mit dem Thema einfach zu früh dran. Ich bewarb mich also in verschiedenen Büros in Köln und Düsseldorf. Bei einem der großen Büros in Düsseldorf bekam ich dann zu hören, dass die Gefahr, der Fachmann für – sagen wir beispielsweise – Tiefgaragen zu werden, ziemlich groß ist. Einfach, weil das die erste Aufgabe sein kann, der man sich im Büro annehmen muss. Mein Gegenüber sagte also sinngemäß: „Und dann bist du die nächsten 20 Jahre der Tiefgaragen-Mann, und machst nichts anderes als Tiefgaragen. Das kannst du, dafür können wir dich gebrauchen, und für alles andere nicht." Das war keine sonderlich verlockende Perspektive. Dann bekam ich den Tipp, dass Kaspar Kraemer Leute sucht. Also schaute ich mir das Büro an und hatte das Gefühl, das sei eine Bürogröße, in der ich wahrscheinlich alle Bereiche der Architektur bearbeiten könne. Ich kam aus den Bereichen CAD und 3D-Darstellung, und hier gab es Bedarf genau dafür – und so fügte sich das eine zum anderen.

Herr Molnar, Sie haben ja bereits erzählt, wie ihr ehemaliger Fußballtrainer Sie ins Büro KSP geführt hat. Sie haben die Zäsur von KSP zu Kaspar Kraemer Architekten damals auf Seite der Mitarbeitenden miterlebt. Es hätte doch für Sie wahrscheinlich auch die Option gegeben, bei KSP zu bleiben.

Molnar: Bei KSP hatte ich mein Einstellungsgespräch mit Kaspar Kraemer geführt, mit ihm hatte ich die ersten Projekte dort bearbeitet. Mir war schnell klar, dass ich in sein Büro wechseln würde, sobald das halbe Jahr Konkurrenzverbot abgelaufen wäre. Ich hätte auch zwei Jahre gewartet und war froh, dass ich so schnell wieder mit ihm zusammenarbeiten konnte.

Herr Ritterbach, hatten Sie im Vorfeld schon Berührungen mit dem Büro KSP, oder wie sind Sie auf Kaspar Kraemer Architekten aufmerksam geworden, wo Sie heute Teil der Geschäftsleitung sind?

Ritterbach: Ich hatte keinerlei Berührungen mit KSP. Nach dem Studium begann ich im Büro von Günther Reich in Köln-Weiden zu arbeiten. Ein Büro, das seinen Schwerpunkt in der Bauleitung hatte, und wo ich von den praktischen Dingen der Architektur sehr viel gelernt habe. Ein Projekt, die Kreissparkasse am Neumarkt, sollten wir für das Büro Kraemer leiten. Und so habe ich als externer Mitarbeiter begonnen, für das Büro zu arbeiten. Dabei habe ich die Kosten und Ausschreibungen für das Projekt begleitet. Allein, als ich das erste Mal das Haus Am Römerturm betreten habe, die Halle und die Büroräume sah, spürte ich die andere Büroatmosphäre. Die anspruchsvolle Architektur, die interessanten Projekte, die Struktur, wie diese Aufgaben bearbeitet wurden, mit allen Fachplanern am Tisch – all das hat mich angesprochen und davon wollte ich gerne ein Teil sein. Das ließ ich irgendwann in einem Gespräch zwischen Tür und Angel fallen, und als eine Stelle frei wurde, konnte ich mich darauf bewerben, hatte ein Vorstellungsgespräch mit Herbert Gratze und habe drei Monate später hier angefangen. Damit war mir klar, dass ich vollständig in die Bauleitung wechsle. Gleichzeitig waren die enge Zusammenarbeit und der Austausch mit den Kolleginnen und Kollegen in der Planung von Anfang an gut.

Seit dieser Zeit sind zahlreiche Gebäude im Büro Kaspar Kraemer Architekten entstanden. Gibt es ein Projekt, das Ihnen jeweils besonders am Herzen liegt?

Böger: Ich hänge immer noch dem Projekt für Thyssen Krupp in Berlin nach – ein Kubus vis-à-vis des Stadtschlosses –, für das ich die Visualisierung gemacht habe [→ S.142]. Das mag ich bis heute sehr gerne und finde es sehr schade, dass wir es nicht bauen konnten. Und mit Blick auf die Realisierungen: Van Laack in Mönchengladbach [→ S.68]. Diesen Entwurf von Anfang bis Ende zu begleiten, war toll.

Molnar: Für mich ist das nach wie vor, so unscheinbar es auch ist, das Hochwasserpumpwerk in Köln [→ S.84]. Wie wir uns da im Wettbewerb durchgesetzt haben, über die Lichtplanung und bis hin zur Ausführung. Außerdem der Dom-Zugang, den wir auch als Wettbewerb gewonnen hatten [→ S.100].

Ritterbach: Ich habe, wie eben erwähnt, die Bauleitung für die Kundenhalle der Kreissparkasse am Neumarkt gemacht, und das Projekt mag ich bis heute [→ S.228]. Die Zusammenarbeit mit dem Bauherrn damals war sehr gut. Und das trotz dieser alten und schwierigen Bausubstanz, die uns immer wieder überraschte: Bis hin zu prognostiziertem Stahlbeton, der sich als ein ausgemauertes Stahlfachwerk herausstellte, und einer angebohrten Wasserleitung, die dazu führte, dass ein Server abgeschaltet werden musste. Eigentlich konnte nur am Wochenende und ganz früh morgens oder ganz spät abends gearbeitet werden, und trotzdem hatte diese Baustelle einen ganz besonderen Spirit …

Böger: Das stimmt. Ein tolles Projekt. Für die Kreissparkasse hatte ich eine bewegliche 3D-Ansicht gebaut, aber die Programme konnten damals noch keine Schatten – und Kaspar Kraemer fand die Darstellung ganz fürchterlich. Mit einigen Umwegen, über die damalige Kugeldarstellung in Quicktime, ist

Kaspar Kraemer Architekten, Bürogebäude für Thyssenkrupp, Berlin 2002

Kaspar Kraemer Architekten, Zugangsbauwerk zum Südturm des Doms, Köln 2006–2009

Kaspar Kraemer Architekten, Hochwasserpumpwerk Schönhauser Straße, Köln 2005–2008

es uns dann doch noch gelungen, eine Visualisierung zu fertigen, die alle gut fanden …

Ritterbach: Dann würde ich als zweites Projekt sicherlich auch das Hochwasserpumpwerk nennen. Auch das hat viel Freude gemacht und steht bis heute exponiert am Rhein. Als drittes: das Gebäude HSL für Amprion, das in der Zusammenarbeit mit Hans-Günter Lübben ein hochinteressantes und schönes Projekt war [→ S. 250]. Es hat mir großen Spaß gemacht, die Planung auf die Baustelle zu bringen – bis hin zu diesem phantastischen Trockenbauer, der allen auf der Baustelle nur mit seinem Vornamen „Josef" ein Begriff war.

Herr Lübben, sowohl am genannten Neubau des Rechenzentrums für Amprion als auch am angeführten Hochwasserpumpwerk waren Sie beteiligt. Zählen Sie eines davon ebenfalls zu Ihren Lieblingsprojekten?

Lübben: Ich muss ehrlich sagen: Wenn ein Projekt abgeschlossen ist, habe ich damit in gewisser Weise auch erst einmal abgeschlossen. Gerade weil die Arbeit daran so intensiv war, weil das Entstehen von Architektur – damit sie gut wird – doch sehr viel Arbeit ist und oft viele Nerven kostet. Aber wenn sich dann ein Gefühl wie am letzten Wochenende einstellt, als ich mit meinem Sohn am schon genannten Verwaltungsgebäude für Hochtief in Essen vorbeifahre, und der Bau auch nach 20 Jahren noch so gut dasteht, und der eigene Sohn das bewundernd anerkennt, dann ist das schön und anrührend [→ S. 42]. Und das ist ein großes Momentum als Architekt, dass man „etwas Gebautes" hinterlässt, was sonst nur wenige können. Das tut gut. Aber wenn Sie mich jetzt fragen, welches mein Lieblingsprojekt ist, würde ich, neben dem Hochwasserpumpwerk am Rhein, das Einstiegsbauwerk zum Südturm des Kölner Doms nennen [→ S. 100]. Im Vergleich zu meinem ersten Projekt mit der Unternehmenszentrale eigentlich eine Art Kunstschmiedearbeit, klein und sehr überschaubar, im und am spektakulärsten Bauwerk der Stadt. Wer kann von sich schon behaupten, dass er elementar am Kölner Dom gebaut hat? (*lacht*)

Nun gibt es das Büro seit 25 Jahren. Derlei Jubiläen sind immer gleichermaßen Anlass zum Rückblick – was wir bis jetzt besprochen haben – wie zur Vorschau. Wo also sehen Sie das Büro in zehn, wo in 25 Jahren, was wird wichtig werden?

Böger: Das Gute an unserem Beruf war immer, und wird es wohl auch immer sein, dass wir es jeden Tag mit etwas Neuem zu tun haben. Wir hatten und haben vielfältige Aufgaben und ich wünsche uns, dass wir da mit dem gleichen Enthusiasmus, dem gleichen Spaß und der gleichen Begeisterung herangehen wie in den 25 Jahren bisher.

Molnar: Die Technik entwickelt sich rasend schnell weiter. Wir haben BIM erfolgreich in unsere Prozesse implementiert und mit dem 3D-Drucker ein Tool eingeführt, das bei den Mitarbeiterinnen und Mitarbeitern sofort angenommen wurde, sodass wir jetzt einen zweiten angeschafft haben. Wir machen uns Gedanken über KI im Entwurfsprozess, haben keine Angst davor, sondern fragen uns, wie wir sie in unsere Arbeit integrieren können – nicht um Mitarbeiter einzusparen, sondern um die Ressourcen der Mitarbeiterinnen und Mitarbeiter noch effektiver einzusetzen und ihre Kreativität zu nutzen, statt ihre Arbeitszeit mit langweiligen Dingen zu blockieren. Das Thema interessiert uns schon allein deswegen, weil wir uns fragen, wie die KI Prozesse im Büro verändern wird, und da wollen wir uns selber Gedanken machen und nicht im Nachgang die Gedanken von anderen übernehmen.

Kaspar Kraemer Architekten, Büro- und Wartengebäude, Brauweiler 2022–2024

Ritterbach: Ich finde diese Ausblicke schwierig und habe allzu optimistischen Prognosen nie getraut. Es wird das kommen, was kommt. Wir sind als Team gut aufgestellt. Sowohl mit Blick auf die Köpfe im Büro als auch hinsichtlich der Hardware und Software. Wir werden das eine tun, ohne das andere zu lassen: Wir werden sicherlich weiter gute Architektur machen, aber sie wird eben anders umgesetzt. Früher gab es Zeichenbrett und Modellwerkstatt, heute sind es Rechner und 3D-Drucker und künftig wird das ergänzt um weitere Werkzeuge. Aber der Schwerpunkt ist die Architektur, die muss im Mittelpunkt stehen. Was nachher in der Stadt steht, muss vernünftig, muss gut, funktional und schön sein. Das darf man nie aus dem Blick verlieren.
Lübben: Die Frage, wie energieeffizientes Bauen mit gestalterischen, mit architektonischen Antworten geklärt werden kann, wird uns sicher umtreiben. Es kann nicht immer nur um mehr und noch mehr Dämmung und weitere technische Features an und in den Gebäuden gehen. Das Thema ist zu wichtig, das können wir nicht bloß den Haustechnikern und Zertifizierern überlassen, da müssen wir architektonische Antworten finden. Das Flachdach eines Hauses kann und wird dabei ein großes Potenzial haben. Es wird spannend und interessant, das ganze Thema zu begleiten. Und das gerne mit allen meinen Partnern.

Georg Ritterbach, Daniel Böger, Hans-Günter Lübben und Oskar Molnar im Gespräch mit David Kasparek (v.l.n.r.)

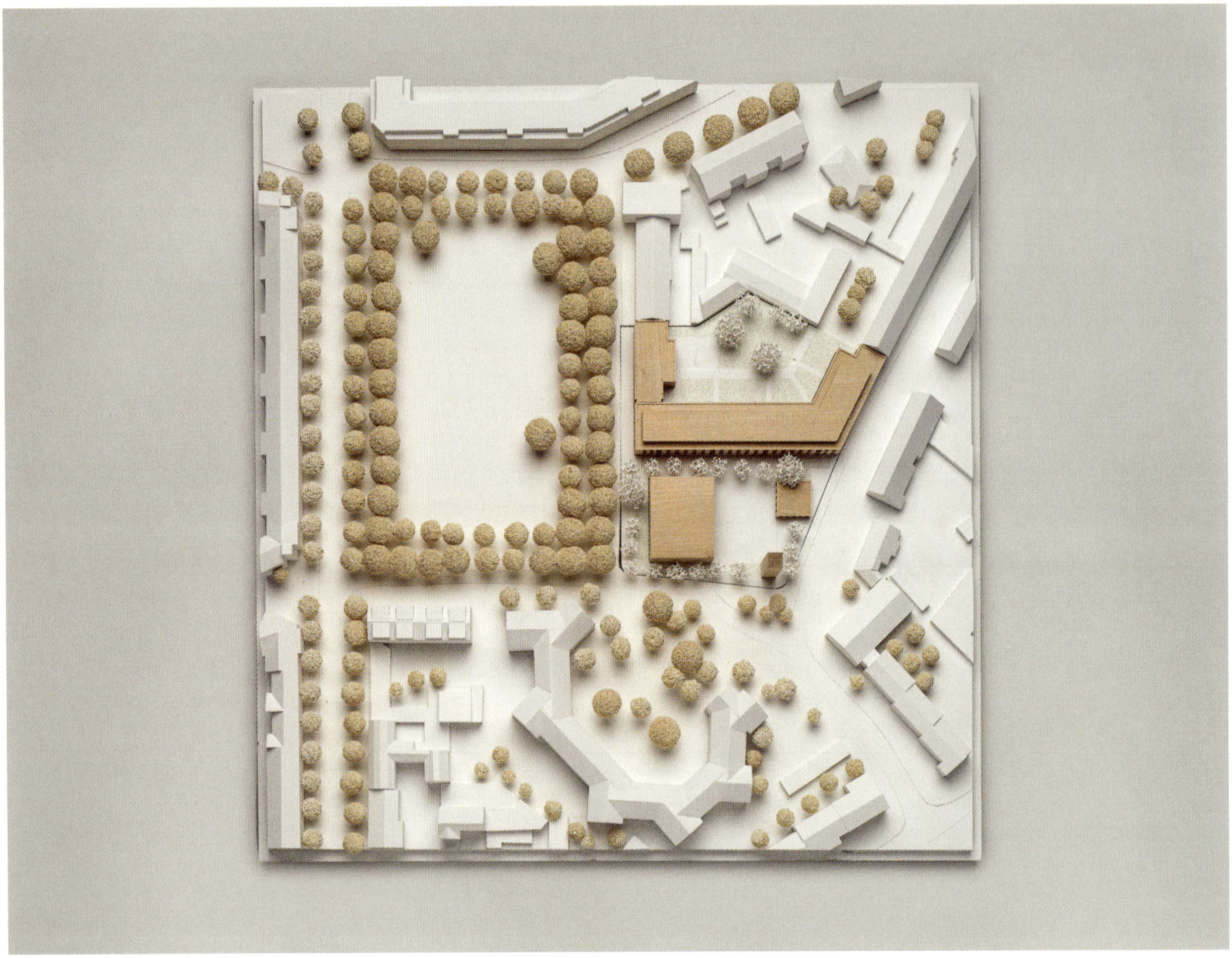

Der Entwurf schließt den Blockinnenbereich am Helmholtzplatz mit einem kompakten Baukörper, der zu den umgebenden Straßen- und Platzräumen eine eindeutige Kante bildet. Es erfolgen so die selbstverständlichen Anschlüsse und Fortschreibungen der bestehenden Raumkanten und Bebauungen, wie auch die Ausbildung eines ruhigen, respektvoll agierenden „Rückens" zur Kirchenanlage St. Bartholomäus, der die Raumidee von Hans Schwippert wieder aufnimmt und so die abschließende notwendige Raumbegrenzung des Kirchplatzes wieder entstehen lässt. An dessen Südwestecke wird ein kleiner Pavillon für die Altenbetreuung positioniert, der den Platzbereich zusätzlich fasst und unter Wahrung des Respekts vor der Würde der Grabeskirche stärker definiert. Die Wohnungen werden vom Melatener Weg, dem Kirchplatz und aus dem Blockinneren erschlossen. Zum Helmholtzplatz orientiert sich das Jugendzentrum mit seinem großzügigen Eingangsfoyer und öffnet sich zum Innenhof. Im Binnenbereich entsteht ein geschützter Grünraum, der mit Mietergärten, Fahrradstellplätzen, Kinderspielplatz, Grillstation, Basketballfeld, Garten- und Spielwiese Angebote für alle Nutzergruppen bietet. [Wettbewerb 1. Preis 2021]

Der Entwurf entwickelt den Masterplan für einen Logistik-Dienstleister auf einem ehemaligen Industriegelände. Anders als üblich wurde hierbei von allen Planungsbeteiligten das Wort „Park" wörtlich genommen und ein nachhaltiger, zukunftsweisender Logistik-Park entwickelt, in dem die Hallen in großzügige Grünbereiche eingebettet sind. Zwei historische Zechengebäude werden revitalisiert und als Orte der Kommunikation und gemeinsamer Dienstleistungen wie Kantine, Meeting- und Verwaltungsräume an zentraler Stelle in den Parkraum integriert. Die Hallen sind in einer modernen Architektursprache entwickelt. Die elementaren Nachhaltigkeitsaspekte wie Photovoltaik, Verwendung durabler Materialien, Wasserrückhaltung auf dem Grundstück, begrünte Dächer sowie einfache Baukörperformen bestimmen die Gestalt dieses hochqualitativen, zukunftweisenden Logistik-Parks.

Das „Haus Bürgel“ in Monheim ist ein Baustein des unter dem Schutz des Weltkulturerbes stehenden „Niedergermanischen Limes“. Es ist ein Vierkanthof, der auf den noch heute deutlich erlebbaren Grundmauern des nahezu 2.000 Jahre alten römischen Grenzpostens mit seiner umlaufenden Befestigungsanlage, zwei Toren und zwölf Türmen errichtet wurde. Dieser Vierkanthof mit seinen drei Nutzungen – landwirtschaftlicher Betrieb, biologische Station und Museum – soll komplett saniert und zu einem zukunftsfähigen Besucherzentrum ausgebaut werden. Ziel des Entwurfes ist es, die um den Innenhof versammelten, unterschiedlichen Bausubstanzen durch einfühlsam gestaltete Neubauten zu ergänzen, sodass unter Einbeziehung moderner Didaktik ein lebendiger Dreiklang aus Landwirtschaft, Forschung und Denkmalpflege entsteht. [Wettbewerb 2022]

Aufgrund des Ausbaus einer zukunftsorintierten Energieinfrastruktur mussten für den überregionalen Übertragungsnetzbetreiber Amprion im Rahmen der Standorterweiterung Brauweiler zahlreiche neue Arbeitsplätze und zwei Service-Warten konzipiert und realisiert werden. Hierzu wurde in unmittelbarer Nähe zu dem vorhandenen ersten Bauabschnitt des Multifunktionsgebäudes ein U-förmiger Baukörper geplant, der mit seinem ersten Bauabschnitt einen großen begrünten Innenhof umschreibt. Die Haupterschließung erfolgt im Norden über ein dreigeschossiges Foyer. Von hier aus wird das zukünftige Ensemble mit Neubau und Bestandsbau sowie projektiertem Erweiterungsbau ringförmig über eine interne Magistrale erschlossen. Über diese erreicht man die einzelnen Unternehmenseinheiten mit ihren vielfältigen Funktionen einer modernen Arbeitswelt. Die Fassadengestaltung orientiert sich in ihrer Materialität und formalen Ausbildung an dem dunkelgebrannten Klinker der Fassade des ersten Bauabschnittes und schreibt somit den Geist des historischen städtebaulichen Standortkontextes fort.

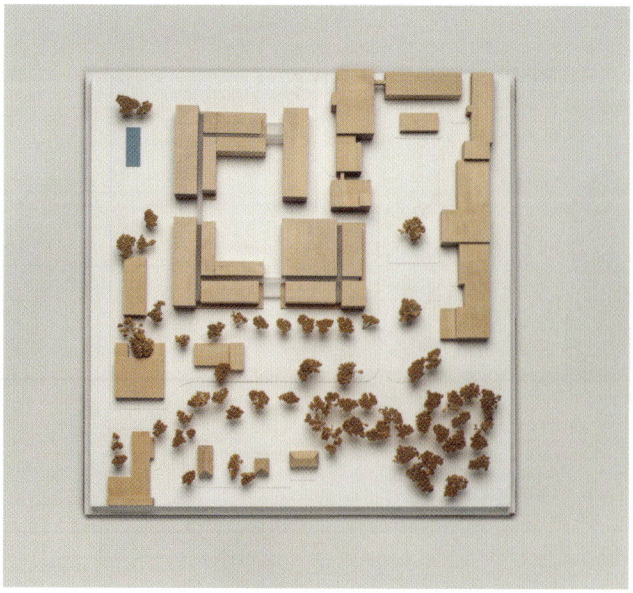

amprion

Für den Übertragungsnetzbetreiber Amprion soll am Standort Rommerskirchen für einen modernen zukunftsorientierten Netzbetrieb ein speziell konzipiertes Wartengebäude entstehen, das als zentraler Standort für die Steuerung und Überwachung des Stromnetzes dient. Die geforderten Nutzungsbereiche legen sich um die zentrale zweigeschossige Eingangshalle, von der aus alle Büros, Meeting-Bereiche, Telko-Zonen und Sozialbereiche übersichtlich erreicht werden sowie über Sicherheitsschleusen auch die zwei Warten. Die Hauptwarte ist aufgrund ihrer Größe zweigeschossig ausgebildet. Die Fassaden des Gebäudes bestehen aus einfachen Materialien wie Sichtbeton, Metall-Paneelen und Glas und verleihen dem Gebäude in seiner Haltung und Erscheinung eine unprätentiöse einfache Eleganz. Über bodentiefe Glasfassadenelemente werden alle Büro- und Funktionsbereiche mit natürlichem Tageslicht belichtet und ermöglichen den Mitarbeiterinnen und Mitarbeitern einen weiten Blick auf das umliegende Gelände. Die zentrale Schaltwarte erhält aufgrund ihrer Größe eine zusätzliche natürliche Tagesbelichtung über besonders konzipierte Dachoberlichter, die in die Tragstruktur der Decke aus Leimholzbindern integriert sind.

An der Ostmerheimer Straße entsteht ein Wohngebäude mit 126 studentischen Wohnungen. Das Gebäude bildet den dritten Bauabschnitt eines L-förmigen Riegels, der im Süden eine Kita und mittig ein Wohngebäude aufweist und im Norden mit dem Neubau als Kopfbau abgeschlossen wird. Die Gesamtanlage legt sich schützend um eine gemeinsame Grünanlage mit großzügigen Kinderspielmöglichkeiten. Nach Norden bildet ein markanter Hochpunkt zum Kreisverkehr hin den Auftakt des Ensembles. Die Bestandsbäume werden – soweit möglich – erhalten und durch Neupflanzungen ergänzt. Durch Fassaden- und Dachbegrünung sowie Warmwassererzeugung mittels Luftwärmepumpen, zum Teil gespeist aus Photovoltaik, wird der ökologische Fußabdruck optimiert. Die Tiefgarageneinfahrten werden durch einen Erdhügel überdeckelt und fügen sich so in die abwechslungsreich modellierten Grünflächen ein, die das grüne, kommunikative und erholsame Zentrum der Häusergemeinschaft bilden werden.

Der Entwurf für die Stadtvilla Joeststraße wurde im weitläufigen Park der Villa Meirowsky am Rande des Stadtwaldes in Köln-Lindenthal realisiert. Das Gebäude situiert in drei Vollgeschossen und einem Staffelgeschoss sieben großzügige moderne Wohnungen. Die Fassade ist in einem warmen Klinkerton gehalten, die mit den weißen Gesimsen sowie champagnerfarbenen Metallgeländern und Fenstern einen harmonischen Farbkanon mit der angrenzenden Villa entwickelt. Die klare Gliederung der Fassade unterstreicht den hochwertigen und gleichzeitig modernen Charakter des Gebäudes. Der Dachgarten auf dem obersten Geschoss bildet eine innerstädtische Oase für alle Bewohnerinnen und Bewohner.

10

Der Neubau der Geschäftsstelle der SPD an der Goethestraße in Düren ersetzt das traditionsreiche, in die Jahre gekommene Fritz-Erler-Haus. In exponierter Ecklage sind in diesem viergeschossigen Gebäude im Erdgeschoss und 1. Obergeschoss Büro- und Versammlungsflächen situiert. In den weiteren Obergeschossen sind Wohnungen unterschiedlicher Zuschnitte umgesetzt. Die helle Ziegelsteinfassade mit den farbigen Sonnenschutzrollos und den bronzefarbenen Geländern verleiht dem Gebäude eine warme Anmutung, mit der sich der Neubau harmonisch in die umliegende Bebauung einfügt. Insbesondere die Erdgeschossfassade in ihrer handwerklich aufwendigen und präzisen Ausbildung bildet einen besonderen Akzent.

Haus der Arbeit

Haus der A

SPD

Das im Rahmen der Neugestaltung der Bebauung „Neue Mitte Porz" entstandene Gebäude differenziert sich – zur Anpassung an die Kleinteiligkeit vor Ort – in vier giebelständige Häuser mit unterschiedlicher Dachneigung, die eine eigenständige, auf Stützen ruhende, als Einzelhäuser ablesbare Erscheinung aufweisen, gleichzeitig aber die Idee des Baublocks wahren. Sie bilden so eine differenzierte, dennoch zusammengehörende „Familie", deren „Mitglieder" sich in einem harmonischen Gesamtbild zueinander ordnen. Diese ruhige, selbstverständliche Grundhaltung wird auch in der Gestaltung der Fassaden aufgenommen und weitergeführt. Im lebhaften Spiel zwischen Wandflächen, Fensteröffnungen, den schräg verlaufenden Leibungen und Loggien entfalten sie eine plastische Differenzierung, die Lebendigkeit nicht mit Aufgeregtheit verwechselt. Die Fassaden gliedern sich in stützenbestimmte Sockelzone, flächige Körperlichkeit der Mittelzone sowie Attikazone mit ruhigem und zurückhaltend durchbrochenem Satteldach und sind so als normale, sich in den „Archetypus Haus" einordnende Strukturen selbstverständlich und eindeutig lesbar. [Wettbewerb 1. Preis 2018]

MARA
MARA
CUTLERS
RIDESTEP
A&M
A&M

APOTHEKE

Der Neubau des „Zentrums für Stoffwechselforschung“ der Universität zu Köln sollte über einen Fassadenwettbewerb eine moderne und wertige Gestaltung mit hoher Strahlkraft erhalten. Der Charakter der Fassade wird durch die seriellen hellbeigefarbenen Fertigbetonteile in Verbindung mit den in Altbronze patinierten Fensterelementen geprägt. Die Fassade ist als ein einheitliches Bausystem konzipiert, das seine reliefhafte Struktur von hoher Plastizität über die verschiedenen Funktionen des Gebäudes legt. Einzig die Zugangssituation zum Gebäude wird über größere, zweiachsige Fassadenelemente betont und gibt dem Gebäude eine eindeutige Adresse. [Wettbewerb 1. Preis 2019]

An der Ecke Vogelsanger Straße/Piusstraße in Köln-Ehrenfeld entsteht der Neubau der Rheinischen Musikschule Köln unter Abbruch der bestehenden Musikschule und Nutzung einer Baulücke. Die viergeschossige Blockrandbebauung mit Zinksatteldach umschließt den baumbestandenen Innenhof. Die Formensprache der Klinkerfassade ist von klassischen Vorbildern der städtischen Geschäfts- und Wohnhäuser aus der Umgebung in Köln-Ehrenfeld beeinflusst. Vom Eingangsfoyer wie von der Vogelsanger Straße aus ist der dreigeschossige Orchesterprobenraum einsehbar. Im Obergeschoss befinden sich die Übungsräume für die musikalische Grundausbildung und den Balletttanz in unterschiedlichen Raumzuschnitten sowie die Verwaltungsbereiche. Nach 65 Jahren im Provisorium erhält die Rheinische Musikschule ein neues und ihr angemessenes Zuhause.

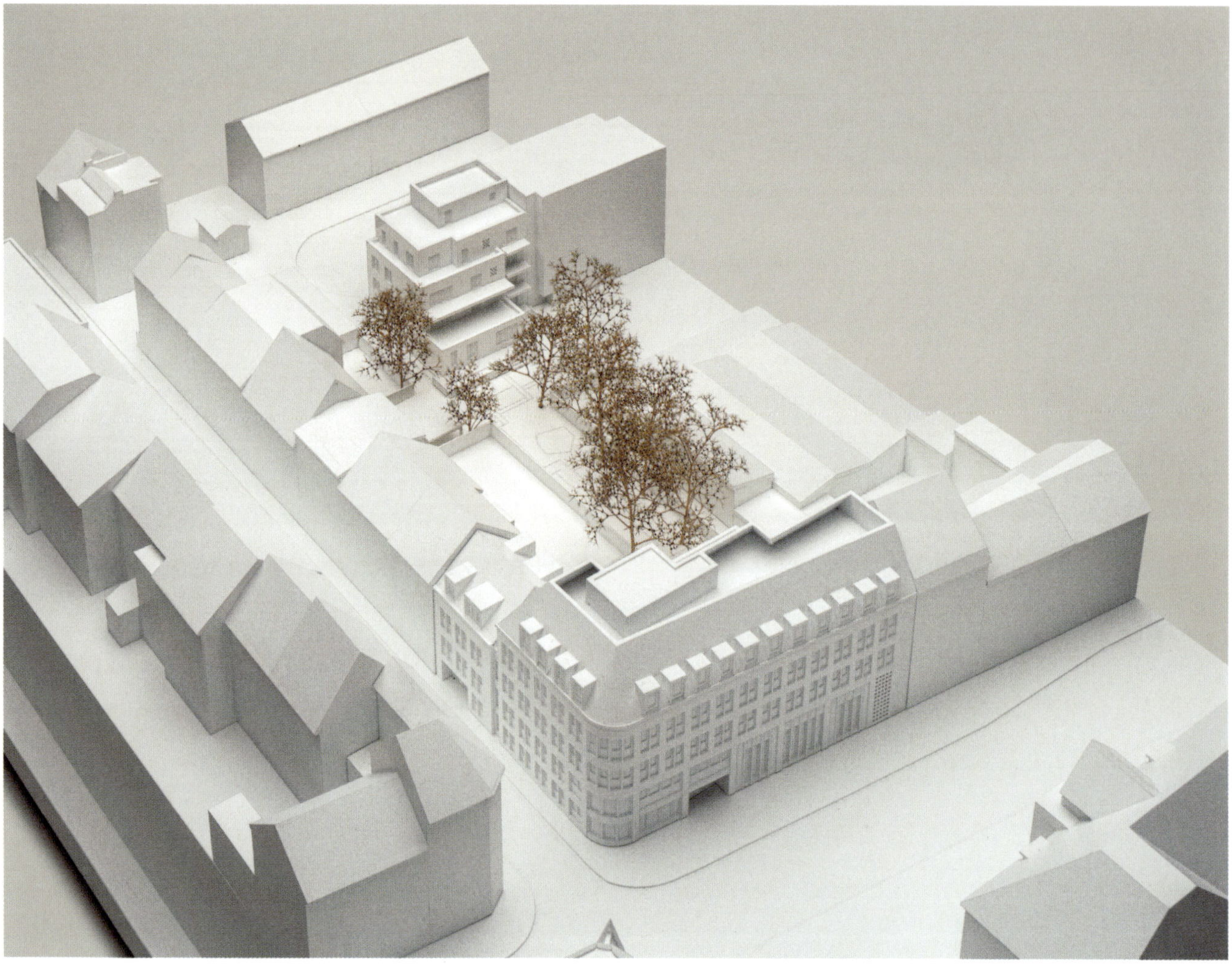

Das Wohnhaus an der Stuppstraße schließt den Garten der Rheinischen Musikschule nach Norden ab und nutzt diesen unter Wahrung des Baumbestandes als Außenbereich für die großzügig und flexibel aufgeteilten Wohnflächen. In Material und Farbe der Musikschule angenähert, bildet es mit dieser ein kleines innerstädtisches Ensemble.

Der größtenteils original erhaltene Abschnitt der römischen Stadtbefestigung am Mühlenbach gehört zu der im späten 1. Jahrhundert n. Chr. errichteten Stadtmauer, die die Colonia Claudia Ara Agrippinensium umfasste. Dieser Teilabschnitt ist auf einer Länge von 78 m und mit einer Wandstärke von 0,90 bis 2,40 m in einem ruinösen Zustand und in großen Bereichen nicht standsicher. Aus diesem Grund wird der Bestand aufwendig unterfangen. Im Anschluss kann die römische Stadtmauer dann schrittweise saniert und mit einem dem Original nachempfundenen Rundturm versehen werden. Die im Bereich der Mauerkrone angeordnete Terrasse bildet zukünftig den südlichen Abschluss der Kölner Innenstadtachse „Via Culturalis".

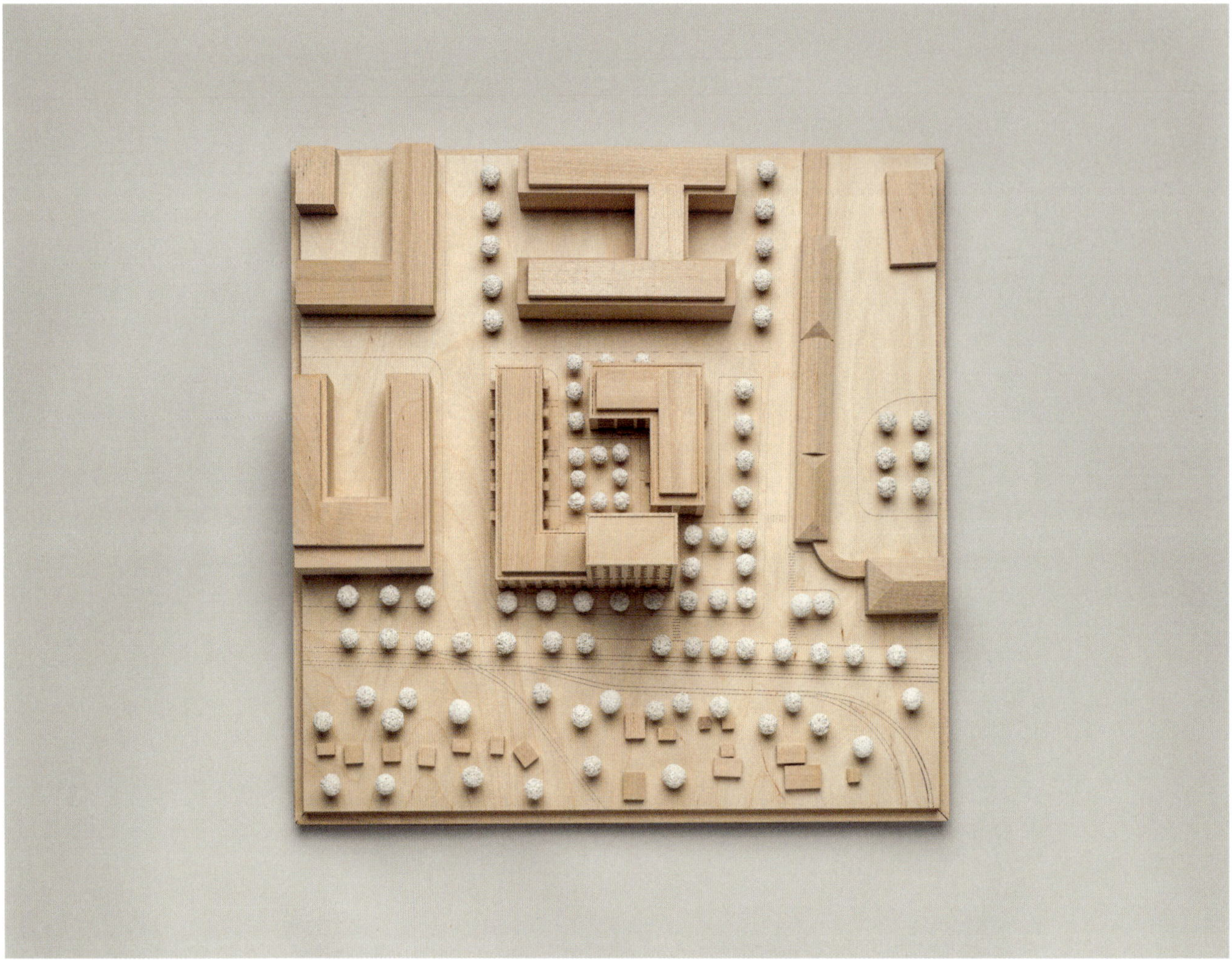

Der städtebaulich-strukturellen Logik der Quartiersentwicklung VIERZIG 549 folgend, schließt der Entwurf baukörperlich den Blockrand als letzten Quartiersbaustein. Der Entwurf gliedert das Baufeld mit zwei winkelförmigen Bauteilen, deren kleinerer mit sechs Geschossen die Nordwest- und Südwestseite bildet und – dem Respekt vor dem geschichtlich bedeutsamen Eingangsbauwerk Böhler-Gelände geschuldet – von der Böhlerstraße abgerückt ist. Es entsteht dadurch eine begrünte Platzfläche, die den Maßstabssprung der unterschiedlichen Bebauungsformen überspielt und gleichzeitig einen Vorbereich vor dem als Büro- und Gewerbebau genutzten Baukörper bildet. Ihm antwortet auf der Südost- und Nordostseite ein ebenfalls im rechten Winkel angeordneter Baukörper mit sechs Geschossen und Staffelgeschoss, der sich zum Böhler-Gelände hin zu einem Hochpunkt entwickelt. Dieser markiert das Quartier dominant, setzt so einen städtebaulichen Akzent an der Hansaallee und fungiert zusätzlich als Markierung der Stadtgrenze Düsseldorfs zu Meerbusch. Gleichzeitig bildet sich durch einen Versatz an der Hansaallee ein kleiner Vorplatz, der zusammen mit dem Grünbereich an der Böhlerstraße eine attraktive Vorzone zum Gesamtkomplex ausformt. Die Fassade beider Baukörper soll einheitlich mit Klinker gestaltet werden und im Gewerbebereich gestalterisch der Idee einer industriell geprägten Loft-Architektur folgen, im Bereich der Wohnbaukörper dagegen durch Loggien und Balkone stärker plastisch gegliedert sein. Insgesamt soll ein selbstverständlicher, unaufgeregter und eher klassisch als modisch wirkender Gesamteindruck erreicht werden, der sich im Kontext des Böhler-Areals sieht, dem Quartier VIERZIG 549 den gewünschten würdigen Abschluss verschafft, eine zeichenhafte Adressbildung entfaltet und als westlicher Stadteingang das Stadtbild mit Respekt vor dem Böhler-Gelände in angemessener Weise ergänzt. [Wettbewerb 1. Preis 2022]

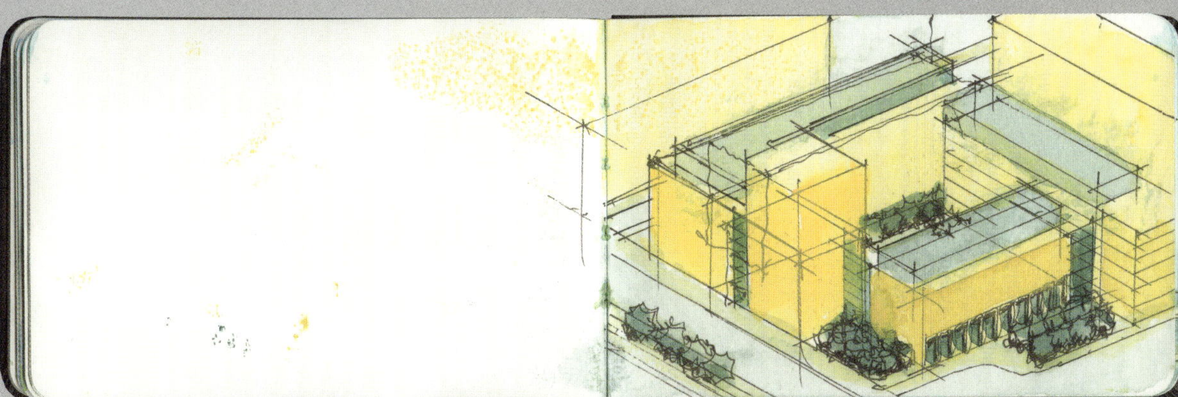

bauen zeichnen denken

14.04.82

27.11.99

16.08.01

TANNERHOF
Ihr Versteck in den Bergen
19.02.22

TANNERHOF
Ihr Versteck in den Bergen
23.02.22

TANNERHOF
Ihr Versteck in den Bergen
20.02.22

TANNERHOF
Ihr Versteck in den Bergen
21.02.22

TANNERHOF
Ihr Versteck in den Bergen

TANNERHOF
Ihr Versteck in den Bergen

TANNERHOF
Ihr Versteck in den Bergen

TANNERHOF
Mein Versteck in den Bergen

Am 10. Mai 1982 begeht Friedrich Wilhelm Kraemer seinen 75. Geburtstag. Die Feier findet in der im Vorjahr nach 19-jähriger Planungs- und Umbauzeit fertiggestellten Herzog August Bibliothek in Wolfenbüttel statt. Festredner ist der Sohn des Architekten, Kaspar Kraemer, damals 32 Jahre alt und seit fünf Jahren Mitarbeiter in dem vom Vater gegründeten Büro KSP Kraemer Sieverts + Partner. Kaspar Kraemer zeigt sich dabei gleichermaßen als Familienmensch, der die Mutter vor Publikum vertraulich mit „Mami" und den Vater mit „Pumpum" anspricht, wie auch als wertschätzender Beobachter gesellschaftlicher Verbindungen. In seiner Laudatio gelingt es ihm, sowohl das architektonische Werk Friedrich Wilhelm Kraemers zu würdigen als auch dessen Rolle als Vater kritisch zu beleuchten. So wird seine Sicht auf den Vater, den bekannten Architekten und prägenden Hochschullehrer, auch für Außenstehende nachvollziehbar.

Friedrich Wilhelm Kraemer, Umbau Herzog-August-Bibliothek, Wolfenbüttel 1962–1981

(...) Ich habe die nicht ganz leichte Aufgabe, auf meinen Vater zu seinem 75. Geburtstag zu reden, denn wie Sie alle wissen, ist der Komparativ von Unwahrheit: Lüge, der Superlativ: unwahr zu sein wie ein Festredner.

Da ich als dein Sohn und gleichzeitig dein Mitarbeiter einer der Wenigen bin, die dich privat und beruflich kennen – besser kennen als die meisten anderen –, so dachten sich Mami und ich, dass es mir vielleicht am leichtesten fallen würde – stellvertretend für alle – auf dich aus dieser Mischung von Nähe und Distanz heraus zu sprechen, und so will ich es denn tun.

Als ich in die Überlegungen für diese Rede verstrickt war, las ich in der *FAZ* den Bericht über den Geburtstag von Dr. Christians in der Deutschen Bank Düsseldorf, der mich besonders interessierte, weil die Räume, in denen der Empfang stattfand, ja von uns mitgestaltet worden sind. Dieser Empfang muss ein voller Erfolg gewesen sein und am Schluss wurde ein Besucher zitiert, der – in seinen Wagen steigend – sagte: „Es war ein äußerst gelungener Geburtstag. Und was mir am besten gefallen hat: Es wurde nicht eine einzige Rede gehalten!" Nachdem ich diesen Schlag überwunden hatte, wollte ich zunächst in Versform auf dich, lieber Pumpum, sprechen, aber es erschien mir in diesem Fall nicht richtig, und so wurde eine ganz normale Rede daraus. Zum Dritten wollte ich ganz frei sprechen, ohne Manuskript, aber je mehr ich über dich nachdachte, je mehr ich schrieb, umso klarer wurde mir die Unmöglichkeit dieses Vorsatzes: Der Mann – dachte ich mir – hat so viele Facetten, die kannst du unmöglich alle behalten.

Ich bitte also zu entschuldigen, dass ich 1. zu dieser späten Stunde überhaupt noch eine Rede halte, 2. dies nicht in Versform geschieht und 3. zudem noch abgelesen werden muss.

Als Thomas Mann nach den Jahren der Emigration in Lübeck vor versammelten Studenten sprach, da benutzte er das Wort von der „Traumwelle des Lebens", die ihn wieder in seine Heimatstadt verschlagen habe. So will es heute Abend auch mir erscheinen, wenn ich die zu deinem Jubiläum Versammelten hier sehe an diesem Ort, der sich auf so vielerlei Weise mit deinem Leben verknüpft hat. Vertieft man sich in deine Jahre, dein Schicksal, deine Entwicklung und denkt sich dich vor vielen Jahrzehnten, als du – irgendwann in deiner Studentenzeit – das erste Mal Wolfenbüttel besuchtest, so ist man versucht, das Mann'sche Diktum auch auf diesen Moment anzuwenden: Dann kann man nicht anders als von einer „Traumwelle" zu sprechen, wenn man bedenkt, wie wechselhaft, ja wie gefährdet dein Leben war und wie fast unglaublich es erscheint, dass wir uns heute an deinem 75. Geburtstag hier versammeln können und dürfen? So rede ich auf dich, unter Einbeziehung dieses Merkwürdigen, ein wenig von deiner Geschichte und einigen wichtigen Momenten, die Bausteine gewesen sind in deinem Leben. Du hast niemals deinen Geburtstag feiern wollen, und so musst du einverstanden sein, wenn ich keine „Laudatio“ auf dich halte. Dies erschiene mir zudem nicht nur unangemessen, sondern auch unmöglich, da ich weite Bereiche deines Lebens nicht übersehe, nicht nur durch meinen zeitlichen Abstand zu dir, sondern auch, weil du vieles immer für dich behalten hast, in dir umschlossen hältst und uneinsehbar lässt. Du bist selten mitteilsam gewesen, was dein Inneres angeht, und somit im Ganzen weithin ein Unbekannter. Ich denke, jeder kennt von dir Ausschnitte, der eine mehr, der andere weniger, und aus all diesen Silhouetten ergibt sich eine Kontur, die aber nie endlich fassbar ist. Wie bei der Zahl Pi, die zwar den sinnlich erfassbaren, endlich erscheinenden Kreis beschreibt, selbst aber unendlich ist, erscheint mir dein Bild. Es gibt keine endgültige Auflösung dieses Ungreifbaren und ich will es dabei belassen. So will ich in meiner Rede auf dich auch nur einige dieser Konturen nachzeichnen, ohne Anspruch auf ein Ganzes. Auch sollst du eingebunden erscheinen in die Begegnung mit Menschen, die wichtig für dich waren und sind und denen du Vieles verdankst.

Ich wollte einen Schwerpunkt legen auf das mir ungewöhnlich Erscheinende, die Tatsache nämlich, dass wir überhaupt hier heute Abend zum Anlass deines Geburtstags versammelt sind, die Verwandten und Freunde. Und ich denke, dass das ganz in deinem Sinne ist: den Akzent zu legen auf das Unselbstverständliche dieses Zusammenkommens, den Moment zu nutzen, darüber zu staunen, wie es dazu kommen konnte, deinen Geburtstag, diesen Abend, diese Stunde hier zu feiern, uns zu besinnen und dankbar zu sein für dieses Geschenk der Begegnung, des Wiedersehens, diesen Augenblick des Anhaltens in dem Fortsturz, der uns alle in so Vielem bestimmt.

Man ist dazu übergegangen, das Wort „Schicksal“ abzulösen durch den Terminus einer „sozioökonomischen Determiniertheit“ der menschlichen Entwicklung, das Tragische zu ersetzen durch das Gesellschaftliche. Versucht man, sich in dein Schicksal hineinzuversetzen, übersieht man die Wege, die Zusammenhänge, so erkennt man, dass dieser Ansatz nicht taugen will. Hinterher breitet sich ja alles aus, so und nicht anders hat es sein müssen, aber dazwischen liegen die Auseinandersetzungen, die Kämpfe, das Suchen und Irren. Am Wege liegen *tyche*, das Schicksal, und *kairos*, der richtige Zeitpunkt, der Zufall und das verdienstlose Glück. Vielleicht müssen wir ja vielmehr so sein wie „an dem Tag, der uns der Welt verliehen, die Sonne stand zum Gruße der Planeten“, einem Dämon folgend, „geprägte Form, die lebend sich entwickelt“. Deine Person gibt Anlass, dies für wahrscheinlich zu halten, denn du hast in einer unglaublich zu nennenden Konsequenz bestimmte Wesenszüge immer wieder zum Ausdruck gebracht, hast das dir richtig Erscheinende mit seltener Zähigkeit und fast besessen zu nennender Energie verfolgt und durchzusetzen verstanden, hast nie aus Bequemlichkeit, nur aus Einsicht aufgegeben und eine deiner manchmal geäußerten, immer gelebten Überlegungen zusammengefasst in dem dich begleitenden Satz: Gott gebe mir die Gelassenheit, Dinge hinzunehmen, die ich nicht ändern kann, den Mut, Dinge zu ändern, die ich ändern kann und die Weisheit, beides voneinander zu unterscheiden.

Nun warst du natürlich nicht immer gelassen und auch nicht immer mutig, erst recht nicht immer weise, dennoch finden wir hier die drei Begriffe, die du deiner Arbeit immer zugrunde gelegt hast: das planvolle Vorgehen, das ruhige Abwarten, die genaue und fast immer richtige Entscheidung. Es ist unmöglich, dich hektisch zu sehen, ein Wort, das man nie mit dir in Verbindung bringen würde. Du kannst sehr ungeduldig sein, auch sehr böse werden angesichts von Nachlässigkeit, Bequemlichkeit und ganz besonders bei Dummheit. Die Erregung angesichts der letzten Tatsache ist aber auch die, die am schnellsten bei dir nachlässt, weil sie zu den Dingen gehört, die auch du nicht ändern kannst und bei der du dich deshalb schnell wieder in Gelassenheit übst … Der disziplinierte Gleichklang deiner Lebensführung, des „Dienstes immer gleichgestellte Uhr“, die genaue Ordnung der Stunden, die nur durch äußere Umstände aufgegeben wird, deine Fähigkeit zur Konzentration, zur Beschränkung auf das dir wesentlich Erscheinende, deine Fähigkeit, abzuschalten und wegzutauchen: Alle diese Eigenschaften helfen dir auch heute noch tätig zu sein, mit immer gleichbleibender Energie zu arbeiten und dein Leben so zu führen, wie du es immer gewohnt warst und bist.

Ich sprach von dem Merkwürdigen, von der Traumwelle, diesen Begriff möchte ich nun durch ein anderes Bild ersetzen. Ich denke mir alles in einer architektonischen Kategorie, dem Bild des die Fülle der Ereignisse überspannenden Bogens, einer Brücke, die von damals ins Heute reicht und sich aus vielen Bausteinen zusammensetzt. Über einige Bausteine – wie ich sie sehe – will ich heute Abend staunend sprechen.

Wenn wir heute hier in Wolfenbüttel uns versammelt haben, so ist es unmöglich, rückerinnernd nicht den großen Bogen zurückzuschlagen zu einem Mittagessen, das vor fast 35 Jahren auf Bezugsscheinbasis in einem Haus in Braunschweig stattfand und das einer dieser großen Bausteine, ja vielleicht das Fundament dieses heutigen Abends gewesen ist: Ich meine das Haus am Löwenwall, Löwenwall 19 am kastaniengesäumten Oval mit dem Obelisken, das gastfreundliche Haus von Inge und Walther Buchler, in dem im Jahre 1947 die Berufung von Erhart Kästner zum Leiter dieser Bibliothek beschlossen wurde und somit alles, was wir heute sehen, seinen wesentlichen Anfang nahm. Ohne diesen Beschluss, dieses Mittagessen, säßen wir alle nicht hier und ich danke hier vor allen Versammelten dir, liebe Tante Peti, dir, lieber Onkel Walther, für das so außerordentlich folgenreiche, wichtige Setzen dieses Bausteines! Wer hätte denken können, dass das Ganze diesen Weg nahm? Und es ist richtig, dass wir in unsere Gedanken Erhart Kästner dankbar erinnernd einbeziehen, E. Kästner, der diese Institution aus ihrem Dornröschenschlaf erweckte und mit dem euch viel verband. (...)

An diesem Mittag im Jahre 1947 war auch der Herzog von Braunschweig als Mitglied der Museums- und Bibliotheksstiftung anwesend und zur Aushilfe ein junges Mädchen, das auf die Frage des Kochs, wer denn der oben besuchende Herr sei, antwortete: „Der Herzog natürlich", worauf der Koch das Tablett mit dem ohnehin spärlichen Essen fallen ließ und das Mädchen oben meldete, in der Küche herrsche völlige Verwirrung. Dieses Mädchen war Inge Roedenbeck. Dazu später mehr. Also auch bei eurem Zusammentreffen, lieber Pumpum, liebe Mami, hat der Löwenwall eine dominierende Rolle gespielt, für die ich natürlich besonders dankbar sein muss...

Ich sollte eigentlich gleich auf Tante Peti reden, denn es war ja auch hier am Löwenwall, wo du, lieber Pumpum, viel gelernt hast und im Gespräch und Zusammensein mit Tante Peti und Onkel Walther Grundlagen legtest, Lücken fülltest, Neues entdecktest. Schon damals warst du bekannt in Braunschweig, man sagt, der Schwarm aller Schwiegermütter – ich habe immer gefunden, dass das ein recht zweifelhaftes Kompliment ist – sportlich, positiv, fröhlich, und natürlich ungeheuer fleißig, wohl auch auf charmante Weise geschäftstüchtig. Dies muss Tante Peti bekannt gewesen sein, denn als du sie zum Tanzen auffordertest, sagte sie: „Sie brauchen mich gar nicht zum Tanzen auffordern, Herr Kraemer, ich habe schon ein Haus ... und will kein neues." Du sollst trotzdem weitergetanzt haben...

Du bautest in den 30er-Jahren viel, nachdem du die Hochschule, die Assistenz von Prof. Mühlenpfordt mit ihm verlassen musstest bei Machtübernahme 1933, früh auch dein eigenes erstes Haus in der Stadtoldendorfer, heute Seesener Straße. Dann kam der Krieg, der große Einschnitt. Du konntest lange ausweichen als angestellter Architekt bei den Niedersächsischen Motorenwerken, dann musstest auch du nach Russland.

Dann sah man dich wieder, in der Nachkriegszeit in Braunschweig, der so unglaublich vernichteten Stadt, tätig als Baurat, dann mit mehr Freude als Professor.

Deine schwere Verwundung bei einem Spähtruppunternehmen an der Ostfront hattest du „weggesteckt", mit wieder unglaublicher Energie – die gleiche Energie, die dir das Leben gerettet hat – überwunden: von einem Granatsplitter getroffen, bei Bewusstsein um Mitnahme schreiend, bist du von deinen Kameraden noch zurückgeschleppt worden, obwohl sie dich aufgegeben hatten; auf schwankendem Lastwagen bist du so durch Russland gefahren worden nach Troppau in der Tschechoslowakei und von dort, als die Front näher rückte, nach Göttingen evakuiert worden. Hier hast du deine anfängliche Lähmung, die dir nur einen Arm zu heben erlaubte, überwinden können, hast die Zeit des Lazarettaufenthalts genutzt, mit dem Fahrrad – als es besser ging – in das Schloss Nörten-Hardenberg zu fahren, wohin die Universitätsbibliothek von Göttingen ausgelagert worden war und hast – Stillstand und Untätigkeit nicht duldend – deine Doktorarbeit geschrieben über die Theaterbauten von Ottmer und Krahe. Diese Tatsache allein, das sofortige Wiedereintreten in Aktivität und Lebensmut, beleuchtet alles Weitere – dein Wesen, deine Haltung, deinen Willen. Du hast diese Verwundung dir nie anmerken lassen, hast versucht, sie zu übergehen ohne Selbstmitleid. Wie leicht hätte man in Schwermut verfallen können – bei dir war das nicht möglich. Du hast das so „Lebensverändernde" hingenommen, es angenommen als nicht änderbar und du hast es überwunden, überwindest es immer noch, heute wie damals, ohne Auto, ohne Fahrstuhl, als man dich vom Fahrrad auffangen musste, weil du nicht allein absteigen konntest. Du hast immer versucht, aus allem das Beste zu machen.

Der Wiederaufbau fand statt, mit dir. Die Aufgaben wuchsen, das dich unterstützende Büro entsprechend; Jahre der Arbeit und des Fleißes, ja des fast verdrängenden Fleißes. „Tätigkeit ist des Menschen erste Bestimmung", das hast du oft geäußert, und die Arbeit, die ging dir über alles. In der wunderbaren Rede „Versuch über Schiller" von Thomas Mann, die wir öfters gemeinsam hörten, gibt es eine zitierte Briefstelle Schillers, den – wie Thomas Mann sagt – fleißigsten der Dichter: „Die Hauptsache – heißt es in einem Brief – ist der Fleiß, denn dieser gibt nicht nur die Mittel des Lebens, sondern er gibt ihm auch seinen alleinigen Wert." Und: „Ich befinde mich nie besser, als wenn mein Interesse an einer Arbeit recht lebendig ist. Habe auch deswegen schon zu einer neuen Anstalt gemacht." Auch du hast immer wieder einen neuen Anfang gemacht, Anfänge voller Aktivität, die dich – wissend und unwissend – immer auch beschützt haben.

Man könnte den Abend mit Bergen von Zitaten füllen – aus der „Glocke", aus dem *Wilhelm Meister* – Zitate, die diese bürgerlich-protestantische Lebensform und Haltung belegen, idealisieren, ja besingen. Du hast nach diesen Maximen und Reflexionen gelebt, nicht nachahmend, sondern weil sie deinem Wesen entsprechen.

Du kannst freundlich sein, kommunikativ, äußerst liebenswürdig und gesellig, du bist es aus deinem Wesen heraus, kannst diese Eigenschaften aber auch sehr genau berechnen. Du bist unschwierig nach außen, unkompliziert, wenn alles so geht wie du willst, und das macht dich berechenbar. Du legst Wert auf Macht und gesellschaftlichen Besitz, aber du achtest auch das Menschliche, hast Verständnis und eine natürliche Treue und Dankbarkeit, du vergisst viel von dir, kaum etwas, was andere dir gegeben haben. Du bist sehr bescheiden mit dir, wenn auch nicht frei von Eitelkeit, du bist ehrgeizig und kannst sehr kalt sein, von einer unglaublichen Ferne und Abwesenheit, ja scheinbarer Desinteressiertheit an dem, was in deiner nächsten Nähe vor sich geht. Du bist sicherlich ein Mensch, der allein sein muss und auch einsam, aber du fühlst und denkst dich auch eingebunden in Zusammenhänge, die das Alltägliche weit übersteigen. Fernab aller ideologischen Verbrämung denkst du dich als Teil einer umfassenden Ordnung, von der wir annehmen, dass sie unser Leben, unsere Welt durchzieht, Teil des Kosmos, der die Unordnung ausgrenzt: Ordnung zu schaffen, zu gestalten, das Angelegte zu entdecken, zu entwickeln, harmonisch zu nutzen, so hast du auch im Innersten deiner Arbeit als Architekt immer empfunden, unabhängig von Alltäglichkeiten.

Du hast das als die große, die eigentliche Aufgabe des Architekten gesehen: an der Darstellung des Schönen zu arbeiten, das Vernünftige – ganz im Sinne der deutschen Klassik – zu schaffen, die Gesetzmäßigkeit, die die Welt durchdringt, zur Erscheinung zu bringen, das Zauberhafte an den Tag zu legen, das alles Sichtbare und Unsichtbare bestimmt:

„Schläft ein Lied in allen Dingen
die da träumen fort und fort
und die Welt hebt an zu klingen
triffst du nur das Zauberwort."

Diesem pantheistischen Konzept fühltest du dich über eine wohl motorische Kraft angeschlossen und hast immer ganz aus ihr, aus dir heraus gelebt und das hat es dir leicht gemacht, überall zu Hause zu sein. Du hast immer wieder neue Stufen erstiegen, du hast dich trennen können und müssen. Es ist dir weniger schwer gefallen als anderen, weil du einer derjenigen bist, die „fest auf dem Sinne beharrend die Welt aus sich bilden". Niemals hat man dich öffentlich trauern sehen, obwohl du sehr empfindlich bist; einmal nur sah ich dich weinen, als du vor dem Büro in Köln den Brief verlasest, den dir Jürgen Ponto – mit dem dich eine kurze, gegenseitig anerkennende Freundschaft aus einem Gleichklang heraus verband – einen Tag vor seinem sinnlosen Tod geschrieben hatte. Auch an ihn wirst du heute Abend denken.

Wenn man sagt, du hattest einen Sinn für das Schöne, so ist das richtig, aber schwach ausgedrückt. Vielmehr ist es für dich essenziell, dich mit schönen Dingen zu umgeben, zu genießen, dich an ihnen zu freuen. So ist deine Umgebung immer in Veränderung. Du suchst und findest Gegenstände, die ausstrahlen, deiner Umgebung Glanz geben. Und du siehst, erkennst das Schöne mit erstaunlicher Geschwindigkeit – inzwischen als Funktion deiner Jahre –, und das macht dein Urteil so wertvoll und – wie ich meine – so unentbehrlich. Dies ist im Kleinen so wie im Großen: eine Türklinke, ein Profil, durch Schattenwurf und Helligkeit konturiert, ein Tulpenstrauß im Licht lässt dich staunen und gibt dir Freude, ebenso wie eine großartige Landschaft und eben große Architektur. Du bist ein „Augenmensch", siehst bewusst und erfasst sofort das Gestaltete, das Gekonnte, das Schöne. Dabei gilt dein Vorzug einer nüchternen, fast asketisch zu nennenden Beschränkung auf eine aus Eindeutigkeit gefügte, zu Eindeutigkeit sich fügende klare Körperlichkeit, die die Grundlage bildet für Zierlichkeit in Ornament und Detail, welche die kubische Erscheinung feilen und profilieren, zu ihrer kraftvollen Erscheinung den Glanz fügen, sie erhöhen und sich mit ihr in einer kühlen, zurückhaltenden Eleganz verbinden. Man kann sich das Grobe, Unklare und Klobige in deiner Umgebung nicht vorstellen; das Teutonische und Laute, das ist für dich ungekonnt, unbearbeitet, und du belegst es mit Ausdrücken wie „hölzern, ledern, stinklangweilig, Kunstgewerbe, ärmlich". Manchmal rufst du: „So ein Mist, es ist nicht zu sagen", um natürlich gleich in Gelassenheit zurückzufallen. Das Klassische, die „edle Einfalt, stille Größe", ist deine Ausdruckswelt und man weiß, wie sehr dich das Fein-Elegante, Klare und Vornehm-Zierliche einer Uhr, einer Tasse, eines Leuchters oder eines Geländers erfüllen.

Dabei gilt deine Anerkennung nicht so sehr dem Artistischen im Sinne des Raffinierten, Kreativ-Ungewöhnlichen, sondern dem Künstlerischen als Ergebnis einer ursprünglichen Handwerklichkeit, dem Meisterlichen, dem Ergebnis von Mühe und Fleiß, der Ausdauer, der Solidität. Du hast jeden anerkannt, soweit er nur eine Sache richtig gut und eben meisterlich konnte. So hast du auch das vermeintlich Einfache anerkannt und geachtet, wissend, dass es sich hierbei um die gleiche Manifestation desselben Ordnungsgedankens handelt, den du in allen Dingen immer wieder gesucht und gefunden hast, und dem man zu dienen hat in Bescheidenheit und Zurückhaltung.

Du bist musisch und daher gehört die Musik natürlich auch zu deinem Leben, auch wenn du den fast barbarisch zu nennenden Akt begangen hast, die Beine deines Klaviers absägen zu lassen, damit es in seinen Proportionen besser im Raum stand. Du hast jahrelang selber Klavier gespielt, Entspannung suchend und findend, und ich erinnere, wie begeistert-befangen du oft den Choral „Wie schön leuchtet der Morgenstern" spieltest, begeistert an der klaren mächtigen Kraft dieser kompositorischen Ordnung, vielleicht dabei Bilder erinnernd aus den Kindheitstagen in Halberstadt mit seinem großartigen romanischen Dom, über dessen bauliche Musikalität vielleicht auch dein Denken und Fühlen bestimmende Einflüsse auf dich gekommen sind. (...) Ich glaube, dass die Stunden (...) in der Welt der Musik, die Welt des zauberhaften Traumes und der exaktesten Ordnung zu den großen Momenten in deinem Leben gehören, weil hier ohne Worte der Gleichklang des Empfindens, des Verstehens und des Staunens deutlich wurde und es diese Augenblicke sind, die du als die glücklichen in deinem Leben bezeichnen würdest …

Du hast stets Interesse an geistigen Dingen gehabt, lieber Pumpum, immer liegen auf deinem Tisch Bücher und Magazine, immer bist du beschäftigt im Kopf. Man wird dich nie träumend sehen, mit einem Blick ins Weite, du beobachtest immer oder du ruhst. Bücher haben dich zeitlebens umgeben und du hast daher diese Aufgabe, für Bücher einen Festraum zu gestalten, für einen deiner schönsten Aufträge gehalten. Dass das damals begonnene Werk sich dahin fortsetzte, dass du auch noch die Räume zu deinem Geburtstagsessen schaffen würdest, hätte man sich nicht träumen lassen, doch wenn man dich näher kennt, hätte man es besser doch getan …

Das kommt auch daher, dass sich die Beziehung zu Erhart Kästner so freundschaftlich übertragen hat zu Professor Paul Raabe, den ich einerseits als Hausherr und Gastgeber mit einbeziehen will in meine Worte, besonders aber deshalb, weil diese 20-jährige Aufgabe, ja vielleicht demnächst 25-jährige Aufgabe dich immer sehr erfüllt und – wie du es ausdrückst – bei den großen Bauaufgaben immer musisch begleitet hat. Dass sich der Bogen von damals ins Heute so spannen darf, ist auch Ihnen, sehr verehrter Professor Raabe, zu verdanken.

Alle Beschreibungsversuche deiner Person wären unzureichend, wenn nicht ein Wesenszug von dir herausgehoben würde, der zu deinen angenehmsten gehört und der die Quelle zahlloser Geschichten ist: Es ist dein Humor, deine Liebe zum verständnisvoll Heiteren, zur treffenden Pointe, zur witzigen Wendung. Diesen Charakterzug verbindest du gerne mit dem, was dir gerade richtig erscheint, du hast eine diebisch zu nennende Freude an tüchtiger Schlitzohrigkeit, die über Witz und Pfiffigkeit, niemals über Täuschung zum Ziel gelangt. Als dir beim Bau der Jahrhunderthalle der Farbwerke Hoechst Vorhaltungen gemacht wurden wegen zu hoher Baukosten, die pro Kubikmeter berechnet waren, sollst du dem Vorstand anhand des Preises und der Kantenlänge einer Medikamentenpackung den Kubikmeterpreis der eigenen Produktion vorgerechnet haben, mit dem Hinweis, dass angesichts dieser Summe deine doch wohl mehr als bescheiden zu nennen sei. Es soll dann nicht weiter über Kosten gesprochen worden sein …

Es freute dich auch immer zu erzählen, wie du am Richtfest deines Hauses die gerade eingetroffene Baugenehmigung verlasest, kennzeichnend zudem für deinen Umgang mit Behörden. Bei der Einweihung der Wohnung in Köln, die durch eine Galerie geprägt ist mit schönem, aber bauaufsichtlich vollkommen unerlaubtem Geländer, fragte der oberste Beamte der Bauaufsicht über den Sekt hinweg: „Wie haben Sie das bei meiner Behörde bloß durchgekriegt?“ Da sieht man dich händereibend, voll diebischer Lust am höheren Indianerspiel!

Selbst deine Behinderung kannst du in einen heiteren Zusammenhang einbringen, so zum Beispiel, wenn du an der Kinokasse mit Genugtuung feststellst, dass du durch deinen Behindertenausweis auch heute Abend eben wieder einmal „absolut der Billigste bist“ …

Du hast Vieles in positiver Heiterkeit erlebt; oft sieht man dich zu später Stunde von einigen aufpassend lauschenden Gästen umstanden, die plötzlich lachend auseinanderstieben. Dann war es wieder einmal so weit …

Du hast viele deiner Reden in Versform gehalten, sicher, dass es dir immer gelingen würde, das Richtige auszudrücken und überraschend eine witzige Wendung zu finden. So hast du anlässlich eines Bordfestes auf einer Kreuzfahrt des Reiseunternehmers Kutscher den Mitreisenden nach der „stinklangweiligen“ offiziellen Rede ein Gedicht vorgetragen, das das Schiff trotz absoluter Windstille beträchtlich ins Schwanken brachte:

„Von Trümmern blieb uns nichts erspart,
wir lernten alle kennen
Man sollte diese Kutscher-Fahrt
Ruinen-Scharnow nennen!“

und

„Wir wurden geistig aufgetankt
von Stylobat bis Sima
und was die Küche anbelangt,
das Essen: das war prima!“

Anlässlich der Doppelhochzeit der Töchter des Direktors der Niedersächsischen Motorenwerke, Quarg, im Kriege mit zwei Offizieren fandest du in der Damenrede die unübertroffene Wendung:

„Und so wie einst Johanna d'Arc
Soldaten hingerissen
So liegen heute den Töchtern Quarg
Soldaten zu den Füßen.“

Heute noch sehe ich dich lachend vor mir, Tränen in den Augen:

„Er tanzte oft mit Frau von Wense
Hony soit qui mal y pense … “

1974 zogst du dann nach Köln, ein neuer Aufbruch mit 67 Jahren, Stillstand nicht duldend, das Ende eines erfüllten Lebensabschnitts nicht abwartend. Wieder betratest du eine neue Stufe, und was für eine: Eine Ruine, einem ausgebrannten Kasten gleich, verwandeltest du mit deinen Mitarbeitern in 15 Monaten in ein kleines Palais, das durch seine zentrale Lage, glanzvolle Erscheinung und sein gastfreundliches Inneres zu einem Punkt im Leben der Stadt Köln geworden ist. Das Haus in Köln ist der sichtbare Ausdruck deiner Gedankenwelt und es gehört zu dem Wunderbaren, von dem ich anfangs sprach, dass es dir gelungen ist, dir einen solch stattlichen und prächtigen Ort selbst zu schaffen.

Manchmal, wenn ich über dich nachdenke, wundere ich mich, wie dir wohl zumute sein muss, fast in den Wipfeln der alten Platane thronend auf deiner Terrasse, umgeben, erfüllt, ja fast überfüllt von schönen Dingen, in Fußnähe wieder zu einem Dom, in einer geschichtlich tiefen Stadt, über einem wunderbaren Gewölberaum aus dem 13. Jahrhundert, Verbindung haltend zu bedeutenden Männern, auf dem Gipfel des materiellen Glücks: Ob du damals im 1. Semester in Braunschweig, also 1924, den Wunsch heimlich träumtest, ein solches Haus einmal zu besitzen, und daran zurückdenkst? Ob du manchmal im Stillen die Ereignisse, die Jahre überschlägst von damals bis heute? Was wohl in dir vorgehen mag angesichts dieser Geschichte, deiner Geschichte? Ob sie dich – obgleich viel näher dran – wie mich staunend zurücklässt?

Du bist ein ungewöhnlicher, ein merkwürdiger Mann. Schwer, dich zu erfassen, den Wechsel der Momente von Nähe und Ferne zu begreifen. Ich habe zu dir kaum als Sohn zu seinem Vater gesprochen, das mag aufgefallen sein und ist bezeichnend. Denn du hast in deinem Leben für die Funktion „Vater" wenig Raum übrig gehabt. Es war dir nicht so interessant wie vieles andere und es ist heute nicht schwer, das zu erkennen. Für Kinder, die notwendigerweise egoistisch sind und die Eltern nur von sich aus erleben wollen (und vielleicht eine Zeit lang auch dürfen …), ist es schwer, dies zu begreifen, wie sollten sie es auch.

Man kann nicht alles erfüllen, warum sollte man das. Du hattest eigen- und fremdbestimmte Schwerpunkte, die dir das Vater-Sein oft als etwas Fremdes erscheinen ließen, etwas, was dich in dir Wichtigerem störte und abgehalten hätte, wärest du stärker darauf eingegangen. Heute ist das für mich alles erklärlich und erkennbar, damals gab es oft Phasen der Einsamkeit und des Sich-Alleingelassen-Fühlens, Momente der Orientierungslosigkeit und Traurigkeit, und meine innere Entwicklung ist sehr von dieser Abwesenheit bestimmt. Erst wenn man lernt, mit sich selber zu leben, nichts zu erwarten von anderen, auch von den Eltern nie hat, dann schält man sich heraus und betrachtet das Verhältnis aus der Distanz. Ich könnte so nicht zu dir reden, hätte ich diesen Prozess nicht größtenteils hinter mir. Es wäre ungerecht, wollte man bei der Vater-Kind Relation den Akzent auf dieser einen, wenn auch schwerwiegenden Tatsache des Nicht-Vater-Sein-Könnens und -Wollens belassen. Du hast es selber wohl auch so empfunden und hast diesen Vorwurf auch hinzunehmen und zu bedenken gelernt. Er ist auch angesichts deiner weiteren Eigenschaft von dir oft kaum vorzubringen gewesen: Ich meine deine Großzügigkeit. Du hast dich ja um viele Menschen kümmern müssen und auch gekümmert und du hast uns, deine Familie, immer äußerst – was vielleicht nicht immer gut war – verwöhnt. Wir haben stets im Wohlstand leben dürfen und wurden mit Möglichkeiten und Anregungen überhäuft.

Du hast uns alle studieren lassen, wir hatten unsere Wohnungen und Autos, wir sind gereist, wir konnten nach Sylt fahren mit Freunden, uns viele Dinge ermöglichen. Dies ist heute noch so und auch wenn wir heute auf eigenen Beinen stehen (…), so beschenkst du uns weiterhin. Ich spreche davon in dieser Stunde, weil ich dir vor allen Dank sagen will für die immer wieder erfahrene außerordentliche Großzügigkeit, von der man schnell vergisst, wie sehr sie viele Dinge erleichtert, und wie glücklich der Umstand ist, sich frei und unabhängig entwickeln zu dürfen. Du hast uns immer wieder Ungewöhnliches geschaffen, das Haus in der Hasselfelder Straße mit seinem großen Garten, das Domizil auf Sylt, das so ungewöhnlich abseits liegt und uns schönste Augenblicke des Träumens und der Freiheit geschenkt hat, das Haus am Römerturm, das du vor Jahren entdecktest und von einer Ruine zu einem klassizistischen Palais zurückverwandeltest und das jetzt als gastfreundlicher Ort mitten in Köln ruht, offen für das Schöne, mit dem du dich gerne umgibst. Man kann nicht überschlagen, was diese Orte, das Leben an diesen Orten, in dem Bewusstsein eines Kindes, seiner Entwicklung, ausmachen. Ich danke dir im Namen von Annette, Matthias und Sabine für dieses Geschenk, das wohl fast alles aufwiegt …

Der Bogen von damals zu heute hat sich fast geschlossen. Es gab viele Bausteine, die man nennen könnte, u.a. das Büro als Basis für Vieles, Dr. Sieverts und die Partner, die versammelten Kollegen, die Verwandten, deine Schwester, Frau von Hermann, Tante Lotte, Mrs. Hermann, die dir unauffällig viel geholfen hat im Krieg und den Jahren danach.

Aber so, wie jeder Bogen – aus vielen Bausteinen zusammengesetzt – einstürzte, wenn ihm nicht noch zu allerletzt ein Schlussstein eingesetzt würde, so ist es auch hier: der letzte und vielleicht wesentliche Baustein, der alles immer durch Schwieriges und Glückliches zusammenzuhalten verstanden hat mit gleich ähnlich energischem Instinkt, bist du, liebe Mami, und ich kann nicht auf und über Pumpum reden, ohne dich mit einzubeziehen, auch wenn es sozusagen schon „5 nach Muttertag" ist.

Denn auch ohne dich, liebe Mami, ständen wir alle nicht hier an diesem Abend. Du hast die Familie durch alles hindurch zusammengehalten, hast instinktiv auf ihr beharrt, sie nicht aufgebend und fallen lassend. Du hast unser Leben mitbestimmt und angefüllt mit Geborgenheit und Liebe. Auch hast du zu allem das Alltäglich-Lebendige gefügt und ich weiß, wie leer es in Köln ohne deine Anwesenheit ist: Du erfüllst alles mit Leben, mit Menschlichkeit und Blumen, und Gastfreundlichkeit. Dass das Haus in Köln zu dem Mittelpunkt geworden ist, den es heute darstellt, ist sicher Pumpums Leistung zuzuschreiben, aber auch deiner Anwesenheit und verbindlichen Nähe, deiner liebevollen Anteilnahme und (Für)Sorge. Du prägst Vieles und so, wie heute uns alles gegenübertritt, wäre es nicht, wenn du nicht wärest. So danke ich hier auch dir vor allen dafür, dass wir so leben dürfen und nach den Jahren der Schwierigkeiten zueinander gefunden haben, vertrauter und verständiger miteinander lebend.

Auch du, lieber Pumpum, weißt das und die Summe der Zufälligkeiten, der Bestimmungen, die Bausteine überdenkend, schließe ich meine Worte auf dich mit einem Goethe-Wort:

„Wohl kamst du durch, so ging es allenfalls,
mach's einer nach und breche sich den Hals!"

12.08.23
K. Kraemer

04.08.05 K. Kalmer

Im Kunstgeschichtsseminar bei Professor Georg Koch wird der junge Kaspar Kraemer auf das Werk von Karl Friedrich Schinkel aufmerksam. Als junger Architekt besucht Kraemer kurz vor Silvester 1982 die Schau *Karl Friedrich Schinkel: Eine Ausstellung aus der Deutschen Demokratischen Republik*, die – veranstaltet von der Hamburgischen Architektenkammer – vom 18. November 1982 bis zum 16. Januar 1983 in der Hamburger Kunsthalle läuft. Seine Eindrücke hält er in einem Eintrag in einem seiner Skizzenbücher fest. Hier zeigt sich nicht nur Kraemers stete Neugier, sondern auch seine akribischen Reflexionen neu gewonnener Eindrücke, die oft in Stichpunkten festgehalten und archiviert werden. So steht der Text vom 29. Dezember 1982, den Kraemer am 16. März 2018 noch einmal stilistisch überarbeitet, prototypisch für seine Tagebucheinträge und den Beginn einer sich stetig intensivierenden Auseinandersetzung mit dem Werk des preußischen Baumeisters Schinkel.

Kaspar Kraemer in Berlin, 1980er-Jahre

Den Auftakt bildet das Stadtmodell der alten Mitte Berlins, des heutigen Berlin (Ost), in das man sich vertieft wie in ein Buch. Die Namen der Straßen und Plätze sind zu Chiffren geworden für etwas, das vergangen ist, und man stochert im Stadtgrundriss wie in einem Aschenhaufen, hoffend, brauchbare Reste zu finden, um sich einen Begriff zu machen von dem, was einmal war.

Man weiß, dass nicht wiederkommen kann, was einmal an räumlicher Geschlossenheit, geordneter Gestaltung, städtebaulichem Glanz versammelt war. Nichts ist davon geblieben, nur Niemandsland, Provinzialität, Steppe. Man geht durch Berlin, suchend und nicht mehr findend. Raum- und Stadtverlust spiegeln das Ende einer Epoche, die geistige Leere, die Begriffslosigkeit der heutigen Zeit. Ohne rückwärtsgewandter Verklärung anheimzufallen, spürt man, dass die Gesellschaft in der Vergangenheit ein Menschheitsbild in sich trug, aus ihm heraus schuf und sich bestimmte, das in den Trümmern der Hauptstadt des Reiches mitversank. Das Ende der Stadt ist das Ende einer Ideengeschichte und mit dem Verlust des städtischen Raumes geht der Verlust der Identität, des geistigen Begriffes einer Gesellschaft von sich selbst einher.

Die alte Architektur war die Emanation eines Bewusstseins, dessen Gedanklichkeit sich aus einer geschlossenen Konzeption herleitete. Die Dinge hatten ihren Platz, ihre Funktion innerhalb einer großen Ordnung, in der noch einmal alles, von der Türklinke bis zur Karyatide, vom Vorgarten bis zum Städtebau, zusammengebunden war auf ein gemeinsames Ziel hin: die Beseelung, ja Überhöhung der Wirklichkeit durch das Schöne, das das Wahre und somit Gute zu sein schien und somit war. Von diesem hohen, weitausholenden und sich in seinen äußeren Wirkungen als schön und vernünftig erweisenden Anspruch ist wenig geblieben und das, was übrig blieb, wirkt museal, schlafend und ohne Einfluss. Aber man ist versucht, doch noch die Kräfte zu spüren, die das alles trugen und hervorbrachten und so mischt sich in die melancholische Trauer über das Verlorene doch so etwas wie Zuversicht. Man empfindet, als sei einem mit diesem Besuch ein Geschenk widerfahren: nämlich das Aufleuchten einer Welt voller Inhalte und Sinnstiftung. Man geht durch die Räume wie in einem Traum, getragen von der Gewissheit, dass hier etwas vorliegt, das nur abgebrochen, jedoch nicht grundsätzlich zerstört worden ist: So als ob in all der Asche doch noch eine Glut zu finden wäre. Diesem Trost haftet etwas Zauberhaftes an, etwas, das leuchtet und trägt. So wird aus dem Abstecher in die Vergangenheit vielleicht eine Reise in die Zukunft.

Aufzeichnung nach Besuch der Schinkel-Ausstellung in Hamburg

Meine 'Bilder' sind nichts anderes als das Hervorrufen einer Sehnsucht: die Sehnsucht nach der poetischen Welt. Frühkindliche Erfahrungen und literarische Erlebnisse, reale Erfahrung und fortgesetztes Träumen speisen sie. Die poetische Welt ist nicht lokalisierbar, sie ist und war immer und überall. Daher entstehen alle Zeichnungen aus der Phantasie und auf die oft gestellte Frage: 'Wo ist das?' kann ich eben nur antworten: 'In meinem Kopf'. Die Bilder umschreiben ein Suchen, natürlich ist es auch eine 'Suche nach der verlorenen Zeit', nach der Kindheit, dem Zustand der Geborgenheit, des Eins-Seins mit der Welt, aber es ist auch eine, die nach vorne richtet, zukunftsorientiert ist, diesen Zustand wieder herstellen will mit den Mitteln der Poesie. Und genau das ist es, was ich mit den Mitteln der Architektur erreichen will: Sie soll so sein, daß aus ihr die poetische Welt erfahrbar wird, sie soll die poetische Welt entstehen lassen bzw. wo es sie schon gibt, sie unterstützen oder schützen. Über die Funktionen 'Schutz' und 'Sicherung' hinaus muß sie erzählen von der Geschichte der Welt. Ich glaube, daß die Menschheit sich nach nichts mehr sehnt als die Erfüllung der Sehnsucht nach der poetischen Welt. Diese zu beschreiben, zu finden, zu entdecken empfinde ich als die Aufgabe des Architekten. Und so begann ich zu zeichnen und es entstand 'Die unendliche Reise'.

Diese Welt (das nur in Gedanken und einzelnen Ansätzen existiert) stellte ich mir im Sinne der architektonischen Lehrbücher der Vergangenheit und Gegenwart vor als 'Regelbuch': so wie man früher anhand der 'Säulenbücher' lernte, wie eine ionische Säule zu detaillieren war und zu welcher Bauaufgabe man sie verwenden durfte oder konnte, welchen Abstand Säule und Achse voneinander haben müssen, damit das Hausfrontendasein harmonisch verläuft, so sah ich vor mir ein Regelbuch, das den Menschen zeigt, wie man poetisch 'lebt' und vor allen Dingen baut. Und so stellte sich die Frage nach dem Poetischen als zu klärender bzw. umschreibender Begriff wie die, welche Elemente das Poetische entstehen lassen. Gibt es bestimmte Konstituenten des Poetischen? Unzweifelhaft war, daß bestimmte Situationen und Orte poetischer waren als andere, daß von bestimmten Dingen mehr Poesie ausging als von anderen. Hierbei erschien es mir so zu sein – und das erschwerte die Untersuchung – daß es offensichtlich keine Dinge gab, die ohne Poesie waren, d.h. alle verfügten über einen 'Anteil' Poesie, nur waren die einen bedeutender als die anderen. Es gab also Stufen der Poesie, des poetischen Gehalts und ich versuchte, die Dinge in Klassen einzuteilen, in Ordnungen, je nach ihrem poetischen Reichtum bzw. der Intensität, mit der sie Poetisches in uns hervorrufen bzw. Träume und Erinnerungen in Gang setzten. Dies war auf Menschen anwendbar, auf die Dinge selbst, auf die Gebäude und die sie bildenden Elemente, die architektonischen Dinge. Wenn man nun – so dachte ich – diese Kategorisierung entwickelte, so könnte man Poesie 'herstellen', d.h. ihr Vorhandensein nicht dem Zufall überlassen, sondern bewußt herbeiführen bzw. in die Welt setzen. Es ging also um ein poetisches Lehrbuch, ein Wörterbuch der Poesie, ~~eine Gram~~ ein Vokabelheft sozusagen. Und dann wäre die Verbindung der Vokabeln interessant, also ihre Zusammenstellung und es mußte sich der Gedanke einer 'poetischen Grammatik' aufdrängen. Und ich dachte an ein Lehrbuch mit einem Titel wie etwa: 'Grundlagen einer Grammatik der Poesie' oder 'Grundlagen gebauter Poesie' oder 'Vom Architekten zum Dichter ohne Ausschluß aus der Architekten-Kammer'.

Die ersten Ansätze waren ziemlich steif und nicht gelassen genug, hatten Bekenntnischarakter und Aufruf und das wollte ich auf keinen Fall; ein Manifest, denn davon hatte man ja schon genug. Es ging mir darum, das Gefühlsmäßige zu präzisieren, aus dem Romantischen herauszuführen ins Nachvollziehbar-Benutzbare. Und vor allem lag mir daran, nicht als Träumer und Schwärmer zu erscheinen, sondern als nüchterner Analytiker, der das Poetische operationabel machen wollte, verwertbar und in Wirklichkeit übertragbar. Weil für mich selbstverständlich war, daß das Poetische vollkommen realistisch war, ja die genaueste und reichste Form des Wirklichen darstellte und diese Begriffe nur durch Ungenauigkeit und Mißverständnis gebraucht nebeneinander herliefen.

Den Aufbau dieses Lehrbuches dachte ich mir wie folgt: vorangehen sollte die Einleitung mit Aufgabenbeschreibung und Zielvorstellung und die Darstellung des methodischen Ansatzes bzw. Vorgehens. Weiters stellte ich mir vor als Sammlung poetischer Konstituenten in der Architektur bzw. der Elemente, die Architekten schaffen und die die Träger des Poetischen sind (also Fenster, Dach, Zimmer, Treppe, Wand, etc.). Danach hätte die Klassifizierung zu erfolgen in die verschiedenen Stufen des poetischen Gehalts. Deutlich hätte hier werden müssen, daß die Poetisierung der Dinge ein wechselseitiger Vorgang zwischen Ding und Betrachter ist und nicht nur abhängig ist vom poetischen Reichtum des Elements, sondern auch von der Fähigkeit, sie wahrzunehmen. Man hätte hier wahrscheinlich auch verschiedene Stufen der poetischen Wahrnehmungsfähigkeit beschreiben müssen. Am Ende hätten 'grammatikalische' Beispiele der Zusammenfügung der Elemente, d.h. der 'Wörter' zu 'Sätzen' mit der Analyse ihrer Aussage stehen können, Darstellung von Situationen, die die Welt 'poetischer' machen und damit bewohnbarer als eine Art des Trostes: 'Denn der Zustand der Welt' – so hatte Michael Schwarze einmal geschrieben – 'macht sie der Tröstung – und sei es nur der imaginären – bedürftig.' Mir erschien die Poetisierung, die Verzauberung der Wirklichkeit nicht nur als Trost, sondern als Sinn und Erfüllung. Und so schrieb und zeichnete ich 'Die unendliche Reise'.

06.07.84

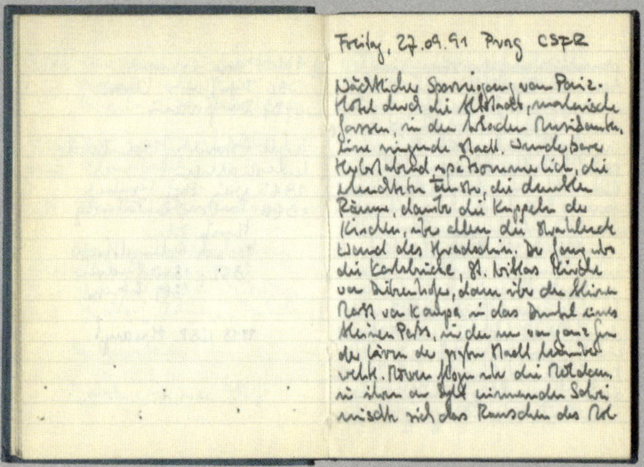
Freitag, 27.09.91 Prag CSFR

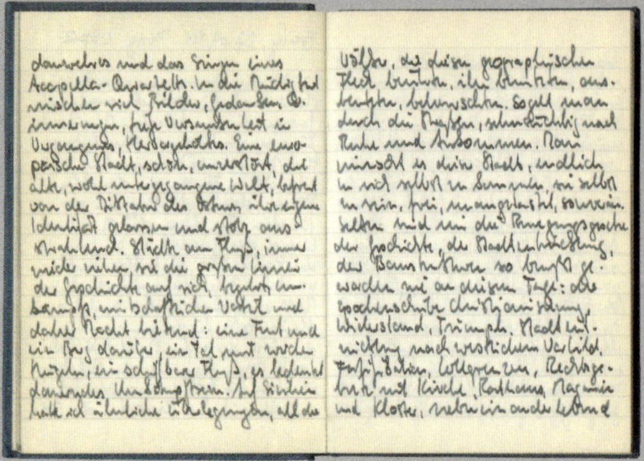

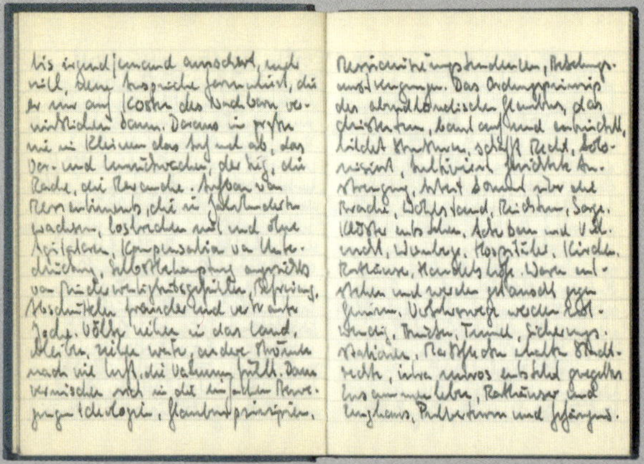

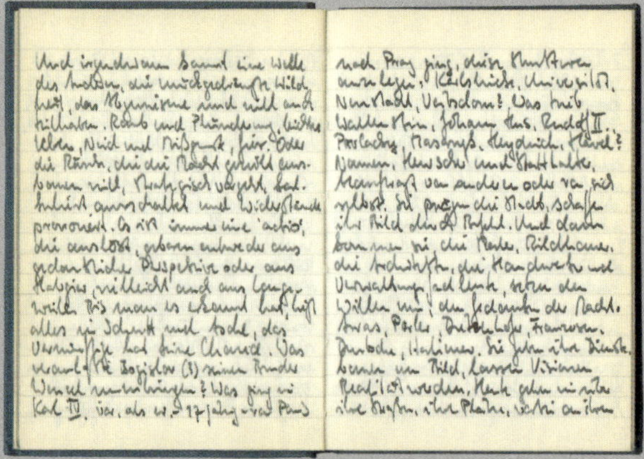

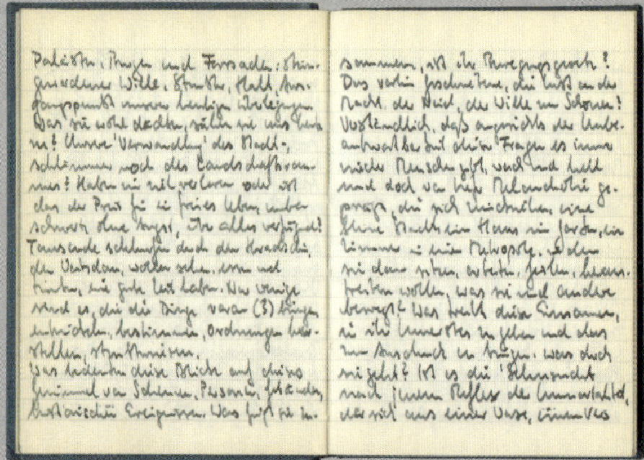

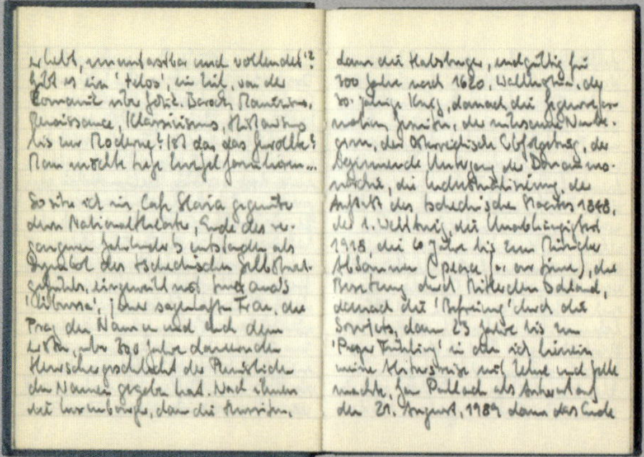

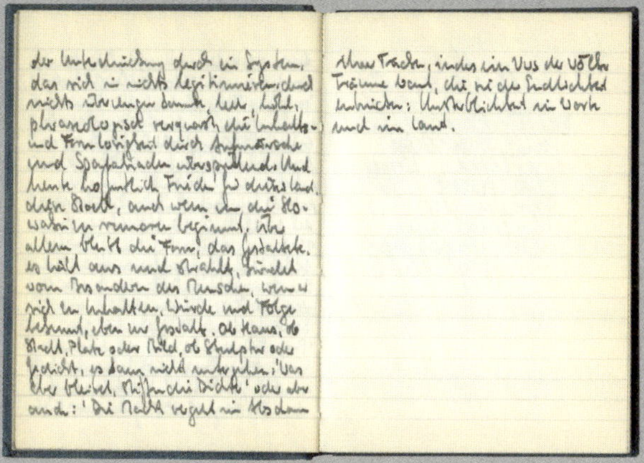
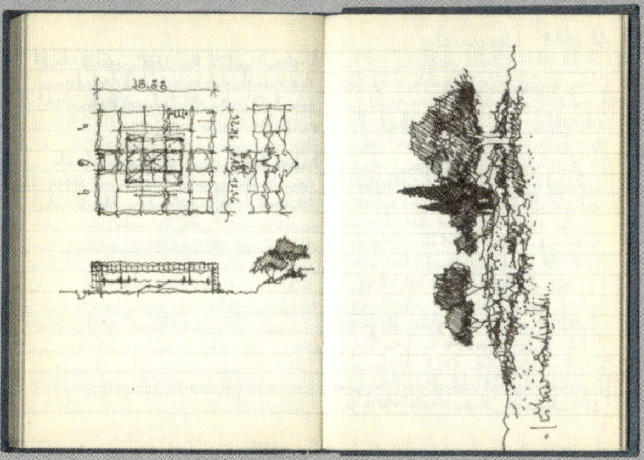
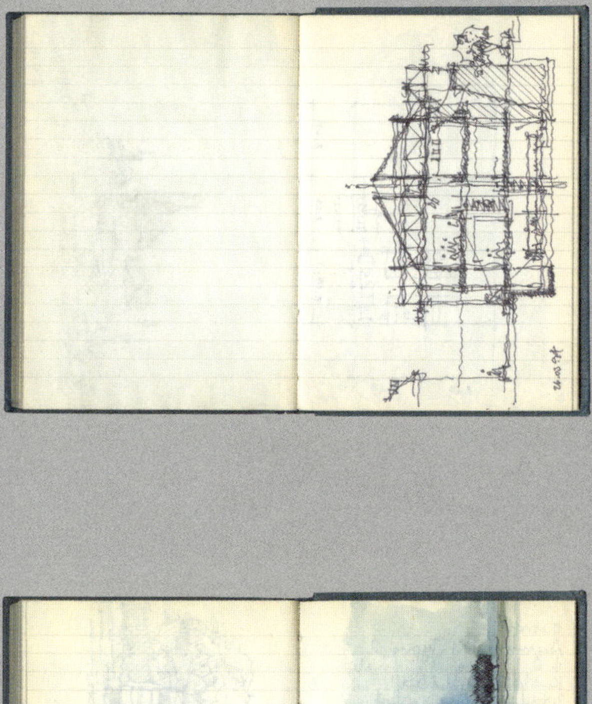
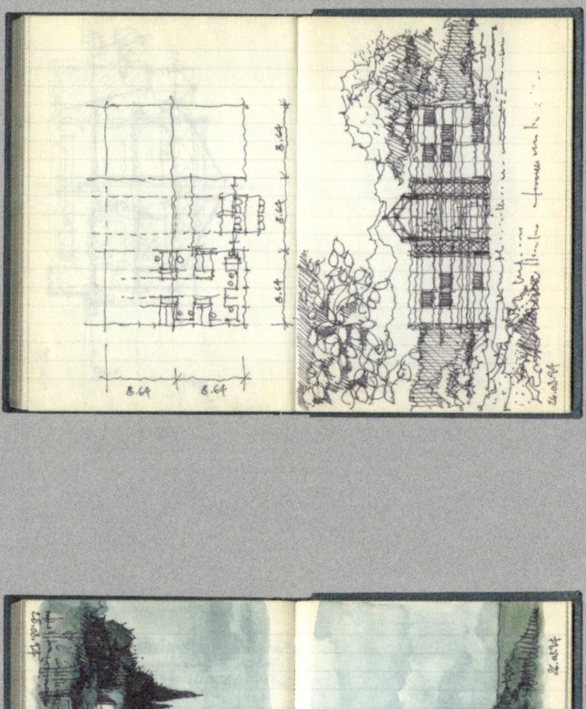
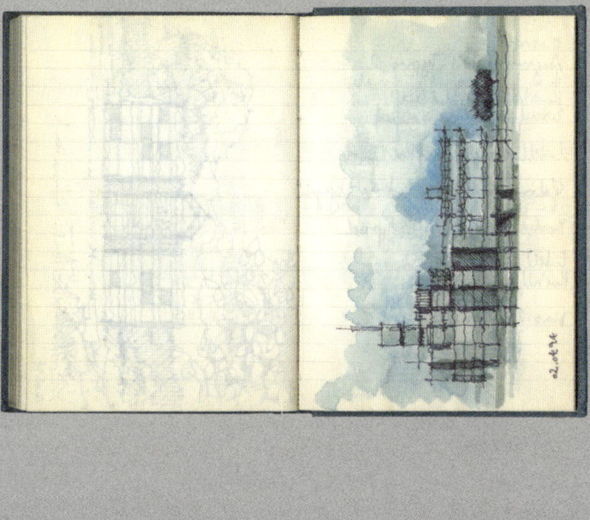

Kaspar Kraemer, Tagebuchaufzeichnungen, Prag-Reise 1991

Einen Tag nach seiner Wahl zum Präsidenten des Bundes Deutscher Architekten (BDA) eröffnet Kaspar Kraemer am 7. Dezember 2001 die sechste Auflage des Berliner Gesprächs, mit dem der Wahlbund die Tradition der Godesberger Gespräche in Bonn in der neuen, alten Hauptstadt fortschreibt. Passend zum Titel der Tagung „Wille, Wunsch und Wirklichkeit – Positionen zur Architekturqualität" umreißt Kraemer seine Idee von guter Architektur. Dabei geht er deutlich über formale oder stilistische Kriterien der Architektur hinaus und beschreibt einen kollegialen Ethos der Freiberuflichkeit, sodass ein holistisches Berufsbild erkennbar wird, für das Kraemer in der Folge während seiner BDA-Präsidentschaft gleichermaßen eingetreten ist wie als praktizierender Architekt.

Einladungskarte zum 6. Berliner Gespräch des BDA mit dem Titel „Wille, Wunsch und Wirklichkeit – Positionen zur Architekturqualität"

Berufsbild und Berufspraxis, Wunsch und Wirklichkeit der Architektenschaft in Deutschland klaffen auseinander. Wir sehen uns nach sieben vermeintlich „fetten" Jahren im Anschluss an die Vereinigung der beiden deutschen Staaten in einer tiefen Krise. Die Rahmenbedingungen der Tätigkeit freier Architektinnen und Architekten haben sich nicht nur unter dem Einfluss der schlechten Baukonjunktur seit 1996 gravierend und fortlaufend verschlechtert, sondern auch durch die Strukturkrise in der Baubranche. Unfreiheit und Reglementierung der freien Architekten nehmen trotz angeblicher Deregulierung ständig zu. Das europäische Vergaberecht und das Richtlinienwerk fördern eine Konzentration, die Mittelstand und freie Berufe gefährdet. Das Denken in reinen Mengengerüsten dominiert den Planungs- und Bauprozess; Architektur und angemessene Qualitätsstandards werden zur Nebensache. Der ruinöse Preiswettbewerb nimmt mit wachsender Arbeitslosigkeit bei weiterer Konjunkturabschwächung zu. Auf dem internationalen Baumarkt sind deutsche Architekten kaum wettbewerbsfähig, weil der Preis dominantes Vergabekriterium geworden ist, weil die Gehälter und vor allem die Lohnnebenkosten im eigenen Land zu hoch sind, weil Wettbewerbe in anderen Ländern als *closed-shop*-Veranstaltungen durchgeführt werden und weil eine Liberalisierung und damit Öffnung des europäischen Binnenmarktes nur in Deutschland erfolgt ist. Staatliche Maßnahmen zur Förderung der Tätigkeit im Ausland sind indes seit Jahrzehnten unterblieben.

Die Krise des Berufsstandes wird begleitet von einer Krise der berufsständischen Vertretungen, die mehr mit sich selbst und ihren Problemen beschäftigt sind als mit der Wahrnehmung der Interessen ihrer Mitglieder. Sie kooperieren zu wenig untereinander, geschweige denn mit benachbarten Organisationen. Ein Informations- und Kommunikationsnetz ist nicht vorhanden. Fazit dieser sicherlich fortzuschreibenden Fakten: Die Zukunft der freien Architektinnen und Architekten war nach dem Zweiten Weltkrieg nie gefährdeter und ungewisser als gegenwärtig.

Dieses „Bedrohungsszenario" hat uns in unserem Selbstverständnis aufgeschreckt. Wir führen eine intensive und aufgeregte Diskussion über unser Berufsbild. Wohin wollen wir gehen? Was verbindet unsere unterschiedlichen Vorstellungen? Was bringt uns dazu, engagiert in unserem Verband, dem Bund Deutscher Architekten BDA, zusammenzuarbeiten und uns ehrenamtlich zu engagieren? Was ist das uns Gemeinsame? (…)

Architektur ist Schönheit in baulicher Form

Ich meine, es ist die Idee unseres Berufes, der Wille zur Gestaltung, die Sehnsucht nach Schönheit, die Schaffung einer lebenswerten Umwelt in Verbindung mit der Schonung der natürlichen Ressourcen. Und ich meine, dass diese ideale Grundhaltung herausgearbeitet, verdeutlicht und bewusst gemacht werden muss.

Umfassende praktisch-reale Fertigkeiten sind für den Architekten notwendig. Sie gilt es zu beherrschen. Was aber „Architektur" von „Bauen" unterscheidet, ist der Gedanke, das Vorhandensein einer Idee; der Wunsch, einer Lebensvorstellung Ausdruck zu verleihen, in der der Begriff der Schönheit eine zentrale Stelle einnimmt. Schönheit lässt sich vielfältig definieren. Ihre Benennung muss täglich neu errungen werden. Dabei ist unstrittig, dass eine qualifizierte Diskussion über Schönheit an Wissen, Bildung und Erfahrung gebunden ist. Unstrittig ist, dass sie eine Offenheit gegenüber und eine Wertschätzung von musischen Momenten voraussetzt. Und unstrittig ist auch, dass eine der größten Fähigkeiten des menschlichen Individuums seine „Schönheitsfähigkeit" ist, und dass diese deshalb einer „Schönheitspflicht" unterliegt: Der Mensch ist vernunftfähig und deshalb vernunftpflichtig, er ist erkenntnisfähig und deshalb erkenntnispflichtig, und er ist schönheitsfähig und deshalb schönheitspflichtig.

Ich will den Ansatz einer Definition versuchen: Architektur ist Schönheit in baulicher Form. Schönheit ist Synonym für Ordnung, Gestaltung, Struktur. Sie zu schaffen, ist der Mensch verpflichtet.

Die klassischen Vitruvschen Kategorien *utilitas, firmitas* und *venustas* sind als einfache, aber bewährte begriffliche Grundlagen für die Beurteilung der Qualität der Gestalt nach wie vor brauchbar. In diesen drei Kategorien muss jeweils Schönheit beziehungsweise Ordnung entstehen, der Schaffende sich also bemühen: um die *firmitas* als die jeweils beste Konstruktion sowie die angemessene Auswahl der richtigen Materialien, um die *utilitas* als sinnvolle, also lebensnahe, praktische und vernünftige Organisation der Räume und ihrer Beziehungen untereinander, und schließlich um die *venustas*, die *utilitas* und *firmitas* zusammenfasst, zur ästhetisch gelungenen Erscheinung transformiert und in einen geistigen Raum überhöht. Schönheit, Struktur und Ordnung sind das Ziel des Planungs- und Bauprozesses. Sie umfassen die Harmonie wie die Proportion, das Atmosphärische wie das Gestaltete, das Angemessene wie das Sinngebende, das Vernünftige wie das Beglückende.

Unser „Kerngeschäft" ist die Gestaltung

Die Notwendigkeit von Gestaltung ist unstrittig. Man kann sie pragmatisch begründen: Sicherlich unterstützt eine gut gebaute Schule das Lernen, ein Krankenhaus die Heilung, ein Platz die Begegnung, ein Büro die Kommunikation und eine Fabrik die Herstellungsabläufe. Man kann Gestaltung aber auch ideell begreifen, indem man der Auffassung ist, dass ohne Schönheit das Leben ohne Glanz, Freude oder Beglückung ist und wir ohne sie auf einer tieferen Entwicklungsstufe als dem uns möglichen – und deshalb abverlangten – Niveau unserer Lebenschancen verbleiben.

Gestaltung ist unser „Kerngeschäft". Der Wille und die Lust zur Gestaltung der Umwelt, des Umfeldes, des Bauwerkes verbinden uns alle. Unsere Kernkompetenz ist die Gestaltung: Sie manifestiert sich im Stellenwert, den der Entwurf in unserer Arbeit einnimmt. Die Rahmenbedingungen dieses Gestaltungswillens werden von der Gesellschaft gesetzt, aber sie müssen von uns beeinflusst werden. Dazu dienen unter anderem Kammern und Verbände. Dies ist auch die Aufgabe des BDA: Interessenvertretung von Menschen zu sein, die sich verpflichtet fühlen, die Welt im Sinne von Vernunft und Schönheit zu ordnen mit dem Ziel, das Leben der Menschen zu beschenken, zu bereichern, zu beglücken. Dies manifestiert sich im Respekt gegenüber der Natur, in der Vernunft der Konstruktion und der Materialwahl, in der Funktionsfähigkeit von Grundrissen und in der Schönheit der Gestalt.

Die meisten Menschen wollen eine solche Umwelt, allerdings erhalten sie sie zu selten. Diese Umwelt herzustellen, muss die Verpflichtung jedes BDA-Architekten sein: Mitarbeit am Verwandlungsprozess der Welt in diesem Sinne ist ihnen Berufung, Motor des beruflichen Schaffens, letztendlich Inhalt des Lebensentwurfes, der wesentliche Sinn der Existenz. Verbesserung, ja Verschönerung ist das Ziel unserer Arbeit, und wir sollten uns an das große Wort von Karl Friedrich Schinkel erinnern: „Der Architekt ist der Veredler aller menschlichen Verhältnisse!"

Ethos der Freiberuflichkeit

Das Berufsbild eines Architekten, insbesondere eines BDA-Architekten, sollte auf dieser Idealität aufbauen, Grundlage seiner Haltung als Freiberufler sein. Sie beinhaltet umfassendes Wissen, dauernde Erweiterung des Horizontes, tiefe Bildung, menschliche Qualifikation. Und die Essenz der Freiberuflichkeit, also das, was den Freiberufler auszeichnet und auszeichnen muss, ist die Sehnsucht nach dem Ideal, seiner Verwirklichung im beruflichen Leben, im Gestalten, im Herstellen von Welt. Der Freiberufler unterstellt die Existenz einer höheren Ordnung, sieht sich zu ihrer Sichtbarmachung verpflichtet, empfindet die Umsetzung dieser Welt als Voraussetzung für ein sinnerfülltes Leben. Er empfindet seinen Beruf als Berufung. In seiner täglichen Arbeit verbinden sich praktisches Know-how mit Ethos und Moral auf besondere, auf einmalige Weise. (...) Gerade die Schwierigkeiten sind für uns eine Herausforderung, trotzdem unsere Inhalte durchzusetzen, ja gerade aus der

Auseinandersetzung ziehen wir für unseren so komplexen Beruf die Kraft. Es ist die Begeisterung über die ungeheure Tatsache, dass wir, nur mit einem Stift und einem weißen Blatt Papier ausgestattet, neue Wirklichkeiten erstellen, mit Gefühl und Verstand wirklichkeitsverändernd tätig sein dürfen. Niemand hat diesen großartigen Prozess der Verwandlung toter Materie in benutzbare und beglückende Gestalt großartiger beschrieben als Friedrich Schiller in seinem Gedicht „Das Ideal und das Leben", das Thomas Mann in seiner berühmten Rede zum 150. Todestag des Dichters im Mai 1955 in Stuttgart und Weimar zitierte:

> „Wenn, das Tote bildend zu beseelen
> Mit dem Stoff sich zu vermählen
> Tatenvoll der Genius entbrennt:
> Da, da spanne sich des Fleißes Nerve,
> Und beharrlich ringend unterwerfe
> Der Gedanke sich das Element.
> …
> Aber dringt bis in der Schönheit Sphäre
> Und im Staube bleibt die Schwere
> Mit dem Stoff, den sie beherrscht, zurück:
> Nicht der Masse qualvoll abgerungen
> Schlank und leicht wie aus dem Nichts gesprungen
> Steht das Bild vor dem entzückten Blick."

Und in die atemlose Stille der Zuhörerschaft hinein fuhr Thomas Mann fort: „Wie ist das gesagt? Wie verbindend leiht es Sprache, pathetisch, aber exakt dem Trachten und der Erfahrung jeder artistischen Existenz!"

Es ist dieses „exakte Pathos", das wir als wesentliches Moment unseres Berufsbildes bestimmen sollten und das die Grundlage unserer Führungsrolle im Gestaltungsprozess von Welt und Wirklichkeit bilden könnte, die Grundlage dessen, was die Engländer *design leadership* nennen.

Die Formulierung dieses Gestaltungsanspruches hat keinen ausschließenden Charakter. Sie bedeutet kein Gestaltungsmonopol per se. Der BDA-Architekt beansprucht zwar die Führung im Gestaltungsprozess, die die essenzielle Notwendigkeit für die Entwicklung des *best value* ist. Er tut dies aber nicht als selbstherrlicher, anmaßender Individualist, sondern auf der Basis fundierten Wissens und in Verantwortung gegenüber der Gesellschaft und der Umwelt. Er formuliert den jeweils zu stellenden Anspruch und regt seine Umsetzung an. Dieser Anspruch entspringt keiner totalitären Allmachtsphantasie, sondern dem Bewusstsein um die Komplexität der Wirklichkeit und der Schwierigkeit, ihr gerecht zu werden. Da die Vielfalt der Wirklichkeiten nicht mehr vom Einzelnen beherrschbar ist, denkt und agiert er vernetzt, offen, partnerschaftlich. Das Wissen der anderen zu achten und zu respektieren, ist ihm ein Gebot der Fairness, die Rücksicht gegenüber allen sozialen Gruppen ein moralischer Anspruch und die Verpflichtung zur Schönheit das oberste Gebot.

In kollegialer Leidenschaft

Der BDA-Architekt übernimmt in diesem Sinne die Formulierung der ideellen und geistigen Ziele der Entwicklung unserer Umwelt und gestaltet sie. Er macht deutlich, dass Gestaltung als Ergebnis guter Planung kein überflüssiger Luxus ist, sondern sich lohnt. Er überzeugt vom „Mehrwert der Architektur" durch seine Leistung. Er liefert diesen „Mehrwert Architektur" und verdeutlicht die Notwendigkeit des Ästhetischen. Sein in dauernder Anstrengung verfolgtes Ziel ist eine harmonische, gestaltete und lebenswerte, weil beglückende Umwelt.

Wir müssen diesen Prozess des Weltumbaus weiterhin mitbestimmen und mitsteuern, indem wir die elementare Notwendigkeit der Architektur deutlich machen. Wir müssen unsere Unverzichtbarkeit durch die Qualität unserer Arbeit belegen, und wir müssen erkennbar machen, dass eine gut gestaltete Umwelt sich in vielfacher Weise bezahlt macht. Wenn wir mit unseren Produkten überzeugen, haben wir eine Zukunft. Wir müssen besser sein, mehr bieten als das „Nur Bauen", eben den „Mehrwert Architektur".

Freiberufliche Architektinnen und Architekten bieten dafür die besten Voraussetzungen: Sie sind unabhängig, flexibel und marktfähig, sie sind risikofreudig, unternehmend und auf der Grundlage einer guten Ausbildung und einer idealen Haltung leistungsorientiert. Die Zukunft gehört nicht den alten Strukturen der gewerkschaftlich gesicherten Industriegesellschaft, sondernd der Individualität, dem unabhängigen, selbständig agierenden, unternehmerisch denkenden Menschen. Aber auch als Individualisten sollten Architekten untereinander solidarisch sein und ihre Verantwortung füreinander erkennen. Nur aus dem Miteinander heraus entwickeln wir Glaubwürdigkeit, Handlungsfähigkeit, nur aus der Gemeinschaft heraus werden wir gehört und können unsere Interessen durchsetzen. Wir dürfen angesichts des sich verknappenden Marktes den Umgang miteinander, Regeln der Fairness und des Anstandes nicht aufgeben, sondern müssen versuchen, Solidarität zu zeigen. Der Wettbewerb muss über Leistung gehen, nicht über Intrigen – auch dies gehört zum Berufsbild.

Leben wir dieses Berufsbild mit kollegialer Leidenschaft, leben wir es in Verantwortung und Treuhänderschaft, in Freiheit, mit dem Glauben an die Zukunft, mit Optimismus und Zuversicht!

2.80
40
200
30
340
150
360
30
180
30
350
30
240
30
520
680
910
180
580
2870

16.08.04

16.09.82 K.Kraemer

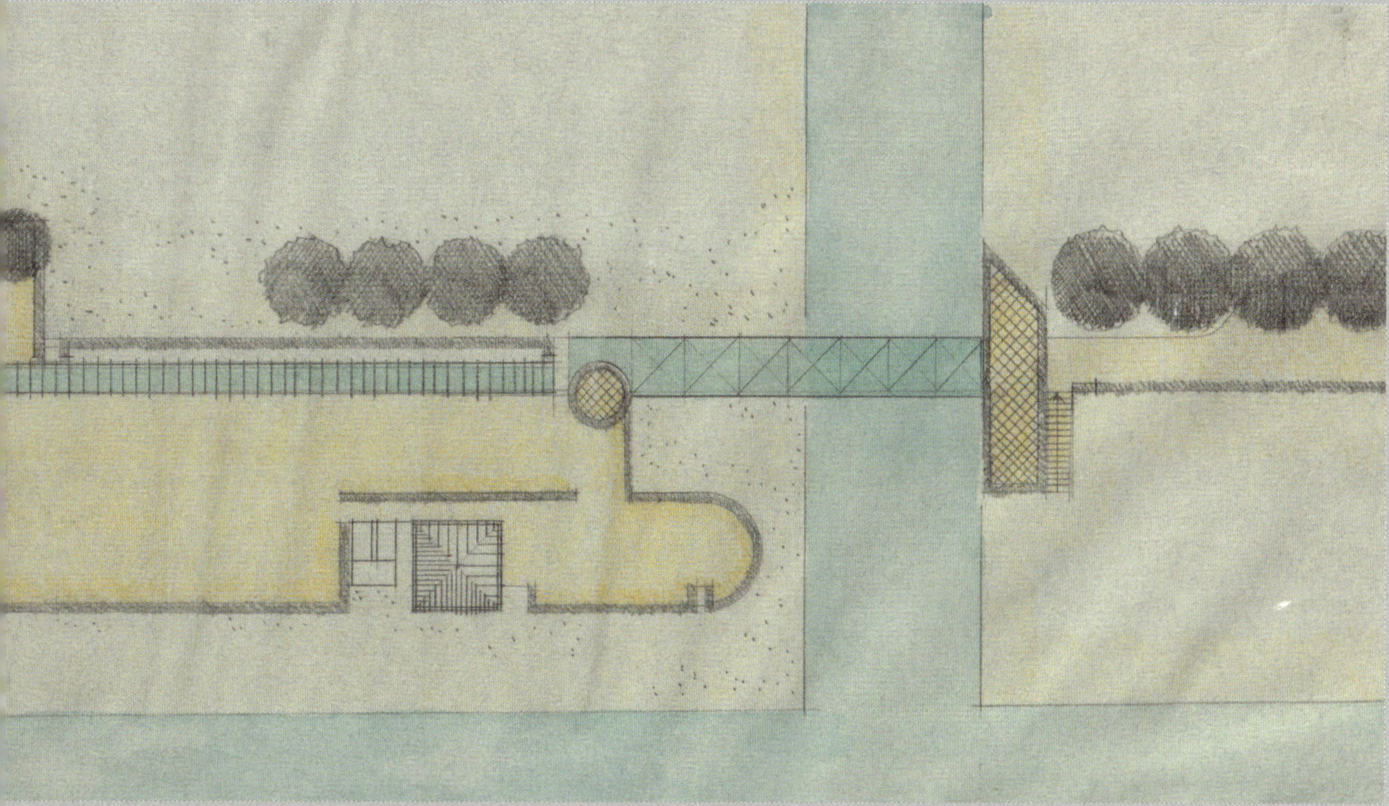

K. Kraemer 11.07.86

Am 21. Juni 2003 begeht der BDA in der Paulskirche zu Frankfurt am Main seinen 100. Geburtstag. Die Zeiten sind schwer für den Verband, hat doch die Ausrichtung des UIA-Kongresses, der weltumspannenden Zusammenkunft des internationalen Berufsstandes, den BDA in eine finanzielle Notlage gebracht, die ihn innenpolitisch vor eine Zerreißprobe stellt und an den Rand der Zahlungsunfähigkeit bringt [Im Dienste der Baukultur: BFB und BDA, Stadtmodell und Schilderwald → S. 196]. In diesem unruhigen Fahrwasser mahnt Kraemer in angemessen präsidialem Ton zur Geschlossenheit und appelliert an die gesellschaftliche Verantwortung der Architektinnen und Architekten, zeige sich doch in der gebauten Form „der Wert einer Gesellschaft, ihre Ziele und ihre Verantwortung gegenüber kommenden Generationen".

Kaspar Kraemer spricht auf der 100-Jahrfeier des Bundes Deutscher Architekten in der Frankfurter Paulskirche 2003

Zur Feier des 100. Geburtstages des Bundes Deutscher Architekten BDA haben wir uns heute, am 21. Juni 2003, in diesem wunderbar stillen und würdigen Raum der Frankfurter Paulskirche bei strahlendem Geburtstagswetter versammelt. Auf den Tag genau ist es 100 Jahre her, dass der Kölner Bauinspektor Below an seine Tochter Dodo jene Postkarte aus dem Hotel Frankfurter Hof schrieb, auf der er ihr mitteilte, dass er soeben mit anderen Kollegen den BDA gegründet habe.

100 Jahre, ein Wimpernschlag der Weltgeschichte, aber andererseits: Welche Zeit! Diese 100 Jahre des 20. Jahrhunderts umfassen den Untergang des alten Europa, das Ringen um eine neue politische Gestaltung in der Weimarer Republik, die Schreckensjahre des Nationalsozialismus, die totale innere und äußere Zerstörung unseres Landes, den Wiederaufbau und eine nun 58-jährige Friedenszeit in Wohlstand, Wachstum und Reichtum, von der man 1945 nicht zu träumen gewagt hat. Diese 100 Jahre umfassen zudem eine beispiellose Entwicklung technischer Möglichkeiten, die Entwicklung des Telefons, des Fernsehens, der Massenreisen, des Computers, die phantastischen Entdeckungen in Chemie, Physik und Biologie, sie umfassen die Erstbesteigung des Mount Everest wie die Landung auf dem Mond, die Entdeckung unseres Inneren wie die Erkundung ferner interstellarer Kosmen.

In dieser Weit unglaublicher Entdeckungen und Ereignisse hat sich die Entwicklung unseres Verbandes abgespielt und wir sind zusammengekommen, dies heute dankbar und nachdenklich zu erinnern. Rekapituliert man nur oberflächlich in Zehnjahressprüngen die Zeit, wird einem die Dramatik, die Vielfalt, die Komplexität dieses Werdens noch einmal besonders deutlich:

1913 das Heraufziehen des Ersten Weltkriegs
1923 seine Folgen mit Inflation und Hitlerputsch in München
1933 dann die Machtübernahme der Nationalsozialisten
1943 Krieg und Zerstörung, Stalingrad, Bombenangriffe und Vernichtungslager
1953 dann Frieden, aber ein geteiltes Deutschland – des Aufstandes vom 17. Juni vor 50 Jahren haben wir gerade vor vier Tagen gedacht
1963 die Ermordung des amerikanischen Präsidenten John F. Kennedy
1973 die heraufziehende Ölkrise, die Grenzen des Wachstums
1983 Solidarność in Polen und der Nato-Nachrüstungsdoppelbeschluss
1993 ein seit drei Jahren wiedervereinigtes Deutschland und
2003 hier und heute eine neue Weltordnung voller Chancen und Bedrohungen.

Was für ein Bogen der Geschichte und darin eingebunden jener Bund, dem wir angehören und dessen Existenz, dessen runden Geburtstag wir heute einfach und würdig begehen wollen.

Ein Bund Deutscher Architekten: Was ist er, was verbindet ihn, was zeichnet ihn aus? Zunächst sind wir ein Zusammenschluss von Einzelnen, individuell und unabhängig arbeitenden Persönlichkeiten, die ein Ethos verbindet, eine gemeinsame Grundeinstellung, ein Handlungskodex. Ein Bund unterschiedlichster Charaktere, die aber alle das eine große Ziel eint, das unsere Satzung aus dem Jahre 1972 formuliert: Ziel des BDA ist die Qualität des Planens und Bauens in Verantwortung gegenüber der Gesellschaft und Umwelt, besser gesagt, der Schöpfung.

Schon 1903 sah sich der BDA als notwendige Antwort auf Entwicklungen, die man als bedrohlich empfand und die nicht akzeptiert wurden, war eine Art fast trotzig zu nennendes Selbstbehauptungsbündnis, eine Mischung aus Defensive und Offensive, der Versuch, die eigenen Interessen deutlich zu machen und andere für die eigene Sache zu gewinnen – die eigene Sache, die doch eigentlich die der Gesellschaft ist. Daran hat sich 100 Jahre bis auf den heutigen Tag nichts geändert. Heute wie damals muss sich Architektur, muss der Anspruch auf Gestaltung, Ästhetik und Baukunst immer noch anderen Kräften abgerungen werden, ist mühsames Erstreiten, Erarbeiten, Ergebnis von Überzeugungsarbeit. Die faktische Komplexität unseres Berufes, seine Stellung zwischen Kunst und Kommerz, Ästhetik und Technik, Poesie und Prosa, verlangt dauernde Behauptung des gestalterischen, künstlerischen Willens in einem Klima, in dem allzu leicht der Anspruch auf Gestaltung als überflüssiger Luxus abgetan wird. Planung und Architektur, so die verkürzte Auffassung der anderen Interessenlage, lohne sich nicht, verteuere das Bauen, sei Marotte und Sahnehäubchen. (…) Der BDA aber ist keine *pressure group* verschwitzter Akquisiteure, sondern ein Zusammenschluss von Architekten, die ihren Beruf lieben und achten und ihn für wesentlich halten; die Verantwortung gegenüber ihren Bauherren, der Gesellschaft und Schöpfung übernehmen; die Konstruktion, Funktion und Schönheit zu überzeugender Gestalt zusammenfassen in Gebäuden, die sich ihrem jeweiligen Ort gleichermaßen verpflichtet fühlen; die sich der Gesamtverantwortung des Planens und Bauens bewusst sind. (…)

Der BDA ist der Bund von freiberuflichen Architektinnen und Architekten, die das Streben nach Vernunft, Moral und Schönheit zum Ethos ihres beruflichen Handelns zu machen versuchen, die unabhängig, frei von fremden Interessen, nach bestem Wissen und Gewissen handeln mit dem Ziel, diese Welt bewohnbar zu machen, liebens- und lebenswert zu erhalten. Der BDA ist:

- eine Verbindung von 5.000 Menschen, getragen von einer kleinen Zahl engagierter, ehrenamtlich Tätiger, leidenschaftlich für die Sache arbeitender Architekten;
- eine bunte – meistens allerdings schwarz gekleidete – Mischung engagierter Persönlichkeiten, Individualisten, Querdenker, Provokateure, Riskierer, alle auf der Suche nach der richtigen Antwort, nach der richtigen Lösung, mögen sie nun alleine arbeiten oder aber in großen Zusammenschlüssen;
- der dauernde Versuch, unsere Sache, die Sache der Architektur, der Gesellschaft deutlich zu machen: dass Architektur „sich lohnt", gute Planung „sich auszahlt", Architektur einen „Mehrwert" impliziert und das Niveau unseres Zusammenlebens bestimmt;
- der ständige Vortrag, dass es nicht egal ist, wie unsere Städte aussehen, dass es uns nicht gleichgültig lassen darf, wenn unüberlegte Zersiedlung, Umweltzerstörung und banale Hässlichkeit überhandnehmen;
- der engagierte Wille, die Chance der gelungenen Gestaltung, die Beglückung durch Harmonie und Bereicherung durch Schönheit wahrzunehmen, das Bewusstsein dafür in einer streitbaren, engagierten und fairen Diskussionskultur wachzuhalten und dafür Sorge zu tragen, dass die Welt im Sinne einer höheren Idee, einer idealen Vorstellung zu ihren wunderbaren Möglichkeiten entwickelt wird. Dies ist der Anspruch des BDA seit 100 Jahren und in diesem Geist haben wir uns hier versammelt!

Die Paulskirche als Ort des Festaktes: Dazu gab es Stimmen, die diese Wahl als anmaßend und unangemessen empfanden. Aber darf man nicht mit einer gewissen Berechtigung hier zusammenkommen als Mitglieder eines Bundes, der sich seit 100 Jahren für die Qualität des Planens und Bauens in Verantwortung gegenüber der Gesellschaft und Umwelt eingesetzt hat? Der Architektur und Baukultur schon immer als wesentliches Konstituens unseres gesellschaftlichen Zusammenlebens formuliert und in die politische Diskussion getragen hat?

Der sich einerseits mit ästhetischen Problemen auseinandergesetzt, andererseits aber auch zur Entwicklung unserer Demokratie beigetragen hat, indem er sich bemühte, ihr eine Bühne zu geben, den baulichen Rahmen, die Voraussetzung zu Wohnen und Arbeiten, Verwalten, Lehren und Lernen, zum politischen Handeln? Nicht alles ist gut geworden: Es gab und gibt zahlreiche Fehlentwicklungen und Irrtümer. Aber wenn man den Plenarsaal des Deutschen Bundestages in Bonn beim ersten Konvent zur Stiftung Baukultur jetzt wieder erleben durfte, so wird man in aller Bescheidenheit festhalten dürfen, dass dieser fabelhafte, die Menschen versammelnde und verwandelnde, die Landschaft einbeziehende, dieser durchlichtete Ästhetik, funktionale Qualität und souveräne Konstruktion zusammenbindende Bau, dieser die Menschen verzaubernde Ort, das Werk eines BDA-Architekten ist und dass die meisten Gebäude dieser Republik, die eine besondere Stellung im baukulturellen Schaffen unseres Landes einnehmen, von Mitgliedern des Bundes Deutscher Architekten BDA geschaffen wurden. Auch dieser Bau hier, in dem wir uns befinden, wiedererrichtet zum Einzug des Deutschen Bundestages am 18. Mai 1948 – denn damals dachte man ja noch, dass Frankfurt die neue Bundeshauptstadt würde – 100 Jahre nach der Eröffnung der Deutschen Nationalversammlung 1848, ist eines dieser durch noble Zurückhaltung und respektvolle Achtung der Geschichte entstandenen herausragenden Bauwerke.

Ich möchte dieses fehlende Erinnern nicht als Anmaßung und Überheblichkeit verstanden wissen, sondern als Ausdruck eines berechtigten Selbstwertgefühls, das darauf basiert, dass wir als Architekten unsere Arbeit, die schwerer ist als die meisten ahnen, ernst nehmen und bestrebt sind, das Besondere entstehen zu lassen, zur Freude und zum Nutzen der Menschen, die in diesen Gebäuden leben und arbeiten müssen. Dass Architekten Identitäten stiften, Orte schaffen, in denen sich die Gesellschaft wiedererkennt, sich ihrer selbst bewusst wird. Die Mehrheit der Architektinnen und Architekten hat sich immer bemüht, die ihnen übertragene Verantwortung anzunehmen, ihr gerecht zu werden und etwas Besonderes zu leisten:

Nämlich über das „Bauen" zur Architektur vorzustoßen und Gestalt zu schaffen, die dauerhaft den Menschen nutzt und sie beglückt. Wie ein solches Gebäude beschaffen sein sollte, darüber hat der BDA in seiner Geschichte immer gerungen und es war und ist ein Zeichen seiner Vitalität, dass er dazu keine vorgefertigten Meinungen präsentierte, sondern im gerechten Abwägen die richtige Antwort auf die von der Gesellschaft gestellten Fragen zu finden versuchte.

Insofern hat der freiberuflich tätige Architekt, und das heißt der unabhängige, seiner Verantwortung bewusste, nach bestem Wissen und Gewissen handelnde, dem Geistigen verpflichtete Planer, Entwerfer und Umsetzer, immer auch einen besonderen Dienst an der Gesellschaft geleistet und ich meine: Diese Gesellschaft, die unseren Beruf von so vielen Seiten her infrage stellt, ist dabei nicht schlecht gefahren. Die unabhängige Planung, die auf Kompetenz und Professionalität basiert, ist eine wesentliche Voraussetzung für ein funktionierendes Bauwesen, und die Gesellschaft ist gut beraten, diese Freiheit aufrechtzuerhalten und Rahmenbedingungen zu sichern, die dieses Ethos der freiberuflichen Architekten ermöglichen.

Gestern Nachmittag haben wir sechseinhalb Stunden die 100 Jahre BDA-Geschichte im Rahmen eines Symposions an uns vorbeiziehen lassen, eine „Perlenkette weltgewordener Ideen", wunderbare bedeutende Bauten, entstanden aus konzentrierter Arbeit und idealem Denken. Sie alle waren aus dem verantwortungsbewussten Willen entstanden, die Welt bewohnbarer zu machen, nutzbarer, stimmungs- und gehaltvoller und inhaltsreicher. Sie wollten verbessern, veredeln, erweitern, letztlich bereichern. Dies ist unsere Aufgabe als Architekten immer wieder von Neuem.

Die Menschen, daran ist kein Zweifel, sehnen sich nach Schönheit. Wir, der BDA, haben diesen Begriff wieder in den öffentlichen Diskurs eingebracht und Bundespräsident Rau hat ihn jetzt in seiner großen Rede zum Konvent der Baukultur in Bonn aufgenommen und als Ziel des Planens und Bauens gefordert.

Wenn man sich fragt, wohin die Welt sich entwickeln will, so kann man nicht anders darauf antworten als: zur Vernunft, zur Ordnung, zur Gestalt, zur Schönheit. Dieser Gedanke ist kein „Escapism", sondern bewahrender Dienst am Leben, ein humanistischer Ansatz, an dem es unserer Welt mangelt. Hier soll und muss der BDA auftreten und eine Stimme prätendieren, denn die Dinge müssen in geordnete Gestalt überführt werden, sie müssen schön werden. Ordnung und Gesittung, Friede und Vernunft als zentrale Werte unseres Zusammenlebens sind davon abhängig. Diesen idealen – und gleichzeitig eminent praktischen – Ansatz gilt es zu stärken und zu verdeutlichen.

Von Karl Friedrich Schinkel stammt das große Wort: „Der Architekt ist der Veredler aller menschlichen Verhältnisse". Das war nicht aus einem Allmachtsanspruch und Größenwahn heraus formuliert, sondern aus der tiefen und ernsten Überzeugung, dass es eine Verpflichtung zur Gestaltung gibt und dies gleichzeitig eine pädagogische Aufgabe darstellt: Ästhetische Führung im Kontext eines staatsbürgerlichen Ideals – so sah Schinkel die Rolle des Künstlers, des Beamten, des Menschen, des Architekten. Ästhetische Führung im Kontext eines staatsbürgerlichen Ideals – diesen hohen Anspruch sollten auch wir wieder aufnehmen und in die öffentliche Diskussion einbringen. Wir brauchen Qualität, wir brauchen gute Architektur, Baukultur, und wir brauchen die Persönlichkeit der Einzelnen. In der gebauten Form zeigen sich der Wert einer Gesellschaft, ihre Ziele und ihre Verantwortung gegenüber kommenden Generationen.

Ich wünsche mir, dass der BDA sich dieser Verantwortung stellt, aktiv daran arbeitet und der Gesellschaft deutlich macht, dass Architektinnen und Architekten Lösungen anbieten und in der Lage sind, ein Bild von unserer Welt zu entwerfen und zu bauen, das voller Hoffnung und Verführung ist, weil es überzeugt durch die Geschlossenheit seines Ansatzes: nämlich konstruktiv richtig, funktional vernünftig und letztlich schön.

Ich verneige mich vor all den Kolleginnen und Kollegen, die diesen Bund Deutscher Architekten BDA gegründet, die ihn durch die 100 Jahre bis zum heutigen Tag gestaltet und geführt, und die ihn an uns übergeben haben, damit wir für die Sache der Architektur eintreten. Bund Deutscher Architekten BDA: *Ad multos annos!*

01.01.1997

Im Rahmen des Neujahrsempfangs des Rheinischen Vereins für Denkmalpflege und Landschaftsschutz im LVR-Turm (KölnTriangle) spricht Kaspar Kraemer am 14. Januar 2006 über ein damals hitzig diskutiertes Thema: die Rekonstruktion zerstörter Gebäude. Während Kraemer für Äußerungen zum Wiederaufbau des Berliner Stadtschlosses hart angegangen, gar zum Rücktritt als BDA-Präsident aufgefordert worden war, macht er in dieser Rede deutlich, mit welch baugeschichtlicher Kennerschaft und argumentativer Reflexion er selbst dem Thema begegnet. Jenseits politischer Zuschreibungen und moralinsaurer Verratserzählungen legt Kraemer in seiner Funktion als praktizierender Architekt dar, welche Gründe aus seiner Sicht für die Rekonstruktion zerstörter Bauwerke sprechen.

Canaletto, Die Piazza San Marco mit Campanile in Venedig (vor 1723)

(…) Der BDA und der RVDL sind fast gleich alt, am Anfang des letzten Jahrhunderts gegründet. Wir sind der etwas ältere Verband, am 21. Juni 1903 in Frankfurt von Hannoveraner und Kölner Architekten aus der Taufe gehoben, der RVDL drei Jahre später, gefolgt vom Deutschen Werkbund, der 2007 seinen 100. Geburtstag begehen wird.

Viele Verbände gestaltender Berufe, Zusammenschlüsse von Berufsgruppen, deren Tätigkeit einer Selbstverpflichtung zum Dienst am gesellschaftlichen Gemeinwohl unterliegt, die ein Verantwortungsbewusstsein gegenüber Gesellschaft und Schöpfung auf ihre Fahnen geschrieben hatten, gründeten Initiativen zur Artikulation ihrer Interessen und Anliegen in dieser Fieberzeit vor dem Ersten Weltkrieg, in der so viele Entwicklungen des 19. Jahrhunderts ihre negativen Ergebnisse offenbarten und Widerstand hervorriefen. Sie hatten die Absicht, sich diesen als Fehlentwicklungen der Moderne empfundenen negativen Resultaten entgegenzustemmen und sie so weit als möglich zu korrigieren: So der BDA, der der Entwicklung der Bau- und Immobilienwirtschaft mit dem Ideal des freiberuflichen, eigenverantwortlichen und nicht gewerblich orientierten Künstlerarchitekten entgegenzutreten versuchte, so der Werkbund, der die Entfremdungstendenzen der Industrialisierung und den Bedeutungsverlust des Handwerks offensiv kritisierte, so der RVDL, der die Überformung des baukulturellen Erbes und der natürlichen Landschaftsräume mit technischer Infrastruktur und ungeordnetem Wachstum kritisch zu begleiten suchte. All diese Institutionen sind ursprünglich Abwehrverbände gewesen, Abwehrverbände gegen die negativen Auswirkungen der Entwicklung der Produktivkräfte, die gewohnte Lebensumstände, vertraute Umgebungen, als geordnet empfundene Gesellschaftsstrukturen radikal zu bedrohen schienen.

Mit der Zeit entwickelten sich aus der Defensive heraus selbstbewusste Strukturen, die die unterschiedlichen Verbände zu Meinungsbildnern in diesen Diskussionen werden ließen, und der BDA kann für sich in Anspruch nehmen, bis heute und damit über 100 Jahre eine Führungsrolle im gesellschaftlich-öffentlichen Diskurs in Fragen der Baukultur einzunehmen.

Diese Rolle ist nicht konfliktfrei, sondern führte und führt immer wieder zu Auseinandersetzungen in Fragen des Bauens, der Stadtentwicklung sowie der Baupolitik und etablierte damit einen Prozess, der – immer mühsam, mitunter schmerzlich – letztendlich aber zum selbstverständlichen Findungsprozess in einer freiheitlich verfassten Gesellschaft geworden ist und als Grundelement, als fundamentales Verfahren der politischen Meinungsbildung akzeptiert ist.

So haben RVDL und BDA vielerorts gemeinsame Initiativen gestartet, gemeinsame Strategien entwickelt, gemeinsam versucht, ihre Vorstellungen Wirklichkeit werden zu lassen. Und so sehe ich auch Ihre Einladung an mich als den 20. Präsidenten des BDA als Ausdruck dieses gemeinsamen Grundverständnisses, nämlich unsere Organisationen als öffentliche Orte der Diskussion und Auseinandersetzung zur Findung des besten Weges für eine als beglückend, bereichernd und brauchbar empfundene

Umwelt zu sehen, verfasste Stimmen des baukulturellen Dialoges auf der Basis präziser und ernsthafter Auseinandersetzung mit den jeweiligen Themen der Stadtentwicklung, des Denkmalschutzes und der Landschaftspflege.

Es mag Zufall sein, dass wir uns heute in einem Gebäude versammeln, das Symbol ist für einen tiefen Dissens über unsere Stadtentwicklung, der wie in einer Sammellinse die Antagonismen unserer Wirklichkeit in ihrem dauernden Oszillieren zwischen Bewahren und Verändern hat deutlich werden lassen. Gleichwohl ist das Zusammenkommen an diesem Ort auch ein Zeichen dafür, dass bei aller Unterschiedlichkeit der Auffassungen der Dialog auch bei antagonistischen Positionen niemals beendet worden ist und auch heute angesichts unverrückbarer Faktensetzung offensichtlich nicht zum Abbruch der Beziehungen zwischen den Beteiligten geführt hat …

Der Heftigkeit des Streits darüber, ob Köln Hochhäuser braucht oder nicht, und wenn ja, wo und wie, steht die Schärfe der Auseinandersetzung um die Unzulässigkeit von Rekonstruktionen verlorener Bausubstanz in keiner Weise nach. Wenn auch in den letzten Jahren eine gewisse Entspannung auf diesem Sektor zu beobachten ist, sind spätestens mit der Inangriffnahme des Wiederaufbaus des Berliner Schlosses im womöglich alten Gewand die Diskussionen erneut leidenschaftlich entfacht worden, wie wir gerade in den letzten Tagen wieder beobachten konnten.

„Rekonstruktion – Verrat an der Moderne?“: Hinter dieser etwas reißerischen, aber durchaus nicht rhetorischen Formulierung verbirgt sich ein Themenkomplex, der zahlreiche Grundfragen unserer Jetztzeit bündelt, die Debatten leidenschaftlich prägt, die Meinungsmacher zu mehr oder weniger radikalen Positionen drängt und Städte wie Berlin, Braunschweig, Potsdam oder Hannover seit Jahren fest im Griff hat. Dieser Themenkomplex „Rekonstruktion versus Moderne“ umfasst zahllose Fragen, die sich zu einem Themenbogen wölben, der sich von allgemeiner Kulturkritik über die Diskussion des Selbstverständnisses des Architektenstandes bis hin zu radikaler Kritik an der ästhetischen Entwicklung unserer Baukultur spannt.

Denn angesichts der zahlreichen heute vorhandenen Rekonstruktions-, Rückbau- oder Wiederaufbauwünsche scheint die Moderne in die Defensive geraten zu sein und sieht sich einer kritischen Prüfung ausgesetzt, auf die sie aufgeschreckt und teilweise aggressiv reagiert. Das bis dahin verbindliche Credo, dass Rekonstruktionsbedürfnisse „falsches Bewusstsein“ spiegeln und alles nur im Geist der jeweils aktuellen Moderne gestaltet werden dürfe, hat spürbar Risse bekommen. Selbst untergegangene Stadtgrundrisse sollen nun wie in Frankfurt wieder rekonstruiert werden.

In den sich verhärtenden Auseinandersetzungen geht es durchaus um Positionssetzung, „Agenda-Setting“, generell um Meinungsführerschaft im gesellschaftspolitischen Diskurs. Leider werden in einem so interpretationsintensiven Bereich wie dem der Zukunftsgewinnung und deren ästhetischer Erscheinung die Begriffe ohne genaue Klärung gegeneinander geworfen, Denkansätze und -strukturen nicht grundsätzlich geklärt und Halbwahrheiten ohne große Disziplin durcheinander gerührt, sodass es schwer ist, eine ruhige und sachlich wertende Beurteilung der Lage zu erarbeiten. Gerade darum aber muss es uns zu tun sein.

So wage ich einen Versuch der Positionierung, wobei Sie wissen, dass ich auf diese „Gretchenfrage des 21. Jahrhunderts“: „Sag, Architekt, wie hältst du's mit der Rekonstruktion?“ mit meiner Teilnahme am Fassadenwettbewerb des ECE Einkaufscenters „Schlossarkaden“ in Braunschweig ja schon eine eindeutige Antwort gegeben habe, da hier die Teilrekonstruktion des Welfenschlosses als Teil der neuen Shopping Mall seitens der Stadt und des Auslobers als *conditio sine qua non* gesetzt war und die Teilnahme eben die Akzeptanz dieser Setzung implizierte. Auch zum Wiederaufbau des Berliner Schlosses hatte ich mich vor mehreren Jahren öffentlich bejahend geäußert. In beiden Fällen tat ich es als Privatmann, als selbständiger Architekt, gleichwohl war mir natürlich bewusst, dass dieser „privaten“ Haltung immer auch eine „offizielle“ Note aus der repräsentativen Funktion der Präsidentschaft im Bund Deutscher Architekten BDA beigemischt ist. Der BDA selbst allerdings hat kein offizielles Meinungsbild zu diesen Themen entwickelt; es gibt keinen Grundsatzbeschluss oder eine „Berliner Erklärung“, sondern wie in der gesamten Gesellschaft zwei verschiedene Lager mit sich überlappenden Randzonen, deren Protagonisten sich im Stil von Weltanschauungsfragen heftig streiten. Hören Sie in mir daher bitte nicht die Stimme des BDA, sondern nur eine Stimme im BDA, die nach meiner Einschätzung auch eine eindeutige Mindermeinung darstellt.

Wiederaufbau, Wiederherstellung, Rekonstruktion, Restaurierung: Ohne in eine genaue Abgrenzung dieser Begriffsunterschiede einsteigen zu wollen, verstehen wir darunter die Teil- oder Gesamtwiederherstellung eines ganz oder teilweise zerstörten Originals mit oder ohne originale Materialsubstanz. Geschieht es ohne diese, so sprechen wir von einem Nachbau oder einer Kopie. Beim Braunschweiger Schloss zum Beispiel handelt es sich nach dieser Definition also um eine Kopie oder einen Nachbau mit Teilverwendung von Originalsubstanz. Gerade der Kopie oder dem Nachbau gelten selbst bei Teilverwendung von noch vorhandener Originalsubstanz die heftigsten Attacken der Rekonstruktionsgegner.

Wird ein Gebäude zerstört, so erlischt seine Funktion. Meistens erfolgt dann ein Neubau, der der alten – oder neuen – Funktion besser entspricht, eben funktionaler ist und besser den gewandelten Bedürfnissen dient. Wird ein Gebäude in seiner alten, ursprünglichen Form wiederaufgebaut, so liegt seine Kernfunktion in seiner historisch-individuellen, einmaligen Form, deren Wiedererrichtung von gesellschaftlichen Kräften mehrheitlich für erforderlich gehalten wird. Die Bedeutung des Objektes liegt dann meistens in seinem besonderen geistesgeschichtlichen oder auch politischen Wert: Es ist im Laufe der Zeit zum „Monumentum" geworden, dessen Wert als Denkmal so hoch eingeschätzt wird, dass man sogar auf die schöpferische Eigenleistungsfähigkeit der jeweiligen Epoche bewusst verzichtet, auch wenn dies zu neuen Zwängen führt. Die Wertschätzung des Bildes, der *venustas* im Vitruvschen Sinn, ist so hoch, dass nicht nur die *utilitas*, die Nutzbarkeit, diesem Bild vollkommen untergeordnet wird bzw. sich diesem Bild anpassen muss, sondern eben auch der eigene Gestaltungszeitgeist bewusst nicht zur Anwendung kommt, ein Vorgang, der übrigens erst seit Ende des 19. Jahrhunderts als Zeichen vermeintlicher Schwäche einer Gesellschaft gewertet wurde. Nachbau, Kopie, Wiederholung waren bis dahin selbstverständliche Praxis und während im Verlauf der früheren Jahrhunderte eine relativ pragmatische Haltung vorherrschte und Wiederaufbau, Neubau oder Ergänzung je nach Erfordernis zur Anwendung kamen, erfolgte erst am Ende des 19. Jahrhunderts – insbesondere durch Alois Riegl, Georg Dehio und Cornelius Gurlitt – eine kritische, ja strenge Neubewertung des Verhältnisses zwischen Original und Eingriff: Nur die originale Substanz mache das Kunstwerk aus, ihm dürfe nichts hinzugefügt werden, ja eher sollte es untergehen als durch Eingriffe in seiner ursprünglichen Beschaffenheit entstellt werden. Und auch die Gestaltung der Neubauten hatte sich dementsprechend konsequent zu formulieren: Nur im Kleid der jeweiligen „Moderne", so hieß es, dürfe eine Zeit ihren Bauwillen ausdrücken. „Traditionalisten" und „Modernisten" stehen sich seitdem unversöhnlich gegenüber im Streit. Und dies ist nicht ungewöhnlich, denn niemals wird es einer pluralisch verfassten Gesellschaft möglich sein, ein für alle verbindliches gestalterisch-ästhetisches Leitbild zu entwickeln. Und ebenso wenig wird es ein für alle verbindliches historisches Bewusstsein geben, unter das konsensual ein Rekonstruktionsprojekt wie zum Beispiel das Braunschweiger Schloss zu subsumieren wäre und in einem entsprechenden Geist harmonisch umgesetzt werden könnte. Der Streit um Pro und Contra von Rekonstruktionen durchzieht daher die neuere Baugeschichte seit über 100 Jahren.

Grundsätzlich kann man verschiedene Rekonstruktionsfälle unterscheiden, wobei sich die Gebäude in zwei Gruppen teilen lassen: Diejenigen, die verfallen im Laufe der Jahrhunderte, an denen also der „Zahn der Zeit" nagt und die man durch Restaurierung zu retten versucht, und jene, die durch äußere Einwirkung, wie Krieg, Erdbeben, Blitzschlag etc. „im Staub versinken" bzw. ein „Raub der Flammen" werden. Die Denkmalpflege hat für diese Gebäude die etwas skurril anmutende Bezeichnung „Ereignisruine" geprägt.

Grundsätzlich kann man zwischen drei Rekonstruktionsfällen unterscheiden:

- Das zerstörte oder teilzerstörte Gebäude wird nur in Teilen rekonstruiert und durch neue „moderne" Zutaten im Inneren und Äußeren ergänzt.
- Das Gebäude wird im Äußeren in seiner ursprünglichen Erscheinung wiederhergestellt, im Inneren aber neu gestaltet.
- Das Gebäude wird im Äußeren und Inneren in seiner ursprünglichen Erscheinung wiederhergestellt.

Für den ersten Rekonstruktionsfall mag die Kaiser-Wilhelm-Gedächtniskirche in Berlin, ergänzt durch die Neubauten von Egon Eiermann, stehen, für den zweiten, weitaus häufigsten Fall die Frankfurter Oper oder das Schauspielhaus am Gendarmenmarkt in Berlin, und für den dritten Fall die Dresdner Frauenkirche oder aber das Theater „La Fenice" in Venedig, dessen Zuschauerraum nach dem verheerenden Brand wieder in der alten „kopierten" Rokokopracht erstrahlt. Welcher Rekonstruktionsfall auch immer vorliegen mag: Der Streit um Pro und Contra ist umso heftiger, je länger die Zeitspanne zwischen Verlust und Rekonstruktionswunsch, also Wiederaufbau, ist, je weniger an originaler Bausubstanz vorhanden ist, je stärker sich die gesellschaftlichen Verhältnisse geändert haben und je gesellschaftspolitisch bedeutungsvoller die jeweilige Bauaufgabe bewertet wird. Was und wie jeweils wiederaufgebaut wird, muss in langfristigen und schwierigen Abstimmungsprozessen entschieden und durchgesetzt werden.

Wie schwierig dies selbst bei einhelligem Rekonstruktionswunsch sein kann, spiegelt das bauliche Schicksal des Kronprinzenpalais an der Straße Unter den Linden in Berlin wider: 1733 von Philipp Gerlach errichtet – übrigens als Wohnsitz für die Braunschweiger Prinzessin Elisabeth Christine, die bekanntlich 1733 in Salzdahlum mit Friedrich II. vermählt wurde – erfuhr das Gebäude 1826 durch Schinkel eine durchgreifende Modernisierung, wurde von Strack 1856 mit einem weiteren Stockwerk versehen, von Tessenow 1930 „purifiziert" und 1968 von Paulick in der Strackschen Version im Äußeren wiedererrichtet. Interessanterweise hat man aufgrund der starken Kriegsschäden das noch bis dahin stehengebliebene Außenmauerwerk der Ruine vollkommen abgetragen, sodass die heute vor uns stehende Erscheinung eine völlige Neubauleistung der Nachkriegszeit darstellt, die sich allerdings am Bild der Strackschen Erscheinung aus dem Jahre 1856 orientiert. 40 Jahre nach dem völligen Untergang des Gebäudes spricht hier niemand mehr von Falsifikat oder Kopie, die das Haus im strengen Sinne zweifellos ist. Vollkommen selbstverständlich residiert es zwischen der Oper und kürzlich wiedererrichteter Kommandantur in vertrauter Erscheinung, auch wenn es sich um eine vollkommene Replik handelt!

Gab es beim Kronprinzenpalais keinen – zumindest öffentlichen – Rekonstruktionsstreit, erfolgte bei einem anderen Bauwerk das Gegenteil: Am 14. Juli 1902 brach in Venedig der Campanile von San Marco, das über Jahrhunderte alles überragende Zeichen venezianischen Selbstverständnisses, in sich zusammen. Dieser Einsturz wurde als ähnlich katastrophal empfunden wie der Untergang der Serenissima durch die französische Okkupation im Jahre 1797. Am selben Abend beschloss der Stadtrat umgehend den Wiederaufbau „come era et dove era", wie er war und wo er war. Gleichwohl war dieser Wiederaufbau trotz des einhelligen Ratsbeschlusses heftig umstritten. Eine über 800 Titel (!) umfassende Bibliografie spiegelt die leidenschaftliche Debatte wider, die dem am 23.8.1903 beginnenden und 1912 abgeschlossenen Wiederaufbau im vertrauten Bild vorausging. Kaum jemand, der heute das prächtige Bild auf dem Markusplatz genießt, weiß um diesen Sachverhalt, und ich wage die These, dass niemand sich in seinem ästhetischen Genuss nachhaltig gestört fühlte, wenn er sich bewusst machte, dass der vor ihm aufragende Turm nur eine Kopie darstellt.

Am Beispiel der am 3. Juli 1906 durch ein Großfeuer vernichteten Hauptkirche St. Michaelis in Hamburg lässt sich besonders gut der erbitterte Streit zwischen „Rekonstrukteuren" und „Modernisten" erhellend dokumentieren. Die spontane Entscheidung des Stadtrates – der Laien –, die Kirche originalgetreu wiederaufzubauen, wurde von den Denkmalpflegern und Architekten – den Fachleuten – heftig kritisiert, unter anderem von Ludwig Hoffmann, Alfred Messel und Peter Behrens. So schrieb unter anderem Cornelius Gurlitt: „Der Geist der Alten war aber der der stilistischen Freiheit von antiquarischen Neigungen. Die Herren sehen nicht ein, dass sie zwar fremde Formen, nicht aber den Geist kopieren können." Die vehementeste Kritik kam von dem damals in Dresden lebenden Fritz Schumacher, der im Sinne des von ihm für den deutschen Sprachraum entdeckten John Ruskin auf die Aussage, man habe doch die Pläne und könne die Kirche nachbauen, ausrief: „Ihr, die Ihr dies sagt, habt keine Ahnung von Architektur. Nicht das, was man in cm festlegen kann, gibt die Musik eines Werkes; in dies rohe Schema geheimnist erst die Hand des fühlenden Meisters den Zauber der Wirkung, wenn er das Detail in natürlicher Größe schafft. Und wenn Ihr seine Handschrift noch so sehr zu imitieren trachtet, schon die nächste Generation wird die gefälschten Unterschriften nicht mehr honorieren. Wenn sie richtig empfindet, wird sie keinen Respekt haben vor der Kopie, dieser Respekt lässt sich nicht zwingen, den gibt nur der echte Hauch aus einer Zeitepoche! Selbst wenn man auf diese Weise zu einem guten Resultat kommen könnte, dürfte man es dennoch nicht aus Rücksicht auf die lebende Kunst, dürfte man es nicht aus dem Stolz, den jedes Geschlecht auf seine eigene Existenz haben muss, wenn es nicht später im Reigen der Entwicklung verächtlich erscheinen will!" In diesen hochgestimmten Worten Fritz Schumachers manifestiert sich jener selbstbewusste Anspruch auf baukünstlerische Authentizität, der bis heute Rekonstruktionen grundsätzlich ablehnt. So finden sich in Schumachers 1907 formulierter Schrift viele der Topoi, die auch heute den Diskurs bestimmen: Rücksicht auf die „lebende Kunst", der „Stolz auf das Künstlertum", die „Hand des fühlenden Meisters", der „Hauch der Epoche" und last but not least der „Verrat" an der eigenen Epoche, der Gegenwart, den es zu verhindern gilt. All diese Begriffe tauchen in den heutigen Debatten mehr oder weniger modifiziert auf, wichtige, aber eben nur Teilaspekte der Diskussion überzeichnend.

Schumacher selbst hat übrigens am Ende seines Lebens unter dem Eindruck der verheerenden Zerstörung des Krieges seine 1907 geäußerte stürmische Haltung korrigiert: „Ich würde heute eine historische Wiederherstellung der Michaeliskirche, den Zustand von 1906 vorausgesetzt, ohne weiteres bejahen und zwar nicht nur im Hinblick auf den Turm als Heimatzeichen, sondern allein schon wegen der Gestaltung des Innenraumes. Als ich diese noch nicht kannte, war ich anderer Ansicht." Es ist tröstlich zu lesen, dass auf Verhärtungen und leidenschaftliche Positionskämpfe auch gelassene sachliche Bewertung folgen kann …

Der Blick auf die Geschichte beweist: Nie gab es unumstrittene Lösungen, immer musste sich Rekonstruktion gegen Widerstände durchsetzen, immer musste um sie gerungen werden und die Antworten werden heute wie damals immer wieder unterschiedlich ausfallen. Deutlich wird auch, dass die Bedeutung des einzelnen Objekts nicht nur aus einer Funktion allein herausgelesen werden kann, sondern seine Rekonstruktion oder Kopie ihren Sinn immer aus einem großen und umfassenderen Wirkungszusammenhang erhält. Nie geht es nur um Funktionalität, sondern fast immer um das vertraute Bild, eben das „Heimatzeichen", die identitätsstiftende Figur, das Monumentum als Zeichen des Vergangenen. Diese Dimension des Rekonstruktionswunsches hat sich fast immer durchgesetzt, auch wenn sich die kritische Öffentlichkeit – und insbesondere die Architekten – fast immer gegen sie als ein „Zeichen von Schwäche" ausgesprochen hat und erst die Zeit zu einer gelasseneren und großzügigeren Haltung führte.

Ich selbst habe – obwohl ebenfalls zeitgenössischen Bauformen verpflichteter Architekt – auf die Nachrichten vom Wiederaufbau des Braunschweiger Welfen- oder des Berliner Hohenzollernschlosses – versunkener, vermeintlich endgültig verlorener Bausubstanz – nicht ablehnend reagiert. Lag es an der vorher geführten Diskussion und der Entscheidung zum Wiederaufbau der äußeren Fassaden des Berliner Schlosses – die nach Abwägung aller Argumente meine Zustimmung findet – oder lag es an der nun schon fast 20-jährigen täglichen Benutzung eines dem Ruinenstatus abgewonnenen wunderbaren kleinen klassizistischen Palais, das mein Vater 1974 als einfühlsame Kombination von Alt und Neu, von Klassizismus und Moderne rekonstruierend erneut zu glanzvoll-leuchtender Erscheinung führte, dabei bewusst die alte Erscheinung im Äußeren wiederherstellend und im Inneren moderne Formensprache großzügig anwendend? Selbst in einem rekonstruierten Denkmal lebend und arbeitend, bin ich vielleicht einer „manipulativen Dauerbeeinflussung" ausgesetzt, die mich den Streit offensichtlich gelassener verfolgen lässt. Wahrscheinlich aber gründet diese Einstellung in der Erkenntnis, dass die Nichtrekonstruktion des vertrauten, streng klassizistischen Äußeren eine wesentliche Schicht des Gebäudes übergangen und somit unzulässig eliminiert, sein Wesen verfehlt und einen ursprünglich vertrauten Baustein des Stadtbildes nicht wiedergewonnen hätte. Auf römischen Fundamenten im Castrum Romanum gründend wurde das Gebäude – als Teil eines ehemaligen Hofgutes 1220 erstmalig erwähnt – 1265 vom Grafen Wilhelm von Jülich erworben. Seine Gattin Richardis stiftete die Anlage als Kloster, das 1305 vom Erzbischof geweiht wurde und bis zur Säkularisation 1803 fast 500 Jahre als Clarissinnenkloster diente. Nach 1803 beherbergten die Mauern des Hofgutes eine Seiden- und Tabakmanufaktur und unterschiedliche Lagerräume, bis sie zu Wohnnutzungen umgewandelt wurden. Wechselnde Besitzer veränderten immer wieder das Innere. 1919 erwarb dann das Bankhaus Delbrück-von der Heydt das Haus und arbeitete hier bis zur Zerstörung in der „1.000-Bomber-Nacht" 1942. Als ausgebranntes Mauergeviert wartete die Ruine dann 30 Jahre lang auf ihre Wiederentdeckung, die 1972 durch meinen Vater erfolgte. Über drei Jahrzehnte nun leuchtet es als Amalgam unterschiedlichster Bauepochen in beglückender Gestalt im ansonsten eher unansehnlichen Kölner Häusermeer der Innenstadt.

Warum erzähle ich Ihnen diese Geschichte? Vielleicht weil das Haus viel von dem anspricht, was uns heute bewegt: Es versammelt über die Jahrhunderte viele Stile – Römisches, Romanik, Gotik und Barock, Klassizismus, Moderne – sowie die verschiedensten Nutzungen und erfreut uns – mit modernem Anbau als Entwurfsatelier genutzt – als über 2.000-jähriges „Patchwork" täglich aufs Neue. Öfters habe ich mir die Frage gestellt, ob die Rekonstruktion ihre historische Richtigkeit habe, ob sie nicht eine unzulässige Überformung des alten Zustandes darstelle, oder ob eine Collage aus alten Außenmauern und moderner Architektur auch im Äußeren eine angemessenere Lösung hätte darstellen können. Aber ich konnte diese Frage nie bejahend beantworten: So überzeugend, so gewinnend, so selbstverständlich ist die Wiederaufbauleistung meines Vaters, der die Ruinenreste nicht abräumte, sondern ihnen die alte Erscheinung zurückgab.

Kurioserweise sollte dieses Haus einmal die Bundesgeschäftsstelle des Bundes Deutscher Architekten BDA werden: Ein verbandsinterner Wettbewerb wurde 1971 ausgeschrieben, der von meinem verehrten Lehrer, Professor Max Bächer, gewonnen wurde. Dieser Entwurf sah die Beibehaltung nur noch eines Mauerwinkels in ruinöser Form und die Errichtung eines davon unabhängigen Neubaus in der damaligen Gestaltungssprache – man könnte auch sagen Architekturmode – vor. Es war „state of the art" der damaligen Zeit, hätte aber – wie ich heute glaube – dauerhaft wohl nicht überzeugen können. Die konventionell-normale, die konservative Auffassung, die man auch damals im Kollegenkreis als reaktionär, anbiedernd und unehrlich bezeichnete oder einfach nur still belächelte, steht heute selbstverständlich und gelassen vor uns. Das heißt, der Verzicht auf das Zeitgeistige, das Setzen auf die „historisierende Karte" hat sich als richtig erwiesen und bewährt sich überzeugend in lapidarer Selbstverständlichkeit.

Fürwahr, ein erstaunliches Bild, eine Metapher für das Welfen- und Hohenzollernschloss vielleicht? Denn hier wie dort ist unabhängig von der jeweiligen Nutzung – so könnte man das Kölner Büro- und Wohnhaus auch heute zum Beispiel als Studio, Ladengeschäft, Showroom, Galerie, Restaurant, Museum oder Tagungszentrum nutzen – das Entscheidende die Rückgewinnung der Gestalt des Gebäudes und damit eines einmal vertrauten Bildes im Gesicht der Stadt. Zwar standen in Köln die Mauern aus dem Jahre 1838 noch bis zum Dachansatz, aber ich denke, es macht für die direkte Erfahrung keinen Unterschied, ob sie 1972 nicht mehr vorhanden gewesen bzw. abgetragen und wieder neu aufgerichtet worden wären, wie dies beim Kronprinzenpalais der Fall war oder jetzt beim Braunschweiger oder Berliner Schloss der Fall sein wird: Das wiedererstellte Bild ist das Entscheidende!

Nehmen Sie den Kranz der romanischen Kirchen, die den Dom in Köln umstehen und die 1945 fast alle bis auf ihre Turmstümpfe zerstört waren. Wiedergewonnen wurden sie als vertraute Begleiter bürgerlichen Selbstbewusstseins ebenso wie das Rathaus samt Turm und der Gürzenich. Damals ging es zum letzten um die Frage der Authentizität, sondern primär um die Rückerlangung des Vertrauten, die Negation des Verlustes, den rührend-verzweifelten Versuch, doch noch aus dem Wust der Vernichtung einen Rest von Stolz, von Geschichte, von Identität zu klauben. Das Ergebnis dieses Wiederaufbauwillens beschreibt der Stadtkonservator Dr. Ulrich Krings folgendermaßen: „Köln gehört zu den im 2. Weltkrieg am stärksten zerstörten historischen Großstädten Deutschlands. Im 60. Jahr seiner Nachkriegsgeschichte erweist sich sein Stadtzentrum, bestehend aus den deutlich ablesbaren Teilen Altstadt, Neustadt und Deutz, als ein bauliches Gefüge, das bei Bewahrung wesentlicher Teile seiner Vorkriegsgrundstruktur (Straßennetz, Blockbildung, Höhenentwicklung, funktionale Sektorierung) zu über 90 Prozent aus Nachkriegsbausubstanz unterschiedlicher Qualität besteht, die nicht zuletzt und gerade auch die während und nach dem Krieg neu angelegten großen Verkehrsschneisen säumt. Trotzdem wird das Stadtbild sowohl als Ganzes (hier ist vor allem die weltweit bekannte ‚Ikone' des Kölner Rheinpanoramas mit den Giebelhäusern des Rhein- und Martinsviertels überragt vom Dom und Groß St. Martin und dem Ratsturm zu nennen) als auch im Bereich wichtiger Platz- und Straßenensembles weiterhin als historisch ‚unterfüttert' bzw. dominiert wahrgenommen. Das liegt vor allem daran, dass neben dem in seiner Gesamtstruktur und in seinen stadtbildprägenden Teilen erhalten gebliebenen gotisch-neugotischen Dom die wichtigsten Leitbauten der Innenstadt trotz starker Zerstörung und in vielen Aspekten vom Vorkriegszustand abweichend ‚wiedererrichtet', ‚rekonstruiert', ‚zurückgewonnen' wurden, wie die geläufigsten Bezeichnungen lauten. Sie stehen heute als ‚Traditionsbauten' in einem gänzlich erneuerten städtebaulichen Umfeld, sind jedoch in dieses integriert, werden vielfältig genutzt und gelten bei den Kölner Bürgern wie den Besuchern der Stadt als die wesentlichen Identifikationsträger dessen, was ‚Köln' für die jetzt Lebenden bedeutet. Es sei als These formuliert: Ohne diesen erst Mitte der 1990er-Jahre abgeschlossenen und von engagierten zeitgenössischen Diskussionen begleiteten Prozess der ‚Rückgewinnung' ihres stark zerstörten und 1945 als fast verloren geltenden architektonischen Erbes wäre die 2.000 Jahre alte Stadt am Rhein nicht wieder zu dem kulturellen und ökonomischen Zentrum geworden, als welches sie sich heute im vorderen Rang der Städte Deutschlands und Europas nach allgemeiner Übereinkunft befindet."

Eine ähnliche legitime Wiedergewinnung ihres architektonischen, über Jahrzehnte versunkenen Erbes versuchen nun auch Braunschweig und Berlin mit der Rekonstruktion der zentralen Schlossbauten. Versehen mit diesen Kölner Erfahrungen, sozusagen unter „rekonstruiertem Himmel" lebend, verbietet sich der häufig zu beobachtende aggressive Furor der Rekonstruktionsdebatte und weicht einer gelassenen, gleichwohl nicht unengagierten Haltung.

Für mich übersteigt die Tatsache der Rückaneignung der Geschichte, ihre Rückgewinnung in ihrer Bedeutung die Frage der baulichen Authentizität bei Weitem: Denn das gesellschaftliche Selbstbewusstsein braucht identitätsstiftende Bilder und Anknüpfungspunkte, Monumente der Erinnerung, Anker im Strom der Zeit. Das Wirkungsmächtige der Erscheinung des Welfen- wie des Hohenzollernschlosses, dieser einst stadtbildprägenden Bauten, wird daher schmerzlich vermisst. Wie kann es sonst sein, dass über Jahrzehnte in beiden Fällen der Verlust des Schlosses spürbar blieb, der Wunsch nach Rekonstruktion nicht verstummen wollte und das Gefühl, um etwas Wesentliches gebracht worden zu sein, nicht enden will? Die *civitas*, die Stadtgesellschaft, will erneut ein eindeutiges, einmaliges, unterscheidbares Bild von sich im Bild der alten stadtbildbestimmenden Architekturen erschaffen. Diese städtische Gesellschaft, die eine zaghafte Renaissance erfährt und die so notwendig für unser Zusammenleben ist, sie will sich wiedererkennen im Bild ihrer Stadt, eben auch in ihren historischen Bauten und seien diese auch nur Nachbauten. Und bei diesem Wunsch spielt die leider mehrheitlich mediokre Gestaltung unserer Städte eine nicht unerhebliche Rolle.

Denkt man zum Beispiel an Braunschweigs große Geschichte, welche Rolle es im Werden unserer Nation durch die Epochen – teils blendend, teils bescheiden – gespielt hat, kann einen angesichts der armseligen Erscheinung seiner städtischen Mitte nur Melancholie überfallen. Daher glaube ich, dass die Wiedererrichtung des Ottmerschlosses als leuchtendes Beispiel klassizistischen Gestaltdenkens ein Gewinn sein wird, weil es – selbst als Attrappe – der Wirklichkeit einen Spiegel vorhalten wird, der sie beschämt, und selbst als Kopie die Erinnerung an ästhetische Maßstäbe der Vergangenheit wachrufen wird, die wir verloren haben. Ich sehe deshalb auch den Wiederaufbau in einem bewusst historisch, aber auch ästhetisch definierten Kontext.

Natürlich wird mit der Rekonstruktion auch ein politisches Zeichen gesetzt und gerade deshalb wird sie ja auch so heftig bekämpft. Dies Zeichen ist aber gar nicht rückwärtsgewandt und „reaktionär", sondern zukunftsorientiert, so paradox das klingen mag. Denn bei den wirklich ernsthaft Urteilenden verbirgt sich dahinter doch der Wunsch, die Stadt gerade auch in ihrem geschichtlichen Bild wieder zu gewinnen als Ort des Miteinanders, als Ort der Begegnung, als Ort des Stolzes, die Stadt als Ort kultivierter Urbanität und Lebenskultur. Es ist die Sehnsucht nach einem Zustand des öffentlichen Raumes, der abhanden gekommen ist und in 50 Jahren blinder Fortentwicklung keiner größeren Gestaltungs- und Erinnerungsidee unterworfen war, die sich nun im Rekonstruktionswunsch vehement artikuliert.

Ich empfinde es unter diesem Aspekt geradezu als grotesk, dass die Befürworter von Rekonstruktionen sich quasi dafür entschuldigen sollen, dass sie einen solchen weitergehenden ernsthaften Ansatz verfolgen und sich zudem als sentimentalisch-rückwärtsgewandte Dumpfbacken einordnen sollen. Es geht eben nicht um Schlossgespenster und Kulissenschieberei, sondern um die Wiedergewinnung von Vertrautem und ästhetischen Maßstäben.

In dieser Debatte vermisse ich Großzügigkeit, Gelassenheit und letztlich Freiheit in der Beurteilung. Vielerorts sind inzwischen die Schlachten geschlagen und der Pulverdampf verzogen. Man muss den Frankfurter Römer nicht schön finden, aber muss ihm identitätsstiftende Wirkung für Frankfurt zugestehen. Niemand erregt sich heute über den Wiederaufbau des Goethe-Hauses, dem auch damals eine leidenschaftliche und heftig geführte Debatte vorausging und den man als nicht zu rechtfertigende Rekonstruktion und Geschichtsklitterung zu werten versuchte. Auch die Rekonstruktionskritik an der gerade wieder errichteten Kommandantur in Berlin erfolgte eigenartig matt und farblos und bei der Rekonstruktion der Bauakademie erhebt sich überhaupt kein Widerstand. Auch die Wiederaufstellung der drei großen Reformer Preußens, Thaer, Beuth und Schinkel, vor der Bauakademie ist schon vollzogen; die „Helden ohne Degen" stehen wieder am alten Platz, dem Schinkelplatz, der ja auch eine Rekonstruktion des Schlossareals darstellt. Seltsamerweise war kein Protest zu hören, letztendlich kann man auch hier von Falsifikat und Lüge sprechen. Man erinnere sich auch noch des heftigen Streites darüber, ob die Figuren von Scharnhorst und Bülow von Dennewitz vor der Neuen Wache von Schinkel wieder an ihren angestammten Platz zurückversetzt werden dürften, oder ob solche Wiederherstellung der alten Position nicht eine unzulässige reaktionär-konservative, ja militaristische Haltung reflektiere, der mit allen Mitteln Widerstand entgegengestellt werden müsse. Auch dieser Streit ist inzwischen ausgestanden und man kann wirklich nicht behaupten, dass unser Land, wie unterstellt, dadurch „militaristischer" geworden ist …

Gerade das letzte Beispiel verdeutlicht, dass bei der Frage von Rekonstruktion oft mit zweierlei Maß gemessen wird: „Aristokratische" Situationen und Gebäude scheinen es schwer, bürgerliche dagegen – weil unverdächtig – leichter zu haben im Diskurs um ihre erneute Errichtung. Dass beide die Leistung einer Epoche darstellen, Leistung von Künstlern, Handwerkern, Architekten und Verwaltungsfachleuten sind, beide auch das Bild der Stadt über Jahrhunderte prägten, wird bewusst zurückgedrängt, ja verdrängt. Der häufig linksintellektuell gestimmte Diskurs argumentiert weitaus ideologischer, als er es der gegnerischen Seite fälschlicherweise unterstellt.

Die Qualität der Debatte über das Berliner Schloss zeigt die tiefe Gespaltenheit unserer Gesellschaft zu ihrer eigenen Geschichte, spiegelt unsere auf mangelnder Bildung basierende Hilflosigkeit bis hin zum Selbsthass. Aus der einfachen Tatsache, ein Gebäude wiederzuerrichten, das über Jahrhunderte das Bild der Stadt an einem ihrer zentralen Punkte bestimmt hat, ist ein Glaubenskrieg geworden, in dem mit harten Bandagen teilweise unter der Gürtellinie gestritten wird. Wäre das Schloss 1950 gesichert und in den folgenden Jahren als repräsentative Kulisse für die DDR-Führung bewahrt worden, wie es nachträglich angeblich sogar von Honecker bedauernd zurückgewünscht worden ist: Niemand würde heute gegen seine Existenz angehen, es wäre vielleicht Sitz unserer Regierung, des Bundespräsidenten, des Bundestages. Man hat es abgerissen aus ideologischen Gründen, nun darf es nicht mehr sein und seine Neuerrichtung im alten Kleid wird als Lüge, Perversion und Deviation gegeißelt. Muss man derart auf seine Wiedererrichtung reagieren?

Die Rekonstruktion spiegelt den Versuch der Wiedergewinnung von Geschichte im Bild und Raum, sowohl in der Architektur wie im Stadtzusammenhang. Sie ist weniger an Originalität und Authentizität interessiert als am Wiedererstehen der alten und vertrauten Orte. Wem wollte man vorwerfen, dass er sich danach sehnt? Wenn man das Berliner Schloss wiederhaben will, so entsteht das am wenigsten aus dem Grund, das „alte Preußen" wiedererstehen zu lassen oder sich das Lebensgefühl einer versunkenen heilen Welt vorgaukeln zu wollen. Nein, das Problem liegt tiefer und die Sehnsucht zielt auf Anderes: Es geht den Menschen um die Form und die Erscheinung eines Bauwerks, die als wohltuend begriffen werden, seine Gestalt, letztendlich seine Schönheit. Es geht ihnen um die Wiederherstellung eines vertrauten erinnerten Zustandes, den in Vergessenheit treten zu lassen und zurückzudrängen auch nach Jahrzehnten offensichtlich nicht gelingen will. Man verteufelt die Rekonstruktionssehnsucht als rückwärtsgewandt, aber man sollte sich fragen, warum die Mehrheit der Gesellschaft sich in diesen Bildern des Gestern eher wiederzufinden glaubt als in den sich dauerhaft wandelnden formalen Leitbildern der Moderne, die ja nur einen Zuwachs an Komfort, aber wenig Zuwachs an räumlicher Geborgenheit, an identitätsfördernder Sinnstiftung und letztendlich nachhaltiger Schönheit geschaffen haben. Die moderne Architektur hat seit ihren Anfängen zu Beginn des 20. Jahrhunderts nur an wenigen Stellen unserer Städte vermocht, Räume, dauerhaft schöne Räume und Bilder zu schaffen und diese kapitale Fehlleistung unseres Städtebaus nach dem Zweiten Weltkrieg wird meines Erachtens die große Rekonstruktionsaufgabe der Zukunft sein.

Die Mehrheit der Bevölkerung flüchtet sich in die Bilder von Schlosskulissen doch auch deshalb, weil ihnen die Avantgarde zu wenig alternative Wahlmöglichkeiten bietet. Sie dafür, dass sie das Angebot der Moderne nicht nachfragt, zu beschimpfen, halte ich für unredlich. Vielmehr sollte man konstatieren: Rekonstruktionswünsche markieren auch das Versagen der Moderne, dauerhafte Bilder der Stadt zu schaffen und im Urbanen beglückende Lösungen zu finden. Die gegen die Schlossbefürworter gerichteten Angriffe müssten eigentlich einer tiefen Nachdenklichkeit weichen: Einer Nachdenklichkeit, die sich fragt, was die für die Gestaltung der Umwelt verantwortlichen Eliten letztendlich hervorgebracht haben, und was sie heute tun müssten, um die unstrittigen Vorzüge unserer technischen Entwicklung hin zu Gesundheit, Wohlstand, Komfort und Mobilität einzubinden in eine urbane und bauliche Ästhetik.

Also erneut zu fragen, wie wir die gute Stadt bauen, urbane Räume schaffen, Sicherheit und Geborgenheit, Funktionstüchtigkeit und bauliche Ästhetik so untereinander verknüpfen, dass diese Textur Menschen gewinnen und begeistern kann. Der Streit um die Rekonstruktion, die Kopie, die Nachbauten, er sollte uns dazu anstiften, die Fehlentwicklung der Moderne aufzuzeigen und zurückzubauen. Dabei sollten wir die erworbenen Freiheiten – auch auf der Ebene des Gestaltens – nicht aufgeben, doch kluge Maßstäbe für ihre Anwendung entwickeln, um bewerten zu können, wo sie richtig sind und wo nicht. Dies bedeutet, die Moderne dort fortzuschreiben, wo sie überzeugt und eben nicht, Rekonstruktion um jeden Preis anzuwenden, sondern nur dort, wo sie mehr identitätsstiftende Wirkung als zeitgenössische Lösungen entfalten kann. Vielleicht ließe sich im genauen Abwägen der Alternativen ein Zustand der Wirklichkeit gewinnen, in dem „Traditionalisten" und „Modernisten" sich nicht als Gegner, sondern als Partner verstehen könnten, die beide das gleiche Ziel haben:

Eine beglückende, bereichernde, die Existenz erweiternde Wirklichkeit zu schaffen, eben eine alle und alles umfassende Baukultur als würdiger Spiegel unserer Gesellschaft. Wäre dies nicht eine wunderbare Aufgabe? (…)

23.09.21

Der 225. Geburtstag Karl Friedrich Schinkels wird am 13. März 2006 in der Pfarrkirche zu Neuruppin begangen. Kaspar Kraemer hält den Festvortrag. Als praktizierender Architekt und Präsident des Bundes Deutscher Architekten erläutert Kraemer, wo seiner Meinung nach die aktuelle Relevanz im Werk Schinkels liegt. Für ihn findet sich diese Bedeutung zum einen in dem nach Schönheit strebenden Gestaltungswillen, zum anderen aber in dem gesellschaftlichen Menschenbild, dem dieser zugrunde liegt. Das Schöne, Wahre und Gute im Sinne einer klassischen Humanität trete, Kraemer zufolge, durch Schinkels Arbeiten zutage und könnte für heutige Generationen mehr denn je das Gebot der Stunde sein.

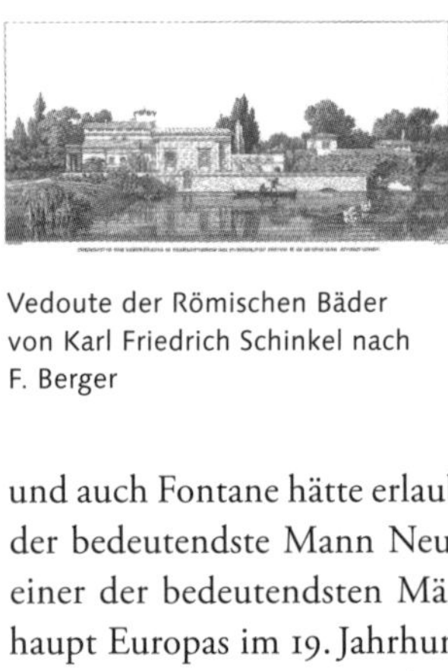

Vedoute der Römischen Bäder von Karl Friedrich Schinkel nach F. Berger

„Unter allen bedeutenden Männern, die Ruppin, Stadt wie Grafschaft, hervorgebracht, ist Karl Friedrich Schinkel der bedeutendste." Mit diesen Worten eröffnet Fontane seine Würdigung des großen Sohnes der Stadt in den *Wanderungen durch die Mark Brandenburg*, und auch Fontane hätte erlaubt hinzuzufügen, dass er nicht nur der bedeutendste Mann Neuruppins, sondern sicherlich auch einer der bedeutendsten Männer Preußens, wenn nicht überhaupt Europas im 19. Jahrhundert war.

(...) Wer bin ich, der ich von der Karl-Friedrich Schinkel-Gesellschaft gebeten wurde, auf ihn die Festrede an diesem Montagnachmittag in seiner Heimatstadt zu halten? Auch Architekt – nun gut. Und Vertreter der in den Bund Deutscher Architekten BDA berufenen, freiberuflich tätigen selbständigen Architektinnen und Architekten dieses Landes – auch gut. Aber das ist ja auch schon alles und eine unzureichend erscheinende Legitimation.

Es tritt allerdings hinzu – und das mag die Auszeichnung der Aufforderung zu dieser Festrede rechtfertigen –, dass ich Schinkel immer verehrt habe, seitdem ich – betört und gefangen von der romantischen Vedoute der Römischen Bäder im Kunstgeschichtsseminar an der Technischen Universität Darmstadt im Jahre 1970 – zum ersten Mal bewusst mit ihm zusammengetroffen war. Er hat mich bis heute nicht losgelassen in seiner Faszination, ja er ist in diesen 35 Jahren der immer wiederkehrenden Begegnung erst recht zu einer Instanz geworden, deren hohes Ethos, ungeheurer Fleiß und wunderbare Sehnsucht nach Schönheit und Harmonie Maßstab und Verpflichtung geworden sind in einem Alltag, der nur noch so wenig mit seinen Idealen und Vorstellungen zu tun zu haben scheint.

Als Karl Friedrich Schinkel am 9. Oktober 1841 nach einjähriger vorausgegangener geistiger Umnachtung starb, endete das Leben eines Mannes, dessen kunstgeschichtliche Bedeutsamkeit nicht nur in der unbezweifelbaren Genialität einzelner Bauwerke, sondern in der erstaunlichen Vielseitigkeit, ja der Universalität seines Wirkens begründet war. Alle Möglichkeiten baukünstlerischer Erfindung und Gestaltung seiner Zeit glänzend beherrschend, war er bei genauer Betrachtung seiner Zeitverhältnisse ein Suchender, der alle Baustile, vom Klassizismus über die Neogotik und Neo-Renaissance bis zu den ersten Anfängen rationellen modernen Bauens, gekonnt durchzuspielen vermochte. Die spezifisch künstlerische Seite der Architektur mit den praktischen und ökonomischen Erwartungen verbindend, wandte er sich allen Bauaufgaben seiner Epoche mit stets gleicher Intensität zu und erfand für sie wegbahnende neue Gestaltungen.

Kenntnisreicher Bauhistoriker, war er zudem einer der Begründer der modernen Denkmalpflege, und als disziplinierter Beamter verstand er es, das Bauwesen eines ganzen Staates in ästhetischer Hinsicht zu organisieren und eine Architekturtradition zu begründen, deren Entwicklungslinien über den Beginn des neuen Bauens bis in die Gegenwart reichen. Zudem war er einer der bemerkenswertesten romantischen Maler, zählt zu den hervorragendsten, neue Wege gehenden Bühnenbildnern und entwarf Möbel und andere Gegenstände des täglichen Gebrauchs, alles unter dem Anspruch, eine durchgängige ästhetische Gestaltung seiner ihn umgebenden Welt durchzusetzen. Als Mann des Übergangs zwischen dem Zerfall der alten Feudalsysteme und dem Beginn des modernen Zeitalters versuchte er die einander widerstrebenden Tendenzen seiner Epoche zu meistern und ein humanistisches Bildungsideal aufrechtzuerhalten, das von der Notwendigkeit der ästhetischen Erziehung des Menschen bestimmt war. Die Verbildlichung dieser Idealität durch die Baukunst in klarer und begeisternder Gestalt war für ihn die eigentliche, die vornehmste Aufgabe des architektonischen Schaffens. Dass er diesen großartigen Anspruch im kargen Preußen umzusetzen wusste, ist das eigentlich Bewundernswerte seiner Lebensleistung. Immer sparsam, maßbewusst und bescheiden, gab er doch seinen Schöpfungen durch Feinheit, Proportion und Maßstab eine Harmonie und festliche Würde, die die materiellen Beschränkungen stets vergessen ließen und trotz aller Einfachheit seiner Überzeugung Ausdruck verliehen, dass das Ästhetische die Menschen nicht nur erfreuen, sondern auch moralisch bessern würde.

Auch in diesem kurzen Lebensüberblick wird deutlich, welch ungeheurer Reichtum sich in Schinkels Wirken abbildet und wie vielfältig der Kosmos ist, aus dem man schöpfen kann, wollte man ihn auch nur annähernd in einer seiner zahlreichen Facetten darstellen.

Was könnte man nicht alles zum Thema dieser Festrede machen: Zum Beispiel

· Schinkels Sehnsucht nach Schönheit und Vollkommenheit,
· seinen Willen, die disparaten Momente seiner Epoche zur Einheit zu bringen,
· seinen gewaltigen schöpferischen Grundimpuls, der ihn in die Lage versetzte, ein so unendlich reiches Œuvre hervorzubringen,
· seine organisatorische und strategische Begabung, sein hochgestimmtes Selbstbewusstsein als Architekt,
· seine Begeisterungsfähigkeit, sein hohes Ethos der Gesinnung und moralischen Lebensführung,
· sein Sendungsbewusstsein,
· seinen kühlen Ehrgeiz, seine Berechnung,
· seine Kalkulationsfähigkeit, seinen unendlichen rastlosen Fleiß und die sich selbst kasteiende Disziplin,
· seine tiefe Humanität, seine freundliche Aufmerksamkeit und Neugier,
· seine Intensität des Forschens und der Suche nach den geistigen Grundlagen seines eigenen Schaffens,
· seinen pädagogischen Impuls,
· die Komplexität seiner künstlerischen Produktivität …

… hochspannende Themenkomplexe, die darzustellen mehr als reizt.

Und wie könnte man sich in jedes seiner einzelnen Bauwerke vertiefen, in die Umstände ihres Werdens, ihre Qualitäten und Besonderheiten. Darüber hinaus in die Verhältnisse seines Lebens, seine Italien- und Englandreise, seine Beziehung zu König und Königin, Kronprinz und Prinzen, zum Hof, zu Kollegen, zur Bauverwaltung und Bauakademie, zu Freunden und Gleichgesinnten – Künstlern, Bildhauern, Malern und Dichtern. Welch ein Kosmos. (…) Bei aller Gloriole, die ihn umgibt, ist es doch immer wieder erstaunlich, wie selbstverständlich sein Schaffen und Wirken zurückzuführen ist auf jene praktische Nützlichkeit, Zweckorientierung und moralisch nüchterne Alltagsorientierung, die sein Lebenswerk auszeichnet und die seine Aktualität bestimmt bis auf den heutigen Tag. Gerade dieses erstaunliche Oszillieren zwischen Idealität und nüchtern praktischer Lebenshaltung, zwischen Pathos und Disziplin, zwischen romantischer Sehnsucht und pragmatisch lebenszugewandter Pflichtauffassung bietet immer wieder auf jeder Ebene seiner Produktivität die Möglichkeit sowohl zu verklärender Bewunderung als auch gleichzeitig realistisch alltäglicher Analyse, ein Persönlichkeitszug, der seine Faszination schon zu Lebzeiten ausmachte und sich gehalten, ja gesteigert hat bis zum heutigen Tag.

(…) Denn Erinnerung an einen großen Menschen kann nur dann wertvoll sein, wenn wir sie verstehen als Chance und Aufforderung, unserer eigenen Zeit Anregung und Orientierung zu liefern. Gerade weil Karl Friedrich Schinkel an einer Nahtstelle, im Übergang, in einem tiefgreifenden Epochenwandel lebte – und das Jahr 1806, dessen Ereignisse wir in diesem Jahr in ihrer 200-jährigen Wiederkehr erinnern werden, markiert diesen Epochenwandel, der mit dem Ende des Absolutismus und dem Beginn des bürgerlichen Zeitalters, dem Ende der agrarisch geprägten Ordnung und dem Beginn der Industrialisierung, der Verwandlung und Entzauberung einer religiös oder mythisch in eine vernunft- und materiell diesseitig geprägten Welt nur andeutend umschrieben ist – gerade weil Karl Friedrich Schinkel mitten in diesem unsicheren, in seinen Auswirkungen nur erahnten, aber noch nicht beschreibbaren Zeitabschnitt steht; gerade weil Karl Friedrich Schinkel die „Progressen, die wahrhaft schrecklich sind“, am Beginn der heraufdämmernden Moderne so intensiv empfunden und zu bewältigen versucht hat, ist er eine Persönlichkeit, die die Grundprobleme der Moderne schon im Keim in sich trägt. Und weil er diesen Übergang, bewusst oder unbewusst, so intensiv empfunden hat und sich Rechenschaft abzulegen versuchte über seine Bestimmung, seine Verantwortung und Aufgabe, gerade deshalb ist er für uns, die wir uns in ähnlicher Situation – wenn auch auf einer höheren Stufe – befinden, so erstaunlich aktuell und präsent. Schinkels Faszination für uns Heutige speist sich nicht zuletzt aus diesem Versuch der dauernden Selbstpositionierung, die angesichts ungeheuerlicher Veränderungen im Äußeren und ihrer Verarbeitung im Inneren in ihrer fast verzweifelten Suche eine Modernität besitzt, die uns zu bestürzen vermag und ihn interessant macht als Mann der Gegenwart, auch wenn er uns aus einer versunkenen Zeit herübergrüßt. Und ich stimme völlig jener heiter-weisen Formulierung von Professor Bodenschatz zu, mit der er seine kenntnisreiche Würdigung Karl Friedrich Schinkels am vergangenen Dienstag in Neuhardenberg bei der offiziellen Vorstellung der wunderschönen Briefmarke zu Ehren von Schinkels 225. Geburtstages abschloss: „Auch wenn Schinkel mit 225 Jahren schon sehr alt ist, hat er seine Zukunft wohl noch vor sich."

Warum könnte er recht haben? Die 55-Cent-Briefmarke zeigt Schinkels wunderbare Bleistiftzeichnung des Alten Museums, die er 1823 als Vision seines großartigsten Stadtbausteins eines neuen Berlins der erstaunten Öffentlichkeit vorstellte. Dieses dem Schloss gegenübergestellte Gebäude, das die Bildungsidee jener wunderbaren Jahre der Gestaltwerdung des preußischen Idealismus einer Inkunabel gleich in sich versammelte, war und ist die Apotheose seiner Kunstauffassung, die der Architektur die Rolle einer „Erzieherin des Menschengeschlechtes" zuwies, so wie es 25 Jahre zuvor Friedrich Schiller von der gesamten Kunst verlangt hatte. Selbstbewusst dem Schloss gegenübergestellt, schuf es nicht nur den zentralen Raum der Hauptstadt neu, sondern veranschaulichte im Baukörper die Idee der Bildung sowie der sittigenden Kraft der Kunst und fasste in der kühnen Idee einer modernen *Stoa poikile* seine Vorstellung von dieser zentralen Aufgabe, der pädagogischen Funktion der Architektur, zu einem wirkungsmächtigen Bild zusammen. Ein Bild, das auch seiner Auffassung von der Rolle des Künstlers vollkommenen Ausdruck verlieh: nämlich, ästhetische Führung im Sinne einer staatsbürgerlichen Verantwortung zu übernehmen. Dieses hohe Ideal, das doch all seinen Bemühungen zugrunde lag, wie ist es hier zur stadtbildprägenden Anschauung gelangt! Stolz und selbstbewusst, in gelassen-souveräner, den Baukörper gekonnt gliedernder Meisterschaft erhob sich auf einer bis dahin ortlosen Fläche die glanzvolle Verkörperung jener Gedankenwelt, die die Bestimmung des Menschen zu Bildung und Vervollkommnung in höherer Sittlichkeit beschlossen sah. Jene Gedankenwelt, die zutiefst davon überzeugt war, dass die Schönheit die Vergegenständlichung der Wahrheit ist, ja diese in der Schönheit zu sinnlicher Anschauung gelangt, und dass im Begriff des Guten beide, die Wahrheit und die Schönheit, zu moralischer Instanz emporwachsen und sich vereinen. Dies aber ist die bauliche Umsetzung der Ideenwelt der Weimarer Klassik, es ist die Inkorporation der geistigen Welt Goethes und Schillers.

Schinkel und Schiller: ein bis heute nicht genug gewürdigtes Verhältnis. Denn wenn auch Schinkel und Schiller sich nicht persönlich begegnet sind so wie Schinkel und Goethe – der aus dem kleinen Weimar die Arbeit der Architekten in der Hauptstadt interessiert verfolgte – so will es doch bei genauer Betrachtung erscheinen, als sei die Verherrlichung der Kunst als Erzieherin des Menschengeschlechtes, die jener in hochgenauen, präzisen und wunderbaren Worten gefeiert hat, die Grundsubstanz gewesen, aus der sich auch Schinkels Kunstauffassung formte und auf die er sich bezog. Eine Kunstauffassung, in der sich Schinkel wiedergefunden haben muss und in der er sich bzw. seine Vorstellung von der Rolle der Architektur und des Künstlers und seines Bildungsauftrages formuliert gesehen hatte. Und wie genau beschreiben jene Verse aus Schillers großartigem Gedicht „Das Ideal und das Leben" aus dem Jahre 1797 die Arbeitsweise von Schinkel:

„Wenn das Tote bildend zu beseelen,
Mit dem Stoff sich zu vermählen
Tatenvoll der Genius entbrennt,
Da, da spanne sich des Fleißes Nerve,
Und beharrlich ringend unterwerfe
Der Gedanke sich das Element.
Nur dem Ernst, den keine Mühe bleichet,
Rauscht der Wahrheit tief versteckter Born,
Nur des Meißels schwerem Schlag erweichet
Sich des Marmors sprödes Korn.
Aber dringt bis in der Schönheit Sphäre,
Und im Staube bleibt die Schwere
Mit dem Stoff, den sie beherrscht, zurück.
Nicht der Masse qualvoll abgerungen,
Schlank und leicht, wie aus dem Nichts gesprungen,
Steht das Bild vor dem entzückten Blick."

„Wie ist das gesagt: Wie verbindend leiht es Sprache – pathetisch, aber exakt – dem Trachten und der Erfahrung jeder künstlerischen Existenz." Mit diesen Worten erfasste und würdigte Thomas Mann in seiner berühmten Rede vom 9. Mai 1955 zum 150. Todestag Schillers dessen großartige Darstellung der den klassischen deutschen Idealismus bestimmenden Künstleridee.

Und wie sehr kann man darin auch die Arbeitsweise Schinkels erkennen: Beseelung der toten Materie, die tatenvolle Entbrennung, die Begeisterung; die Beharrlichkeit, die dauernde Auseinandersetzung; den Fleiß, die Anspannung, den Ernst und die Mühe – und schließlich die Gedanklichkeit, die Idee, die zur Wahrheit und Schönheit wird und die der schweren Masse die leichte und beglückende Gestalt in handwerklichem Ernst abringt – wie exakt findet man hier Schinkel beschrieben! Exaktes Pathos – kann man Schinkels Lebenswerk verbal genauer fassen? Ist dieser Begriff nicht eine der möglichen Überschriften über sein Leben? Und liegt nicht in dieser Formulierung auch ein Hinweis auf die großartige Dimension dieses Bildungsgedankens, dessen mangelnde Berücksichtigung ein Zeichen unserer Gegenwart ist? Und ist es nicht das, woran es unserer Zeit so auffallend gebricht?

In jener erwähnten Rede spricht Thomas Mann vom „Vitamin Schiller", und so will es mir angesichts unserer baulichen Gegenwart erscheinen, dass auch jenes „Vitamin Schinkel" heute schmerzlich vermisst wird. Angesichts der Krise der Moderne, in der wir uns befinden, erscheint mir eine erneute Renaissance dieses wunderbaren Mannes so falsch nicht zu sein. Denn seiner Auffassung einer möglichen Einheit der Welt von der Türklinke bis zum Städtebau, die in Harmonie und Klarheit den Rahmen bilden soll für unser Zusammenleben, liegt eine unerhörte Modernität und ein bis heute uneingelöstes Versprechen zugrunde: dass es möglich sein könnte, eine Welt zu schaffen, die auf der Grundlage präziser Gedanklichkeit und poetischer Beseeltheit die Umstände des Lebens veredelt und überhöht und die Wirklichkeit mit einem Glanz versieht, dessen wir alle bedürfen.

Führt man sich diese Weltsicht vor Augen, wird einem erschrocken bewusst, wie weit wir uns von dieser Vorstellung entfernt haben. Wohin haben wir uns entwickelt? Wie gleichgültig behandeln wir die Welt? Wie gering achten wir diesen Anspruch der bildenden Gestaltung? Wie ungeistig verwandeln wir die uns überantwortete Schöpfung in Banalität und Hässlichkeit, ohne Niveau, ohne Haltung, ohne eine geistige Grundlage, ohne jenen kategorischen Imperativ, der aus der Schönheitsfähigkeit des Menschen auch eine Schönheitspflichtigkeit ableitet? Und ist es nicht so, dass wir gerade aus dieser unbewussten Vernachlässigung heraus eine Welt geschaffen haben, deren Defizite bedrücken und jenes tiefe Gefühl des Unbefriedigtseins provozieren, das uns angesichts unserer Städte befällt? Wir fliegen zum Mond, durchaus eine phantastische Leistung menschlicher Intelligenz, aber wäre es nicht richtiger, unsere Welt hier, in Verantwortung gegenüber diesem Schönheitssinn, zu gestalten und unsere Fähigkeit auf diesen Traum zu konzentrieren, den Karl Friedrich Schinkel in seinem Bild „Blick in die Blüte Griechenlands" hat anschaulich werden lassen, in dem er seine Vision einer bewusst unter Schönheitskriterien gestalteten Welt als Maler anschaulich werden ließ? Die Vision einer Gemeinschaftsanstrengung, die die Wirklichkeit bewohnbar zu machen versucht im Schatten einer die Menschheit versammelnden Idee? Eine Idee, die die Stadt zum Beispiel als bedeutendste Organisations- und Kunstleistung des Menschen gestalterisch überformt im Sinne einer Schönheitssehnsucht und sie ausgestaltet zum Ort vernünftigen Zusammenlebens?

Ich gestehe: Tiefster Idealismus! Aber warum denn nicht? Worum geht es denn, wenn nicht um „der Menschheit große Gegenstände" im Sinne Schillers? Wohin wollen wir uns eigentlich entwickeln, wenn wir nicht diese Bildungsidee der Versöhnung und beglückenden Gestaltung zum Gradmesser unseres Handelns machten, von dem Schinkel so durchdrungen war, dass er sich rastlos immer neuen Aufgaben zuwandte? Warum investieren wir Milliarden in Förderprogramme, wenn wir nicht diese eine geistige Idee unserer Existenz hätten, die Richtlinie und Maßstab unseres Handelns wäre? „Es ist der Geist, der sich den Körper baut" – dieses große Wort aus dem *Wallenstein*, das so knapp und präzise das Wesentliche formuliert: Wie wird es angesichts des Werks von Karl Friedrich Schinkel anschaulich und verständlich als Grundlage seines Schaffens? Und wie sehr empfinden wir die Abwesenheit dieses stolzen Imperativs im Anblick der von uns verantworteten Welt? Wenn die Erinnerung an Karl Friedrich Schinkel einen Sinn haben soll, wenn dieser Augenblick des Gedenkens nicht versinken soll in banaler Feststunden-Feierlichkeit, dann ist es geboten, an diese große Gedankenwelt anzuknüpfen und mit diesem Anspruch versehen an die Welt Hand anzulegen, so wie er es tat, für den „Phlegma ein sündhafter Zustand war". Und es ist doch eindeutig: Ohne einen Begriff unseres Handelns, ohne eine geistige Grundlage unserer Tätigkeit, ohne eine Idee von unserer Aufgabe finden wir keine Perspektive für unsere Arbeit. Dies sich bewusst zu machen, ist der Grund, warum wir uns an Karl Friedrich Schinkel erinnern sollten und geradezu müssen, da es unserer Zeit so sehr an Sinnstiftung mangelt.

Meine sehr verehrten Damen, meine Herren: Es mag sein, dass dieser wunderbare Ort zu unzulässig hochgestimmtem Ton verführt, der manchem zu pathetisch klingen mag, auch unserer Zeit unangemessen und wenig hilfreich zur Lösung unserer praktischen Probleme. Aber der Kerngehalt dieser Botschaft bleibt davon unberührt. Und ich möchte meine Worte daher auch nicht als Gedanken eines rückwärtsgewandten Träumers missverstanden wissen: Dieses „Pathos" ist exakt, weil es sich als praktischer Dienst am Leben versteht, als Handlungsanweisung, als sinnstiftende Wirklichkeitszugewandtheit, die von der festen Überzeugung getragen ist, dass aus dieser geistigen Welt heraus unsere Alltäglichkeit zu bestimmen ist und unsere Verantwortung auf jeder Ebene des Daseins darin besteht, der Idee des Schönen, Wahren und Guten im Sinne einer klassischen Humanität zur Wirksamkeit zu verhelfen, und dass gerade der Architektur hierbei eine entscheidende Aufgabe zukommt.

Wir haben uns daran gewöhnt, solche Gedanken zu belächeln, ja vielleicht angesichts des Zustands unserer Welt sogar ärgerlich abzutun, vor allem nach dem ungeheuren Missbrauch dieser Ideale in unserer Vergangenheit. Aber es bleibt doch wahr, dass wir uns danach sehnen, in gestalteten Räumen zu leben, in schönen Städten wohnen wollen, unserem Handeln eine Idee zu unterlegen und über eine geistig geprägte Konzeption unserem begrenzten Dasein Sinn und Richtung zu geben suchen. Und die Möglichkeit dazu bietet uns die Architektur, verstanden als Baukultur im weitesten Sinne! In allem, was Karl Friedrich Schinkel betrieben hat, scheint dieser Gedanke auf; er war der Motor seiner ungeheuren Lebensleistung, vor der wir uns verneigen in Ehrfurcht und Staunen. Und ich glaube, dass kein Architekt, so beschränkt auch sein Wirkungskreis sein mag, ganz frei ist von dieser Idee der Gestaltbarkeit der Welt aus Verantwortung und humanitärer Gesittung heraus. Diesen Gedanken auf die Höhe der möglichen Erkenntnis zu treiben und den Dialog der Nachdenklichen zu beglückender Gestaltung der Realität umzuformen, ist heute wie damals das Gebot der Stunde. Und es gilt das stolze Wort von Karl Friedrich Schinkel: „Der Architekt ist seinem Begriffe nach der Veredler aller Verhältnisse." Und dies eben nicht auf der Ebene arrogant-autistischer Selbstverwirklichung, sondern auf der Grundlage tiefer humanistischer Bildung und Ernsthaftigkeit.

Die Ideen der Aufklärung, die Schillers und Schinkels Denken prägten, liegen auch der freiheitlich verfassten Grundordnung unseres Staates zugrunde. Und der Staat als Zusammenschluss des Willens seiner Bürger müsste die hohe Führungskraft, die in dieser gedanklichen Welt liegt, wieder stärker reflektieren. Und nicht als ein von oben nach unten Aufgezwungenes, sondern als ein von allen Ersehntes und Verlangtes. Ästhetische Führung auf der Ebene staatsbürgerlicher Verantwortung: wäre das nicht eine wunderbare, vieles und viele versammelnde Aufgabe?

Unser Staat ist heute – glücklicherweise – nicht mehr absolutistisch geprägt. Wir leben in Freiheit und Wohlstand, und die Rechte des Einzelnen sind uns heilig. Die Selbstverwirklichung steht ganz oben in der Werteskala, und auch die „baukünstlerische" Freiheit ist in der Verfassung geschützt. Insofern wird ein ästhetisch korrigierender Beamter, wie es Karl Friedrich Schinkel am Beginn seiner Laufbahn war, in dieser Form nicht mehr möglich sein. Auch hat sich der Staat aus der ästhetischen Führung zurückgezogen und kann nur über weitläufige Gestaltungssatzungen vielleicht das Schlimmste verhindern; gestalterisch und dann auch noch bis ins Detail hineinführen, ist ihm versagt. Das baukünstlerische Schaffen, das architektonische Wollen ist der Verantwortung des Einzelnen überlassen, und dass diese Freiheit problematisch ist, kann man am Bild unserer Städte überdeutlich ablesen. Hieraus könnte sich eine ästhetische Ordnungsfunktion des Staates neu begründen und Staat und Individuum, Bauverwaltung und freischaffende Architekten müssten ihre Einflusssphären neu austarieren, um das Bild der Umwelt der Beliebigkeit, der Unbildung und der Hässlichkeit zu entziehen. Insbesondere der Staat aber müsste seiner Vorbildfunktion bei seinen eigenen Bauaufgaben gerecht werden. Dies verlangt nach einer wenn auch schlanken, aber kompetenten Bauverwaltung, die aufzulösen ein großer Fehler wäre. Denn gerade im öffentlichen Raum muss erneut eine Führungsfunktion im Gestalterischen angemahnt werden, die so vollkommen aus dem Gesichtsfeld der Bauverwaltungen verschwunden zu sein scheint. Gerade diese Verselbständigung der für den Stadtraum verantwortlichen Ämter und das visuelle Chaos, das hieraus entsteht, verlangen nach einer erneuten Überprüfung der Handlungsstrukturen.

Schließlich ist der Zustand des öffentlichen Raumes so unbefriedigend, dass hier neue Impulse von den Verantwortlichen in Politik und Verwaltung ausgehen müssen. Was würde Schinkel wohl sagen, sähe er die ohne übergeordnete Bildvorstellung zueinander gewürfelte optische Kakophonie aus Verkehrsschildern, Ampelanlagen, Reklameflächen, Verkehrsleitsystemen, Parkscheinautomaten, Fahrradständern und Papierkörben? Ist es nicht auch dieser Überfluss, der das Bild unserer Städte negativ bestimmt? Geht es denn nicht auch hier wie in der Architektur um eine neue Beschränkung? Wäre es nicht an der Zeit, anstatt sich über die Erscheinung der Sprache und ihrer richtigen Schreibweise jahrelang – mit kümmerlichen Ergebnissen freilich – auseinanderzusetzen, mindestens genauso intensiv, aber mit besserem Ergebnis, mit der Erscheinung des öffentlichen Raumes zu befassen? Ist es bezeichnend, dass die oberste Bauverwaltung unseres Staates in einem Haus mit dem Verkehrswesen zusammengebunden ist, jenem Verkehrswesen, das so wenig zum gelungenen Bild unserer Städte beiträgt? Wer führt eigentlich das Verkehrswesen in ästhetischer Hinsicht? Warum zählt die Architektur nicht zu den Künsten, deren Mutter sie doch einmal gewesen sein soll? Hat sich der Beauftragte der Bundesregierung für Kultur und Medien zur Baukultur geäußert? Nein, er darf es nicht, obwohl für Kultur zuständig! Sind wir in der Beantwortung all dieser Fragen eigentlich noch richtig aufgestellt? Und wären dies alles nicht Fragen, über die zum Beispiel auch eine Akademie der Künste öffentlich nachzudenken hätte? Könnte man dazu nicht auch eine „geistig wieder aufzubauende Bauakademie" nutzen und sollte nicht die dankenswerterweise schon von der letzten Bundesregierung geplante und erneut im Koalitionsvertrag verankerte Bundesstiftung Baukultur diese Fragen zum Schwerpunkt ihrer Aktivitäten machen? Denn es ist offensichtlich: So wie wir bisher gehandelt haben, geht es nicht weiter. Die Sehnsucht der Menschen nach Rekonstruktion, das Engagement im Denkmalschutz, der Wille zur Bewahrung des Wenigen, was uns Krieg, purifizierender Moderne-Furor und stadtbildzerstörende Infrastruktur-Baumaßnahmen übrig gelassen haben: all dies signalisiert den Wunsch zum Umdenken. Und auch der Rekonstruktionswunsch um das Berliner Stadtschloss als neue Mitte unseres Landes, die Frage nach der äußeren Erscheinung dieses großartigen Inhaltes „Humboldtforum", in der sich die Sehnsucht nach dem vertrauten Bild artikuliert, sollte „die Moderne" dazu veranlassen, sich selbst kritisch zu fragen, warum wir mit dem größten Teil unserer Architektur die Menschen nicht gewinnen konnten.

Hier geht es um wichtige und weitreichende Fragen. Die Baukultur ist ein zentrales Politikfeld, und die Stadt als künstlerisches Artefakt ist unser wichtigster Lebensraum und Bühne unserer Existenz. Sie so zu gestalten, dass sie angenommen wird als Heimat. Der Ort der Identifikation, des Stolzes ist wesentliche Voraussetzung für unser Zusammenleben in Frieden und Freiheit, das Miteinander der Kulturen, denen man Austausch und Anregung wünscht anstatt Fanatisierung, die so gar nichts mit jener Idealität zu tun hat, die uns in dieser Stunde versammelt hält. Für alle diese Fragen der Stadt einen Ort der Diskussion, ein Zentrum zu schaffen, der Wichtigkeit dieser Debatte auch baulichen Ausdruck zu verleihen, wäre ein großes Zeichen. Und wäre nicht Schinkels Bauakademie als Schlussbaustein der Kupfergraben-Landschaft, jenem dialogischen Spiel der „korrespondierenden Kuben" hierfür der richtige Ort? Sollte nicht hier das geistige Zentrum der Baukultur unseres Landes inkorporiert werden, wiedererstandener Ort nach ideologisch bedingter Zerstörung? Ein Ort der Schönheit, des Gedankens, des ästhetischen Anspruchs, der Verantwortung; ein Ort aus dem Geiste Schinkels, in der baulichen Mitte unseres Landes, die Ausdruck sein muss jener geistigen Mitte, auf die unsere Gesellschaft sich beziehen will und von deren Impulsen sie eine kulturelle Führung, eine Leitkultur im richtigen Sinne erwartet? Wäre nicht das die Würdigung, die dem Geiste Karl Friedrich Schinkels angemessen wäre, und wäre nicht die Verwirklichung dieser Idee Ausdruck dafür, dass wir ihm wirklich die Ehrung und Anerkennung zukommen ließen, die ihm gebührt?

Karl Friedrich Schinkel steht mahnend für eine ideale Grundhaltung, die nur scheinbar versunken ist: eine Grundhaltung, die darauf besteht, dass es die Aufgabe des Menschen sei, tätig zu sein, zu gestalten, zu wirken und zu verbessern. Sein Werk bedeutet zudem die Forderung nach Einfachheit bei gleichzeitig höchster Komplexität, nach Idealität bei gleichzeitiger Nüchternheit, nach Schönheit bei gleichzeitiger Zweckgebundenheit. In einer Welt, die sich auf eine gemeinsame Richtung ihres Handelns neu verständigen muss, steht seine Haltung auch als Aufforderung, nicht in gestaltloser, gleichgültiger Verarmung zu versinken, sondern auch mit sparsamen Mitteln Ordnung herzustellen, Schönheit zu schaffen und damit Sinn zu stiften.

Die vernünftige Beschränkung, die Gelassenheit, die Weisheit, den Preis einer jeden Sache zu kennen, das heißt auf die Folgen zu achten – all dies wird in der kommenden Architektur zu einer neuen, klugen Form der Einfachheit führen, die Nachhaltigkeit, konstruktive Richtigkeit und am Menschen orientierte, komplex verstandene Funktionalität zum Gradmesser haben wird und in der die diese Parameter „überformende" und zusammenfassende Kategorie der Schönheit wieder die ihr zukommende zentrale Bedeutung einnehmen wird. All dies findet sich im Werk von Karl Friedrich Schinkel.

In seinen Bauten, diesen Ergebnissen gedanklicher Arbeit und ihrer praktischen Umsetzung, diesen Bildern der Schönheit, entstanden aus überlegter Fügung weniger Materialien und ihrer Schichtung zu edler Gestalt, manifestiert sich eine Weltsicht, derer wir alle bedürfen. Diese Weltsicht zur Grundlage unseres Handelns zu machen, ist von höchster Aktualität. Könnte es nicht sein, dass Karl Friedrich Schinkel seine Zukunft tatsächlich erst noch vor sich hat?

24.03.23

25.10.23

Zu der 2006 von Werner Schäfke herausgegebenen Publikation *Am Römerturm. Zwei Jahrtausende eines Kölner Stadtviertels* steuert Kaspar Kraemer den vorliegenden Text bei. Das Buch erscheint im Verlag des Kölnischen Stadtmuseums und versammelt Texte verschiedener Autorinnen und Autoren. Kenntnisreich skizziert Kraemer die Entwicklung jenes geschichtsträchtigen Ortes, den sein Vater bis 1974 wieder aufbauen sollte und der ihm selbst seitdem als Gravitationszentrum beruflichen und gesellschaftlichen Lebens dient. So wird zum einen die Bedeutung des Hauses Am Römerturm 3 für den Menschen Kaspar Kraemer selbst deutlich, zum anderen macht der Text nachvollziehbar, wie sich aus der Verzahnung von Geschichte und Gegenwart der Handlungsraum eines praktizierenden Architekten entwickelte, der, mit offenem Blick für die Zukunft, Architektur immer als Summe aller Teile von Gesellschaft, Schönheit und Ordnung begreift.

Friedrich Wilhelm Kraemer, Haus Am Römerturm 3, Köln 1973–1974

Seit nunmehr 32 Jahren ist das Haus Am Römerturm 3 nach seiner langen und wechselvollen Geschichte und vollständigen Zerstörung 1942 wiederum Wohn- und Geschäftshaus, insbesondere aber Ort produktiver Architektentätigkeit, nachdem mein Vater Friedrich Wilhelm Kraemer 1974 nach seiner Emeritierung von Braunschweig nach Köln übersiedelte und das schon seit 1966 bestehende Kölner Büro hier seine neuen, von ihm gestalteten Räume bezog. So verlagerte sich der Schwerpunkt der Planungsaufgaben von Braunschweig in den Westen der Republik, nachdem sich das 1935 gegründete Büro in den fast 30 Jahren seit Kriegsende zusammen mit Dr. Ernst Sieverts zu einer der großen Planungspartnerschaften entwickelt hatte, die unter dem Namen KSP Kraemer Sieverts und Partner firmierte und bundesweit sowie im Ausland anspruchsvolle Bauaufgaben plante und umsetzte. Nach dem Studium trat ich 1977 in das Büro ein, wurde 1985 Partner und leitete seit 1992 die Kölner Filiale, bis ich 1999 mein eigenes Büro Kaspar Kraemer Architekten BDA gründete. 25 Jahre nun in diesem Haus arbeitend (von 1980 bis 1983 war ich im Braunschweiger KSP-Büro tätig), möchte ich einiges über den augenblicklichen „Lebensabschnitt" des Gebäudes sagen, das mein Vater nach seinem 30-jährigen „Ruinen-Dasein" zu jenem leuchtenden Baustein im urbanen Kontext zurückverwandelte, der nicht nur äußerlich im Quartier „Am Römerturm" einen besonderen Akzent setzt, sondern zugleich seit seiner Wiedererrichtung Ort geschäftiger Produktion, kultureller Veranstaltungen und bürgergesellschaftlichen Austausches ist.

Im Prozess dieser „Wiederbelebung" nimmt der Sancta Clara Keller eine herausragende Rolle ein, gleichwohl macht erst der Zusammenklang aller Besonderheiten des Ortes seine Charakteristik aus: die zentrale Lage auf seit 2.000 Jahren besiedeltem Grund im nordwestlichen Mauerwinkel des römischen Castrums mit dem erhaltenen Römerturm, das Grün des ehemaligen Klostergartens im Süden, die verschiedenen Bauepochen, die das Haus in seiner Geschichte überformt haben, der lebendige Kontrast von alter und neuer Architektur sowie die unterschiedlichen Nutzungen des Wohnens, des Arbeitens und des Zusammenkommens aus musisch oder festlich bestimmtem Anlass.

Dies war so nicht vorauszusehen und es will mir als ein Zeichen der singulären Kraft der Architektur erscheinen, aus den Trümmern einer Ruine durch die ordnende, Chancen erkennende und gestaltende Kraft des Entwerfers eine neue Wirklichkeit entstehen lassen zu können, die den beglückenden Rahmen abgibt für Arbeit und Muße, Geschäft und Kultur, Alltag und Fest.

Dass es dazu kam, ist der Energie, dem Mut und dem Können meines Vaters zu verdanken. Denn 30 Jahre hatte die Ruine vergessen im Zentrum des Wiederaufbaus gelegen, unerkannt und scheinbar unter den Auflagen des Denkmalschutzes nicht zu nutzen. Er war es, der die Chance erkannte, die

Ruinengestalt zu „lesen" verstand, ihren Wiederaufbau beschloss und umsetzte. Ihm verdanken wir somit die Rückgewinnung dieses Ortes und seiner Geschichte, von deren Fülle und Bedeutung diese Publikation ein so eindrucksvolles Zeugnis ablegt. Die ihn damals leitenden Grundgedanken beschrieb er wie folgt:

„Als ich das Grundstück zum ersten Mal sah, beeindruckten mich die herrliche Platane und die übrigen großen Bäume auf dem angrenzenden Kinderspielplatz und die auch nach der Ausbombung noch als wohlproportioniert zu erkennende Fassade des Trümmergrundstücks. Ich erkundigte mich, wem das Objekt gehörte, und erfuhr, dass der Eigentümer, die Stadt Köln, geneigt war, das Grundstück zu veräußern unter der Bedingung, dass der Bewerber sich verpflichtete, das Haus im äußeren Erscheinungsbild wiederherzustellen. Ich habe dann nach kurzer Überlegung den Aufbauplan entwickelt, nämlich die Decke über dem Erdgeschoss um 80 Zentimeter anzuheben, um damit eine so hohe Eingangshalle zu gewinnen, dass darin an drei Seiten noch ein Zwischengeschoss eingeschoben werden konnte; sein Fußboden liegt in Kämpferhöhe der Erdgeschossfenster, sodass man diese Zusatzebene in der Fassade nicht ablesen kann. Damit ergab sich der Vorteil, alle die Nebenräume unterbringen zu können, die für ein Architekturbüro notwendig sind, wie Besprechungszimmer, Archiv, Bibliothek, Teeküche und WC-Anlagen. Damit ist zugleich das Obergeschoss auf eine angenehme Höhe reduziert worden, wobei die nun zu Fenstertüren gewordenen hohen, ursprünglich mit Brüstungen versehenen Fenster hier die Räume vorteilhaft bereichern. Hier ist die Fritz Thyssen Stiftung untergebracht, mit Vorstands- und Referentenräumen und großem Sitzungssaal für das Gesamtkuratorium.

Der romanische Keller hatte ursprünglich fünf Joche; das fünfte habe ich opfern müssen, um die Haustechnik, Fernheizungsübergabe, Treppe, Aufzug usw. unterbringen zu können. Das Erdgeschoss wird als Eingangshalle und für den Empfang genutzt, woran sich das auf dem ehemaligen Garten in Stahl und Glas errichtete Architektur-Atelier anschließt, unter dem sich eine Garage für 20 Wagen befindet, was in der Innenstadt für ein Architekturbüro besonders vorteilhaft ist. Der Gegensatz zwischen dem massiven historischen Gebäude und dem leichten Anbau ist von besonderem Reiz.

Der Haupteingriff musste im Dachgeschoss für die Wohnung erfolgen, wo es für die Unterbringung des Raumbedarfs nötig wurde, das ehemals nur als Bodenraum genutzte Satteldach aufzuweiten, um es für den beabsichtigten Wohnzweck nutzbar zu machen. Wohl konnte durch das Aufsetzen von zwölf Gauben auf Vorder- und Rückseite der übliche Wohnbedarf gewonnen werden bis auf den großen Wohnraum, für den in der Mitte des Daches eine Fläche von 8 x 10 Metern verblieb. Zu seiner Belichtung mauerte ich straßenseitig vor das Satteldach mit ehemals durchgehender Traufe einen Giebel mit drei Fensterachsen auf. Neben dem funktionellen Zweck verband ich damit aber auch eine architektonisch-ästhetische Absicht: In der alten Dachform mit durchgehendem Traufgesims fehlte der Straßenfassade bei ihrer Symmetrie eine eigentliche achsiale Mitte. Über dem noblen Eingangsportal und seiner Balkonfortsetzung mit reichem Gitter im Obergeschoss vermisste man die Weiterführung der Dominante in den Dachabschnitt. Dieser Mangel wurde mit dem Giebel behoben und damit dem Haus sein klassizistisches Gesicht gegeben. Wiedergegeben, wie sich zu meiner Genugtuung später herausstellte: Im Stadtarchiv fand sich eine Zeichnung aus dem Jahre 1840 von Johann Peter Weyer, in der er, vom Südturm des Zeughauses aus, unser Viertel aus der Vogelschau mit der Römermauer gezeichnet hatte. Im anschließenden Gartengelände ist ein neunachsiges, zweigeschossiges Haus mit dreiachsigem Dachgiebel zu sehen. Der liebenswürdige Zufall bestätigte nachträglich die Richtigkeit meines intuitiven Vorgehens und ich möchte folgern, dass ein Architekt solche durch Einfühlung zustande kommende Abänderung am nicht befriedigend überlieferten Bestand vornehmen darf.

Kritischer kann, wie ich gern zugebe, die Veränderung auf der Gartenseite gesehen werden, doch hatte diese Seite durch den gestatteten Aufbau des Ateliergebäudes ohnehin seinen Denkmalcharakter verloren.

Da sich für den Wohnraum hier die Nutzung des großen Dachraumes einschließlich seiner Schrägen bis 5,50 Meter Höhe anbot, lag es weiter nahe, diese Wohnhalle auf der Südseite in ganzer Höhe und Breite zu öffnen und in einem Balkon (4 x 8 Meter, teilweise überdacht) enden zu lassen. Für sein Brüstungsgeländer wurden die vorhandenen historischen Fenstergitter nachgegossen. Von hier sieht man auf eine letzte Erinnerung an den ehemaligen Klostergarten, einen schönen Grünbereich und Kinderspielplatz. Seine großen Bäume, insbesondere die über hundert Jahre alte Platane, die größte Kölns, beherrschen durch die 8 Meter breite und bis zu 5 Meter hohe Glaswand den 10 Meter tiefen Wohnraum."

Betrachtet man die damaligen Umstände des Wiederaufbaus, ist es immer wieder erstaunlich, wie viel Besonderes zusammenkommen musste, um ihn möglich zu machen, und man weiß nicht, was man mehr bewundern soll: Den Mut der Entscheidung, in die Kölner Innenstadt zu ziehen und eine devastierte Situation durch die Rekonstruktion einer klassizistischen Ruine zu neuer glanzvoller Erscheinung zu führen, oder aber die Kraft, mit 65 Jahren in klarer Entschiedenheit einen neuen Lebensabschnitt zu beginnen und im Bild dieses Wiederaufbaus der eigenen Lebensleistung einen würdigen Ausdruck in baulicher Gestalt abschließend hinzuzugesellen. 16 Jahre durfte mein Vater sein eigenes Werk genießen, in dem er Büro, Veranstaltungsräume und Wohnung lebensklug seinen geschäftlichen und musischen Interessen entsprechend zu anspruchsvoller Gestalt zusammenzubinden verstand. Wer, wie ich, täglich die Möglichkeit hat, zwischen Sancta Clara Keller, Büro und Dachgarten sowie Wohnung mit Dachterrasse unter der alten Platane nach Belieben zu wechseln, dem erschließt sich dieses gestaltete Zusammenspiel von Räumen, Stimmungen, Farb-, Material- und Lichtschwingungen in besonderer Weise.

Das Haus besitzt einen wunderbaren Klang, der sich aus kluger Disposition der Grundrisse, geschickter Raumbildung und feinfühligem Detail bildet und jeden Eintretenden augenblicklich mit seiner Atmosphäre umfängt.

So ist es nicht erstaunlich, dass das Haus in den Jahren seit seiner Wiedererrichtung 1974 Ort zahlreicher Begebenheiten war, wobei die Veranstaltungen im Sancta Clara Keller einen besonderen Rang einnehmen. Zu erinnern ist hier an die wunderbaren Musikabende mit Christoph Eschenbach und Justus Frantz, mit Boris Bloch, Tzimon Barto und Andreas Staier, Peter Reidemeister, Karlheinz Zoeller sowie Wolfgang Boettcher, aber auch an Dichterlesungen mit Siegfried Unseld, Uwe Timm und Peter Härtling sowie Ausstellungen von Heinz Mack, Claus Bury und Martin Classen.

Darüber hinaus bot der Sancta Clara Keller die stimmungsvolle Kulisse für zahlreiche gesellschaftliche Veranstaltungen wie die ersten Festessen des Kölsch-Konventes, die Soireen der Fachhochschule und Festakte der Universität. Nachdem wir aufgrund der großen Nachfrage den Raum auch für private Veranstaltungen zur Verfügung stellen, hat das Gewölbe zudem viele Jubiläen, Geburtstage und Firmenempfänge, insbesondere während der Messetage, gesehen. Der Sancta Clara Keller ist dadurch in den Jahren zu einem öffentlichen Raum der Stadt geworden, der zwar im Verborgenen schlummert, immer wieder aber jederzeit als Ort festlich-geselligen Zusammenkommens wachgerufen werden kann.

Die Herausstellung des Sancta Clara Kellers sollte jedoch nicht vergessen lassen, dass das Haus Am Römerturm 3 zwar auf ihm ruht und wesentlich von seiner besonderen Atmosphäre bestimmt wird, gleichzeitig aber Ort geschäftiger Tätigkeit nicht nur der Fritz Thyssen Stiftung, sondern auch eines Architekturbüros war und ist, das in den Jahren von 1974 an kleine und große, auch das Stadtbild Kölns prägende Bauwerke entworfen und umgesetzt hat. (...)

Für die Bearbeitung aller (...) Projekte hat das Haus Am Römerturm 3 den räumlichen Rahmen geboten und war Ort ihrer planerischen Entwicklung von der ersten Konzeptskizze bis zur Dokumentation der Ergebnisse. Dabei hat sich erwiesen, dass das ursprünglich erdachte Konzept der Grundrissdisposition auf alle Veränderungen der Arbeitswelt einzugehen vermochte. Gerade das in den letzten Jahren stark veränderte Berufsbild des Architekten verlangt, immer häufiger in Projektentwicklungen sowie Teilleistungen im Vorfeld der eigentlichen Beauftragung tätig zu sein und in immer kürzer werdenden Zeiträumen immer komplexere Bauaufgaben zu bewältigen. Rechnerunterstützte Arbeit, schnelle Informationsbeschaffung und Abstimmung sowie das Arbeiten mit unterschiedlichen Partnern im Team bestimmen den Alltag. Dabei zeigt sich, dass das Haus ein ideales Werkzeug darstellt, das in seiner Mischung aus zentraler und doch ruhiger Lage, mit Parkplätzen, Dachgarten und großzügigen Atelier- und Besprechungsräumen im Laufe der Jahre nichts von seiner Funktionalität eingebüßt hat. Im Gegenteil, es ist mehr und mehr zu einem offenen, versammelnden und enthusiasmierenden Ort geworden, an dem Mitarbeiter, Fachingenieure und Bauherren gerne zusammenkommen, um die Projekte gemeinsam zu entwickeln. Die Spezifika des Hauses erlauben darüber hinaus, Raum zu geben für die aus unterschiedlichen Ehrenämtern resultierenden Verpflichtungen.

Die Beschreibung des Hauses wäre unvollständig, würde man nicht auch die weiteren Nutzungen erwähnen, die das Haus über das Architekturbüro und den Sancta Clara Keller hinaus mit Leben erfüllen: So residiert im ersten Obergeschoss seit Bezug des Hauses die Fritz Thyssen Stiftung, deren Fenstertüren zur Südseite den Blick auf Terrasse und ehemaligen Klostergarten, jetzt Kinderspielplatz, freigeben und das Bild der Oase im Zentrum unserer alten Stadt eindrucksvoll verdeutlichen. Die von Anfang an harmonische Eigentümergemeinschaft kann sich immer wieder mit den unterschiedlichen Raumangeboten auf allen Ebenen ergänzend unterstützen und so das Haus noch effektiver flexibel nutzen.

Im wiederaufgebauten Dachgeschoss befindet sich zudem die Wohnung, die meinen Eltern bis zum Tode meines Vaters 1990 gemeinsamer Lebensmittelpunkt war und von meiner Mutter als Ort liebenswürdiger und großzügiger Gastfreundschaft weiterhin ausgefüllt wird. Wer das Glück hat, von ihr auf der Terrasse unter der alten Platane bewirtet zu werden, wird diese Verbindung aus liebevoller Verwöhnung und Wohnkultur schwerlich vergessen.

Nach all dem Gesagten wird deutlich, dass das Haus Am Römerturm 3 einen außergewöhnlichen Ort darstellt, dessen Verbindung von romantischem Zauber mit gleichzeitig hoher Funktionalität nicht anders als ein Glücksfall bezeichnet werden kann. Wie ein Wunder will es erscheinen, dass aus den Trümmern der 30 Jahre im Wiederaufbau der Stadt – dank der Unterschutzstellung durch den Denkmalschutz – liegengebliebenen Ruine erneut eine geistige Welt entstanden ist, die die räumliche Umsetzung eines Lebenskonzeptes darstellt, das sich bürgerlichem Lebensstil und geistgeprägter Idealität verpflichtet fühlt.

Das große Wort Schillers „Es ist der Geist, der sich den Körper baut!“: Wie angemessen erscheint es angesichts der Wiederaufbauleistung gerade dieses Gebäudes und der sich seitdem in ihm abspielenden produktiven Tätigkeit! (…)

Es sollte nicht unerwähnt bleiben, dass mein Vater lange Zeit versucht hat, einen Teil des jahrelang nach Osten anschließenden Ruinengrundstückes Am Römerturm 5 von der Stadt zu erwerben, um dem Sancta Clara Keller einen eigenen Eingang samt der für die vom Haupthaus unabhängige Bewirtschaftung notwendigen Nebenräume zu sichern. Zahlreiche Entwurfsvorschläge hierzu scheiterten an einer von der Stadt dem wiederum östlich angrenzenden Grundstücksnachbarn gegebenen Zusage, ihm für die damals vorgesehene Verbreiterung der Straße Auf dem Berlich und den daraus resultierenden Abbruch seines Hauses dieses Grundstück zur Gänze zukommen zu lassen, obwohl eine Aufteilung möglich gewesen wäre.

Tatsächlich ist der Altbau abgebrochen und durch einen Neubau ersetzt worden, der die ursprünglich angedachte Idee einer durch ein Eingangshöfchen gebildeten Fuge zwischen den beiden Gebäuden nicht aufnahm und nun direkt an das ursprünglich solitär gedachte klassizistische Palais angrenzt. Dass dieser wichtige Gedanke der Freistellung nicht umgesetzt werden konnte, ist umso schmerzlicher, da die vorgesehene Verbreiterung der Straße Auf dem Berlich im Zuge neuerer Stadtentwicklungskonzepte aufgegeben wurde und auch allem Anschein nach nicht mehr realisiert werden wird. Die Chance einer noch stärkeren öffentlichen Nutzung des bedeutenden Sancta Clara Kellergewölbes ist damit unwiederbringlich verloren gegangen.

Bedenkt man die heutige Diskussion um die Stärkung der Innenstädte und ihre Revitalisierung durch Wohn- und Geschäftsfunktionen als Reflex des notwendigen Rückzuges aus der zersiedelten Fläche des Umlandes, mutet die Initiative zum Wiederaufbau dieses Denkmals – drei Jahre vor dem Jahr des Denkmalschutzes 1975 – wie eine weise Voraussicht auf das Kommende an. Dass dieser Entschluss zum Erwerb und Ausbau von meinem Vater im Alter von 65 Jahren gefasst und in die Tat umgesetzt wurde, beleuchtet eindringlich die Initiativkraft und Willensstärke seiner Persönlichkeit. Am Ende eines trotz einer schweren Kriegsverletzung ungemein tätigen Lebens sich selbst und seiner Geisteshaltung ein solches Denkmal in des Wortes ursprünglichster Bedeutung setzen zu können, verdient die staunende Bewunderung all derjenigen, die sich anteilnehmend in seine Lebensgeschichte vertiefen.

Vielleicht liegt es am Respekt vor dieser Lebensleistung, dass wir bis heute das Haus trotz aller alltäglichen Anforderungen nicht wesentlich verändert haben. (…)

Wie vielfältig die oft wundersam erscheinenden Zufälle des Lebens sind, mag zum Schluss die Tatsache verdeutlichen, dass der Bund Deutscher Architekten BDA 1971 entschlossen war, die Ruine Am Römerturm 3 zum Sitz seiner Bundesgeschäftsstelle auszubauen. Mein von mir verehrter Lehrer, Professor Max Bächer, gewann den zur Findung der besten Lösung ausgeschriebenen Wettbewerb unter BDA-Kollegen zu einer Zeit, da ich schon bei ihm studierte, ohne zu wissen, dass ihn diese Aufgabe beschäftigte. Der BDA fasste dann doch den Entschluss, eine Immobilie in Bonn zu erwerben, um näher am politischen Geschehen zu sein. So konnte der Kölner Architekt Hans Schilling meinen Vater auf diese Okkasion hinweisen, als die beiden als Preisrichter für den Neubau des Bundeskanzleramtes in Bonn 1972 zusammentrafen. Dass ich heute als 20. Präsident des BDA in diesem Haus mein Büro als Grundlage meines Engagements für den nun über 100 Jahre alten Verband freiberuflich tätiger Architekten führen darf und das Haus somit nun doch in gewisser Weise dem BDA wieder zugeführt worden ist, kann man als zufälliges, gleichwohl doch sinnfälliges Aperçu interpretieren.

Man möge entschuldigen, dass in einem Band wissenschaftlicher Analyse und Erforschung eines besonderen Ortes ein solch persönlicher Aufsatz zu finden ist, aber wenn wissenschaftliche Bearbeitung und Einordnung eines solchen Bausteines unserer Stadt in unsere geschichtliche Entwicklung als „Humanitas“ einen Sinn haben soll, so ist es der, dass man aus der Erkenntnis des Vergangenen persönliche Verantwortung empfindet und daraus eine Verpflichtung ableitet, die Zukunft in produktiver Tätigkeit optimistisch anzugehen und eine aus der Kenntnis der Geschichte entspringende Gedanklichkeit zu entwickeln, die dem Leben in all seiner Komplexität Struktur und Inhalt zu geben versucht. Vielleicht kann am Beispiel eines Hauses wie dem des Gebäudes Am Römerturm 3 eine Sinnstiftung ablesbar werden, derer unsere verunsicherte Gesellschaft bedarf, um selbstbewusst und kraftvoll die Zukunft anzugehen. In dieser räumlichen Einschließung unterschiedlicher Entwicklungsstufen unserer Geschichte und deren erkenntnisorientierter Sichtbarmachung liegt das besondere und einzigartige Vermächtnis des Hauses Am Römerturm 3 für eine aus dem Bewusstsein des Vergangenen immer wieder in der Gegenwart aufs Neue zu erarbeitende Zukunft. In produktiver Tätigkeit das Mangelhafte, Zerstörte und Hässliche zu überwinden war Zeit seines Lebens das Anliegen meines Vaters, der nach Abschluss der Arbeiten schrieb: „Bei den schnell anlaufenden Arbeiten der Wiedererstellung von Wiederaufbau zu sprechen wäre nicht richtig, eigentlich müsste man Neubau sagen – war es faszinierend zu sehen, wie handwerklicher Fleiß die Trümmer-Ruine aus brüchigen Außenmauern wieder in ein Haus verwandelte, bis aus dem Bauwerk schließlich wieder der Genius klassizistischer Ordnung, ausgewogener Ästhetik und freundlicher Humanität leuchtete!“

10.09.12

Anlässlich des 100. Geburtstags des Architekten und Hochschullehrers Friedrich Wilhelm Kraemer kuratieren Karin Wilhelm, damals und bis 2011 Professorin für Geschichte und Theorie der Architektur und Stadt an der TU Braunschweig, und Olaf Gisbertz, Detlef Jessen-Klingenburg und Anne Schmedding die Ausstellung *Gesetz und Freiheit*, zu der eine gleichnamige Publikation im Berliner Jovis-Verlag erscheint. Zur Eröffnung der Schau in Braunschweig am 10. Mai 2007 spricht Kaspar Kraemer, auf dessen Initiative die Ausstellung maßgeblich zurückgeht. In seiner Ansprache beleuchtet er pointiert die Bedeutung seines Vaters als Architekt und als für viele Architektenkollegen wichtiger Lehrer und schlägt den erzählerischen Bogen von Vitruv über Schiller bis zur Architektur der Nachkriegsmoderne Friedrich Wilhelm Kraemers.

Friedrich Wilhelm Kraemer, Jahrhunderthalle der Farbwerke Hoechst A.G., Frankfurt am Main Hoechst, 1961–1962

(…) Die Idee zu dieser Ausstellung wurde geboren anlässlich des Besuches jener Werkschau, die die Technische Universität Karlsruhe und sein Freundeskreis dem Architekten Egon Eiermann anlässlich seines 100. Geburtstages im Jahre 2004 ausrichtete. Ich bin Ihnen, sehr geehrte Frau Professor Wilhelm, außerordentlich dankbar, dass Sie diese Anregung spontan und so positiv aufgenommen haben und, dass Sie, sehr geehrter Professor Hesselbach, die Unterstützung der Technischen Universität Braunschweig zusagten. Auch den zahlreichen Sponsoren, die das Unternehmen mit ihren Zuwendungen erst möglich machten, gilt mein herzlicher Dank.

Die Arbeit erwies sich als mühevoller als gedacht, denn es gibt kein Archiv, das mein Vater selbst angelegt hätte, und so bedurfte es einer mühevollen Recherche, die überall verstreuten Unterlagen, Zeichnungen und Fotos zusammenzusuchen. Für diese mühevolle „Kärrnerarbeit der Grundlagenforschung" gilt Ihnen, sehr verehrte Frau Professor Wilhelm, und natürlich Ihren Mitarbeitern mein besonderer Dank. Sie haben sich auf eine „Suche nach der verlorenen Zeit" begeben und vieles entdeckt, was dem allgemeinen Wissen bisher verborgen geblieben ist. Dadurch ist Ihnen gelungen, meinen Vater so zur Anschauung kommen zu lassen, wie er es verdient hat. Aus vielen Gesprächen, Erinnerungen der Mitarbeiter sowie meiner Mutter, auch aus eigenen Erfahrungen haben Sie geschöpft und daraus ein Gesamtbild entwickelt, das seine Persönlichkeit gerecht und richtig, wie mir scheint, darstellt.

Ich empfinde große Freude darüber, dass so viele Ehemalige der Einladung gefolgt sind und hier eine Gemeinschaft manifest wird, die im „baukulturellen Gottesdienst" der legendären Freitagabend-Andachten – jenen Vorlesungen, die im Hörsaal S4 freitags um 17 Uhr stattfanden – zusammengeschweißt wurde. Bis heute begreifen sie sich als „Kraemer-Schüler", als Repräsentanten jener „Braunschweiger Schule" eben, die mit den drei Namen Kraemer, Henn und Oesterlen Bau- und Architekturgeschichte geschrieben hat und der sich bis heute so viele – alte und junge – Architekten verpflichtet fühlen.

Es ist nicht an mir, meinen Vater im Rahmen eines Grußwortes zu würdigen – was ich zweifellos gerne täte –, dies wird vielmehr die Ausstellung bzw. die Festrede von Manfred Sack, dem ich herzlich für seine Zusage danke, übernehmen. Dennoch möchte ich ein mir wesentliches Moment kurz darstellen.

Mein Vater war ein herausragender, ein besonderer Mensch und die Ausstellung führt es uns erneut vor Augen. Er war von einer prästabilisierten Harmonie der Welt überzeugt. An diese Ordnung anzuknüpfen, sie herzustellen, war ihm Auftrag und Verpflichtung. Die „formfordernde Gewalt des Nichts", von der Gottfried Benn gesprochen hat, war ihm Herausforderung für die Stiftung von Sinn und die Grundlage seiner Arbeit. So schrieb er: „Immer gilt es das Gestaltlose zu formen: Ordnung zu schaffen in der Zweckbestimmung, Ordnung zu schaffen in der Konstruktion, Ordnung zu schaffen in der Form."

Damit rief er die alte Vitruvsche Trias *firmitas, utilitas, venustas* wieder ins Bewusstsein.

Architektur entstand für ihn aus gestalteter, das heißt bewusst geformter Materie. Daraus folgt, dass die Arbeit des Architekten geistgeprägt ist, gedanklich gesteuert, intellektuell angetrieben von der Sehnsucht, dass ich erkenne, „was die Welt im Innersten zusammenhält". Das Geheimnis der Form zu enträtseln, ihre Bildungs- und Strukturgesetze zu analysieren und anzuwenden mit dem Ziel, Schönheit zu schaffen, war der Motor seiner ungeheuren Schaffenskraft und die intellektuelle Grundlage seiner über 25-jährigen Lehrtätigkeit. Er war einer tiefen Sehnsucht nach Schönheit unterworfen, die in ihm lebte und die das Fundament war für die Sicherheit seines Urteils, seines Geschmacks, seiner intellektuellen Position, Grundlage für das Strahlende, das ihn auszeichnete. Das große Wort Friedrich Schillers „Es ist der Geist, der sich den Körper baut" war sein Credo und seine Maxime.

Entwerfen bedeutete ihm intellektuelle Zucht, geistige Arbeit und Disziplin, daher seine Strenge, auch Unnahbarkeit und Härte. Sie waren mehr Reflex seiner Ungeduld als bestimmende Wesensmerkmale, nichts ärgerte ihn mehr als Dummheit, Disziplin- oder Gedankenlosigkeit. Seine Sehnsucht galt dem Vollendeten in der Kunst, selbstverständlich in der Architektur, auch in der Malerei, mehr noch in der Skulptur, insbesondere aber in der Musik. Bach begleitete ihn sein ganzes Leben und auch später setzte er sich in stillen Augenblicken hin und spielte „Jesu bleibet meine Freude" aus der Kantate 147 „Herz und Mund und Tat und Leben". Wie genau passt dieser Titel zu ihm!

Unendlich könnte ich fortfahren, Architekt und Sohn zugleich, jemand, der viel über ihn nachgedacht hat, ja nachdenken musste. Er ist mir nah und fern, ganz vertraut und doch wieder entschwindend. Diese Suche nach ihm hat mein Wesen geprägt und wird immer einen Teil meines Lebens bestimmen. Viele, die heute hier sind, hatten das Glück, meinen Vater zu kennen. Alle haben ihre eigenen Erinnerungen an die Begegnungen mit ihm. Viele haben ihn lange begleitet, haben ihn unterstützt, ihm geholfen, waren wichtig für ihn. Da wären zu nennen die Assistenten, die Mitarbeiter an der Hochschule der ersten Stunden, die Architekten Dr. Rüdiger Hoge und Fritz Schäfer, heute hierher gekommen aus Kiel und Ulm. Da wären zu nennen die zahlreichen Mitarbeiter im Büro, für die ich heute Abend seinen langjährigen Partner Dr. Ernst Sieverts herzlich begrüße. Da sind zu nennen die Bauherren und Freunde, für die repräsentativ wie keine andere heute Anita Kästner anwesend ist, mit deren Mann Erhart Kästner die Wolfenbüttler Bibliothek umgestaltet wurde. Da wären zu nennen die Freunde des Hauses, allen voran sicherlich Inge Buchler, die noch am Löwenwall lebt und heute leider nicht unter uns sein kann, zudem Frau Eiermann und Professor Max Bächer, die den weiten Weg von Stuttgart und Karlsruhe hierher nicht gescheut haben, und es ist zu nennen die Familie, für die ich repräsentativ Thomas Buchler begrüßen möchte, der als Patensohn meines Vaters so viel zum Zustandekommen dieser Ausstellung beigetragen hat, und natürlich meine Schwester Sabine, die auch heute am 10.5. ihren Geburtstag feiert!

Die wichtigste Person aber in seinem Leben warst du, liebe Mami, denn du hast ihn immer vorbehaltlos gestützt und unterstützt, warst ihm Hilfe und Garant für Stabilität und ohne dich wäre das nichts geworden mit ihm! So bist du auch die einzige, die wenigstens den Ansatz eines Archivs bei sich hat, jedenfalls konntest du mit einem Griff die Flugtickets eurer legendären langen Reise 1955 in die USA aus der Schublade ziehen!

Wir alle wissen, dass wir ihm unendlich viel verdanken, seiner liebevollen Fürsorge, seiner Großzügigkeit, seinem Anspruch. Auch aus dieser freundlichen Humanität heraus ist sein heute und hier nun zu bewunderndes Werk entstanden. (...)

02.10.2023

18.06.21 K. Kraemer

Die neue Oper Köln, ein Ensemble aus Oper, Schauspiel, Werkstätten und Restaurant entworfen von Wilhelm Riphahn, wurde am 18. Mai 1957 in Anwesenheit des damaligen Bundeskanzlers und Kölner Alt-Oberbürgermeisters Konrad Adenauer eingeweiht. 50 Jahre später spricht Kaspar Kraemer als Festredner anlässlich des Jubiläums. Kraemer erscheint hier ganz in seinem Element: als dezidierter Kenner der Kölner Bau- und Stadtgeschichte und mit einer überbordenden Freude an Zahlenspielen und ihren mythologischen Bedeutungen umschreibt der Architekt Historie und Bedeutung des Hauses für die Kölner Stadtgesellschaft und ihr kulturelles Selbstverständnis.

Wilhelm Riphahn, Oper, Köln 1954–1957, Zustand 2007

(...) Die musikalisch reichste Oper Wolfgang Amadeus Mozarts – deren 1. Szene des 1. Aktes wir gerade genießen durften – beginnt ihren Zauber mit Zahlen: Während Susanna sich mit dem von ihr gefertigten Hut im Spiegel bewundert, misst Figaro das vom Grafen Almaviva zur Verfügung gestellte Zimmer aus, um „zu schauen, ob dieses Bett, das der Graf für uns bestimmte, sich hier wohl ausnimmt.“ Die Szene dient nicht nur der ersten Einführung und Vorstellung der beiden Hauptfiguren, sondern sie ordnet subtil sofort die Gedanken auf eine der wesentlichsten Aussagen Mozarts: Dass nämlich die Welt – insbesondere die Welt der Musik – einer zahlenbasierten Ordnung unterworfen ist und die Musik nichts anderes abbildet als die Sphärenklänge, die die von Gott geschaffene Wirklichkeit bestimmen und denen der Kosmos unterworfen ist. Diesen göttlichen Bezug der Musik, ihre göttliche Bestimmtheit unterstreicht dieser Beginn vor allem dadurch, dass die gesungenen sechs Zahlen 5, 10, 20, 30, 36 und 43 addiert die Zahl 144 ergeben – jene Zahl, die in der Zahlenallegorese der Vergangenheit eine so herausragende Bedeutung hatte.

Wie Sie wissen, gehörte die allegorische Deutung der Zahlen im Mittelalter ihrem Selbstverständnis nach zur Exegese der Sprache Gottes in Schöpfung, Geschichte und Schriftoffenbarung. Sie setzte die Überzeugung voraus, dass den Zahlenverhältnissen der von Gott geschaffenen Welt, den Daten der Heilsgeschichte und dem Gebrauch der Zahlen in der Bibel ein verborgener Sinn innewohne, den allegorische Auslegung aufdecken könne. Der Zahl wurde so von der Antike bis zum Beginn der Neuzeit eine besondere Wertschätzung zuteil, weil sie als Zeichen einer von Gott gestifteten Wahrheit begriffen wurde.

So wurde die 3 als die Zahl der Trinität, die Zahl 4 als die der Welt gedeutet, ihre Addition ergibt die 7, die Multiplikation die 12. Die 12 steht für die Anzahl der Apostel, für die Verkündigung des Christentums sowie für die Kirche selbst. Die Zusammensetzung der 12 aus den Faktoren 3 und 4 verweist nach der mittelalterlichen Auffassung auf den Auftrag der Apostel, den Glauben an die Trinität – abgebildet durch die 3 – in allen Teilen der Welt – abgebildet durch die 4 – zu verkünden. Die 12 Stunden des Vor- und die 12 Stunden des Nachmittages verweisen auf die Apostel ebenso wie die 12 Monate, in die der Mensch den Kreislauf des Jahres – der prästabilisierten *harmonia mundi* folgend – geteilt hat. Die Teilung des Jahres wiederum in 4 Jahreszeiten à 3 Monate unterstreicht noch einmal die Genese der 12 aus den Faktoren 3 und 4.

Sie werden erkannt haben, dass die Quadratzahl der 12 jene Zahl ist, die die Addition der 6 Anfangszahlen ergibt, die Mozart – oder Da Ponte – Figaro am Anfang der Oper singen lassen. Man kann dies für Zufall halten, aber selbst wenn, ist es zumindest ein reizender, der zu Spekulationen einlädt, vor allem aber überleitet zur Architektur. Denn nicht nur begegnen sich in dieser Zahl das Duo- und das Dezimal-System, da 144 Minuten bekannterweise der zehnte Teil eines Tages von

24 Stunden = 1440 Minuten sind, sondern es spiegelt sich auch in ihr das Versprechen auf die gelungene Stadt, da in der Apokalypse des Johannes die Mauer des himmlischen Jerusalem mit 144 Ellen Länge angegeben wird. Das Bild des himmlischen Jerusalem als bauliche Manifestation und Ort des göttlichen Heils wird gedeutet nach der ihm entsprechenden Form, dem über der Linie von 12 Maßeinheiten errichteten Quadrat. Himmlische Stadt, Ordnung der Welt in Musik und Mathematik durch Maß und Zahl: Mozarts Kunstgriff weist auf diese großen und bedeutenden Zusammenhänge hin.

Gottesstadt, Musik, Zahl, Ordnung: Unversehens sind wir in eine Gedankenwelt eingetaucht, die den Kosmos umschreibt, in dessen unausdeutbarem Rahmen auch unsere heutige Feststunde steht, die der Feier der 50-jährigen Wiederkehr der Einweihung dieses Hauses gewidmet ist, eines Hauses, das dem Wunderbarsten Raum und Hülle gibt, dessen der Mensch fähig ist: Der kunstvollen Verbindung von Sprache, Musik, Theater, Bühnenbild und Choreographie, die sich zu einer strukturierten Ordnung vereinen, um uns zu begeistern, zu erfreuen und zu beglücken.

Deshalb haben wir uns heute versammelt zu einer erinnernden Feststunde, die durch die verwandelnde Kraft der Musik so wunderbar eingeleitet wurde und in der Architektur und Musik zusammenklingen in alter Vertrautheit.

Ich bin dankbar, in dieser Stunde das Wort ergreifen zu dürfen, in einer Stunde, die erinnernd 50 Jahre zusammenbindet, auf dass wir uns bewusst werden, was uns dieses Haus über ein halbes Jahrhundert geschenkt hat. Vor allem aber gilt es, dem Beginn dieses Ortes die Aufmerksamkeit zu widmen, jenem Neuanfang unserer Stadt, für den dieses Haus wie kein anderes steht und das seine Würde bei aller Bescheidenheit, bei aller Zurückhaltung, bei allem dezidiert nicht gewollten Prätendieren auszeichnet.

Dieses Haus ist zwölf Jahre nach der Stunde 0 eingeweiht worden, nachdem sich in den zwölf Jahren zuvor dieses Deutschland auf tragisch selbst verschuldete Weise zugrunde gerichtet hatte. Es war ein Zeichen in den Trümmern, wie es die Kapelle des jungen Gottfried Böhm gegenüber war. Ein Zeichen für den tastenden Versuch, wieder Anschluss zu gewinnen an das, was dieses Deutschland vor 1933 war. Inmitten der Trümmerwüste erhob es sich wie ein Monument, ein bewusst gesetzter mächtiger Block, der die Mitte der Stadt nicht im religiösen, aber im demokratisch-bürgerlichen Sinne neu zu zentrieren suchte. Weil es dieses Zeichen der Neujustierung nach dem Krieg repräsentiert und ihm kraftvoll Ausdruck verlieh, konnten und können wir es nicht aufgeben, sondern müssen es bewahren und fortschreiben in den Gedanken, aus denen heraus es entstanden ist.

Riphahns Bau war absoluter Ausdruck der Zeit, jener Zeit des Wiedererwachens unseres Landes, die sich in beispielloser Aufbautätigkeit manifestierte und versuchte, durch die Beseitigung der Trümmer jene grauenhaften Jahre des Terrors, der Gewalt und des Todes vergessen zu machen. Die weiße Oper mitten im zerstörten Stadtkern war eines jener Leuchtzeichen, dessen das vernichtete, geschlagene, aus eigener Schuld zerstörte Land so bedurfte, um wieder Selbstwertgefühl und Selbstbewusstsein zu erlangen.

Zehn Jahre nach der Kapitulation hatte die Bundesrepublik die Souveränität zurückerlangt, waren die Organe des Staates ausgebildet, hatte die Einbindung in Europa begonnen. Deutschland kehrte zurück in den Kreis der zivilisierten Nationen, die es auf tollkühn verbrecherische Weise herausgefordert hatte. In diesem Prozess der Neufindung, die ja nicht nur das Neue um jeden Preis, sondern auch die Wiederanknüpfung an die großen Kulturleistungen der Vergangenheit zum Ziel hatte, spielte die Kunst, spielten die Musik, das Theater, die Oper eine entscheidende Rolle. Überall im Lande entstanden die Spielstätten und Bühnen neu und es war just in jenem Jahr 1957, als auch der Neubau des Nationaltheaters in Mannheim am 13. Januar – zur 175-Jahr-Feier der Uraufführung – wiedereröffnet wurde mit Schillers *Räubern*, mit Schiller eben, jenem „Freiheitsideologen", dessen *Wilhelm Tell* im Dritten Reich nicht mehr gespielt werden durfte. Die junge Republik suchte tastend nach den Wurzeln ihrer Existenz und wir alle wissen, dass dieser Suchvorgang bis heute nicht abgeschlossen ist. Die Zer- und Verstörungen jener zwölf Jahre erreichen auch uns Heutige immer wieder und wohl noch über Jahrzehnte wird unser Land in seinem Denken und Handeln davon entscheidend geprägt werden.

Das ganze Ausmaß der Zerstörung und Vernichtung, des Verlustes an Tradition und Baukultur wird exemplarisch dokumentiert in jenen drei Bildern, die den Gürzenich vor, während und nach dem Krieg zeigen.

In dieser Phase des Neuanfangs war es wohl am sichtbarsten die Architektur, die dem neuen, nach vorn gewandten Lebensgefühl Ausdruck verlieh: Die Moderne manifestierte sich in ihr vor aller Augen im Alltag der Stadt. Die engagierten Vertreter des Neuen Bauens kamen bestätigt zurück, sie bestimmten Stil und Ausdruck; die reduzierte Formensprache des Bauhauses war das neue Gewand, das sich die junge Republik büßend und bereitwillig bejahend überzog.

Ein neuer Raum- und Gestaltbegriff drang in die Trümmerfelder, den Prinzipien der Charta von Athen folgend: Die Stadt wurde getrennt in die Funktionen des Wohnens, der Arbeit und der Freizeit, und die so entstehenden Teilgebiete wurden durch riesige Verkehrsanlagen zusammengebunden, die auch noch die letzte Ahnung von der Vergangenheit zerstörten und jene Unwirtlichkeit der Städte hervorbrachten, gegen die sich schon Ende der 1960er-Jahre der Widerstand entwickelte und dessen Ergebnis heute die Rekonstruktionssehnsucht allerorten ist.

Damals aber ging es um das Bild der jungen Republik, den Wiederanschluss, um ihre Integration in die westliche Welt. Daraus folgte zwingend, sich gegenüber der DDR und ihrem von der Sowjetunion verordneten Zuckerbäckerstil abzusetzen. 1957 war das Jahr, in dem die Bundesrepublik erstmals offen ein neues Selbstbewusstsein zeigte und sich vor dem Hintergrund des Volksaufstandes in der DDR 1953 sowie dem Ungarnaufstand 1956 eindeutig unter Adenauers Führung dem Westen zuwandte. Die Einweihung der Oper sowie des Wallraf-Richartz-Museums im Mai 1957 standen schon unter dem Vorzeichen des Bundestagswahlkampfes, den Konrad Adenauer unter dem Motto „Keine Experimente" im Oktober mit absoluter Mehrheit gewinnen sollte.

Es waren die Geburtsjahre der jungen Bundesrepublik, deren Bilder manche von uns noch gut erinnern und in denen sich die Sehnsucht nach Wohlstand, Konsum und Komfort ausdrückte sowie jenes Fernweh, das in unzähligen Schlagern jener Zeit besungen wurde. Auch eine Art Flucht vor den verstörenden Bildern der Vergangenheit und jenen der Gegenwart, mit denen man die gefürchtete Bedrohung des neuen Wohlstands- und Lebensgefühls verband. In diesem gesellschaftlichen Umfeld entwarf Riphahn mit seinem Büroleiter Hans Menne dieses Haus. Unterstützt von Bühnentechniker Unruh entstand jener Entwurf, der bis heute die Mitte der Stadt prägt.

Zehn Jahre der Planung, der Überlegung, des Abwägens waren jenem Sonnabend, dem 18. Mai 1957, dem Tag der festlichen Einweihung, vorausgegangen. Verschiedene Standortüberlegungen am Volksgarten, im Stadtgarten, am Sachsenring, ja selbst den Wiederaufbau der alten Oper am Rudolfplatz hatte man geprüft, bis es dann zum Entschluss kam, hier am Standort des alten Schauspielhauses einen erneuten Wettbewerb auszuschreiben, zu dem vier Büros geladen wurden. Riphahn, der für alle genannten Standorte – außer den der alten Oper – Vorschläge gemacht hatte, kam auch hier in die engere Wahl.

Er war *der* Architekt des Wiederaufbaus, erfolgreich schon kurz vor dem Ersten Weltkrieg, dann in den 1920er-Jahren, in denen er sich mit zahlreichen Wohnungsbauten und Siedlungsanlagen, Ladenlokalen und Geschäften einen Namen gemacht hatte. Berühmt wurde er durch die Verwandlung des Turmstumpfes am Rhein zur „Bastei" sowie den Pavillon für den Dumont Schauberg Verlag anlässlich der „Pressa" 1928. Unkompromittiert durch das Dritte Reich gegangen, war er der Mann der Stunde, der mit Liebenswürdigkeit, Bonhomie, Charme und Durchsetzungsvermögen ein gefragter Partner in den Jahren des Neuanfangs war. Auf die Frage, wie es ihm ginge, soll er öfter in seiner kauzigen Art „Das überlege ich selbst auch gerade" geantwortet haben. Seine Umgänglichkeit, sein Pragmatismus, seine Heiterkeit und Herzenswärme, sein „kölsches Hätz" führten ihm die Aufträge wie von selbst zu.

Er war geschult als Baupraktikant, Lehrstudent in Dresden bei Kreis und Gurlitt gewesen – übrigens beide BDA-Präsidenten in ihrer Zeit – und damit jenem barocken Stadtbaudenken verpflichtet, das sich in seinen zahlreichen Bauwerken offenbarte und an das er in der Sprache der Moderne nach dem Krieg anknüpfen sollte. Von seinen zahlreichen Bauwerken nach 1945 seien hier erwähnt das Haus Haubrich, die Lichtspiele am Hahnentor, die Hahnenstraße mit ihren modernen Ladengeschäften sowie die Verwaltungsgebäude für die Concordia-Versicherung am Maria-Ablaß-Platz und am Rudolfplatz.

All diese Eigenschaften prädestinierten ihn zum Architekten jenes Großbauwerkes, in dem wir uns heute befinden und das er in den Jahren 1952–57 entworfen und gebaut hat. Übrig geblieben in der Konkurrenz mit dem Architekten Kallmorgen aus Hamburg wurden zur endgültigen Auswahl des Entwurfes im April 1953 zwei externe Gutachter hinzugezogen. Einer war Otto Bartning, langjähriger BDA-Präsident in den 1950er-Jahren, der in uns heute etwas apokryph anmutender Diktion das entscheidende Gutachten formulierte, das die Stadtverordneten am 17. September 1953 veranlasste, mit 26 zu 11 Stimmen den Riphahnschen Entwurf zur Ausführung freizugeben.

Riphahns Entwurf hatte entscheidende Vorteile: Die Jury lobte die Klarheit des Grundrisses, die Funktionalität – die sich bis heute bewährt hat –, vor allem aber das Heiter-Unprätentiöse, das dem Erscheinungsbild zugrunde lag. Moderne Funktionalität, gleichmäßig geordnete Kubaturen, eine knappe, schmucklose Formensprache: All dieses entsprach dem Credo der Zeit, die sich ein neues Gesicht zu geben versuchte. Der Entwurf reflektierte die eindeutige Abwehrhaltung gegenüber den verachteten Prunkformen des Wilhelminismus und der Nazidiktatur, wobei insbesondere letztere die Prinzipien jahrhundertealten Bauens mit ihrer totalitären Megalomanie so vollkommen diskreditiert hatte, dass auch das Erhaltens- und Erinnerungswerte über Bord gekippt wurde.

Hatte der Ursprungsentwurf Schauspielhaus und Oper noch mit einem den Offenbachplatz bestimmenden verglasten Riegelbauwerk zusammengebunden, so löste Riphahn in der Überarbeitung die Gebäude voneinander und schuf jene Komposition korrespondierender Kuben, die uns heute empfangen, wenn wir den Opernbezirk betreten.

Verweilen wir für einen Moment bei dem Hauptgrundriss: Wir erkennen die Grundstruktur des Gebäudes, den Zuschauerraum und die immensen Bühnenflächen, die in einem offensichtlichen Missverhältnis zueinander stehen, was aber den Theaterbau der guten Bespielbarkeit wegen schon immer bestimmte, und wir erinnern uns des liebenswürdigen Bonmots Friedrich Wilhelms III. – der schwächlich provisorisch unterstützt heute auf dem Heumarkt reitet – beim ersten Besuch des neuen Schauspielhauses von Schinkel in Berlin: „Ein vorzüglicher Bau und ist auch ein Theäterchen drin". Unabhängig davon zeichnet den Grundriss eine vorzügliche Klarheit in der Disposition der wesentlichen Funktionen aus; Bühnenhaus, Zuschauersaal, Foyers und Werkstätten, Künstlergarderoben und Räume der Verwaltung sind ablesbar voneinander getrennt und gut zueinander geordnet.

Auffallend ist, dass die Bühne quadratisch konzipiert ist. 22 auf 22 Meter groß bildet sie den Mittelpunkt des Geschehens im Herzen des gesamten Bauwerkes und bedeutet so die praktische und ideelle Mitte des Ganzen. Uns erinnert dieses Quadrat nach dem anfangs Gesagten vielleicht an das himmlische Jerusalem, aber so weit wollen wir nicht gehen, zumal Riphahn hier ja die Abmessungen nicht der 12, sondern der heiligen Kölner Zahl 11 unterworfen hat, jener Zahl, die als Unterschreitung der 12 Apostel durch den Verrat Judas Ischariots und als Überschreitung der 10 Gebote schon immer in der Zahlenallegorese des Mittelalters die Zahl des Teufels war. Dass der Kölner Karneval am 11.11. beginnt, mag manchen der hier Versammelten nun nachdenklich stimmen …

Auch wenn Riphahn sicher nicht von kabbalistischen Zahlenspielereien bestimmt war, so hat er doch zweifellos die stabilisierende Kraft des Quadrats bewusst in der Mitte seines Entwurfes angeordnet. Neben- und Hinterbühne gruppieren sich um das Aufführungszentrum, das wie ein ruhender Pol die Gesamtfigur des Baus stabilisiert. Ob er bei dieser Grundrissanordnung von der Figur der heiligen Stadt des himmlischen Jerusalems bestimmt war, kann man sicher bezweifeln, gleichwohl bleibt es ein wunderbares Bild, dass in der Mitte der gesamten Riesenkonfiguration des Opernhauses als zentraler Punkt der gesamten Raumorganisation ein Quadrat steht, jenes Symbol für Ordnung, Stabilität und Sinn, dem sich auch Riphahn als bestimmendes Ordnungsprinzip in Grundriss und Fassade bei vielen seiner Bauten unterworfen hat.

1954 erfolgte der Baubeginn, von dessen Fortschritt die nächsten Bilder einen Eindruck vermitteln, bis das Haus sich im Frühjahr 1957 im neuen Glanz den Augen der Öffentlichkeit darbot. Die Fertigstellung wurde am Samstag, den 18.5.1957, festlich begangen und es war ein bedeutender Tag für die Stadt: Der Offenbachplatz glich einem Aufmarschgelände, die Illustrierte *Stern* ließ in ihrer Ausgabe vom 18.5. die Kessler-Zwillinge in Form einer stilisierten 11 das neue Haus grüßen und der Bundeskanzler wie der Bundespräsident adelten das neue Bauwerk mit ihrem Erscheinen.

Gerühmt wurde der Zuschauerraum, seine Intimität und Kompaktheit und der bewusst bürgerliche Auftritt, der sich vom klassischen Rangtheater – hier der Innenraum der Oper in Lissabon aus aktuellem Anlass – so eindeutig unterschied durch die „zu Tal stürzenden Schlitten" in heiter-tänzerischer Anordnung, übrigens 22 an der Zahl! Das Foyer in Weiß und Blau strahlte dezente Festlichkeit aus, die verwendeten Säulen vermittelten einen Hauch von Grandeur und natürlich fand sich erneut das Quadrat in intelligent variierter Form. 1960 wurden Schauspielhaus und Pavillon hinzugefügt und in dieser Gesamtkonzeption tritt uns der Opernbereich bis heute gegenüber. 50 Jahre später ist das Haus sichtbar in die Jahre gekommen und bedarf dringend der Sanierung.

Die Neugestaltung der Mitte unserer Stadt mit der Revitalisierung der Riphahnschen Oper als Ausgangspunkt ist eine große und bedeutende Herausforderung. An ihr wird sich erweisen, ob wir den Herausforderungen der Gegenwart und der Zukunft gerecht werden, ohne unsere Vergangenheit zu verleugnen! Und zu dieser Vergangenheit gehört eben auch der Neuanfang der Nachkriegszeit, für den die Riphahn-Oper wie kaum ein anderer Bau jener Jahre steht. Sie ist Zeichen ihrer Zeit trotz aller Mängel. Sie ist ein Konstrukt, das von jenen Jahren kündet, als das Land noch nicht in der Lage war, alles richtig zu machen, allen und allem gerecht zu werden. Sie ist ein Abbild des Versuches, aus den Verwirrungen der Zeit heraus etwas Neues zu schaffen. Respekt vor der Vergangenheit bedeutet, diesen Versuch zu akzeptieren, ihn zu verstehen, aber auch ihn weiter zu bilden und zu formen aus unserem heutigen Bewusstsein heraus.

So bedeutet die Frage nach der Gestalt unserer städtischen Mitte auch, wie wir uns heute als Stadtbürgergesellschaft definieren und was wir von unserer Stadt erwarten! Sehen wir die Diskussion als Chance, unserem Gemeinwesen die angemessene bauliche Gestalt zu geben und in ihr die Idee unserer Stadtgesellschaft aufscheinen zu lassen, geben wir unserer Stadt an bedeutender zentraler Stelle ein Gesicht, das der Würde der Colonia angemessen ist, und lassen Sie uns gemeinsam daran arbeiten, diesen Ort unserer Stadt zu einem baulichen Beispiel werden zu lassen, das die Erkenntnisse der Gegenwart in Respekt vor der Vergangenheit in eine beglückende Zukunft sichtbar überführt. Dazu aufzurufen muss das Gebot dieses Augenblicks der Feier des 50. Jahrestages der Einweihung unseres Opernhauses sein!

Dies wird nicht leichtfallen. Denn vielleicht ist das größte Manko des Opernhauses, dass es keine Urbanität stiftet, keinen Platz, auch wenn es vor ihm einen nach dem bedeutendsten Komponisten der Stadt benannten Platz gibt. Das Haus ist isoliert, steht einsam in den Straßen des Konsums, an der Eingangsfassade von der Stadt getrennt durch eine 10-spurige Verkehrsstraße, die die Stadt durchtrennt und wesentlich dazu beiträgt, dass niemand sich länger hier aufhalten will.

Aber auch die Seitenfronten sind verschlossen, Proben- und Künstlerräume mit verhängten Fenstern begleiten die

Straßenräume nach Norden und Süden und im Westen liegt ein unansehnlicher Anliefer- und Werkhof, der jede Urbanität zerstört. So kommt es, dass das Gebäude tatsächlich wie ein „Grabmal", ein „Trockendock", ein „Reaktorblock" unvernäht mit seiner Umgebung, kontextlos eben, sein ungeliebtes Dasein fristet.

Der Glanz des Neuanfangs ist verschwunden, er wäre aber wiederherzustellen. Die städtebaulichen Mängel allerdings sind wohl nur aufzuheben, wenn über neue, ausstrahlende Nutzungen das Haus wieder Teil des alltäglichen Lebens werden würde: Eben der Mittelpunkt eines Marktes, auf dem die Gattung „Oper" ja ihren Ursprung hatte und dem sie ihr Leben verdankt. Die Aufhebung der Isolierung des Bauwerks durch belebende Nutzung des Erdgeschosses nach allen Seiten scheint mir eine der entscheidenden Forderungen an die Renovierungsbemühungen zu sein. Nur dann lässt sich das Defizit an Ausstrahlung, an „Stadt-Sein", an Glanz und Leben beheben, Faktoren, derer die Oper doch so sehr bedarf, will sie Teil und Ausdruck städtischen Selbstbewusstseins, Reflex stadtbürgerlicher Übereinkunft und Kristallisationspunkt des kulturellen Lebens unserer bedeutenden Stadt bleiben. Hier muss auch die Denkmalpflege bereit sein, neue Wege zu gehen: Wege, die das ursprünglich gewollte Bild des Neuanfangs in den Trümmern erhalten, gleichzeitig aber die Defizite des „autistischen Tempels" überwinden und ihn zum Teil des städtischen Miteinanders werden lassen, das die Kultur unserer Gesellschaft doch im Wesentlichen widerspiegelt und bestimmt. Die Kultur ist die Seele der Stadt und sie sichtbar, erlebbar, benutzbar zu machen für alle ist die große Aufgabe der Sanierung. Hier gilt es, die Chancen zu erkennen, zu bewerten, abzuwägen und umzusetzen: kreativ, offen für Neues, bereit zum Experiment. Deshalb ist die Frage der Sanierung des Opernhauses nicht nur eine Frage des Bauwerks, sondern vor allem auch eine Frage der Sanierung des Umfeldes, allem voran der Sanierung des Offenbachplatzes.

Und die ist gleichbedeutend mit dem Rückbau der trennenden Verkehrsschneise Nord-Süd-Fahrt, ja auch ihrer Tieferlegung. Der Platz muss vom Verkehr befreit werden. Zudem müssen Raumkanten entstehen, die einen proportionierten, ästhetisch gelungenen Platz umfassen, gebildet von Gebäuden mit einer Erdgeschossnutzung, deren Mischung dazu führt, dass der Platz nicht nur eine halbe Stunde vor und eine halbe Stunde nach den Vorstellungen eine Ahnung städtischen Miteinanders vermittelt. Die zukünftige Gestalt des Platzes muss ein Raumgefühl schaffen und eine Nutzbarkeit anbieten, die die Menschen anziehen, versammeln und zum Bleiben einladen und halten. Dementsprechend muss auch die Verbindung zum Diözesanmuseum völlig neu gestaltet werden wie auch die Anbindungen an die Schildergasse und Breite Straße. Wäre dies erreicht, würde sicher ein Großteil des Unmutes, der sich heute am Opernhaus festmacht, aufgefangen und in eine neue Zugewandtheit verwandelt werden können.

Wenn wir demnächst über die Sanierung dieses Hauses intensiv nachdenken, sollten wir es in den voraus genannten Gedanken tun. Leicht ist es, das schäbig Erscheinende abzuwerten und abzutun, aber wir müssen erinnern, dass diese in die Jahre gekommene Erscheinung einmal etwas ganz Neues bezeichnete und wir sollten diese Erinnerung wachhalten, wir sollten sie nicht austauschen gegen eine Bonbon-Architektur, wie sie heute allerorten als vermeintlich Besonderes entsteht. Es gilt, den Anfang zu bedenken und dieses Haus gerade deshalb Anteil nehmend zu würdigen, weil es in seiner Zurückhaltung und Farblosigkeit, seinem Purismus an Zeiten erinnert, wo es als Glück empfunden wurde, überhaupt wieder eine Oper zu haben! In aufmerksamer Bewusstmachung der Beschränkung jener Jahre sollten wir uns daran machen, den geistigen Gehalt dieses Hauses leuchten zu lassen und uns nicht damit aufhalten, seine reduzierte Ausstrahlung zu bedauern. Diese Oper ist ein Kind ihrer Zeit, einer Zeit des Neuanfangs in all ihrer Beschränkung. Uns daran zu erinnern, dass wir das Glück haben, frei und unabhängig leben zu dürfen, ist ihr großes Verdienst. Dies danken wir Wilhelm Riphahn, jenem bedeutenden Architekten, vor dessen Lebensleistung – manifest in diesem Haus pars pro toto – wir uns in Dankbarkeit und Anerkennung verneigen.

Heute vor 65 Jahren in den frühen Morgenstunden ging Köln im Bombenhagel unter; aus der Trümmerwüste ist durch Fleiß und Zuversicht wieder eine blühende, lebendige Stadt geworden. Gleichwohl sind die Defizite im Stadtbild unübersehbar. Gerade hier sollte der Bürgerstolz ansetzen und der Stadt ihren Glanz zurückgeben, wo sie ihn vermissen lässt. Das Opernquartier ist ein Prüfstein, der uns herausfordern sollte! Das innerste Zentrum unserer Stadt muss nicht nur den technischen Anforderungen einer europäischen Metropole, sondern mehr noch den geistig-kulturellen Ansprüchen genügen, die Köln über alle Zeiten ausgezeichnet haben. Es muss ein Reflex des geistigen Niveaus sein, das unsere Stadt prägt, Ausdruck und Abbild jenes „Köln-Spirits" mit dem – besönne sich die Mehrheit auf ihn – sich unsere Stadt weiterhin stolz und selbstbewusst in die Reihe der großen Städte einreihen könnte. Am Beispiel des zu renovierenden Opernquartiers können wir beweisen, auf welchem Niveau wir uns bewegen wollen. Die Mitte der Stadt im kulturellen Kontext neu zu formulieren, einen Platz der Kultur mit europäischer Ausstrahlung zu schaffen: Wäre das nicht eine wunderbare Aufgabe?

Vielleicht könnten wir dann ja sogar eines Tages der Arie des Figaro und ihrem Zahlenreigen im Freien vor dem Opernhaus lauschen …

05.03.95

Im Frühjahr 2009 legt das Büro AS+P Albert Speer + Partner im Auftrag des Vereins „Unternehmer für die Region Köln“ einen städtebaulichen Masterplan für die Stadt Köln vor, der konkrete Vorschläge zur kurz-, mittel- und langfristigen Veränderung der Innenstadt aufzeigt. In einer kurzen Notiz reflektiert und kommentiert Kaspar Kraemer am 25. März 2009 diesen möglichen Weg, auf den sich Köln mit einem Zeithorizont von 20 Jahren machen könnte. Für ihn steht der Plan in einer Linie vom römischen Castrum über die mittelalterliche Stadterweiterung, den Bau der schützenden Stadtmauer und ihr Schleifen 700 Jahre später bis zu Stübbens Planungen für die Neustadt Ende des 19. Jahrhunderts und die städtebaulichen Entwicklungen der ersten Hälfte des 20. Jahrhunderts.

AS+P Albert Speer + Partner, Masterplan Köln, Köln 2007

Nach den totalen Zerstörungen durch den Krieg und den Wiederaufbauplanungen, die – wie die Trasse der Nord-Süd-Fahrt – den gewachsenen Kontext Kölns ignorierten, hat sich in den letzten Jahrzehnten eine zunehmende Unzufriedenheit mit dem Bild unserer Stadt artikuliert. Aus dieser Vielstimmigkeit des engagierten Einzelinteresses, das von unterschiedlichen Verbänden, Vereinen und Initiativen getragen wurde, formulierte sich vor mehreren Jahren die lautstarke Forderung nach einem „Stadtbaumeister“. Dahinter stand nicht die idealisierend-blauäugige Vorstellung von einem „Demiurgen“, der die Stadt im Sinne von Kontext und Gestalt „einem Zauberer gleich“ neu ordnet, sondern der Wunsch, die Vielzahl der am Bild der Stadt beteiligten Ämter, städtischen Gesellschaften und Körperschaften einer einheitlich auf ein Ziel orientierten Handlungsmaxime zu verpflichten: nämlich das Bild der europäischen Stadt, das in sich Funktionalität, Urbanität und Ästhetik vereint, wieder zum Maßstab kommunalen Planens und Handelns werden zu lassen.

Um diesen Gedanken wirkungsmächtig bei allen Beteiligten vorzustellen und ihn zum Gegenstand öffentlichen Diskurses werden zu lassen, bedürfte es der Vorstellung des Zustandes unserer Stadt in ihren Schwächen und ihrer Entwicklungsmöglichkeiten, also ihrer „städtebaulichen Begabung“ im oben beschriebenen Sinne. Dies war der entscheidende Gedanke, der die Idee eines „Masterplanes“ und seiner Erarbeitung durch ein professionelles, von außen auf die Stadt blickendes Expertenteam initiierte.

Immer hat Köln in seiner 2.000-jährigen Geschichte durch weiterreichende bauliche Maßnahmen sein Stadtbild strukturiert und gestaltet: Vom römischen Castrum über die mittelalterliche Stadterweiterung, den Bau der Riesenmauer – die Köln uneinnehmbar machte, in deren Schutz alle romanischen Kirchen und unser Dom entstehen konnten und die 700 Jahre lang das Wachstum der Stadt aufzunehmen vermochte – bis hin zu den Planungen Stübbens für die Neustadt Ende des 19. Jahrhunderts und der Umrüstung durch Adenauer und Schumacher: Auf die Notwendigkeiten der modernen Großstadt nach dem Ersten Weltkrieg hat sich die Colonia in weitsichtigen Strukturentscheidungen ihren Gegenwarts- und Zukunftsaufgaben gestellt.

Auch der Masterplan entwirft in diesem Kontext ein Bild der Entwicklungs- und Wachstumschancen unserer Stadt zum Beginn des 21. Jahrhunderts, sozusagen ein neues Kapitel aufschlagend in der großen Planungstradition unserer *civitas*. Er zeigt auf, dass die Möglichkeiten zur Verbesserung des Stadtbildes auf den Gebieten des Städtebaus, der Verkehrsplanung und der Freiraumgestaltung zahlreich sind. Der Masterplan bietet dafür Optionen an, die öffentlich zu diskutieren sind. Er bietet die große Chance für den Dialog einer Bürgergesellschaft, die sich bewusst den Herausforderungen der Zukunft stellen will. Es ist an ihr, also an uns, diese Chance zu nutzen!

10.07.84

05.11.02

Die Verleihung des Weser-Ems-Preises der Landesbank Oldenburg nutzt Kaspar Kraemer, sich grundlegend dem Begriff „Baukultur" zu nähern. Von Vitruv über Albrecht Dürer und Friedrich Schiller zieht er dabei einen weiten Bogen bis in die architektonische Moderne zu Le Corbusier. Welche Rolle Schönheit dabei spielt, macht Kraemer hier ebenso deutlich wie dass er mit Blick auf Architektur immer von der Stadt als Ganzem ausgeht, die im besten Fall in einem kosensualen formalen Kern kulminiert, der den Individuen bei aller Unterschiedlichkeit eine maßstabsgebende Orientierung und Identität bietet: im formalen Ausdruck durchaus verschieden, in der Qualität vom Stadtraum über das Haus bis hin zum architektonischen Detail jedoch einend.

Foster+Partners, Carré d'Art, Nîmes 1990–1993

(...) Baukultur ist die Art und Weise, wie wir in Planungsprozessen miteinander umgehen, welche Rolle wir dem Bauen einräumen, auf welchem Niveau sich unsere Bau- und Planungsprozesse vollziehen und auf welchem Stand sich unsere gebaute Umwelt befindet bzw. auf welchem Stand sie sich befinden sollte.

Darüber streiten wir je nach Bewusstseinszustand mehr oder weniger leidenschaftlich. Wie sollen unsere Gebäude aussehen, wie unsere Städte, welche Grundstrukturen sollen sie aufweisen, welchem Bild verpflichtet sein? Was sollen sie leisten, bieten, was erwarten wir von Stadt und Haus, Straße, Brücke oder Park? Welche Ansprüche dürfen wir formulieren, was können wir von unseren Planern in den jeweiligen Gebieten verlangen, was sind sozusagen unsere baukulturellen Grundrechte?

Wenn es hierzu auch höchst unterschiedliche Antworten gibt – und das kann in einer pluralistisch verfassten Gesellschaft nicht anders sein –, so glaube ich doch, einen Grundkonsens in Gestaltung und Verfahren zu erkennen und eine Übereinkunft über das, was sein sollte: eine gemeinsame Haltung der sichtbaren Welt gegenüber und einen generellen, von der Mehrheit getragenen Anspruch.

Über diesen Anspruch möchte ich sprechen und darüber, dass die Baubeantwortung dieses Anspruches die gemeinsame Aufgabe von Architekten, Ingenieuren, Städteplanern und Landschaftsarchitekten ist.

Meine Grundüberzeugung ist, dass Planung die Herstellung von Ordnung ist. Immer gilt es, Ordnung zu schaffen: Ordnung in der Konstruktion, Ordnung in der Funktion und – beide zusammenfassend und bindend – Ordnung in der Gestalt. Die alte vitruvsche Trias „Firmitas, Utilitas, Venustas" hat auch nach 2.000 Jahren nichts von ihrer Gültigkeit verloren. Ich glaube sogar, dass es die zentrale Grundaufgabe von Planern ist, dass sie diesen Ordnungsgedanken als ihr Ethos in sich tragen und dass die ordnende Zusammenfassung aller Parameter des Planens und Bauens ihre genuine und gemeinsame Aufgabe darstellt. Daher ist Planung Logik, Folgerichtigkeit, Systematik, Struktur und Rationalität. Dies ist sozusagen das Fundament unserer Tätigkeit. Die Ordnung als Grundgedanke menschlichen Zusammenlebens ist konstitutionell und notwendig.

Auf dieses Fundament aus Konstruktion und Funktion aufsetzen muss das, was Vitruv unter Venustas verstand: Damit Logik und Ratio nicht zur stumpfen Technik, zu einengender und uninspirierter Normalität werden, muss das Atmosphärische, das Charakteristische, das Freie und Heitere, muss die Schönheit hinzutreten. Schönheit, die Konstruktion und Funktion zur Anschauung bringt.

Der Begriff der Schönheit ist lange beschwiegen worden und erst zu Beginn der 2000er-Jahre taucht er in verschiedenen Beiträgen zu Architektur und Städtebau wieder auf, nachdem er wegen Missbrauchs im Dritten Reich 50 Jahre lang als inopportun diskreditiert worden war. Heute reden wir darüber wieder in angemessener Weise als der zentralen Kategorie unserer Arbeit, und die Veranstaltungen zur Schönheit von Städten, Parks und Landschaften, Gärten und Häusern sind zahllos.

Was die Schönheit sei, das weiß ich nicht: Dieses Seufzers Albrecht Dürers eingedenk, werde ich mich nicht vermessen, Gegenteiliges zu behaupten. Aber einige Grundelemente des Schönen, so wie ich es empfinde, möchte ich doch zur Anschauung bringen und zur Diskussion stellen.

Wenn die Venustas die Schönheit, die Ordnung der Gestalt, der Erscheinung ist, dann bedeutet dies, dass die Gestalt Gesetzen gehorchen muss, wenn wir sie als schön empfinden wollen. Dazu zählt als erstes die Lesbarkeit einer Form oder Figur, sei es nun Skulptur, Bauwerk oder Pflanze. Ihre Erscheinung in Klarheit und Struktur, ihre Eindeutigkeit ist schön. Schönheit hat immer etwas mit Erkennbarkeit, Sichtbarkeit, Prägnanz und formaler Geschlossenheit zu tun. Daher zeichnen sich die großen und bedeutenden Architekturen auch über ihre körperliche Präsenz, ihre Eindeutigkeit in kubischer Formung, ihre als Fügung erkennbare Volumengliederung aus. „L'architecture est le jeu savant, correct et magnifique des volumes s'assemblés dans la lumière." In diesen Worten Le Corbusiers formuliert sich die Grundidee, Architektur als das vernünftige, präzise und großartige Spiel der unter dem Licht versammelten Körper zu begreifen.

Bleiben wir einen Moment bei diesem Zitat und seinen drei Adjektiven savant, correct et magnifique: Weil sie hilfreich für weitere Betrachtungen sind, werden wir uns über Schönheit in der Architektur, der Ingenieurbaukunst, der Landschaftsgestaltung und des Städtebaus zu verständigen suchen.

„Magnifique": Das Adjektiv beschreibt Atmosphärisches, Stimmung und Aura. Etwas, was die Gefühle berührt und uns bewegt. Gestaltete Volumina können das offenbar hervorrufen und in uns wirken. Wir spüren es beim Betreten von Gebäuden, seien es Kirchen, Museen, Konzerthallen, aber auch in einfachen Häusern, wenn sie Architektur sind. Sie haben Ausstrahlung. Diese Tatsache hat Friedrich Schiller in seinem Prolog zum *Wallenstein* 1798 im wiedereröffneten Theater in Weimar in wunderbare Verse gekleidet:

> „Der scherzenden und ernsten Maske Spiel, der ihr so oft ein willig Ohr und Aug geliehen, die weiche Seele hingegeben, vereinigt uns aufs Neu in diesem Saal und sieh: Er hat sich neu verjungt, ihn hat die Kunst zum heitren Tempel ausgeschmückt und ein harmonisch hoher Geist spricht uns aus dieser edlen Säulenordnung an und regt den Sinn zu festlichen Gefühlen."

Architektur also bewegt, kann bewegen, uns erheben oder deprimieren.

Das zweite Adjektiv ist „correct": Hier erinnert Le Corbusier an den konstitutionellen Ordnungsgedanken in allem Schaffen, von dem ich schon gesprochen habe, und ich möchte mich deshalb sogleich dem dritten Adjektiv zuwenden, dem „jeu savant", dem weisen Spiel, dem Spiel des Wissens und der Weisheit, da das „jeu savant" das wichtigste Moment zu sein scheint. Für mich beschreibt es das Geistige in der Architektur.

Bei fast allen Wettbewerben, die ausgelobt werden, steht als erstes Wertungskriterium: Entwurfsidee, Gesamtidee, Konzeptidee. Erst danach rangieren Parameter wie städtebaulicher Bezug, Gestaltung, Ökologie, Funktionalität oder Wirtschaftlichkeit. Auch wenn alle Kriterien zusammen zur Bewertung eines Bauwerks – sei es eines Gebäudes, einer Brücke, eines Gartens oder ihre Zusammenfassung in einem Stück Stadt – wesentlich sind, steht doch über allem immer die Idee. Dieser Tatbestand beleuchtet schlagartig, dass das Bauen, das Erstellen von Bauwerken immer einen geistigen Prozess voraussetzt, ein Ergebnis geistiger Auseinandersetzung ist, und die Art der Beurteilung immer davon abhängt, wie sehr wir in den uns entgegentretenden Artefakten diese Geistigkeit zu erkennen vermögen.

Grundsätzlich kann man behaupten, dass es überhaupt erst diese Geistigkeit ist, die das einfache Bauen von dem gestalteten Bauen, die simple Errichtung von der künstlerischen Gestaltung, das normale Bauwerk von dem Bauwerk unterscheidet, dem wir architektonische Qualität zubilligen und das wir einordnen wollen in die Kategorie „Architektur" oder „Baukunst".

Diese einfache Abgrenzung vom Bauen zur Baukunst zeigt, dass Baukunst als Teil der Baukultur Ergebnis vernunftgesteuerter Prozesse ist, die versuchen, die tektonische Fügung – der ja generell jedes Gebäude unterliegt – so zu organisieren, dass sie geistigen Maßstäben genügen, auf etwas Höheres verweisen, den Menschen das Gefühl vermitteln, eines höheren Ordnungsgedankens teilhaftig zu sein.

An Gebäude werden also hohe Ansprüche gestellt. Der alten vitruvschen Trias sind heute noch die Kriterien der Ökologie und der sozialen Verträglichkeit als Beurteilungskriterien für Baukunst hinzugefügt worden. Wobei die vier rationalen Kriterien – Funktion, Konstruktion, Ökologie und Sozialverträglichkeit – von der „Venustas", der Schönheit, der beglückenden Gestalt, überformt bzw. zusammengefasst werden müssen. Und nur diese, die „Venustas", entscheidet letztlich über den Wert eines Bauwerks im Laufe der Zeit.

Im vielzitierten Ausspruch Zilles, dass man den Menschen mit einer Wohnung wie mit einer Axt erschlagen kann, spiegelt sich kurz und knapp die Erkenntnis, dass bauliche Formen, Gebautes, Architektur im weitesten Sinne Einfluss nimmt auf unser Handeln und Denken. Nicht nur stiftet Gebautes Raum, umgibt uns, richtet uns aus oder leitet uns auf verschlungenen oder klar vorgezeichneten Wegen, sondern bewegt auch unser Gemüt, schafft Atmosphäre und gelangt in seiner vollkommensten oder kulturell höchsten Ausformung zum Ausdruck geistiger Zusammenhänge, zur Vermittlung von Inhalten und Botschaften, zur Stiftung von Sinn. Im Bauen manifestiert sich also der Kulturzustand einer Nation und die Bilder der Stadt, des Hauses, der Landschaft sind Ausdruck dieses technischen und geistigen Entwicklungsstandes.

Architektur und Baukultur sind deshalb nicht etwas expressionistisch Empfundenes, etwas Beliebiges und Zufälliges, sondern das Ergebnis sorgsamer Abwägung konstruktiver, funktionaler, ästhetischer Faktoren. Das Ergebnis eines logischen Prozesses, das Ergebnis von Rationalität und Klarheit. Architektur ist durch Geist gestaltete Materie oder, wie Schiller es auch im *Wallenstein* sagt: „Es ist der Geist, der sich den Körper baut."

Diese Grundüberzeugung eint nach meiner Erfahrung alle Beteiligten, die sich dem Schaffen von Baukultur verpflichtet fühlen. Und ich möchte diese Anspruchshaltung nicht nur auf die jeweiligen Planungsbereiche der einzelnen Fachkompetenzen beschränkt sehen, sondern sie ausgedehnt wissen auf das, was zwischen ihren einzelnen Artefakten entsteht, auf den Raum, der zwischen ihnen existiert, hier den öffentlichen Raum, der sich viel zu lange durch die Vorherrschaft der Verkehrsplanung unserer Aufmerksamkeit bzw. unserem Gestaltungsanspruch entzogen und deshalb zu größtmöglicher Trostlosigkeit entwickelt hat.

Denn dieser öffentliche Raum wird zu sehr von Strukturen und Objekten bestimmt, die die Ästhetik, die Gestalt, das gelungene Bild nicht mehr zum Maßstab haben. Die „Vermüllung" unserer Städte mit Verkehrsschildern, Gittern, Pollern, mit Fahrradständern, Papierkörben, Oberleitungsmasten, Ampeln, Werbetafeln, Laternen, Streusandkästen, Hinweisschildern, Wartehäuschen, Toiletten, Blumenkübeln und Leitsystemen, die unstrukturiert von verschiedenen Ämtern „zueinandergeschüttet" werden, lässt an der grundsätzlich verankerten Verpflichtung des Staates zu Ordnung und Gestaltung mehr als zweifeln. Leider gibt es noch keine substanzielle breite Kritik geschweige denn Widerstand gegen diese Entwicklung. Für die meisten Bewohnerinnen und Bewohner ist das Bild der Stadt, ihre schleichende Proletarisierung kein Thema. Und somit ist die Entwicklung sich selbst überlassen beziehungsweise den einzelnen Ämtern und ihren jeweiligen Sachzwängen.

Die Stadt, der öffentliche Raum verkommen zudem mehr und mehr zum Tummelplatz von Geschäftemachern, die nur ihren Vorteil, nicht aber das Bild der Stadt zum Ziel ihres Handelns haben. Ein Bild guter Politik, ein Abbild eines Ordnungswillens, die Wirkung einer ästhetischen Erscheinung kann so nicht entstehen.

Bei aller Pluralität des Ausdrucks individueller Formvorstellung, Entwurfshaltung gibt es so etwas wie einen Konsenskern über die Frage der Form. Ohne diesen Konsenskern fehlt uns die Orientierung, fehlt uns für unsere Arbeit und auch für das Zusammenwirken all der vielen Beteiligten am Bau die Grundlage. Ohne diese Maßstäbe fehlten uns überhaupt Kriterien, die Dinge zu ordnen und zu einer höheren Organisation zusammenzubinden. Wir müssen uns also auf Prinzipien, Ordnungsvorstellungen, einen Grundstil verständigen, wertend und gewichtend, um das Bessere vom Schlechteren zu scheiden. Daran müssen wir gemeinsam arbeiten.

Ich bin davon überzeugt, dass wir alle einem ähnlichen Schönheits- und Gestaltungsideal, mehr oder weniger gebrochen durch Herkunft, Erziehung und Erfahrung, durch Eigenart und Charakter, unterworfen sind. Uns alle bindet bei aller individuellen Verschiedenheit der Wille zur Gestaltung, zur Verbesserung des Lebens, zur Ordnung dessen, was uns unstrukturiert und verworren umgibt und zum Nutzen der Menschen gestaltet werden soll. In welchem Stil das geschieht, darüber wird die individuelle Vielfalt wesentlich entscheiden. Aber was uns eint, ist der gemeinsame Qualitätsanspruch. Deshalb ist es die Aufgabe von Architekten und Ingenieuren, Stadtplanern und Landschaftsarchitekten, diesen Qualitätsanspruch der Gesellschaft verstärkt deutlich zu machen. Denn der Zustand unseres zentralen und wesentlichen Lebensraumes, der Zustand der Stadt, den wir geschaffen haben, muss an vielen Stellen verbessert werden. Ignoranz, Geschmacklosigkeit und Verselbständigung der Einzelsysteme haben zu einem unerträglichen Bild unserer urbanen Umgebung sowohl in den Kernen als auch, mehr noch, an den Rändern geführt: Hier Ästhetik wieder wirksam werden zu lassen, dieser Kategorie die wesentlich konstituierenden Eingriffe der Gestaltung zu unterwerfen, dem Aspekt des Bildes, der Form der Schönheit wieder vermehrt Rechnung zu tragen, ohne in einen ästhetischen Eskapismus zu verfallen: Dies sollten wir weiterhin in Verantwortung gegenüber Gesellschaft und Schöpfung bewusst anstreben. Und dies ist eine Aufgabe, der sich alle, Architekten und Ingenieure, Städtebauer und Landschaftsplaner verpflichtet fühlen müssen. Dies ist die Aufgabe der Baukultur.

Von Karl Friedrich Schinkel stammt der wunderbare Satz: „Der Architekt ist der Veredler aller menschlichen Verhältnisse." Dahinter steht eben nicht ein hypertropher Anmaßungsgedanke, sondern das Bild einer Verantwortlichkeit, die meines Erachtens viel stärker in die berufspolitische Debatte der Architektur Eingang finden müsste. Hierin sah Schinkel nämlich die Rolle des Architekten: Ästhetische Führung im Kontext staatsbürgerlicher Bildung. Der Architekt hatte einen Führungsanspruch, dem er durch Bildung, Können und Wissen gerecht zu werden verpflichtet war. Schinkel war damit ganz dem gedanklichen Kontext der Weimarer Klassik, insbesondere der Welt Friedrich Schillers, verhaftet, der ja die Kunst schlechthin als Erzieherin des Menschengeschlechtes verstanden wissen wollte, und der es als Aufgabe des Menschen ansah, das in ihm Angelegte, das in ihm Mögliche zu entwickeln und sich – wie Goethe es ausdrückte – zur „Vollkommenheit zu spitzen". Sie – die Vollkommenheit – war für ihn neben der Verbesserung der allgemeinen Lebensumstände die eigentliche Daseinsbestimmung des Menschen. Aus dieser Grundbestimmung, diesem geistig-ideellen Komplex heraus folgte die Pflicht zur ästhetischen Verwandlung der Welt.

Für mich hat dieses geistig-ideelle Konzept nach wie vor hohe Attraktivität, ja, bedeutet ein inhaltliches Projekt mit ästhetischer und politischer Zielrichtung, dessen Schwungkraft noch gar nicht ausgelotet ist. Ich bin überzeugt, dass sich aus der intensiven Auseinandersetzung mit diesen Fragen eine neue inhaltliche Selbstbestimmung unseres Berufsstandes, ein neues hochinteressant erweitertes Berufsbild entwickeln ließe, das der Bedeutung unserer Arbeit gerecht wird und die Gesellschaft dazu bewegen könnte, verstärkt in Baukultur, in die Qualität des Planens und Bauens zu investieren, also gute Planung nachzufragen. Die Architekten müssen der Gesellschaft deutlich machen, dass gute Planung sich lohnt und dass sie kein zu vernachlässigendes Anhängsel darstellt, das effektives Bauen verhindert, sondern die Grundlage ist zu einer langfristig räumlichen, ästhetisch qualitativ hochstehenden Umwelt, in der wir alle leben wollen und an die deshalb hohe Ansprüche zu stellen sind. Wir müssen deutlich machen, dass gute Planung die Grundlage für eine Baukultur ist, die diesen Namen verdient.

Ich möchte zum Abschluss meiner Ausführungen einen Ausschnitt aus Goethes *Hermann und Dorothea* zitieren, weil Goethe hier in wenigen Zeilen in der Versform des Hexameters viele Momente anspricht, die ich heute gestreift habe:

- Dass der Einzelne sich für das Bild seiner Stadt verantwortlich fühlen muss und sie dauernd zu verbessern hat.
- Dass dadurch Zeichen gesetzt werden, erinnernde Artefakte, die von der Existenz des Menschen künden.
- Dass das Bild der Stadt eine Visitenkarte ist, Rückschlüsse auf die in ihr Wohnenden und die sie Regierenden zulässt.
- Dass Vorbilder (Best Practice) zuständig sind und ohne Vorbild Gleichgültigkeit im Äußerlichen entsteht.
- Und dass man Maßstäbe in sich ausbilden muss durch Wissen bzw. Reisen, um zu Urteil und Kritik als Grundlage der eigenen Handlung zu gelangen, eines Handelns, das sich der Verschönerung der eigenen Umwelt verpflichtet weiß.

Und so heißt es bei Goethe:

„Denn was wäre das Haus, was wäre die Stadt, wenn nicht immer jeder gedächte mit Lust zu erhalten und zu erneuern und zu verbessern, auch wie die Zeit uns lehrt und das Ausland!
Soll doch nicht als ein Pilz der Mensch dem Boden entwachsen und verfaulen geschwind an dem Platze, der ihn gezeugt hat, keine Spur nachlassend von seiner lebendigen Wirkung!
Sieht man am Hause doch gleich so deutlich, wes Sinnes der Herr sei, wie man das Städtchen betretend die Obrigkeiten beurteilt.
Denn wo die Türme verfallen und Mauern, wo in den Gräben Unrat sich häufet und Unrat auf allen Gassen herumliegt, wo der Stein aus der Fuge sich rückt und nicht wieder gesetzt wird, wo der Balken verfault und das Haus vergeblich die neue Unterstützung erwartet: Der Ort ist übel regieret.
Denn wo nicht immer von oben die Ordnung und Reinlichkeit wirket, da gewöhnet sich leicht der Bürger zu schmutzigem Saumsal, wie der Bettler sich auch an lumpige Kleider gewöhnet.
Darum habe ich gewünscht, es solle sich Hermann auf Reisen bald begeben und sehen zum wenigsten Straßburg und Frankfurt und das freundliche Mannheim, das gleich und heiter gebaut ist.
Denn wer die Städte gesehen, die großen und reinlichen, ruht nicht, künftig die Vaterstadt selbst, so klein sie auch sei, zu verzieren."

Könnte – so fragt man sich beim Lesen dieser mehr als 200 Jahre alten, leicht oberlehrerhaft klingenden, aber nichtsdestotrotz klugen und weisen Zeilen –, könnte nicht auch ein ähnliches Denken für unsere Gesellschaft verstärkt wieder Anhalt und Richtschnur werden?

Dieses komplex-verantwortungsvolle Denken zur Grundlage übergreifender Planung im Sinne von Verbesserung und Veredelung zu machen und ihm verstärkt Aufmerksamkeit zu widmen, muss unser Anspruch sein. Aufgabe von Architekten, Ingenieuren und Städteplanern, Garten- und Landschaftsarchitekten ist es, sich diesem Prozess im Dialog mit der Gesellschaft, in der Verantwortung gegenüber der Schöpfung zu stellen, Beispielhaftes zu erstellen und Vorbild zu sein im Sinne einer „Best Practice". Früher sagte man „Exempla trahunt": Beispiele ziehen, fordern, regen an. Diesen Forderungsprozess zu stützen, der Gesellschaft zu zeigen, was möglich ist, muss Motor aller kulturell Bauschaffenden sein.

Yale University
School of Architecture
097

K. Kraemer 06.11.20

30.10.20

TANNERHOF
Ihr Versteck in den Bergen

Am 31. März 2012 findet sich im Taut-Saal des Deutschen Architekturzentrums in Berlin eine Trauergemeinde ein, um des plötzlich verstorbenen Carl Steckeweh zu gedenken. Steckeweh, langjähriger Geschäftsführer des Bundes Deutscher Architekten (BDA) – er verantwortete zuletzt den Deutschen Bauherrenpreis, der alle zwei Jahre vom Bundesverband deutscher Wohnungs- und Immobilienunternehmen, dem BDA und dem Deutschen Städtetag ausgelobt wird –, verstarb am 22. Februar unmittelbar im Anschluss an die Verleihung des Preises in der Berliner Messe. Kraemer erinnert in einer bewegenden Rede an seinen langjährigen Weggefährten, Diskussionspartner und Freund.

Carl Steckeweh auf dem UIA-Kongress im ICC Berlin 2002

(…) Carl Steckeweh ist tot: Diese erschütternde Nachricht haben wir alle nach dem 22. Februar entgegennehmen müssen. Jeder wird wohl immer erinnern, wo und wie sie ihn erreichte, wer sie übermittelte und jeder wird diesen Schreck, diese Leere und die Trauer wohl niemals vergessen.

Und unmittelbar danach stiegen die alten, vertrauten Bilder auf, setzten die Erinnerungen ein: die erste Begegnung, das langsame Aufeinanderzugehen, die ersten Veranstaltungen, zum Beispiel die Godesberger Gespräche, aber auch die Delegiertenversammlungen, die Carl stets aus der hintersten Reihe beobachtete und auch lenkte. So lernte ich ihn kennen: voller Ideen, Perspektiven, zeichen- und maßstabssetzend, Ansprüche stellend, Anmaßungen auch im besten Sinne. Er war lebensfroh, eine fast barock zu nennende Gestaltungs- und Lebenskraft ging von ihm aus, eine enorme Vitalität. Er war – das merkte man sofort – ein ungewöhnlicher Geschäftsführer, kein Büro- oder Technokrat, kein blasser Apparatschik, sondern geistreich, kultiviert und voller Wissen. Er war wortmächtig, sprachgewandt und er hatte Humor. Er nahm seine Sache ernst, ohne verbissen zu sein, war zäh und doch liebenswürdig, ausdauernd im Verfolgen seiner Ziele, ein vielfarbiger, ungewöhnlicher Mann.

Ich begegnete Carl zum ersten Mal 1984 in Bonn in der Ippendorfer Allee kurz nach seinem Amtsantritt und meinem Eintritt in den BDA. Unser Aufeinanderzugehen dauerte lange und war geprägt von distanzierter Beobachtung. Irgendwann aber hatte er mich aufgenommen, zugelassen und war mir zugetan. Wir schätzten und mochten uns, achteten einander, im Fachlichen wie im Menschlichen. Hilfreich war dabei, dass ich auf seine Frage nach der Aufstellung der Fußball-Weltmeisterelf von 1954 immerhin die elf Namen zusammenbekam, er dafür nicht den Geburtstag von Helmut Rahn wusste. Den von Fritz Walter wusste er wiederum …

Die Leidenschaft für Zahlen, Ereignisse, ihre Verbindungen und Kombinationen verband uns. Es war eine gemeinsame Empathie für scheinbar Nebensächliches, aus dem dann doch Funken geschlagen werden konnten, z.B. die Tatsache, dass Carl seinen Geburtstag mit Piranesi, Richard Sorge, Buster Keaton, Charlton Heston und last but not least mit Luis Trenker teilte. Irgendwie passten sie alle zu ihm … Öfter traten wir in einen „Datenwettstreit" und wetteten, wenn wir der Meinung waren, dass der andere mit „seiner Geschichtszahl" nicht richtig lag. Den eingesetzten Preis – meistens eine Flasche Wein – teilten wir uns immer.

All diese Zusammentreffen waren von einer Grundheiterkeit bestimmt, eine physisch zu spürende Empfindungsgleichheit, eine beglückende Sympathie, die einen beschwingte. Es waren die Anfangsjahre meines BDA-Engagements, noch relativ frei von Verpflichtungen und größerer Verantwortung und ich sah mit Staunen, was alles möglich war.

Carl hatte eine Bonhomie, eine Lebensfreude, die ganz tief aus dem Inneren strahlte. Er war heiter verschmitzt, auch schlitzohrig, er wusste, wo „Barthel den Most holte" und er freute sich über gelungene Schachzüge, aufgegangene Strategien, ins Ziel gebrachte Anregungen und Vorschläge. Man konnte sich über ihn ärgern, aber man konnte ihm – ich jedenfalls nicht – nie böse sein. Immer vertrat er seine Sache mit Leidenschaft, war nie gleichgültig, er konnte sich erregen und wieder beruhigen, aufbrausen und doch wieder zurücknehmen. Er ertrug keine Gemeinheiten, war sensibel und verletzlich und hatte ein Wertebewusstsein, das ihn sehr genau unterscheiden ließ zwischen Zu- und Unzulässigem. Ich empfand ihn immer als fair, weil er offen war, seine Ziele waren erkennbar und ich glaube, dass sie sich alle auf die Positionierung des BDA bezogen: seine Rolle, seine Reputation, sein Renommee.

Carl war ein stolzer Geschäftsführer, wenn man so etwas sagen kann. Er war stolz auf das Erreichte, fast 20 Jahre seines Lebens hatte er für die Sache der freien Architekten, ihre Unabhängigkeit, ihre Qualität und ihre Außendarstellung eingesetzt. Er war stolz, erfolgreich einem Eliteverband vorzustehen und er ging gegen jeden vor, der an diesem Bild auch nur zu kratzen wagte.

Geboren am 4. Oktober 1947 in Hannover, hatte er nach Abitur und Bundeswehr das Studium der Volkswirtschaftslehre in Hannover und Freiburg als Diplomvolkswirt 1976 abgeschlossen und um ein Zusatzstudium der Forstwissenschaft erweitert. Er war in dieser Zeit ebenso Inhaber und Leiter einer Hausaufgabenüberwachungsstelle am Faust Gymnasium in Staufen wie Mitarbeiter und wissenschaftliche Hilfskraft an der Universität. 1977 wurde er Bundesgeschäftsführer des Bundes Deutscher Landschaftsarchitekten, bis er 1982 den Ruf zum Geschäftsführer des BDA erhielt. Am 1. Januar 1984 trat er sein Amt in Bonn an.

Volkwin Marg hatte Carl mit Ingeborg Flagge 1982 zum Geschäftsführer bestellt. Aus dieser Zeit stammt folgender – wie ich finde für Carl charakteristischer – Brief vom 15.11.1982:

> „Sehr geehrter Herr Marg,
> es war nicht unbedingt Bedenkzeit, die ich gebraucht habe, um den beigefügten Vertrag zu unterzeichnen, sondern vielmehr die Hektik der vergangenen Tage. Ich wollte Ihnen den Vertrag persönlich überreichen. Weil dazu aber keine Zeit war, hole ich dies auf diesem etwas schlichteren Weg nach.
> Wir haben durch unsere Unterschriften etwas besiegelt, was hoffentlich beiden Seiten den gewünschten Erfolg beschert. Ich bin bereit, meine ganze Kraft für den BDA einzusetzen und hoffe andererseits, dass mir der BDA jene Entfaltungsmöglichkeiten zukommen lässt, die ich brauche – nicht nur, um meine Aufgabe zu erfüllen, sondern auch, um damit eine eigene Identifikation zu erreichen.
> In diesem Sinn freue ich mich auf die Arbeit beim BDA, die für mich ganz bestimmt nicht erst am 02. Januar 1984 beginnen wird.
>
> Mit herzlichen Grüßen
> Ihr Carl Steckeweh"

Wilhelm Kücker war „sein" erster Präsident, Erhard Tränkner folgte ihm. Volkwin Marg ist heute unter uns, ebenso Heinrich Pfeffer; Wilhelm Kücker und Erhard Tränkner haben mich gebeten, Sie alle zu grüßen und Ihnen zu sagen, dass sie in Gedanken in dieser Stunde bei uns sind. Beide haben ihn als Präsidenten aus nächster Nähe intensiv erleben können, als „Ideengeber und Motor", als „Erfinder von Initiativen und Veranstaltungsthemen", beide erinnern ein „unverstelltes, aufrichtiges, uneigennütziges Verhältnis", beide betonen, dass ohne ihn „die Aufgabe des Präsidenten nicht machbar gewesen wäre". Gerade die Aufgabe der Zusammenführung des BDA im Osten nach der Wiedervereinigung erforderte volles Engagement. Tränkner erinnert sich an die Aufgabenverteilung bei den damaligen Besuchen der neuen Kollegen: „Ich sprach von der Architektur, Steckeweh vom BDA. Und ich dachte dann bei mir immer: In dem schönen Verein möchtest du auch sein …!" Beide, Tränkner und Kücker, fühlten sich eingebunden in seine Leidenschaft, erinnern sich seiner als „freundlich, hilfreich, als verschworenen Architektenfreund".

Mit all diesen Eigenschaften gelang es ihm, nicht nur die unterschiedlichsten Menschen miteinander produktiv zu verbinden, sondern sie mit seiner gestaltungsleidenschaftlichen Begeisterung anzustecken und anzuspornen in ihrem ehrenamtlichen Engagement für die Baukultur. Er war ein Meister in der Betreuung der Kollegen in ihrer Zusammenarbeit, wie es Hans Albert Arens ausdrückte, der über viele Jahre zusammen mit Günter Schudnagies dem Haushaltsausschuss vorstand. Und Eberhard Zell und Michael Bräuer werden das für die BDA-Stiftung ebenso unterschreiben.

Carl war ein „workaholic": Er verlangte Engagement, wie er es selber vorlebte, verband in Projekten die Akteure zu produktiver Gemeinschaft, stiller *spiritus rector* im Hintergrund, wenn er merkte, dass „es lief": Die, die mit ihm zusammenarbeiteten, schätzten dieses Engagement, diesen Eifer und fühlten sich bei ihm aufgehoben; er war Garant dafür, dass das „Ehrenamt" effizient wahrgenommen wurde. Er habe – so ein Zeitzeuge – „aus der Villa in Bonn eine Geschäftsstelle, Ort produktiver Geschäftigkeit, gemacht". Seine unnachahmliche Fähigkeit zum Netzwerken tat das Übrige …

Fast versunken erscheinen heute die unendlichen Appelle, Manifeste und Stellungnahmen zur Architekturausbildung, zu Berufshaftung und Honorarrechnung, zu Fragen des

Städtebaurechts, der Rolle der planenden Bauindustrie und der Verwaltung, die Auseinandersetzungen zum Wettbewerbswesen, um nur einige Themenbereiche des BDA-Engagements, das von Carl Steckeweh vorangetrieben wurde, zu nennen, ganz zu schweigen von dem steinigen Koordinierungsweg zur Vollendung des Europäischen Binnenmarktes mit seinen Richtlinien zu Dienstleistung, Haftung, Baustellenkoordinierung etc., dazu die nicht endenden Publikationen und Zeitschriftenaufsätze, die Teilnahme an Preisgerichten, Steuer- und Lenkungssowie Arbeitsgruppen.

Fast vergessen erscheinen heute auch die enormen Anstrengungen des Berlin-Umzugs, zu dem erste Überlegungen unmittelbar nach der Wiedervereinigung 1990 begannen, der 1993 beschlossen und 1996 erst abgeschlossen war. Potsdam oder Berlin-Mitte, Villa oder Fabriketage, die Idee des Deutschen Architekturzentrums, das Engagement der Leipziger Messe, die Architektengemeinschaft Köpenicker Straße, die Belebung der alten Etagenfabrikbrache: all dies waren zu gestaltende Themen. Ich erinnere auch an Ausstellungen wie die *Renaissance der Bahnhöfe*, die intensive Arbeit der AG KOOP, die Idee des AKJAA, die Bauherren-, Kritiker- und Großen BDA-Preise, die Godesberger und Berliner Gespräche, das Jahrbuch und die Zeitschrift *Der Architekt* etc., die Delegiertenversammlungen, die Präsidiumssitzungen, die Ausschüsse, die Symposien und Kolloquien, die Initiativen und Gespräche mit allen an der Baukultur Beteiligten sowie die endlosen Debatten in den eigenen Reihen, das Ringen um den richtigen Weg, den produktiven Streit um die Sache. Carl hat das alles bewältigt und gestaltet und es hat auch an ihm gezehrt. Er brannte an zwei Enden und er schonte sich nicht. Man ist geneigt zu sagen: Carl war überall und er konnte nicht zusehen, ohne sich einzumischen.

Dann kam der UIA-Kongress. Unweigerlich erinnert sich jeder an diese so unglücklich verlaufene Veranstaltung, die so ehrgeizig und groß gestartet war, so viele Kräfte gebunden, gekostet und zerstört hat. Wir alle wissen, dass der BDA nach dieser Zeit seine schwerste Krise durchmachte mit Rücktritten im Präsidium, einer durch notwendige Entlassungen unterbesetzten Geschäftsstelle, Landesverbandsaustritten aus dem Bundes-BDA und einer enormen Schuldenlast. Wir erinnern uns alle an die Schlagzeile der *SZ* zur 100-Jahr-Feier 2003 in Frankfurt: „Festakt am Abgrund".

Dafür, dass es dazu gekommen war, waren Viele und Vieles verantwortlich: Die Unklarheit der Strukturen, der überhöhte Anspruch, die Fülle undurchsichtiger Abhängigkeiten insbesondere von der UIA, der mangelnde Zuspruch – auch durch 9/11 – verschlangen sich zu einer Gemengelage, die alte Rechnungen, tiefe Unzufriedenheit und berechtigte Verärgerung zur Forderung nach Ablösung von Carl Steckeweh aus der Geschäftsführung verbanden. Carl – seiner Rolle bewusst – akzeptierte das, auch wenn er sich – zu Recht – nicht als alleiniger Verantwortlicher begriff. Aber er wusste, dass die Trennung zu diesem Zeitpunkt unausweichlich war. Und diese Trennung konnte in ihrer Umsetzung damals – den Umständen geschuldet – seinen Verdiensten um den BDA nicht gerecht werden.

Es war für mich die schwerste Handlung als Präsident, nach noch nicht einmal acht Monaten im Amt diesen Gremienbeschluss – den ich mitgetragen habe – auszuführen. Ich war sein Freund, er hatte mich „entdeckt" für den Bundes-BDA und ich hatte mich auch zur Wahl gestellt, weil ich ihn im Bundessekretariat und damit an meiner Seite wusste. Plötzlich war alles anders und ich werde immer zutiefst bedauern, dass wir nicht den gemeinsamen Weg wie gedacht gehen konnten. Wir beide wussten, dass ich als „Organ" handeln musste, nicht als Freund helfen konnte. Dies hat ihn und mich tief getroffen. So trennten sich unsere Wege und fanden lange nicht wieder zueinander. Carl fehlte mir immer und sein leerer Schreibtisch in der Köpenicker Straße, der zu ihm gehörte wie seine Pfeife, mit den Stapeln von Papier um ihn herum, geordnet nach Themen in Klarsichthüllen, rief immer wieder das mir und vielen anderen vertraute Bild hervor: Carl im Gegenlicht vor dem großen Sprossenfenster, schon frühmorgens – egal wie lang die Nacht war – schreibend, telefonierend, denkend.

Ich habe Carl vermisst und war glücklich, als sich Zeichen der Wiederannäherung zeigten und wir – insbesondere nach dem Ende meiner Präsidentschaft – wieder langsam zueinander fanden, respektive er sich mir wieder öffnete und wir aufeinander zugehen konnten. Ich habe mich darüber gefreut und hatte das Gefühl, dass alles wieder gut werden würde, und wir an alte Zeiten anknüpfen könnten. Wir hatten uns zu einem Treffen in Köln verabredet, als mich die Nachricht seines plötzlichen Todes erreichte. Ich habe ihm – trotz aller Schwierigkeiten – viel zu verdanken.

Carl hat den BDA zu seiner Zeit weiterentwickelt, vorangetrieben, neu aufgestellt. Oft war er überschwänglich, musste eingefangen werden und die Begeisterung trug ihn manches Mal über das Kleingedruckte hinweg. Vielleicht war es dieser Überschwang, der ihn auch zu weit gehen, sich über Manches und Manchen hinwegsetzen ließ. Das hat ihm Gegner geschaffen, die ihm ein zu großes Maß an Selbstbezogenheit vorwarfen, ihn als zu wenig dienend empfanden und ihm ein zu großes, unangemessenes Selbstbewusstsein zuschrieben. Das alles war und hatte er, aber es bedeutete Vorteil, nicht Nachteil. Seine Persönlichkeit versammelte eben viele Facetten und das machte ihn einzigartig. Nicht jeder konnte damit leben.

Carl verstellte sich nicht: war er fröhlich, sah man es, war er niedergeschlagen, auch. Er hatte seine Fehler und Unzulänglichkeiten, aber jeder, der ihn genauer kannte, verzieh sie ihm, weil jeder ihn für diese unnachahmliche Mischung aus so vielen Komponenten und Facetten schätzte. Man musste ihn einfach gern haben. Er war eben ein ungewöhnlicher Mensch, trotz aller Momente, in denen er es anderen nicht leicht, ja auch schwer, machte.

Carl liebte die Bühne – die Preisverleihungen wie die des Deutschen Bauherrenpreises zum Beispiel waren Auftritte für ihn; er brillierte in seiner charmant-freundlich-humoresken Moderation, verband die Akteure und die Projekte stets zu einem Fest der Baukultur und so war es auch am Abend des 22. Februar. Vielleicht ist es tröstlich zu wissen, dass er nach einem solchen Glückserleben – wo er ganz er selbst sein konnte – mitten aus dem Leben gerissen wurde.

Dass es all dies nicht mehr geben soll, ist schwer zu begreifen, ja unbegreiflich. Wie plastisch steht Carl vor uns allen, wie präsent ist er, wie anwesend. Dies ist für mich ein Trost: dass ich – auch jetzt – ihn so vor mir sehe, wie ich ihn immer erlebt habe in seiner Physis, seiner Ausstrahlung, seiner Stimme, seinen Bewegungen. Ich weiß, dass er uns allen, die sich heute hier in seinen Räumen, im DAZ, ihm zu Ehren versammelt haben, so immer in lebendiger Erinnerung bleiben wird. Wir nehmen Abschied von dir, lieber Carl, wohl wissend, dass tief im Innersten wir dich nie vergessen und damit verlassen können. Und wir wissen auch, dass du uns fehlen wirst.

Wir haben uns heute hier versammelt, dieses besonderen Menschen Carl Steckeweh zu gedenken, dieses Begleiters und Freundes, auch um von ihm Abschied zu nehmen. Jeder von uns hat ihn auf seine Weise geschätzt, geachtet, ja geliebt, denn auch das machte er möglich. Mit unserer Trauer verbindet sich die Erinnerung an die vielen schönen Momente, die wir mit ihm erleben durften. Mein tiefes Mitgefühl gilt seiner Familie.

Wir werden ihn vermissen als einen Menschen, der für uns alle auf die eine oder andere Art eine Bedeutung besaß, sei es durch jahrelange Zusammenarbeit, durch Freundschaft oder auch nur durch ein gemeinsames Erlebnis. Er hat uns alle auf seine Weise beschenkt. Dafür sind wir ihm dankbar.

Für den BDA hat Carl Steckeweh sehr viel geleistet. Wir dürfen und werden das nicht vergessen. Carl Steckeweh hat sich um den BDA verdient gemacht. Augustinus hat gesagt: „Auferstehung ist unser Glaube, Gedenken unsere Liebe, Wiedersehen unsere Hoffnung." (…)

10.01.92

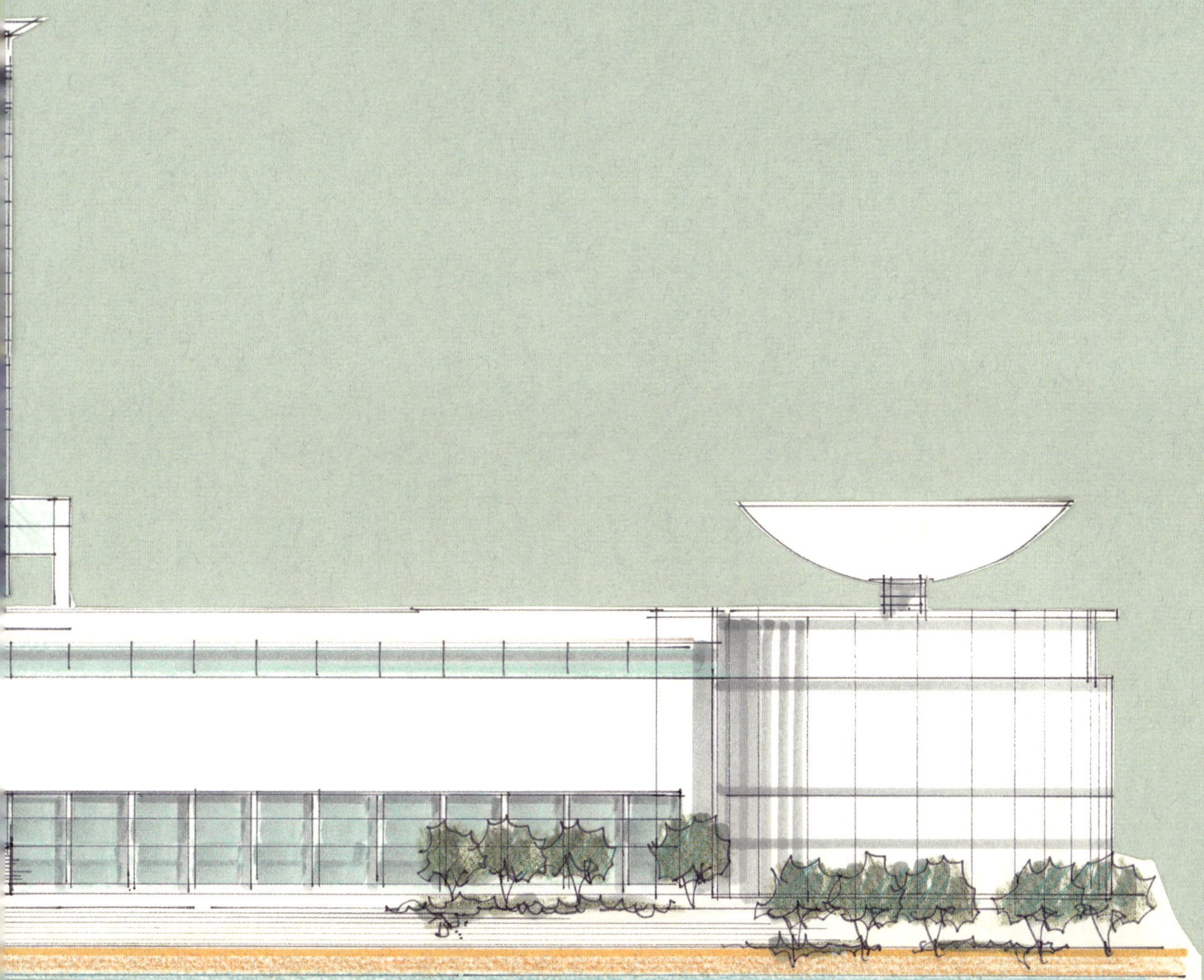

Im Rahmen der Feierlichkeiten zum 50. Jubiläum der Gründung des Kölner Verkehrsvereins (KVV) spricht Kaspar Kraemer am 23. Juli 2013. Der KVV versteht sich als Organ von mehr als 500 Mitgliedern aus der gewerblichen Wirtschaft und den Freien Berufen, aus Einzelhändlern und Kaufleuten, Institutionen und Persönlichkeiten, die sich um die Förderung des wirtschaftlichen und kulturellen Lebens in der Stadt bemühen. Anlässlich der Feier spricht Kraemer, selbst KVV-Mitglied, über die Entwicklung der Stadt in der Vergangenheit und verbindet dies mit einem flammenden Appell für bürgerschaftliches Engagement: nicht gegen etwas zu sein, sondern für etwas, für die Entwicklung der eigenen Stadt, und die Entwicklung proaktiv in die eigenen Hände zu nehmen, zum Nutzen aller.

Reiterstandbild Friedrich Wilhelm III. auf dem Kölner Heumarkt

Als der Erzbischof von Köln und in dieser Funktion Kanzler des Heiligen Römischen Reiches Deutscher Nation, als also Rainald von Dassel am 23. Juli 1164, heute vor 849 Jahren, die Mauern Kölns mit den Reliquien der Heiligen Drei Könige im Gepäck erreichte, ahnte wohl auch er nicht, welchen Schatz er für die Entwicklung seiner Residenz einbrachte. Aber die Verbindung von Gottesverehrung und verkehrsgünstiger Lage, Religion und Handel führte – insbesondere mit dem 1259 verbrieften Stapelrecht – zu jenem wirtschaftlichen Wachstum, das Köln an die Spitze der europäischen Städte geradezu katapultierte und den Grundstein legte für den Glanz unserer Stadt, wie er sich heute noch im Kranz ihrer romanischen Kirchen, dem Dom und der prächtigen Silhouette am Rhein spiegelt.

Als, von zahlreichen Anstrengungen ermüdet, die Colonia nach 1520 für fast 250 Jahre in einen Dämmerschlaf fiel, setzten das napoleonische Frankreich und in seiner Folge das preußische Königreich Impulse, die Köln im 19. Jahrhundert erneut zu einer der mächtigsten, reichsten und wohl auch schönsten Städte des 1871 gegründeten Kaiserreichs werden ließen.

Die Wirren und Wahnvorstellungen des 20. Jahrhunderts führten dazu, dass dieser städtebauliche Glanz in nur drei Jahren in den Bombennächten des Zweiten Weltkrieges zertrümmert und zermahlen wurde. Am 6. März 1945 meldete der Großdeutsche Rundfunk nach der Einnahme der Stadt: „Die Trümmerwüste Köln wurde dem Feind überlassen!"

Köln lag zerstört am Boden. Die Bilder der verwüsteten Innenstadt, aus denen alleine der Dom in seiner vertrauten Gestalt wie ein Zeichen der Hoffnung und des Überlebenswillens aufragte, sind uns allen bewusst und haben sich als erschütternder Ausgangspunkt für die Stadtentwicklung und das Stadtbild Kölns in unser Bewusstsein gebrannt.

Meine sehr verehrten Damen und Herren, Sie werden an diesem „historischen" Bogenschlag erkennen, dass es mir gelingen wird, die 20 Minuten, die mir zur Darstellung der Geschichte des Kölner Verkehrsvereins zugeteilt wurden, auch einzuhalten. Denn wenn man 2.000 Jahre in einer Minute abhandelt, wird man – auch bei größerer Detailschärfe – dies auch mit 50 Jahren Kölner Verkehrsverein schaffen!

Der Wiederaufbau Kölns erfolgte aus der Not heraus. Behausungen und Betriebsstätten, städtische Infrastruktur mit Kanälen, Stromnetzen und Straßen mussten als Rückgrat hergestellt werden. All das unter Mangelbedingungen und dem Gedanken, zuerst einmal die elementare Notlage zu lindern. Ästhetik und Gestaltungswille mussten daher zurücktreten. Auch waren Regeln für Form und Bild abhanden gekommen, diskreditiert und / oder noch nicht zu einem neuen Gestaltungswillen entwickelt. Köln – und das merkt man bis heute – musste neu anfangen!

Dieser „Wiederaufbau", der ja eigentlich ein „Neuaufbau" war – auch wenn er auf den alten Stadtstrukturen stattfand –, führte zu dem, was Alexander Mitscherlich 1965 in seinem Pamphlet „Die Unwirklichkeit unserer Städte" mit dem Untertitel „Anstiftung zum Unfrieden" beklagte: Monofunktionalität, Maßstabslosigkeit, Übergewicht des die zertrennten Funktionen verbindenden Verkehrs, Mangel an Urbanität und Heimat. Kritik entstand allerorten, am misslungen empfundenen Neuanfang aus den Trümmern.

Auch in Köln hatten sich weitblickende und für das Bild der Stadt empfindungs- und verantwortungsfähige Bürger – in erster Linie Kaufleute und Unternehmer – zusammengeschlossen, um dem trotz aller Fortschritte im Technisch-Funktionalen und mit einigen Sonderbauwerken wie der Oper von Wilhelm Riphahn, dem Wallraf-Richartz-Museum von Rudolf Schwarz oder dem Gürzenich von Karl Band und Rudolf Schwarz spärlich garnierten, insgesamt aber als medioker empfundenen Wiederaufbau bereichernde, belebende und korrigierende Momente entgegenzusetzen. Dies führte zur Gründung des Kölner Verkehrsvereins heute vor 50 Jahren, am 23. Juli 1963.

1963 waren die Fundamente für Deutschlands Wiederaufstieg 18 Jahre nach Kriegsende gelegt. Der wachsende Wohlstand, Vollbeschäftigung, Reisen in alle Welt erlaubten auch die ersten Schritte zu einer kritischen Reflexion des Erreichten. Mauerbau und Kubakrise waren dank des Schutzes der amerikanischen Freunde überstanden. Der amerikanische Präsident hatte gerade Köln besucht, sein „Kölle Alaaf", das er den Kölnern auf dem Rathausplatz zurief, wurde drei Tage später von den großen vier Worten „Ich bin ein Berliner" noch getoppt. Im Oktober sollte Adenauer zurücktreten, im Dezember wurde der Auschwitz-Prozess eröffnet, das geschlagene Land begann mit der Aufarbeitung seiner Schuld, begleitet von einer zunehmend kritischen Studentenschaft, die das Jahr 1968 zu einem Epochen- und Charakterbegriff machen sollte. Das Jahr 1963 ließ mit dem „Wunder von Lengede" an schicksalhafte Bedrohung und wundersame Rettung des Einzelnen ebenso erinnern wie an sein Glück, in rauschhafter Massenbegeisterung aufgehen zu können: Im Februar 1963 eroberten die Beatles mit ihrem völlig neuen hinreißenden Sound zum ersten Mal die Nummer 1 der britischen Top 20 mit dem den Hedonismusanspruch breiter Schichten aussprechenden Titel „Please please me", und die Fußball-Bundesliga nahm im August ihren Spielbetrieb auf.

In dieser Umbruchzeit konstituierte sich der Kölner Verkehrsverein als Sprecher von mehr als 500 Mitgliedern aus der gewerblichen Wirtschaft und den Freien Berufen, aus Einzelhändlern und Kaufleuten, Institutionen und Persönlichkeiten, die sich um die Förderung des wirtschaftlichen und kulturellen Lebens in der Stadt bemühten. Dem Vorstand ging es immer darum, mit konstruktiven Vorschlägen und Anregungen die Stadt attraktiver zu gestalten. Er verstand sich als Ideengeber und die großen Entwicklungen der Stadt kritisch begleitendes Organ, das – durchaus eigeninteressenorientiert – immer aber das Gesamtbild der Stadt vor Augen hatte. Immer waren es Menschen, denen es nicht egal war, wie „ihre" Stadt aussah. Sie empfanden die Stadt als ihr Eigentum, das es zu schützen, zu pflegen und auszubauen galt und an dessen vernünftiger Weiterentwicklung für alle Bürger sie ein Interesse hatten.

Aus diesem Denken und Bemühen heraus entstanden nicht nur einzelne Aktionen und Impulse wie die Ausgestaltung der Fußgängerzone Hohe Straße / Schildergasse, der Vorschlag ihrer passagenartigen Überdachung, ähnlich der „Galleria" in Mailand, die Begrünung der Schildergasse sowie die Beleuchtung der Hohenzollernbrücke. Es entstanden auch die substanziellen Schriften wie *Köln hat's* von 1969, *Für ein besseres Köln* 1973, *Fußgängerbereiche in Köln* 1975, *Mehr Grün für Köln* 1976 und die umfassende Bestandsaufnahme *Bessere Plätze für Köln* 1988.

Alle Broschüren vereinten in sich Bürgersinn, kritisches Bewusstsein, Ideenreichtum und die Bereitschaft, das akkumulierte Wissen, das Engagement und den Professionalismus im Dialog mit Rat und Verwaltung im Interesse der Gesamtstadt und ihrer Bewohner einzubringen. Ein ehrenamtliches Engagement, das nicht hoch genug zu würdigen ist und an dem sich bis heute nichts geändert hat. Der KVV war und ist eine Bürgerinitiative aus Gemeinsinn!

Ich möchte an dieser Stelle insbesondere an den Geschäftsführer der Industrie- und Handelskammer zu Köln, Herrn Dr. Heinz Hermanns, vor allem aber auch an Herrn Jürgen Koerber, Architekt BDA erinnern, die damals wesentliche Impulse gesetzt haben.

1984 erschien die zusammen mit dem Stadtkonservator erarbeitete Broschüre *Das Reiterdenkmal auf dem Heumarkt in Köln* und damit beginnt jene Erfolgs- und Leidensgeschichte, die auch heute, fast 30 Jahre später, noch nicht zum Abschluss gekommen ist. Diese Geschichte wird einmal eine eigene Publikation wert sein und sie wird dann beleuchten, welchen Schwierigkeiten bürgerschaftliches Engagement ausgesetzt und wie mühsam es ist, selbst in einer klar umgrenzten Aufgabenstellung die „Säulen des Herkules" auch nur einen Millimeter zu verschieben.

Die Vollendung dieses bedeutenden Zeichens Kölner Bürgerwillens aus dem Jahre 1878 – 15 Jahre nach seiner ursprünglich intendierten Enthüllung – liegt uns auch heute noch am Herzen und wir hoffen, 2015 – zur 200-jährigen Wiederkehr der Vereinigung des Rheinlandes mit Preußen – einen wirksamen Impuls zu seiner ästhetisch befriedigenden Sanierung auf dem Heumarkt setzen zu können.

Der KVV versammelt diejenigen Bürgerinnen und Bürger, denen es nicht egal ist, wie ihre Stadt aussieht. Es sind engagierte Bürger, die aus ihren Erfahrungen Maßstäbe geformt haben, an denen sie die ihnen entgegentretende Welt messen. Sie haben daher einen Sinn für Schönheit und Ordnung, Gesetz und Freiheit, und der gelungene Stadtraum als Ort des Miteinanders ist ihnen ein Glück. Sie betrachten ihn mit wohlwollender Freude wie andere eine Mahlzeit oder eine Maschine betrachten, mit Genugtuung und Einverständnis. Sie ärgern sich über Fahrlässig-Gleichgültiges, Unaufgeräumtes und Wahlloses: hingeschleuderte Baustellenzäune – die nicht abgeräumt werden, wenn die Arbeit getan ist –, gebrochenes Pflaster, verdreckte Grünanlagen, von Graffiti besudelte Wandflächen und von Plakat- und Werbeträgern zerfetzte Blickachsen. Sie reagieren darauf nicht als ordnungsfanatische Hausmeister mit Blockwartmentalität, sondern als Teilnehmer eines Gemeinwesens, dessen Lebensraum und Bühne nun einmal die Stadt ist und deren Bild man als würdigen Rahmen eines gelungenen Lebens zu sehen wünscht. „Stadt", so hat es Prof. Ackers formuliert, „ist gebaute Umgangsform".

Sie sind nicht „gegen" Baustellen, Reklame, Abfall und freie künstlerische Meinungsäußerung, sondern fordern deren Einbezug als gesellschaftliche Realitäten in den Gesamtzusammenhang, den ein Stadtbild gewähren muss, soll es als friedensstiftender Rahmen für alle wirken. Es sind ja immer nur die Übertreibungen, die stören, die das zu haltende und deshalb tolerierbare Maß beschädigen. Will man diese Haltung zusammenfassend beschreiben, so versammelt sie zuallererst einen Anspruch an die Stadt: nämlich, dass sie so sein soll, dass sie einem gefällt und einen sogar beglückt. Der KVV will, dass Köln seine Chancen nutzt. Er will Köln schön, nicht schlampig. Der KVV will daher loben und kritisieren. Dazu dienen die Verleihung des „Mercurius-Preises" als Auszeichnung für positives Engagement im Fremdenverkehr wie auch die Verleihung der „Sauren Zitrone" für fehlerhafte Entwicklungen. Der KVV will, dass Köln das aus sich macht, was es aus sich machen kann!

Der KVV besteht aus vielen Mitgliedern, die der eben skizzierte Zusammenhang verbindet. Für die Durchsetzung dieses Anspruches ist aber immer die Aktivität des Vorstandes wesentlich und erst recht die des Vorsitzenden. Er stellt die Weichen, gibt Aufgaben und Inhalte vor und sucht Partner und Mitstreiter für die jeweiligen Interessen und Ziele. Das hat Herr Münzel verdienstvoll getan, und das wird vom jetzigen Vorsitzenden Herrn Schwieren ebenso fortgesetzt. Dass der KVV aber heute sein 50-jähriges Jubiläum feiern kann, ist insbesondere einer Persönlichkeit zu verdanken, die fast 40 Jahre Motor und *spiritus rector* war: Dr. Günther Jacoby. Der amtierende Vorstand ist daher der Auffassung, dieses besondere Engagement zu würdigen und Dr. Günther Jacoby zum Ehrenpräsidenten zu ernennen. Mit dieser Auszeichnung würdigen wir Ihr beispielhaftes Engagement, Dr. Jacoby, das wesentlich zum *standing* und zur Bedeutung des KVV beigetragen hat!

Ich darf Sie daher, sehr geehrter Herr Dr. Jacoby, zusammen mit dem Vorsitzenden Herrn Schwieren auf das Podium zur Entgegennahme Ihrer Auszeichnung bitten.

Meine Damen und Herren, unserer Stadt stehen große Herausforderungen bevor, gesamtgesellschaftlich-generelle sowie kölnspezifische. Diese können wir nur gemeinsam lösen und deshalb müssen Rat und Verwaltung sich weiterhin verstärkt mit bürgerschaftlichem Engagement vernetzen. Wir müssen gemeinsam Strategien und Handlungskonzepte entwickeln, mit denen wir die Fragen unserer Zeit zum Guten beantworten können. Dabei will der KVV helfen und Chancen gibt es genug. (...)

K. Kraemer 12.02.19

Zur Einweihung der Kapelle Communio in Christo in Mechernich in der Eifel am 28.11.2015 erläutert Kaspar Kraemer den Entwurf des kleinen Gebäudes [→ S. 178]. Hier wird deutlich, welche Rolle Maß, Zahl und Proportion im Werk des Architekturbüros spielen. In wenigen, präzisen Worten gelingt es dem Architekten, den eigenen Entwurf zu erklären und in den größeren Bezugsrahmen der christlichen Gedankenwelt einzuräumen. So wird auch klar, dass der wiederkehrende Hinweis auf Zahlen und ihre jeweiligen Verhältnismäßigkeiten keine bloße Spielerei ist, sondern ein tief im Bewusstsein der christlich-abendländischen Tradition verankertes Motiv architektonischer Form- und Raumfindung.

Kaspar Kraemer, Kapelle Communio in Christo, Mechernich 2015, Entwurfsskizze

Die Feier des 31. Jahrestages der Gründung des Ordens Communio in Christo fällt zusammen mit der Einweihung der neuen Kapelle, und ich habe die Ehre, dazu einige Worte zu Ihnen sprechen zu dürfen. Ich tue dies stellvertretend für die vielen an der Planung und Realisierung beteiligten Menschen, also diejenigen, die sich nicht nur dieses Bauwerk ausgedacht, sondern es durch ihren Fleiß überhaupt erst in die Welt gesetzt haben. All dies wäre aber nicht möglich gewesen, hätte es nicht eine Reihe großzügiger Spender gegeben, die die finanziellen Voraussetzungen für die Erstellung dieses Bauwerkes geschaffen haben. Ihnen gilt unser aller herzlicher Dank an vorderster Stelle.

Als wir damals vor drei Jahren mit den ersten Überlegungen zum Bau der kleinen Kapelle begannen, tasteten wir uns in gemeinsamen Gesprächen an die Aufgabe heran. An allem Anfang stand die Suche nach dem richtigen Standort, die gemeinsame Findung der Position, auf der sich der Andachtsraum erheben sollte. Dabei sollte einerseits durch eine gewisse Distanz eine Aura verliehen werden, die seinem Inhalt angemessen ist, andererseits sollte er aber auch nicht zu weit vom Leben der Gemeinschaft entfernt sein. Wir glauben, dass wir mit der Setzung des Würfels im Mittelpunkt der ihn umgebenden Gebäude für die Pflege den richtigen Punkt gefunden haben.

Wie aber sollte das Bauwerk aussehen? Es gibt eine Fülle von Möglichkeiten, sich einer solchen Aufgabe zu nähern und sie auch räumlich umzusetzen. Nach vielen Überlegungen kamen wir darin überein, einen möglichst strengen, geometrisch bestimmten Baukörper zu wählen, dessen Reduktion eine gewisse Würde impliziert und dem Gedanken der Besinnung, dem Gespräch mit Gott und der inneren Einkehr einen ruhigen, disziplinierten und unaufgeregten Rahmen bieten sollte. Er sollte Teil der Gesamtanlage, gleichzeitig aber auch etwas sein, was herausgeschnitten aus der Welt ein besonderes Zeichen setzt. Diese Gedanken glauben wir mit dem Würfel und der in ihn einleitenden Mauer umgesetzt zu haben.

Wenn Sie sich das Bauwerk im Grundriss vor Augen führen, so erkennen Sie, dass der Würfel auf einer quadratischen Grundplatte steht und diese auf drei Seiten von einer Mauer umgeben ist, die die Platte umfasst, sie umrahmt und dann in den Würfel übergeht. Nach Süden zum offenen Hang, dem Wald gegenüber, lädt das Ensemble den Eintretenden ein und führt ihn die Mauer entlang bis ins Innerste des Würfels, zum Ort der Andacht und des Gebetes. Offenheit und Abgrenzung verbinden sich in dieser spiralförmigen Figur, die den Stille Suchenden offen empfängt und ihn im Inneren des Würfels, herausgehoben aus dem Alltäglichen, konzentriert zu bergen versucht.

Die abendländische Baugeschichte, insbesondere aber die kirchliche Baugeschichte ist von dem großen Gedanken geprägt, dass Gott bei der Erschaffung der Welt sich der Zahl bedient hat. Die Zahl ist also Ausdruck der Weisheit Gottes und liegt der uns umgebenden Wirklichkeit als Ordnungsfaktor zugrunde. Die Darstellung und Verwendung der Zahl im Mittelalter gehörte, vor allem ihrem Sinnverständnis nach, zur Exegese der Sprache Gottes in Schöpfung, Geschichte und

Schriftoffenbarung. Sie wurzelte in der Überzeugung, dass den Zahlenverhältnissen in der von Gott geschaffenen Welt, den Daten der Heilsgeschichte und ihrem Gebrauch in der Bibel ein geheimer Sinn innewohne, den die allgemeine Auslegung der Zahlenallegorese aufdecken könne. So maß man den in der Bibel verwendeten Zahlen besondere Bedeutung zu und machte sie zum Symbol spezifischer Eigenschaften, Werte und Inhalte.

Auch wir haben in unserer Arbeit diesen Gedanken in einfacher Weise aufgenommen. So hat die quadratische Grundplatte als Träger des Würfels die Abmessungen von 12 x 12 Metern, ist also 144 Quadratmeter groß, eine Zahl, die an die Kantenlänge des himmlischen Jerusalem, wie sie in der Offenbarung des Johannes mitgeteilt wird, anschließt. Die Zahl der zwölf Apostel im Quadrat galt zu allen Zeiten als besonderer Ausdruck von Stabilität und Festigkeit, das stabile Ruhen in der Welt, der feste Glaubensgrund, das Fundament schlechthin. Der darauf platzierte Würfel nimmt genau einen Quadranten dieses Grundquadrates ein und hat also die Kantenlänge von 6 x 6 x 6 Metern. Die Zahl 6 ist nicht nur die Hälfte der 12, sondern symbolisiert die Erschaffung der Welt, die Gott an sechs Tagen ins Werk gesetzt hat. Sie ist also Ausdruck der *operatio dei*. Aus diesem Zusammenhang des göttlichen Handelns heraus hat man sie übertragen auf unsere Welt und so steht sie als Symbolzahl für das gute menschliche Handeln, das sich u.a. in der Caritas wesentlich manifestiert. Die Fähigkeit des Menschen, fürsorglich und barmherzig zu sein, hilfreich den Schwachen gegenüber, die auf diese Hilfe angewiesen sind, diese Fähigkeit als eine der göttlichen Bestimmungen des Menschen in dieser Welt zu begreifen und in den Mittelpunkt des Glaubens zu stellen, ist eine der großartigen Ideen des christlichen Abendlandes. Und wir waren der Meinung, dass in diesen beiden einfachen Zahlen die Grundidee unserer kleinen Andachtskapelle – nämlich ein Ort der Stabilität in der Welt zu sein und gleichzeitig Ausdruck des Inhaltes der Arbeit des Ordens Communio in Christo – auf einfache Weise zum Ausdruck käme und haben unserer Entwurfsidee diese Zahlensymbolik unterlegt. Wir wollten damit das Bauwerk über seine einfache Form hinaus in einem besonderen, nämlich geistigen, Zusammenhang verankern, es damit herausheben und so von einem nur einfach aufgeschichteten Bauwerk nobilitierend unterscheiden. Unser Wunsch ist, dass die kleine Kapelle ein Ort der Besinnung wird, der Einkehr, der Stille, der Konzentration, ein Ort des Gebetes, des Dankes und der Zuversicht, ein Ort, der den Menschen Kraft spendet: den Leidenden, ihren Angehörigen und denen, die ihnen helfen. Möge die kleine Kapelle alle, die sie aufsuchen, in dem Bewusstsein stärken: *Caritas est vivere in Deo.*

17.08.22 K

Kaspar Kraemer spricht vor Publikum am 20. Mai 2015 über das vom britischen Architekten Joseph Paxton für die Weltausstellung 1851 in London entworfene Ausstellungsgebäude Crystal Palace („Kristallpalast"). Am 21. Februar 2018 überarbeitet Kraemer das Manuskript und reichert es um weitere Fakten und konkrete Zahlen an. So entsteht ein Essay, das beispielhaft für die dezidierte Auseinandersetzung des Architekten mit verschiedenen Bauten und Typologien der Architekturgeschichte steht. Präzise und kenntnisreich trägt der Autor Wissen zusammen und vermittelt es in einer verständlichen und damit leicht zugänglichen Sprache.

Joseph Paxton, Crystal Palace, London 1854

A palace as for fairy prince
A rare pavilion such as man
Has never seen since mankind began
And built and glazed

Mit dieser Ode grüßte der englische Dichter William Thackeray am 1. Mai 1851 zu dessen Eröffnung ein Gebäude, das wie kein zweites – einer Sammellinse gleich – zahlreiche Entwicklungslinien des 19. Jahrhunderts auf sozialer, technisch-wirtschaftlicher und ästhetischer Ebene in sich bündelte und während seiner nur halbjährigen Öffnung zum *stupor mundi*, zum „Staunen der Welt" avancierte. Bis heute wird es unter die herausragenden Bauwerke aller Zeiten eingeordnet. Ja, man kann behaupten, dass es kaum ein Gebäude gegeben hat, dass schon unmittelbar nach seiner Eröffnung als Beginn einer neuen Epoche des Bauens begriffen wurde, da es neben seiner technischen Ingeniosität eine unbekannte, geradezu als Schock erfahrene Raumwirkung auf die Zeitgenossen ausübte, eine Überwältigung, die mit bis dahin kaum in das öffentliche Bewusstsein gedrungenen, neuen technologischen Möglichkeiten erreicht wurde. So markiert diese gigantische Struktur aus Stahl, Glas, Holz und Leinen einen Meilenstein in der Geschichte des Bauens. Unter dem Namen Crystal Palace, „Kristallpalast" ging sie in die Geschichte ein und war der ersten Weltausstellung vor nunmehr 167 Jahren nicht nur bergende Hülle und baulicher Ausdruck, sondern darüber hinaus märchenhaft wirkende, ans Phantastische grenzende, grandiose Bühne und wurde als „Crystal Palace" zum bewunderten Wahrzeichen der „Great Exhibition".

Zu dieser sensationellen Wirkung trug bei, dass der Bau fast über Nacht wie ein Märchen in die Welt trat: Diese Struktur mit einer Grundfläche von 70.000 Quadratmetern – zählt man die Galerieflächen des Obergeschosses hinzu, waren es sogar 90.0000 Quadratmeter – entstand nämlich in nur 4 1/2-monatiger Bauzeit bei einem Planungsvorlauf von sage und schreibe drei Monaten! Diese phantastische Leistung nachzuzeichnen und das dafür notwendige Zusammenspiel gesellschaftlicher Kräfte und Institutionen, technischer Voraussetzungen sowie herausragender handelnder Persönlichkeiten kurz darzustellen ist das Thema meines heutigen, circa 30 Minuten dauernden Vortrages.

Ende Juni 1849 erfuhren Henry Cole und Digby Wyatt, Mitglieder der Royal Society of Arts, anlässlich der Pariser Industrieausstellung von den Plänen der französischen Regierung, im Jahre 1851 die Nationen der Welt zu einer ersten großen vergleichenden Leistungsschau in ihre Hauptstadt einzuladen. Sie sollte die damaligen Produkte, den Stand der technischen Entwicklung und die Möglichkeiten von Kooperationen einer breiten Öffentlichkeit vorstellen. Einer Messe ähnlich, versprach man sich davon zudem eine Belebung der Nachfrage und des Handels bis hin zur Erschließung neuer Märkte.

Im Bewusstsein, dass diese 1. Weltausstellung im Zentrum der damals mächtigsten und fortschrittlichsten Industrienation der Welt, also London, stattfinden müsse, eilten Cole und Wyatt umgehend in die britische Hauptstadt, um die einflussreichen Persönlichkeiten der Londoner Gesellschaft, insbesondere aber Albert, den Prinzgemahl Queen Victorias, von der Notwendigkeit dieser Veranstaltung zum Ruhme des britischen Empire zu überzeugen. Albert begriff sofort die Tragweite dieser Idee. Die Umsetzung einer derartigen Vision ordnete sich zudem vollständig in sein Weltbild ein, das – von humanistischer Idealität geprägt – Fleiß, Tüchtigkeit und Gottesfurcht in den Mittelpunkt des Handelns zu stellen verlangte, um sich der von Gott geschenkten individuellen Entwicklungsmöglichkeit gegenüber verantwortlich zu zeigen. Obwohl eigentlich ein deutscher „Immigrant", war er somit Träger und Befürworter jener Ideale, die das puritanisch-englische Sendungsbewusstsein begründeten, das schon John Milton 1667 in seinem Epos *Paradise Lost* dazu veranlasst hatte, seine Landsleute als „God´s own people" zu feiern. Es war dieses Sendungsbewusstsein, das in Verbindung mit den großen technischen Erfindungen seit Mitte des 18. Jahrhunderts – wie der Eisengewinnung mit Koks durch Darby 1739, der Dampfmaschine durch James Watt 1769 und des mechanischen Webstuhls durch Cartwright 1785 – in England jenen Wirtschaftsliberalismus hervorzubringen half, der – theoretisch untermauert durch die großen Schriften wie „Inquiry into the Nature and Causes of the Wealth of Nations" von Adam Smith 1776 – nicht nur zur industriellen Revolution führte, sondern Großbritannien (mitsamt dem Empire) zur führenden Industrienation der Welt werden ließ. Dieser Führungsrolle beeindruckend Ausdruck zu verleihen, war ein wesentliches Motiv aller an der Umsetzung der „Great Exhibition" Beteiligten.

In diese sich seit der Wende zum 19. Jahrhundert voll entfaltende Entwicklung hinein hatte der 21-jährige Albert von Sachsen-Coburg-Gotha 1840 die seit 1837 regierende gleichaltrige Königin Victoria geheiratet.

Mit unerhörter Disziplin war er der Königin ein im Hintergrund agierender Berater, obwohl er laut Verfassung diese Rolle eigentlich nicht einnehmen durfte. Als unermüdlicher Arbeiter wirkte er rastlos im Geiste seines idealistischen Selbstverständnisses zum Wohle des britischen Empire. Queen Victoria stand übrigens seinem Fleiß in nichts nach. Von der Arbeitsleitung der Königin und auch Alberts bekommt man einen Begriff, wenn man sich klarmacht, dass allein das Foreign Office z.B. im Jahre 1848 28.000 Depeschen abwickelte, die Victoria alle vorgelegt werden mussten. Jedes Offizierspatent musste von ihr eigenhändig unterschrieben werden, und der Schriftwechsel in einer Zeit ohne Telefon war immens: Allein mit dem Ministerpräsidenten Palmerston hat Victoria 7.000 Briefe und Notizen gewechselt – und der saß in derselben Stadt!

Albert wurde zum entscheidenden Fürsprecher der Ausstellungsidee. Nachdem das Parlament das Projekt aus verschiedensten Gründen finanziell nicht zu unterstützen gedachte, begann man privates Kapital zu sammeln. Albert stiftete 500, Victoria 1.000 Pfund; sie gaben damit dem Projekt den königlichen Segen. Diesem Schritt schlossen sich zahlreiche Kaufleute der City an, nachdem Henry Cole und auch Albert auf Veranstaltungen leidenschaftliche Plädoyers für das Projekt gehalten hatten. Man beschloss, eine 24-köpfige „Royal Commission" zur Durchführung der Weltausstellung mit dem gesetzten Eröffnungstermin am 1. Mai 1851 zu gründen. Sie konstituierte sich im Januar 1850 und bestimmte ein Exekutivkomitee, dem unter anderem Cole, Wyatt und ein Oberstleutnant Reid angehörten. Letzterer war allein für die öffentliche Sicherheit zuständig. So waren während der Dauer der Ausstellung ständig über 13.000 Soldaten einsatzbereit in London stationiert. Man war sich der zwei Jahre zuvor auf dem Kontinent beobachteten Unruhen vom März 1848 bewusst und wollte revolutionäre Umtriebe im Keim ersticken.

Ein wiederum eigens gegründetes Baukomitee schrieb im März 1850 einen internationalen Wettbewerb aus, an dem sich trotz einer nur vierwöchigen Laufzeit 244 Architekten aus ganz Europa beteiligten. Die wesentlichen Kriterien der Ausschreibungen waren die Sicherstellung des Ausstellungsbeginns am 1. Mai 1851 (also in nur einem Jahr) mit entsprechendem Vorlauf für die Einrichtung der Ausstellung, die Errichtung im Hyde Park mit der Möglichkeit der anschließenden Demontage, die Flexibilität der Raumaufteilung, da natürlich noch kein Ausstellungskonzept vorlag, die Einhaltung einer Kostenobergrenze von 100.000 Pfund und der Entwurf eines repräsentativen, architektonisch anspruchsvollen Bauwerks.

Die heterogen zusammengesetzte Jury konnte sich jedoch nicht auf einen Entwurf einigen. Der Franzose Hereau und der Ire Turner belegten die vorderen Plätze, konnten jedoch nicht die Einhaltung der Kostenobergrenze garantieren.

Der zusätzlich aufflammende Streit über die Gestalt des Bauwerks beleuchtete auch jene zunehmende Veränderung im Bau- und Planungsprozess, die zur Trennung von Architekt und Ingenieur Mitte des 19. Jahrhunderts führte: Während den konservativen Vertretern die Ingenieurbauten „zu wenig Architektur" erhielten, empfanden die Befürworter modernerer Lösungen die Drapierung der konstruktiv eindeutigen Ingenieurbauwerke mit historisierenden Kulissen als lächerlich. Schließlich legte die Baukommission einen eigenen Entwurf außerhalb des Wettbewerbsverfahrens vor.

Doch nicht nur die Gestalt des Baues war ein Streitpunkt. Von Anfang an begleiteten massive Proteste das gigantische Vorhaben: Anwohner fürchteten Kriminalität, Lärm und Verkehrsprobleme, andere wiederum Epidemien durch die Einreise so vieler Menschen aus fremden Ländern, revolutionäre Unruhen und Lebensmittelknappheit. Die Bäume des Hyde Parks durften nicht gefällt werden und für viele war das ganze Unternehmen Ausdruck eines hypertrophen Größenwahns geldgieriger Kapitalisten. So kam es, dass die Weltausstellungsidee nach der Vorstellung des Kommissionsentwurfes immer stärker kritisiert und in Frage gestellt wurde. Zunehmende Nervosität und Aggressivität prägten die Auseinandersetzungen; die Blamage, die Ausstellung absagen zu müssen, spukte zunehmend als Albtraum in den Köpfen der Verantwortlichen.

In dieser ausweglos erscheinenden Situation entschloss sich der Gartenarchitekt und Unternehmer Joseph Paxton, die Initiative zu übernehmen. Ihm waren das Debakel des Wettbewerbs und die Schwierigkeiten des nun von der Royal Commission abgesegneten Entwurfes der Baukommission nicht verborgen geblieben. Am 11.6. zeichnete Paxton in einer Sitzung der Midland Railway Company auf einem Löschblatt jene Entwurfsskizze, in der die wesentlichen Entwurfsideen des späteren Kristallpalastes schon erkennbar sind: die serielle Reihung, die Höhenstaffelung und die fünfschiffige basilikale Grundrissform.

Während der Vorbereitung für die Ausschreibung des Kommissionsentwurfes, der immer noch im Rennen war, hatte Paxton eine Unterredung mit Cole, in der dieser ihm zusicherte, dass nicht nur ein Angebot für den Kommissionsentwurf abgegeben werden dürfe, sondern sogar ein ganz neuer Entwurf. Diese Aussage veranlasste Paxton zur Ausarbeitung seines Planes in nur sieben Tagen: Er hatte die Idee, alle vorhandenen Probleme mit der Konstruktion eines riesigen Gewächshauses aus Stahl und Glas zu lösen.

Seit der ersten gusseisernen Brücke von Coalbrookdale im Jahre 1779 hatte insbesondere die Entwicklung des Gewächshausbaus, in dem die britische Gesellschaft die fernen Pflanzen ihres Kolonialreiches zur Erforschung und Erbauung untergebracht wissen wollte, den Fortschritt dieser Bauform vorangetrieben. Zahlreiche „Palmenhäuser", „Greenhouses", entstanden um die Jahrhundertwende.

Auch Paxton hatte schon mit Gewächshäusern experimentiert. Geboren in ärmlichen Verhältnissen am 3.8.1803 als siebtes von neun Kindern verlor er seinen Vater im Alter von sieben Jahren. Mit 13 Jahren begann er den Beruf des Gärtners zu erlernen, wobei der Duke of Devonshire früh auf seine Talente aufmerksam wurde und ihn im Alter von nur 25 Jahren zum Obergärtner seiner Parks machte. Obwohl unterschiedlicher Herkunft entwickelte sich zwischen dem Herzog und Paxton ein enges freundschaftliches Verhältnis. Paxton begleitete den Herzog auf dessen Reisen ins Ausland und organisierte die Heimführung zahlreicher seltener Pflanzen. Für diese entwarf er mehrere Gewächshäuser, insbesondere 1841 das Chatsworth House, das ihn mit den Problemen des Bauens mit Stahl und Glas vertraut machte. 1849 entwarf er das sogenannte Lily House, das es der Seerose Victoria Amazonica ermöglichte, auch in den raueren klimatischen Verhältnissen Englands zum ersten Mal ihre Blüten zu öffnen.

Seine Rippenstruktur machte das Seerosenblatt zu einem äußerst stabilen Blatt. Um dessen Tragfähigkeit zu beweisen, stellte Paxton seine Tochter Ann auf die Blattfläche und erlangte so die Aufmerksamkeit der Queen und der Öffentlichkeit. Es war unter anderem auch die Rippenstruktur dieser Victoria-Amazonica-Blätter, die ihn zu seinen Stahl-Glas-Konstruktionen inspirierte.

Paxton war der klassische Selfmademan jener Epoche: Seine ärmlichen Verhältnisse hinter sich lassend, hatte er reich geheiratet, mit Bodenspekulationen ein Vermögen gemacht und war Mitglied mehrerer Aufsichtsräte von Eisenbahngesellschaften. Zudem war er finanzieller Berater des Herzogs, investierte in Zeitungen und spekulierte an der Börse. Seine Verbindungen zu den am Eisenbahnbau entscheidend beteiligten Firmen wie Fox and Henderson sowie dem Glasproduzenten Chance erlaubten ihm die Kühnheit, seinen Entwurf trotz der knappen Zeit als realisierbar anzusehen.

Nachdem die Baukommission am 22.6. ihre Pläne veröffentlicht hatte und diese erneut auf öffentliche Ablehnung gestoßen waren, hatte Paxton am 24.6. eine Unterredung mit Prinz Albert, in der er ihm seine inzwischen ausgearbeiteten Pläne vorstellte. Albert zeigte sich begeistert. Nachdem Paxton am 29.6. einen Vertrag mit der Firma Fox and Henderson als Bauunternehmer geschlossen hatte, veröffentlichte er seinen Entwurf am 6.7. in *The Illustrated London News*. Die Zeitung begann nun öffentlich Druck für Paxtons Vorschlag zu machen und den Widerstand gegen das Vorhaben der Baukommission, die nicht von ihrem Entwurf lassen wollte, zu organisieren. Getragen von der begeisterten Zustimmung, die Paxtons Entwurf in der Öffentlichkeit erfuhr, da er die Schmach einer Absage der „Great Exhibition" zu vermeiden versprach, zeichnete der Eisenbahnspekulant Samuel Morton Peto sage und schreibe 50.000 Pfund, also fast ein Fünftel und damit den Rest der insgesamt benötigten Summe von 230.000 Pfund für den Bau und die Organisation der Ausstellung. Auf der Basis dieser Schlussfinanzierung empfahl am 15.7. auch das Executive Committee der Royal Commission, Paxtons Vorschlag anzunehmen, und am 26.7. wurde das Angebot der Firma Fox and Henderson zur Errichtung des Bauwerks angenommen: Es sah vor, dass die Ausstellungskommission das Gebäude entweder für 150.000 Pfund kaufen – also das eineinhalbfache der ursprünglichen Obergrenze – oder aber es für die Dauer der Ausstellung für 80.000 Pfund mieten könne, wenn es Fox and Henderson und Paxton nach Ende der Ausstellung erlaubt sei, das Gebäude zu übernehmen und selber zu vermarkten. Dieser einfache, aber ökonomisch sinnvolle Vorschlag gab den Ausschlag, und schon drei Tage später, am 30.7.1850, nahm Fox and Henderson den Bauplatz im Hyde Park in Beschlag und begann mit dem Bau.

Entgegen verbreiteter Legendenbildung war Paxtons Erfolg nicht das Ergebnis spontaner Genialität, die ihn sozusagen „aus dem Handgelenk" seine berühmte Skizze fertigen ließ, sondern das Ergebnis zielorientierter Strategie, sorgfältiger Kalkulation und kühler Berechnung. Auch handelte Paxton keineswegs allein, sondern hinter ihm stand die sogenannte „Eisenbahngruppe", eine Mischung aus Spekulanten und Unternehmern, die sich aus dem Kristallpalast ein glänzendes Geschäft versprachen. Insbesondere die Eisenbahngesellschaften sahen in dem Projekt die Chance, den Kristallpalast als Massenausflugsziel zu organisieren, zu protegieren und über die Eisenbahn Tausende von Besuchern nach London zu befördern. Tatsächlich wurden später Eintrittskarte, Bahnticket, Kost und Logis im Paket verkauft. Der Kristallpalast markiert somit auch den Beginn des Massentourismus, der die wesentliche Basis für den wirtschaftlichen Erfolg des Unternehmens war. Der Organisator dieser Packages hieß übrigens Thomas Cook.

Zur Umsetzung der Pläne Paxtons in Ausführungszeichnungen arbeitete der Ingenieur Fox wie besessen die folgenden sieben Wochen 18 Stunden täglich. Was in Paxtons und seinem Kopf nur als große Idee vorhanden war, musste nun in arbeitsvorbereitende Planung umgesetzt werden. Dabei waren eben nicht nur die einzelnen Bauteile zu bestimmen, zu entwickeln und zu dimensionieren, sondern es mussten auch der gesamte Ablauf der Materialbeschaffung und Bereitstellung, die Akquisition der Arbeitskräfte und ihrer Unterbringung und natürlich das Taktverfahren für die Zusammenführung aller Bauteile, um sie „just in time" anzuliefern und einzubauen, vorbereitet werden.

Insofern mutet es wie ein Wunder an, dass am 26.9.1850 die erste von 3.300 gusseisernen Stützen gesetzt werden konnte, fast auf den Tag genau 25 Jahre nachdem die erste öffentliche Dampfeisenbahnlinie von Stockton nach Darlington ihren Betrieb aufgenommen hatte – das Datum, mit dem man den Beginn des Eisenbahnzeitalters markiert. Stephenson – dessen Lokomotive damals den Zug zog – war bezeichnenderweise Mitglied der Royal Commission und diese Tatsache beleuchtet den Umstand, dass der Kristallpalast niemals ohne die logistische Unterstützung des Transportsystems Eisenbahn hätte gebaut werden können: Nur über die Schiene waren die benötigten Materialmengen rechtzeitig und zeitlich koordiniert an den Bauplatz zu bringen und nur die Erfahrungen aus dem Eisenbahnbau lieferten die Grundlage für die Projektorganisation einer ans Phantastische grenzenden Aufgabe.

So wurde es möglich, die gigantische Struktur von 563 Metern Länge, 138 Metern Breite und 32 Metern Höhe in der unglaublichen Zeit von nur 4 1/2 Monaten zu errichten und am 12.2.1851 an die Royal Commission zu übergeben.

Schon die Eröffnung der „Great Exhibition" am 1. Mai 1851 durch Queen Victoria und Prinz Albert geriet zur Sensation und die festliche Stimmung wollte auch in den nächsten Wochen und Monaten nicht abreißen. Aus der ganzen Welt kamen Besucherinnen und Besucher und begeisterten sich an einer bis dahin unbekannten Inszenierung aus Menschen, Produkten und Pflanzen, überspannt vor einer gigantischen Glaskonstruktion, die diesem Theaterstück Schutz und Hülle, gleichzeitig aber auch überwältigender Bühnenraum war. Die ungeheure Dimension, die Konstruktion im Spiel von Licht und Schatten, die sich im Unendlichen zu verlieren schien, produzierte eine neue, unbekannte, noch nie geschehene und überwältigende Raumerfahrung, die geradezu als „Wahrnehmungsschock" charakterisiert wurde. So schrieb der preußische Gesandte Bucher:

„Wir sehen ein feines Netzwerk symmetrischer Linien, aber ohne irgendeinen Anhalt, um ein Urteil über die Entfernung desselben von dem Auge und über die wirkliche Größe seiner Maschen zu gewinnen. Die Seitenwände stehen zu weit ab, um sie mit demselben Blick erfassen zu können, und anstatt über eine gegenüberstehende Wand streift das Auge an einer unendlichen Perspektive hinauf, deren Ende in einem blauen Duft verschwimmt. Wir wissen nicht, ob das Gebäude hundert oder tausend Fuß über uns schwebt, ob die Decke flach oder durch eine Menge kleiner paralleler Dächer gebildet ist; denn es fehlt ganz an dem Schattenwurf, der sonst der Seele den Eindruck des Sehnervs verstehen hilft. Lassen wir den Blick langsamer wieder hinabgleiten, so begegnet er den durchbrochenen blaugemalten Trägern, anfangs in weiten Zwischenräumen, dann immer näher rückend, dann sich deckend, dann unterbrochen durch einen glänzenden Lichtstreif, endlich in einen fernen Hintergrund verfließend, in dem alles Körperhafte, selbst die Linie, verschwindet und nur noch die Farbe übrigbleibt. Erst an den Seitenwänden orientieren wir uns, indem wir aus dem Gedränge von Teppichen, Geweben, Tierfellen, Spiegeln und tausend anderen Draperien eine einzelne freie Säule heraussuchen – so schlank, als wäre sie nicht da, um zu tragen, sondern nur das Bedürfnis des Auges nach einem Träger zu befriedigen …"

Buchers Standort war hier das äußere Ende des Längsschiffes; der „glänzende Lichtstreif" entstand durch das Querschiff. Seine Raumbeschreibung war eine großartige Abstraktion, sie fasste den Raum als leere Hülle, die ihm verschwamm, sich auflöste, obwohl er den Bau so leer kaum wirklich gesehen haben kann. Nicht nur fehlende Licht-Schatten-Kontraste verflüchtigten den Raum und desorientierten die Besucher. Zusätzlich schienen die Teile drinnen in Veränderung, gleichsam in Bewegung, weil der Bau nicht mehr aus der Entfernung, mit Abstand also, zu überblicken war. Der Effekt im Inneren stand dem erwarteten mechanischen und gleichförmigen Eindruck entgegen, der von außen den Bau bestimmte. Die unmittelbare Wahrnehmung entzog dem sturen Raster die Einförmigkeit: Die zunächst noch einzeln als gleiche fassbaren und addierten Säulen und Binder schienen sich in eine fast körperlose Farbwand aufzulösen. Die Beschreibung sprach die Überraschung aus, dass sehr unterschiedliche Gestaltqualitäten und Wahrnehmungsmöglichkeiten durch die Addition gerade unterschiedsloser Teile zustande kommen konnten. Dann – als böte ihm das einen Halt im Verschwimmenden – nahm Bucher die konkrete Nutzung des Gebäudes auf. Sie organisierte durch eine zweite, gleichsam innere Architektur aus Großplastiken, Ständen, Draperien und Brunnen die Orientierung und den Verkehr, somit eine zweite Wahrnehmung. Unausgesprochen demonstrierte er damit die Nutzungsneutralität dieses Riesenbaus, der variable Inhalte behausen sollte – eine Neuheit in der Architektur, die fortan in allen großen Hallenbauten eine konzeptionelle Grundlage darstellte.

Hinzu trat die phantastische Einbeziehung der großgewachsenen Ulmen, die dem Besucher das Gefühl vermittelten, sich – obwohl in einem Raum – inmitten einer Waldidylle zu befinden. In dem halben Jahr seiner Öffnung besuchten 6 Millionen Menschen den Kristallpalast. Zeitweise musste er 100.000 Menschen gleichzeitig aufnehmen. 100.000 Objekte waren darin zu sehen, dargeboten von 17.000 Ausstellern, von denen England mit seinen Kolonien 7.200 stellte und fast die Hälfte der Fläche beanspruchte. Unter den Produkten waren die ersten Bugholzstühle von Thonet, der Zeigertelegraph von Siemens, mit dem er den Aufstieg seiner Weltfirma begründete, und die „Amazone" des Bildhauers Kiss aus Berlin, die heute noch die östliche Treppenwange des Schinkelschen Museums in Berlin am Lustgarten schmückt.

Als die Ausstellung am 11.10.1851 ihre Pforten schloss, hatte sie 186.000 Pfund Gewinn gemacht. Mit diesem Geld als Startkapital entstand südlich des Hyde Parks ein neues Kulturquartier, das Spötter „Albertopolis" nannten: Die Royal Albert Hall – allen bekannt als Aufführungsort der „Last Night of the Proms" – und das Victoria and Albert Museum. In dessen Mauern wird neben unendlichen Schätzen auch jenes unscheinbare Löschblatt aufbewahrt, auf dem Joseph Paxton am 11.6.1850 seine geniale Strukturskizze gezeichnet hatte, unscheinbarer Ausgangspunkt eines phantastischen Abenteuers.

Nachdem die Bemühungen Paxtons, den Kristallpalast als Ausflugsziel an Ort und Stelle zu belassen, vom britischen Parlament abgelehnt worden waren, errichtete ihn die Eisenbahngruppe nach der Demontage 1854 im Zentrum eines Freizeitparks erneut als großes Gewächshaus südlich von London in Sydenham, wo er – noch einmal erheblich vergrößert – bis zum 30.11.1936 zu bewundern war, als er aus nie vollkommen geklärten Gründen einem Großfeuer zum Opfer fiel.

Der Kristallpalast von 1851 markiert schlaglichtartig die ungeheuren Veränderungen, die seit 1750 in Europa stattgefunden haben. In ihm bündeln sich die großen Entwicklungslinien unserer Zivilisationsgeschichte und strahlen folgenreich aus in die Zukunft. Die großen Markthallen, die Bahnhöfe, die Palmenhäuser und Passagen wuchsen nach 1851 wie Pilze aus dem Boden. Die industrielle Revolution entfaltete ihre Produktivkräfte und verwandelte die Welt.

Der Kristallpalast gilt als Ausgangspunkt modernen Bauens: Taktverfahren, Vorfertigung, standardisierte Bauteile, „just-in-time-"Produktion, Anlieferung und Montage sowie das Planen in vernetzten, miteinander kommunizierenden Teams prägten zum ersten Mal einen Bauprozess.

Die große Idee hinter dem Kristallpalast allerdings, die friedliche Vereinigung aller Völker unter dem Geist der Technik, des Handels und des Fortschrittes zu erreichen, blieb eine Vision: Zu antagonistisch waren die unterschiedlichen Interessen der Länder, in denen sich im Laufe des 19. Jahrhunderts ein Nationalismus entwickelte, der zu immer neuen Rivalitäten, Konflikten und kriegerischen Auseinandersetzungen führte.

Und auch eine andere Hoffnung von für Europa schicksalhafter Bedeutung erfüllte sich nicht, die am 1.5.1851 ihren von Vielen erwünschten Anfang zu nehmen schien: die dauerhafte Verbindung deutscher und englischer Interessen auf der Grundlage familiärer Beziehungen. Anlässlich der Eröffnungsfeierlichkeiten trafen nämlich im Kristallpalast der preußische Kronprinz Wilhelm, der spätere Kaiser Wilhelm I., und sein 17-jähriger Sohn Friedrich die damals 11-jährige Tochter von Victoria und Albert, Victoria, Vicky genannt. Es war Liebe auf den ersten Blick. Sieben Jahre später heirateten Friedrich und Victoria und am 27.1.1859 wurde ihr Sohn, der spätere Kaiser Wilhelm II., geboren. Alle genannten Hohenzollern sind heute noch als Reiterfiguren auf unserer nach ihnen benannten Eisenbahnbrücke in Köln zu bewundern.

Die antagonistischen Interessen zwischen England und Deutschland verstärkten sich jedoch, als kurz nach dem Tode Alberts 1861 Bismarck 1862 Ministerpräsident wurde. Der Aufstieg Preußens zur stärksten kontinentalen Macht nach 1871 mit anschließendem Anspruch auf Weltgeltung konnte die englische Politik der „balance of power" nicht unberührt lassen und so ging die Vision eines unter Deutschland und England vereinten und befriedeten Europas wie noch später der Kristallpalast in den Flammen des Ersten Weltkrieges unter.

Aber auch wenn vom Kristallpalast nichts außer Bildern und Erinnerungen übrig geblieben ist, so wird er doch immer als einer der bedeutenden Meilensteine in der kulturgeschichtlichen Entwicklung der Menschheit gewürdigt werden, ein bautechnisches Wunderwerk, das wie ein Märchen unvermittelt in die Welt trat und wieder verschwand.

16.03.88

30.07.05

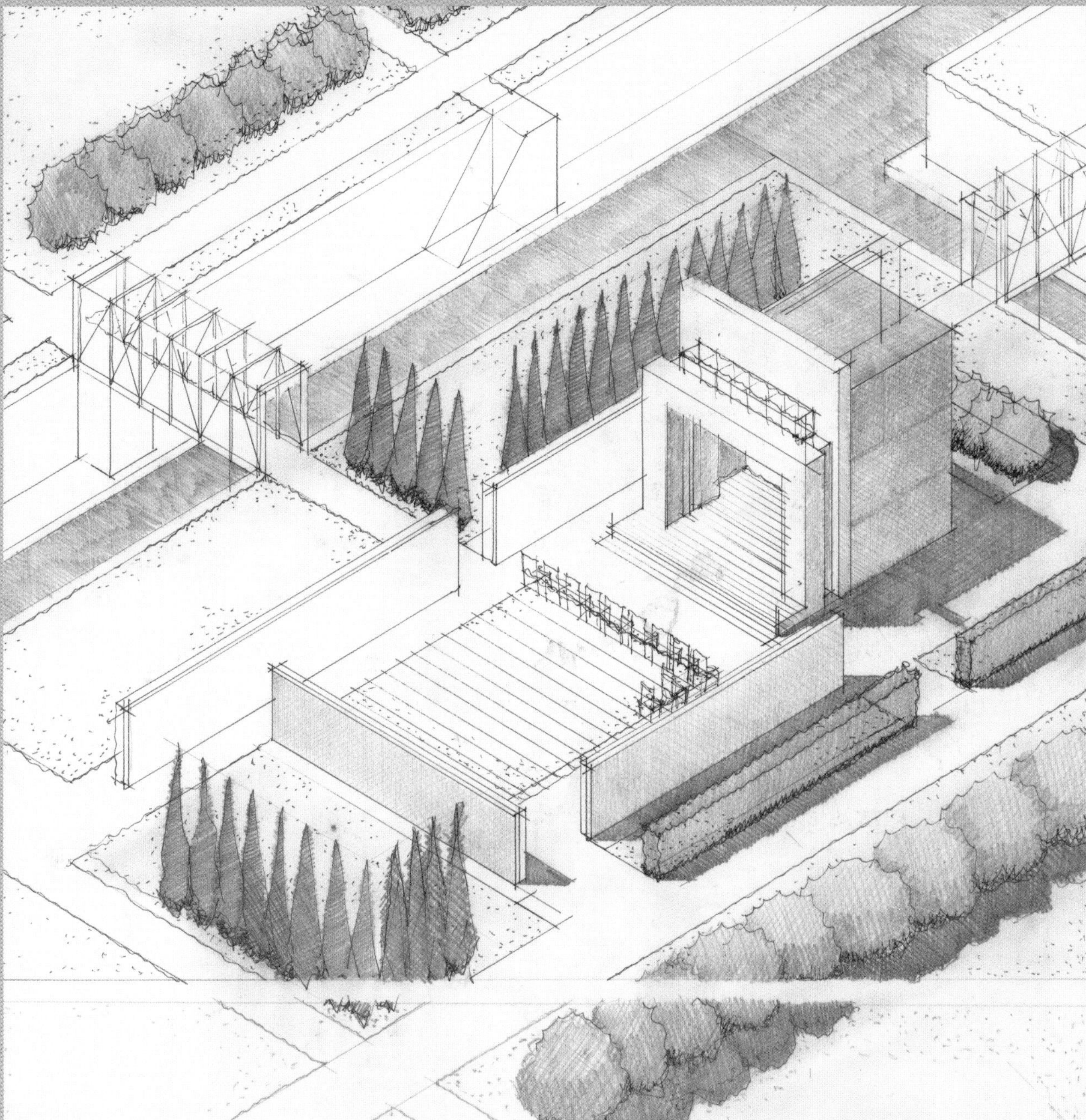
K. Kraemer 19.6.15

Die Covid19-Pandemie hat ihren Höhepunkt überschritten und am 22. September 2021 kann nach rund 18-monatiger Wartezeit der Vortrag von Kaspar Kraemer über Schinkels Italienreise endlich im italienischen Kulturinstitut zu Köln stattfinden. Kraemer gliedert seinen Vortrag in drei Teile und gibt zunächst einen kurzen Überblick über Leben und Werk Schinkels, schließt die Schilderung der Reise nach Italien an und endet mit den dort gewonnenen Erfahrungen und Einsichten. Kraemer geht aber noch weiter, verbindet die historischen Betrachtungen mit der Gegenwart und beleuchtet anhand eigener Bauwerke den Einfluss Schinkels auf das eigene Architekturbüro. So schließt sich ein inhaltlicher Kreis von Kraemers ersten, noch flüchtigen Notizen nach dem Besuch der Schinkel-Ausstellung im Dezember 1982 hin zu einer dezidierten Kennerschaft von Leben und Werk des preußischen Baumeisters – Letzteres mit mittel- und unmittelbaren Einflüssen auf die alltägliche Architekturpraxis im eigenen Büro.

Friedrich Drake, Schinkel-Denkmal, an seinem zweiten Standort vor dem Alten Museum in Berlin

Wie alle bedeutenden Architekten seiner Epoche bereiste auch Karl Friedrich Schinkel Italien und legte damit den Bildungsgrundstein für seine spätere Karriere, die ihn an die Spitze der preußischen Bauverwaltung führte und zum Gestalter der Hauptstadt Berlin werden ließ.

(…) In diesem Leben spielen die Reise nach Italien, die Erfahrung mediterranen Lebens, das Erlebnis südländischer Landschaft sowie gegenwärtiger und antiker Kultur eine entscheidende Rolle: Bildet die Reise doch den krönenden und rundenden Abschluss seiner Ausbildungsjahre, eine markante Zäsur im Übergang vom Jugend- zum Erwachsenenalter. Schinkel ist gerade 22 Jahre alt geworden, als er aufbricht; kurz vor seinem 24. Geburtstag 1805 wird er wieder in Berlin eintreffen – gereift, gebildet und voller Tatendrang. Mit seiner Rückkehr beginnt sein Aufstieg in Berlin.

Die von mir 1981 besuchten Ausstellungen in Berlin und Hamburg anlässlich des 200. Geburtstages von Karl Friedrich Schinkel verstärkten mein Interesse an dessen Leben und Werk, nachdem ich es während meines Studiums nur am Rande gestreift hatte. Ja, mein Interesse intensivierte sich zu einer Art privatem Forschungsgegenstand, den ich durch das Lesen zahlreicher Bücher und Reisen zu seinen Bauten immer weiter ausleuchtete und der sich so im Laufe der Jahre zu einer Art „Bildungskanon" entwickelte, der meinen Blick auf Gebautes, auf Architektur, auf Baukultur generell, geprägt und bestimmt hat. Das Werk von Schinkel ist für mich zu einer Instanz geworden, zum Maßstab und Gradmesser, auch wenn sein Werk aus einer längst vergangenen Zeit herüberstrahlt. Und ich sage bewusst „strahlt", weil es für mich eben nicht abgelegt ist in den Planschränken der Baugeschichte und Architekturmuseen, sondern in seinem Grundimpuls weiterhin von erhellender Bedeutung ist. (…)

Mit Karl Friedrich Schinkel begegnet uns ein Mann, der sich – aus einfachen Verhältnissen stammend – zum bedeutendsten Architekten Preußens im 19. Jahrhundert emporarbeitete und der Epoche von 1815 bis 1835 seinen Stempel aufdrückte. In diesen 20 Jahren prägte er nicht nur wesentlich das Gesicht der Hauptstadt Berlin, sondern entfaltete auch eine ungeheure Tätigkeit, die fast alle Bereiche gestalterischen Schaffens umfasste und die ihn über den Architekten hinaus zu einem der bedeutendsten Künstler des 19. Jahrhunderts überhaupt werden ließ. (…) Nicht zufällig zählen zu seinen bedeutendsten Werken das Schauspielhaus am Gendarmenmarkt und das Alte Museum am Lustgarten – Bauaufgaben, die im Sinne der Aufklärung den Menschen bilden, weiten und erhöhen und damit zu seiner eigentlichen Bestimmung führen sollten.

Am 13. März 1781 als eines von fünf Kindern eines Landpredigers in Neuruppin in der Mark Brandenburg geboren, wächst Schinkel in der Tradition des preußischen Pfarrhauses auf: Disziplin und Frömmigkeit, Askese und Bescheidenheit, gemütvolle Innigkeit und seelische Empfänglichkeit kennzeichnen seine Welt. Im Alter von sechs Jahren verliert Schinkel seinen Vater, der sich während der Löscharbeiten beim Brand des Städtchens eine Lungenentzündung zuzieht. Dieser Verlust – dem der Tod zweier Geschwister folgen wird – hat Schinkel ebenso geprägt wie die interessierte Teilnahme am Wiederaufbau der zerstörten Stadt, deren großzügig-weiträumiger, rektangulärer Straßenzuschnitt ihr bis heute das charakteristische Gepräge verleiht.

In Berlin zieht die Mutter mit schmaler Witwenrente ihre Kinder auf. Schinkel besucht das Gymnasium „Zum Grauen Kloster“ und fällt durch sein Zeichentalent auf. Er trifft auf David Gilly, der Lehrer an der Bauschule ist, und auf dessen Sohn Friedrich Gilly, dessen Entwurf für ein Denkmal Friedrichs des Großen er staunend in einer der Ausstellungen dieses Institutes bewundert. In betroffener Begeisterung für den zehn Jahre älteren Mann entschließt er sich, gegen alle Widerstände die Schule zu verlassen und Baumeister zu werden. Er verdingt sich im Hause Gilly, wo ihm durch den Vater die Praxis des Bauens und durch den Sohn die Theorie der Architektur vermittelt wird. 1799 tritt er als Student in die neu geschaffene Bauakademie ein.

Im August 1800 stirbt Friedrich Gilly 28-jährig an Tuberkulose. Wiederum erfährt Schinkel die Trennung von einem geliebten, vertrauten Menschen, der der Abschied von seiner Mutter im März vorausgegangen ist. Mit dem Tode Gillys aber entwickelt sich in ihm ein rastloser Fleiß, der ihn zeit seines Lebens prägen wird. Seine ungeheure Lebensleistung erscheint so auch als Produkt einer dämonisch getriebenen Sorge, ebenfalls nicht fertig zu werden, es dem bewunderten Freund nicht recht machen zu können und sich seines Vermächtnisses unwürdig zu zeigen. „Tätig sein ist des Menschen erste Bestimmung!“ Dieses Diktum Goethes ist die Grundlage seines unendlichen, lebenslangen Fleißes. Stillstand und Untätigkeit sind für ihn ein „sündiger Zustand“.

Durch seine frühen Bauaufgaben während und nach Abschluss seiner Studien knüpft er erste Kontakte zu Bauherren, insbesondere zum märkischen Adel, auf dessen Gütern er auf Vermittlung von David Gilly tätig wird. Hier nimmt er auch Einblicke in eine ihm bis dahin verschlossene Lebenswelt, deren Etikette und Bildungsanspruch die Auseinandersetzung mit und das Wissen um die Antike selbstverständlich voraussetzen. Schinkel wird klar, dass er nur dann eine herausgehobene Stellung als Architekt wird prätendieren und einnehmen können, wenn er wie viele seiner Lehrer und Vorbilder den Nachweis einer „Grand Tour“, einer Reise zu den Stätten Italiens, die Erfahrung Roms mit seinen Architektur- und Kunstschätzen erbringen kann.

Im Gegensatz zu den meisten jungen Angehörigen des aufstrebenden Bürgertums, denen eine solche Reise nur möglich ist, wenn ihnen adlige oder königliche Gunst ein Stipendium gewährt, kann sich der 22-Jährige das begehrte Ziel dank eines kleinen Vermögens aus erstem Verdienst und seinem Erbanteil aus eigenen Mitteln ermöglichen.

„Er fühlte, dass es nunmehr Zeit sei, die langgehegte Sehnsucht, Italien zu besuchen, mit Nutzen zur Ausübung zu bringen, und wendete dazu sein Vermögen an.“ Mit diesen nüchternen Worten seiner Selbstbiografie von 1825, die er für das Brockhaus-Konversationslexikon verfasste, charakterisiert der zu diesem Zeitpunkt auf dem Zenit seines Lebens und Erfolges stehende inzwischen berühmte Architekt selbst die große Bildungsreise seiner Jugendjahre, in der sich Wissensdurst, Neugier und die in allen Zeiten gleichbleibende Sehnsucht der Deutschen nach dem Süden, nach Italien zusammenfanden. Jene „Sehnsucht“, wie sie Eichendorff in seinem 30 Jahre später entstandenen gleichnamigen Gedicht so wunderbar beschrieben hat:

„Es schienen so golden die Sterne,
Am Fenster ich einsam stand
Und hörte aus weiter Ferne
Ein Posthorn im stillen Land.
Das Herz mir im Leibe entbrennte,
Da hab' ich mir heimlich gedacht:
Ach, wer da mitreisen könnte
In der prächtigen Sommernacht!

Zwei junge Gesellen gingen
Den steilen Berg hinan
Ich hörte im Wandern sie singen
Die stille Gegend entlang
Von schwindelnden Felsenschlüften,
Wo die Wälder rauschen so sacht,
Von Quellen, die von den Klüften
Sich stürzen in Waldesnacht.

Sie sangen von Marmorbildern,
Von Gärten, die über'm Gestein
In dämmernden Lauben verwildern,
Palästen im Mondenschein,
Wo die Mädchen am Fenster lauschen,
Wann der Lauten Klang erwacht,
Und die Brunnen verschlafen rauschen
In der prächtigen Sommernacht.“

In jenen „zwei jungen Gesellen“, die Eichendorff als Wanderer in seinem Gedicht beschreibt, wird Schinkel sich mit seinem gleichaltrigen Freund und Kollegen Johann Gottfried Steinmeyer, mit dem er am 1. Mai 1803 aus Berlin zu seiner ersten Reise nach Italien aufbricht, sicherlich wiedererkannt haben. Zwei weitere Reisen, 1824 und 1830, werden folgen. Sie sehen ihn als erfolgreichen und berühmten Architekten auf der Höhe seines Schaffens, werden aber die Intensität des Erlebens, den Reichtum an Briefen, Tagebuchaufzeichnungen, vor allem aber Zeichnungen – 400 wird er zurückbringen – der ersten Reise der Jugendjahre nicht wiederholen.

Schinkel ist auf Italien vorbereitet. Die Welt der Antike ist ihm durch die Schriften Winckelmanns bekannt, aber auch durch die Gestaltung der Mitte Berlins, in der durch die Oper und die St.-Hedwig-Kathedrale von Knobelsdorff sowie das Schlütersche Schloss die Städte Rom und Vicenza anschaulich werden und die Architektur Palladios und Bramantes in Nachahmung präsent sind. Ihre Attiken sind mit einem Skulpturenprogramm geschmückt, in dem die antike Götterwelt sichtbar gemacht und das Bildprogramm der griechisch-römischen Mythologie zur Glorifizierung der Hohenzollern dezidiert umgesetzt wurde. Im Gymnasium „Zum grauen Kloster" wird das antike Ideal des Humanismus gelehrt; die Mythen und Sagen der *Ilias* und der *Odyssee*, die *Metamorphosen* des Ovid waren selbstverständlicher Teil des Lehrplans. Diese Grundierung wird Schinkel zeitlebens prägen.

Der Weg führt Schinkel und Steinmeyer über Dresden, Prag und Wien zunächst nach Triest. Abweichend von den üblichen Künstlerreiserouten unternimmt er von Triest aus Abstecher in die slowenischen Höhlengebiete und einen gut vierwöchigen Ausflug in die Küstenregionen Istriens. Weiter geht es über die Adria nach Venedig, von dort über Padua, Bologna, Florenz und Siena nach Rom, wo Schinkel Anfang September 1803 eintrifft. Interessanterweise besucht er nicht Vicenza und die Bauten Palladios. Noch im Spätherbst des Jahres schließt sich eine mehrwöchige Exkursion in die apenninischen Städtchen Terni, Rieti und Cittaducale an. Den Winter verbringt der junge Architekt im engen Kontakt mit der dortigen deutschen Künstler- und Gelehrtenkolonie – darunter Wilhelm von Humboldt – in der Ewigen Stadt. Anfang März 1804 macht er sich auf in den Süden: Über Neapel mit Ausflügen auf den Vesuv und die Inseln Ischia und Capri erreicht Schinkel am 10. Mai Messina, wo er den Ätna besteigt, und bereist die Orte Catania, Syrakus, Agrigent, Trapano, Monreale und Palermo auf Sizilien. Die Rückreise beginnt am 1. Juli 1804 in Neapel und führt Schinkel über Rom, wo er sich noch einmal zwei Monate aufhält, nach Florenz, Pisa, Livorno, Genua, Mailand, Turin und von dort über Lyon nach Paris, wo er Ende November 1804 eintrifft. Am 1. Januar 1805 verlässt er die französische Hauptstadt, um über Straßburg, Frankfurt und Weimar Anfang März 1805 nach Berlin zurückzukehren.

Entsprechend diesem Reiseverlauf gliedert die Forschung heute Schinkels Reise in fünf große Abschnitte, die für seine Erfahrungen wesentlich sind:

- Wien und Prag (als 1. Station)
- Triest und Istrien (als 2. Station)
- Rom (als 3. Station)
- Neapel, Capri und Sizilien (als 4. Station)
- Norditalien und Mailand (als 5. Station).

An diesen Orten erlebt Schinkel wesentliche Eindrücke, die sein Bild von Italien prägen und sein Bewusstsein für Architektur, Landschaft, Bautechnik, Malerei und Skulptur, die aber auch das soziale Leben und gesellschaftliche Miteinander reifen lassen und sich schließlich zu einem identitätsstiftenden geistigen Kosmos vereinen. Dieser wird sein gesamtes künstlerisches Schaffen und Denken als Architekt, Zeichner, Maler, Bühnenbildner, Städtebauer, Möbelentwerfer, Lehrer, Ausbilder und Verwaltungsleiter bestimmen. In Italien verdichten sich die in ihm angelegten Talente, die ihn zum „Gesamtausstatter Preußens" werden lassen, wie es in der Rückschau auf sein Leben nicht zu Unrecht von den Zeitgenossen formuliert wurde.

Es ist nicht die Zeit, all seine Erfahrungen und Erlebnisse in diesem Vortrag darzustellen. Ich beschränke mich daher auf die Stationen Triest, Rom und Sizilien: Sie sind als Anfang, Mitte und Höhepunkt seiner Reise die entscheidenden Meilensteine für seine geistige Entwicklung, vor allem für seine zeichnerische Vervollkommnung.

Schinkel kommt 1803 in ein Land, das politisch zerrissen und überdies Spielball zweier europäischer Großmächte ist: des nachrevolutionären, expansiven Frankreichs Napoleon Bonapartes und der geschwächten Habsburger Monarchie, die beide um die Vorherrschaft in Italien ringen. Seit 1795 wird es beherrscht von kriegerischen Auseinandersetzungen, französischen Eroberungen sowie davon inspirierten nationalen Erhebungen gegen die Österreicher und die eigenen feudalen Herrscher. Napoleon hatte 1797 nach seinem Sieg über Österreich in Oberitalien eine abhängige „Cisalpine Republik" gegründet, die er später, 1805, in ein Königreich Italien umwandeln wird. Auch Venedig war 1797 von österreichischen, Rom seit 1798 vorübergehend von französischen Truppen besetzt worden. Nicht selten herrschen Not und Armut, und zahlreiche Besucher verlassen das unsichere Land. Dennoch bildet sich gerade in Rom 1802 durch das Wirken Wilhelm von Humboldts ein Zentrum deutscher Künstler, an dem auch Schinkel 1803 teilnahm. Wilhelm von Humboldt agiert in Rom als Ministerialresident des preußischen Königshauses am Vatikan. Die Begegnung mit ihm wird für Schinkel folgenreich: 1810 wird Humboldt als Leiter der Sektion Kultur und Bildung im Finanzministerium Schinkel im Zuge der Stein-Hardenbergschen Reformen in die Preußische Bauverwaltung berufen und damit den Grundstein für dessen Karriere legen. Sein Wahlspruch: „Die Hauptsache besteht doch in der Auswahl der ins Werk zu setzenden Männer!" Wie sehr sollte sich dieser Satz angesichts der Lebensleistung Schinkels bewahrheiten!

Italien ist damals ein Land voller Gefahren, und um zu den ersehnten Zielen zu kommen, müssen zahlreiche Schwierigkeiten bewältigt werden. Die zeitgemäße Art des Reisens sieht vor, mit einem Vetturin einen Kontrakt über eine meist zweirädrige Chaise abzuschließen und sich dessen Organisation von Unterkunft und Verpflegung mehr oder weniger auszuliefern. Bei gängigen Routen wird der Postwagen genutzt. Auf schlechten Straßen in langen Tagesfahrten, die nicht selten morgens um drei beginnen und in unbequemen Poststationen oder Albergos spätabends enden, verläuft die anstrengende Reise. Gefahren verschiedenster Art, Naturgewalten, Seuchen, die Quarantäne verlangen, und Räuberbanden bedrohen die Fremden. Schiffsreisen werden wegen des Seeräuberunwesens möglichst vermieden.

Unter diesen Umständen ist es geradezu unbegreiflich, welch ungeheure Ernte Schinkel aus dieser Fahrt zieht. Das Gesehene wird von ihm ja nicht nur in Tagebuchaufzeichnungen und Briefen minutiös festgehalten, sondern teilweise geradezu poetisch beschrieben, häufig beurteilt und bewertet. Darüber hinaus werden die Einblicke in unglaublich detaillierten feinen Zeichnungen dokumentiert, deren Brillanz und Exzellenz dazu führen, dass Schinkel in Rom zu den Landschaftsmalern und nicht zu den Architekten gerechnet wird, was er stolz und entschieden zurückweist. Aber diese Tatsache ist ein Beleg dafür, dass ihn nicht das einzelne Haus, nicht die archäologisch exakte Erfassung oder gar ein Aufmaß interessieren, sondern im Wesentlichen die Stellung des Bauwerkes in der Landschaft, das Setting – die Setzung. Das Haus – und diese Erfahrung verstärkt sich in Italien – lebt durch seine Einbindung in die Umgebung, ist ein Teil von ihr. Landschaft und Architektur werden als Einheit gesehen, durchdringen und bedingen sich, und es deutet sich hier schon Schinkels spätere Haltung an, die die Architektur unter anderem als Befolgung der Prinzipien der Natur versteht: „Die Architektur", so stellt er später knapp und lapidar fest, „ist die Fortsetzung der Natur in ihrer konstruktiven Tätigkeit."

Vielfältig wird durch Text und Zeichnung deutlich, wie sehr ihn das Gesamtphänomen antiker Kultur in den Bann gezogen hat – mag sie ihm in Gestalt der zahlreichen Denkmäler, die er sowohl als Zeugnisse geschichtlicher Vorgänge wie auch als Kunstwerke auffasst, oder im einzigartigen Zusammenwirken von Tempel und Landschaft erschienen sein oder als vertrautes Bildungselement innewohnen, etwa durch die Lektüre Homers, an die er sich auf Sizilien immer wieder erinnert.

Daneben – sei es in Venedig, Florenz oder auf Sizilien – begegnet er ständig italienischer Kunst des Mittelalters, speziell mittelalterlicher Architektur. Nach dem Verständnis seiner Zeit verwendet er dafür den Ausdruck „sarazenisch", eine ungenaue, vage Bezeichnung für verschiedene mittelalterliche Bauformen, seien sie byzantinisch, romanisch, normannisch oder auch gotisch, hinter denen man Anregungen durch die „Sarazenen" genannten Araber vermutete.

Das am Ende des 18. Jahrhunderts in Kunst und Literatur allenthalben erwachende neue Naturgefühl und Landschaftsinteresse, das verschiedene Formen zeitigt und die deutsche Frühromantik zu prägen beginnt, offenbart sich auf der Reise in vielen Zeichnungen und Beschreibungen. Manche Ansichten folgen zunächst noch der Vedutentradition des 18. Jahrhunderts, werden jedoch allmählich in ihren Wirkungen verstärkt, in ihren Dimensionen verändert. Andere werden romantisch-phantastisch angereichert, wie das Panorama von Triest in blau-orangefarbener Abendstimmung, eine der farblich eindrucksvollsten Landschaftsdarstellungen Schinkels. Die folgende Schilderung des Anblicks von Triest, einer der ersten Eindrücke Schinkels jenseits der Alpen, möge verdeutlichen, wie Wort und Bild zusammenkommen, wie das Gesehene textlich festgehalten und mitgeteilt wird:

„Der Eintritt in Italiens schöne Gefilde kann dem Teutschen nicht frappanter sein als bei Triest. Auf einem Weg von 12 bis 14 Stunden wechselt plötzlich Klima, Gegend, Bauart, Sprache und Charakter der Nation. Die Gebirge der Steiermark und Kärntens, welche man auf dem Weg von Wien durchstreift, bieten abwechselnd große, raue und angenehme Szenen. Dichte Tannenwälder, dunkle enge Flusstäler, Rauheit des Klimas, erzeugt durch die Höhe der Gegend, charakterisieren die deutsche Gegend.

14 Stunden von Triest steigt man aus dem letzten Tal deutschen Charakters beim Städtchen Planina in die Höhe und bleibt bis Triest auf der Oberfläche des Gebirges, das gleichsam den Damm des Meeres macht. Nichts Wüstres ist denkbar als der Anblick dieser Gegend, welche von der schrecklichsten Revolution der Natur zerrüttet scheint.

Die Sonne neigte sich stark dem Untergang, als ich dem Abhang des Gebirgs nahte. Ich hatte bisher keine Begriffe von dem Eindruck einer solchen Naturszene. Aus dieser Steinwüste blickte ich plötzlich in die weite Fläche des Adriatischen Meers, das viel tausend Fuß unter mir die steilen Vorgebirge mit seiner vom Abend glänzenden Flut umzog. Weinberge legten sich an das Gebirg, die Abhänge bildeten, viele hundert Landhäuser mit schön berankten Lauben prangten hell aus dem Grün oder versteckten sich in den Tälern.

Ganz in der Tiefe, am Fuß des Gebirgs, breitet sich Triest auf einer schmalen Landzunge aus und streckt kühn einen ausgeschwungenen Damm mit einem Fort in das Meer, der den Hafen schützt. Viele hundert Schiffe liegen um die Stadt und segeln gleich Punkten auf der weiten Fläche des Meers. Über Triest zieht sich ein großer Busen ins Land, entgegengesetzt vom fernen Gebirge Istriens begrenzt, über dem sich der Horizont des Meers mit seiner reinen Linie bereitet und den Blick ins Unendliche lockt. Lange verweilte ich bei dem großen Anblick dieser mir neuen Welt, bis sich die Sonne ins Meer tauchte. Dann näherte ich mich auf der steilen Straße, die künstlich hin und her am Abhang in die Tiefe führt, der Stadt, die bei der einbrechenden Finsternis erleuchtet aus der Tiefe herauf ein zauberisches Bild machte, während die glatte Fläche des Meers noch den matten Schein des Abends trug und gegen die dunklen Formen der steilen Vorgebirge einen unbeschreiblich schönen Kontrast machte."

In Rom eingetroffen, schreibt er über seinen ersten Eindruck der Stadt an seinen früheren Bauherrn Graf von Reuß-Schleiz-Köstritz:

„Fünf glückliche Monde waren durchwandert, Östreichs waldiges Gebirg überstiegen, von Triests grottenreichen Steinwüsten des Meers unendliche Fläche zum ersten Mal erblickt. Istriens felsichte Küsten umschifft, des alten Polas Schätze, das liebliche Italien und seine glänzenden Städte durchwandert, als mir ein stiller Abend die thronende Herrscherin in der Welt auf ihren 7 Hügeln zeigte. Tausendmal versuchte man auszusprechen, was der Geist auf diesem Fleck empfand, und häufte fruchtlos leere Töne, nur zu schweigen ist gewiß das Weiseste, denn über das Erhabenste klingt jedes Wort gemein. Häuslich habe ich mich sonach niedergelassen über den hohen Werken der Kunst. Mein Fenster beherrscht von der Höhe des Monte Pincio den westlichen Teil der Stadt. Viel tausend Paläste, von Kuppeln, Türmen überstiegen, breiten sich unter mir aus. Die Ferne schließt St. Peter (und) der Vatikan, in flacher Linie zieht sich hinter ihm der Mons Janiculus, vom Pinienhain der Vila Pamfili gekrönt. Fast aus meiner Tür trete ich auf die ungeheure Treppe der Kirche St. Trinitá del Monte, die von dem Gipfel bis in den an dem Fuße des Hügels hängenden Piazza d'Espagna führt. Monte Pincio, ehemals Collis Hortulorum, trug die Gärten Luculls, in welchen Schwelgerei die raffiniertesten Genüsse häufte. Jetzt lebt der größte Teil der fremden Künstler hier, frugal und ärmlich oft, und genießt den Vorzug der gesunden Luft."

Erfüllung seiner Reise ist Schinkel das Erlebnis Sizilien, wo sein malerisches Talent sich ganz entfaltet. Äußerer Höhepunkt ist die Besteigung des Ätna, die Schinkel dramatisch-euphorisch beschreibt:

„Noch vor Mitternacht weckte uns die Stimme des Führers auf den Weg zum Gipfel des Bergs, den wir mit Aufgang der Sonne zu erreichen wünschten. Der Mond schien hell in die rauhe Gegend. Es verloren sich nach und nach die Bäume, die Schlacken hervorgefluteter Lava türmten sich mächtiger empor und ließen nur mit Vorsicht sich erklimmen. Tiefe Stille herrschte ringsum, nur in langen Pausen rief der Wolf aus unteren Wäldern herauf, der Gedanke an die Unterwelt der Alten drängt sich in dieser schwarzen, nächtlichen Wüste des gefürchteten Gebirgs unwiderstehlich auf. Nach einer Anstrengung mehrerer Stunden erreichten wir die Felder des Schnees. Ein Felsblock, dessen Höhlung uns gegen den heftigen Sturm, der mit schneidender Kälte andrang, schützte, lud zur Ruhe uns ein, und wir erfrischten die Kräfte durch Wein und kalte Küche und arbeiteten dann weiter hinauf zum Kegel des Kraters. Die Sonne stieg empor, als wir die wenigen Trümmer des sogenannten Turms des Empedokles erreichten, den Ort, an dem man gewöhnlich dies Schauspiel erwartet.

Ich trachte nicht, die Empfindungen darzustellen, die das Gemüt an diesem Platz ergreifen, indem ich unnütz sprechen würde. Nur dies Wort: Ich glaubte, die ganze Erde unter mir mit einem Blick zu fassen, die Entfernungen erschienen so gering, die Breite des Meers bis zu den Küsten Afrikas, die Ausdehnung des südlichen Kalabriens, die Insel selbst, alles lag so überschaulich unter mir, dass ich mich selbst fast außer dem Verhältnis größer glaubte."

In einer Skizze hat Schinkel diesen ihn so bewegenden Moment festgehalten, und mit diesem Hochgefühl versehen tritt er im Herbst 1804 die Rückreise über Mailand und Paris nach Deutschland an.

Zurück in Berlin versperren die politischen Verhältnisse den Beginn seiner Karriere als Architekt: Das nach der Niederlage von Jena und Auerstedt tief gestürzte Preußen ermöglicht keine größere Bautätigkeit. Schinkel schlägt sich durch als Maler und Verfertiger von Dioramen – großen Rundblicken, in denen geschichtliche Ereignisse dem Publikum vorgestellt werden, eine Art Kino der damaligen Zeit.

Erst 1816 kann er sein erstes Bauwerk in der Mitte Berlins platzieren, die Neue Wache Unter den Linden. Es folgen innerhalb von nur zehn Jahren die Schlossbrücke, das Schauspielhaus und das Alte Museum am Lustgarten – Bauwerke, die das neue Berlin prägen und ihm den Rang einer europäischen Hauptstadt verleihen.

Aber neben diesen Großaufgaben der Repräsentanz entstehen jene zauberhaften Ensembles, in denen sich die Erinnerung an die Jugendreise widerspiegelt und die die romantischen Empfindungen dieser Zeit Gestalt werden lassen: die Bauten für die preußischen Prinzen in der Seenlandschaft Potsdam, die Schinkel zusammen mit dem Gartenarchitekten Lenné und später seinem Schüler Persius in ein „Arkadien der Mark Brandenburg" verwandeln wird. „Traum in die Rüben gestellt", so hat es Wolf Jobst Siedler einmal formuliert – Bilder jenes unnachahmlichen Preußen, das so gar nichts mit Militarismus und Kadavergehorsam zu tun hat, sondern Träger ist von romantischer Innerlichkeit, zartem Empfinden und der Sehnsucht nach Schönheit. So entstehen die Schlossanlagen in Glienicke, wo allein ein neues Geschoss, die Verwendung der Pergola und die Strukturierung der Fassade den einfachen Barockbau in ein Bauwerk äußerster Noblesse verwandeln; das Schloss Charlottenhof, dessen edle Simplizität und elegante Ausstrahlung sich auf das Reizendste mit dem Landschaftsraum verbinden, und die „Römischen Bäder", die nun vollkommen die frühen Erfahrungen der Italien-Landhäuser aufnehmen und Haus, Garten und Landschaft zu einem Amalgam voller Zauber und Gestaltreichtum verschmelzen. Die „Römischen Bäder" sind eine vollkommene Übersetzung 20 Jahre zurückliegender Italienerfahrungen. Mit ihren verschlungenen Raumfolgen, den Sichtachsen, der baulichen Komposition, der Verzahnung der Gebäude untereinander mit Terrassen und Stufen, ihren Brunnen und lauschigen Lauben sowie in den Landschaftsraum ausstrahlenden Pergolen, die Bauwerk und Natur eins werden lassen, verbildlichen sie aufs Schönste Schinkels Grundgedanken, dass „das Bauen die Fortsetzung der Prinzipien der Natur in ihrer konstruktiven Tätigkeit ist".

So bilden Schinkel und seine Schüler mit den Landhäusern in Potsdam das „preußische Arkadien". Deren Prinzipien – insbesondere die Grundrisskonzeption – weisen bereits auf Frank Lloyd Wright und Mies van der Rohe hin. Gerade in diesen Gartenhäusern mit ihren ausgreifenden, das Haus mit der Landschaft verbindenden Achsen und Raumfolgen kündigt sich das Raumprinzip der Moderne an, nämlich die Auflösung der „Raumschachtel", wie man progressiv verächtlich den Normalraum genannt hatte, in ihre Bestandteile. Raum entsteht jetzt durch Lagebeziehung von Körpern, die nicht mehr allein im Zwang der konstruktiven Notwendigkeit, sondern in Freiheit und offen aufeinander bezogen sind.

Damit sind wir in der Gegenwart angelangt und Sie werden sich vielleicht fragen, wie denn diese geschichtlichen Grundlagen, diese Baugeschichte sich im Werk des heute tätigen Architekten spiegeln können? Lassen Sie mich zum Abschluss einen kleinen Exkurs in die eigene Arbeit wagen und Ihnen zeigen, wie sehr Schinkel mich in meiner Arbeit beeinflusst und bestimmt hat.

Zuerst habe ich ihn immer als Zeichner bewundert, und das Zeichnen ist seit meinem Studium ein dauernder Begleiter geblieben. Sie sehen hier in loser Folge einige Beispiele in Bleistift auf Karton, Papier, Bierdeckeln; Aquarelle mit fast immer dem gleichen Motiv – dem Haus am Meer –, ein Spiel, ein Sujet, das Landschaft und Architektur verbindet, Horizontale gegen Vertikale setzt und Geborgenheit gegen das Unendliche stellt: Sinnbild menschlicher Existenz.

Als ich ab 1980 an meinem ersten Projekt, dem Arbeitsamt in Bochum, arbeitete, zeichnete ich per Hand diese Perspektive und Sie können unschwer erkennen, dass dieser Ziegelbau von den Ausstellungen zu Schinkels 200. Geburtstag 1981 geprägt ist. Seitdem bestimmen die richtige Setzung im Städtebau sowie die Ordnung der Bauteile in funktionaler, konstruktiver und gestalterischer Angemessenheit meine Arbeit.

Architektur ist Ordnung. Und Architektur stiftet Ordnung im Raum und damit wird deutlich, dass Architektur immer auch Städtebau impliziert, als Teil eines größeren Zusammenhangs – ob Landschaft oder Stadt – zu denken ist. Ordnung im Raum: Das ist eine Quintessenz aus der Beschäftigung mit Schinkel. Lassen Sie mich dies an wenigen Beispielen unserer heutigen Arbeit verdeutlichen:

- dem Zugangsbauwerk am Kölner Dom
- der Kapelle in Mechernich in der Eifel
- dem Hochwasserpumpwerk in Köln
- dem Verwaltungsgebäude für Thyssenkrupp in Stuttgart-Neuhausen
- dem Pfarrzentrum in Köln-Bickendorf sowie
- dem Campus Kartause in der Kölner Südstadt.

Allen Beispielen sind die Klarheit der körperlichen Erscheinung, die Ordnung in Grund- und Aufriss, die eindeutige Lesbarkeit gemeinsam, ebenso die nachvollziehbare Setzung im Raum sowie die proportionale Gliederung der Fassaden. All dies sind Charakteristika, die man aus Schinkels Werk lesen und lernen kann. Im Lichte Italiens mögen diese Prinzipien ihm das erste Mal vollständig aufgegangen sein und sie haben ihn in seinem Arbeitsleben begleitet. Sie waren die geistige Grundlage seines Schaffens. Schillers großes Wort „Es ist der Geist, der sich den Körper baut": Wie kommt es bei diesem Werk zu Anschauung und Bewusstsein! Und wie entscheidend ist dieser Gedanke bis heute für die Wirkung von Baukunst. In diesem Sinne, im Schinkelschen Sinne zu arbeiten, muss meines Erachtens der Anspruch jedes Architekten sein. Wie wunderbar würde sich dann unsere Umwelt darbieten, als eine Landschaft von Bauwerken, die eine Synthese aus konstruktiver Richtigkeit, funktionaler Genauigkeit und ästhetisch gelungener Erscheinung bilden und so die Bühne schaffen für die reichen Möglichkeiten unseres Daseins.

Baukunst als Ausdruck der Sehnsucht nach Schönheit: Auch so hat Schinkel seine Arbeit verstanden und sie als Voraussetzung für ein bereichertes Leben gesehen: „Der Architekt" – so formulierte er dezidiert und selbstbewusst – „ist seinem Begriffe nach der Veredler aller menschlichen Verhältnisse." Es war das Land Italien, das ihm diese Maxime früh zu Bewusstsein gebracht hat.

23.08.21

In einem Text nimmt Kaspar Kraemer am 15. Februar 2022 die Überlegungen einer architektonisch-kulturellen Achse in Köln auf. Der von Oswald Mathias Ungers eingeführte Terminus von der „Via Culturalis" ist inzwischen im Diskurs der Stadtentwicklung Köln etabliert; Kraemer ordnet ihn hier trefflich ein. Der Text unterstreicht Kaspar Kraemers Engagement für die Domstadt und sein stetes Eintreten für die Entwicklung des öffentlichen Raums anhand historischer Leitlinien und im Sinne einer nachhaltigen baukulturellen Schöpfung, bei der Städtebau und Architektur Teile eines großen Ganzen sind.

Via Culturalis, Köln

Die Innenstadt von Köln ist in ihrer Grundstruktur geprägt vom rektangulären Grundrisssystem der römischen „Colonia", die die Bauwerke innerhalb des mauerumwehrten „Oppidums" in einem Blocksystem organisierte, dessen einzelne „Insulae" in einem Netz orthogonal angeordneter Straßenräume untereinander verbunden waren. Nach den massiven Zerstörungen durch den Krieg und den Sünden des Wiederaufbaus mit seinen gewaltigen, in diese Struktur hineingeschlagenen Verkehrsachsen ist dieses Straßensystem auch nach 2.000 Jahren spürbar und bildet die Grundlage der heutigen Bebauung.

Diese in Ost/West- und Nord/Süd-Richtung organisierte Stadtstruktur bildet östlich der Nord-Süd-Fahrt drei Hauptachsen aus, die in Nord-Süd-Richtung verlaufen: die Hohe Straße als Achse des Einkaufens und Konsums, die Altstadt als Achse des Tourismus und der Gastlichkeit und zwischen ihnen und mit ihnen vernetzt ein 800 Meter langes Straßenband, das sich vom Dom bis zur romanischen Kirche St. Maria im Kapitol oder vom Nordtor der Römerstadt am Dom bis zum Mauerreststück am Mühlenbach im Süden aufspannt und somit die Ausdehnung des antiken Kölns markiert.

Es war Oswald Mathias Ungers, der 1999 nach der Fertigstellung des Neubaus des Wallraf-Richartz-Museums diese Mittel-Achse als „Via Culturalis" wieder in das Bewusstsein der Kölner Bürger rief, indem er die an dieser Straße liegenden Bauwerke und die ihnen zugeordneten Platzräume in ihrer Einzigartigkeit hervorhob und gleichzeitig deutlich machte, welch großes städtebauliches Potenzial diese Abfolge von Gebäuden und Stadträumen für die Gewinnung eines attraktiven und der Bedeutung Kölns entsprechenden Stadtbildes darstellt. Ungers' Vorschlag war, aus dieser Nord-Süd-Trasse eine Kulturstraße weiterzuentwickeln, an der die Platz- und Raumfolgen sowie kulturellen Einrichtungen historischer Ereignisse „wie an einer Perlenschnur aufgereiht" erlebbar werden können:

„Eine solche Gelegenheit, Kultur von der Antike (Praetorium) über das hohe Mittelalter (St. Maria im Kapitol), die Gotik (Dom), die Renaissance (Rathauslaube) bis zur Moderne (Museum Ludwig, Wallraf-Richartz-Museum) entlang einer Straße erleben zu können, ist wohl einmalig in der Welt und in keiner anderen Stadt derart konzentriert zu finden … Diese Kulturachse gilt es deutlicher hervorzuheben und als Teil einer Innenstadtstruktur zu begreifen. Vom Rhein aus gesehen entstehen damit der historischen Topografie entsprechend unterschiedliche parallel laufende städtische Zonen:

- die Erholungszone am Rheinufer
- die Vergnügungszone (Tourismus) und Altstadt
- die Kulturzone vom Roncalliplatz zum Gürzenich und
- die Kommerzzone entlang der Hohen Straße.

Kommerz, Vergnügen und Erholung haben ihre städtebauliche Identität entwickelt. Was in dem Akkord der unterschiedlichen Inhalte fehlt, ist die Kultur. Hier liegen noch ungenutzte Möglichkeiten, die einer intensiven Entwicklung bedürfen und vor allem einmalige Chancen für das Image und die Identität der Stadt Köln bieten."

Der von der Industrie- und Handelskammer Köln der Stadt geschenkte und vom Büro Speer entwickelte Masterplan griff diese spektakuläre und naheliegende Idee auf, indem er diesen Straßenzug als einen der zentralen „Lupenräume" innerhalb des „Interventionsraumes Kernstadt" der Stadtplanung ans Herz legte: Vom Dom über Roncalliplatz, Dom Hotel und Römisch-Germanisches Museum, Theo-Burauen-Platz mit Ratssaal und Spanischem Bau, Wallraf-Richartz-Museum, St. Alban und Gürzenich bis zur romanischen Basilika St. Maria im Kapitol bot sich nun die Chance, einen spektakulären, geordneten und ästhetisch gestalteten öffentlichen Raum zu entwickeln, der als zentrales Rückgrat die baukulturellen und kulturhistorischen Schätze linear erfahrbar machte, unterlegt von den Resten der antiken Geschichte der Stadt. So wie es Ungers formulierte: Nirgendwo sonst bietet sich die Chance, 2.000 Jahre unserer abendländlischen Geschichte bild- und sinnhaft in das Bewusstsein zu rufen.

Wie großartig diese Vision war, erkennt man daran, dass in ihrer Folge nicht nur der Entschluss zur Erweiterung des Wallraf-Richartz-Museums mit der Fondation Corboud, sondern ebenso die Auslobung der Wettbewerbe für den Bau des Jüdischen Museums „Miqua" nördlich des Ungers-Baus und für die sogenannte „Historische Mitte" erfolgte, mit der nach einem Vorschlag des damaligen Oberbürgermeisters Roters das Kölnische Stadtmuseum aus dem Zeughaus an den Roncalliplatz rücken und sich spektakulär mit dem Römisch-Germanischen Museum verbinden soll. Beide Museen mit ihren Zeugnissen aus 2.000 Jahren Kölner Geschichte wären so an zentraler Stelle zu Füßen des Doms nicht nur der Auftakt der „Via Culturalis", sondern bieten Besuchern der Stadt ein einmaliges Erlebnis-Zentrum von außerordentlicher und bisher nicht gekannter Attraktivität. Die „Historische Mitte" macht nicht nur die römischen Funde wie Hafenstraße und Hafentor neu erlebbar, sondern bietet einen phantastischen Parcours durch 2.000 Jahre Kölner Geschichte. Zudem vernetzt sie den Roncalliplatz mit dem tiefer gelegenen Kurt-Hackenberg-Platz und bildet mit dem Museum Ludwig und der Philharmonie ein weiteres kulturelles Zentrum, das in dieser Konstellation weltweit seinesgleichen sucht. Über diese „Historische Mitte" erfolgt auch der Anschluss zur Altstadt und zum Rheinufer mit seinem großartigen Panorama. Köln gewinnt mit diesem Auftakt seiner zentralen Kulturachse ein Alleinstellungsmerkmal, das das oft geschundene Bild der Stadt an bedeutender Stelle in den Status einer Metropole hebt und somit dem Anspruch, den Köln als viertgrößte Stadt unseres Landes erhebt, gerecht wird.

Mit diesem Auftakt-Bauwerk – das zudem die Archive und Verwaltungsräume der Dombauhütte beinhaltet – entwickelt sich die Via Culturalis als Kulturpfad, an dem nicht nur die beschriebenen Bauwerke die Besucher empfangen, sondern sich beidseits immer wieder Plätze und Platztaschen öffnen, die – gastronomisch bespielt – Flaneure zum Verweilen einladen und damit jene Belebung des öffentlichen Raumes ermöglichen, die den Reiz und den Charme großstädtischer Urbanität ausmacht.

Natürlich wird dieser städtebauliche Gestaltungsansatz von einer entsprechenden Planung der öffentlichen Räume unterstützt werden müssen. Es ist daher sehr zu begrüßen, dass die Stadt Köln mit dem Stadtplanungsamt ein Gestaltungshandbuch entwickelt hat, das die wesentlichen Prinzipien der Materialität sowie der Möblierung, Beleuchtung und Beschilderung festlegt und so eine ästhetische Führung bei der Aufwertung des öffentlichen Raumes sicherstellt.

Im Jahre 2030 kann sich Köln somit mit einem Stadtbild schmücken, das von seiner Bürgerschaft bisher so bitter vermisst wird und das den Schätzen, die in seinen Museen versammelt sind, ein adäquates und repräsentatives Umfeld bietet. Der von Michael Wienand und Matthias Hamann mit dem großen Bildband KölnGold intendierte Impuls für einen neuen Bürgerstolz der Kölner bekommt mit der Realisierung dieser Vision einer neuen Stadtmitte einen entscheidenden Schub.

K. Kraemer
13.07.23

16.10.10 K. Kraemer

27.04.11 K. Kraemer

22.02.10 K. Kraemer

A
Nazanin Afshari
Cihat Ankaoglu

B
Annika Bahram
Duygu Basoglu
Sarah Becker
Jörg-Eckehard Beckmann
Philipp Beckmann
Bettina Beckröge
Nicola Berger
Bettina Berres
Jasmin Blum
Daniel Böger
Anton Böhm
Gerhard Brall
Götz Broichheuser

C
Seher Çinar

D
Kerstin Depold
Verena Dickmann
Walter Dobberke-Liebrecht
Bernd Drießen
Merlin Drury
Henning Dumrese

E
Helga Erwe
Andreas Eul

F
Gunnar Freudiger

G
Franz v. Galen
Martin Garduno Geerkens
Thomas Gießler
Boris v. Glasenapp
Bernd Granzeier
Herbert Gratze
Lars Gronewold

H
Frank Hahner
Laura Harzheim

H
La Vorna Heimann
Delia Heitmann
Florian Henniges
Alina Hessen
Tilmann Hodecker
Arno Hoffmann
Constanze Holland
Klaus Hox-Beier

J
Oliver Jäkel
Marcel Jansen

K
Sandra Kaufhold
Marvin Keim
Fabian Kieven
Tobias Kinle
Christine Kirchner
Paul Kissler
Nicole Köhler
Dierk Königs
Lea Köttgen
Björn Konopka
Sybil Kraemer
Silke Krüger
Alexander Kruse
Dasha Kuletskaya

L
Uta Lammers
Hans-Günter Lübben

M
Oksana Mandryka
Sabine Mathow
Max Mayer
Petra Meyer
Inga Meyer-Wieck
Oskar Molnar
Julian Monerjan
Sibylle Mosetter
Tobias Müller v. Blumencron

N
Lena Nehl
Kim Nordmann
Vincent Novak

O
Melek Özgül

P
Manfred Pack
Astrid Poggel
Christoph Puth

R
Georg Ritterbach
Britta Rösener
Magdalena Rogge

S
Katarzyna Sawicka
Timo Scharf
Guido Scharnhorst-Engel
Tobias Schewe
Peter Schicha
Gabriele Schmidt
Oliver Schmitz
Christoph Schneuing
Jan Schumacher
Florentina Sejfuli
Serhat Solmaz
Isabell Sperling
Johanna Spies v. Büllesheim
Claus Spix

T
Saskia Thielscher
Sabine Tigges
Michela Tombaccini
Saltuk Topcu

V
Jens Voigtländer

W
Christian Westerfeld
Christine Wolff
Christine Wurzel

Y
Bin Yang

Z
Andreas Zahn
Alexander Zündorf

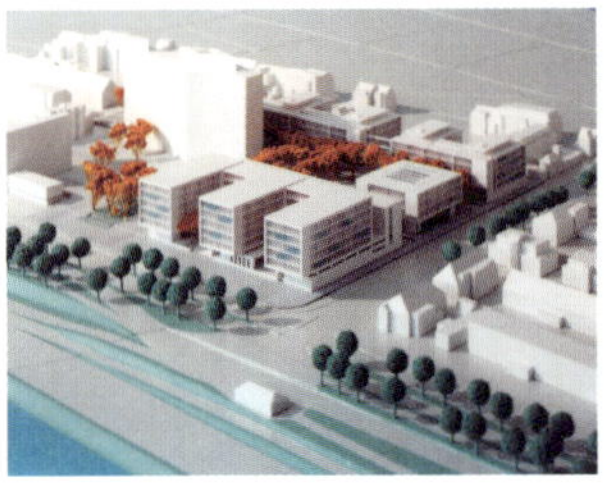

2000 | Bürogebäude in Köln, WB

2000 | Bürogebäude in Düsseldorf, WB

2001 | Wohnhaus in Köln-Marienburg → Seite 32

2001 | Wohnhaus in Köln-Lindenthal → Seite 34

2001 | Bürogebäude in Köln, WB

2001 | Architekturzentrum in Köln, WB

2002 | Wohnhaus in Köln-Marienburg → Seite 36

2002 | Büropark an der Gruga in Essen → Seite 42

2002 | Stadtsparkasse in Hagen, WB

2003 | Bürocampus in Kronberg → Seite 50

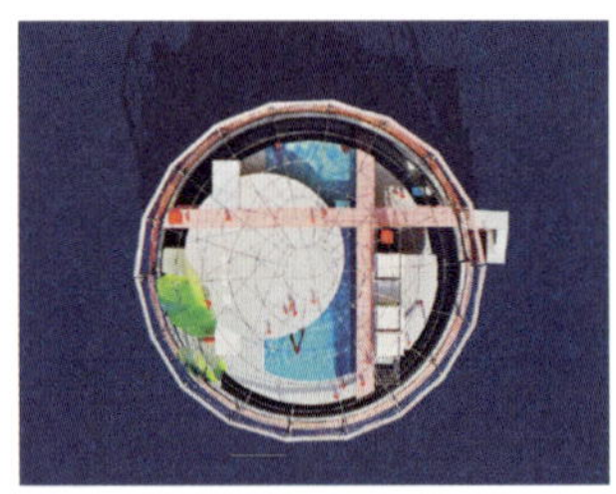

2003 | Wellnesscenter Zeche Zollverein in Essen, WB

2003 | Mehrfamilienhäuser in Köln, WB

2003 | Mehrfamilienhäuser in Köln, WB

2003 | Einkaufscenter in Braunschweig, WB

2004 | Wohnhaus in Braunschweig → Seite 56

2004 | Design School Zeche Zollverein in Essen, WB → Seite 58

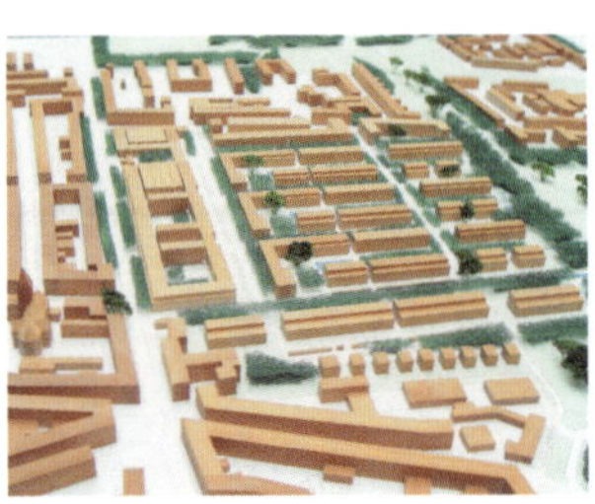

2004 | Revitalisierung Werksgelände Köln, WB

2005 | MediaCityPort in Hamburg, WB → Seite 60

2005 | Mehrfamilienhäuser in Köln-Sülz → Seite 62

2005 | Bürogebäude in Mönchengladbach → Seite 68

2005 | Neugestaltung Foyer in Köln

2005 | Einkaufscenter in Essen, WB

2005 | Verwaltungsgebäude in Berlin, WB

2006 | Verwaltungsgebäude in Berlin, WB

2007 | Grundschule in Köln-Porz → Seite 78

2007 | Wohnhaus in Köln → Seite 80

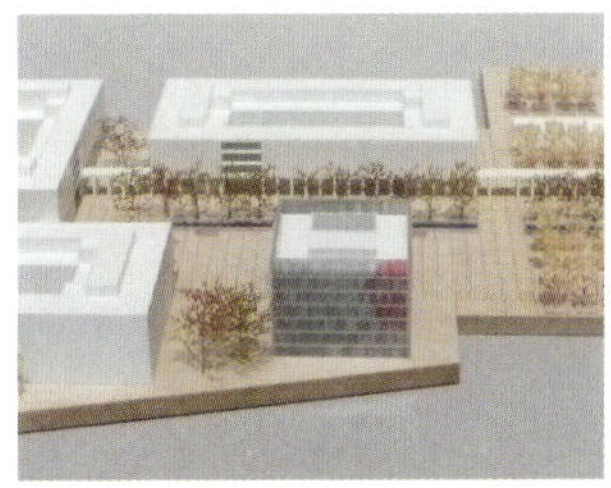

2007 | Verwaltungsgebäude in Köln, WB

2007 | Bürogebäude Zeche Zollverein in Essen, WB

2007 | Bürogebäude in Köln, WB

2008 | Hochwasserpumpwerk in Köln → Seite 84

2008 | Humboldt-Forum in Berlin, WB → Seite 92

2008 | Jüdisches Museum in Köln, WB → Seite 98

2008 | Bürogebäude in Kiel, WB

2008 | Schauspielhaus in Köln, WB

2009 | Zugangsbauwerk Südturm Kölner Dom → Seite 100

2009 | Bürogebäude in Essen → Seite 112

2009 | Bürogebäude in Köln, WB → Seite 116

2009 | Wohnhaus in Meerbusch

2009 | Hochschule in Hildesheim, WB

2009 | Creative Village Zeche Zollverein in Essen, WB

2010 | Bürogebäude mit Händlersaal in Essen → Seite 118

2010 | Odysseum – Cologne Science Center in Köln → Seite 120

2010 | Schloss Paffendorf in Bergheim, WB → Seite 126

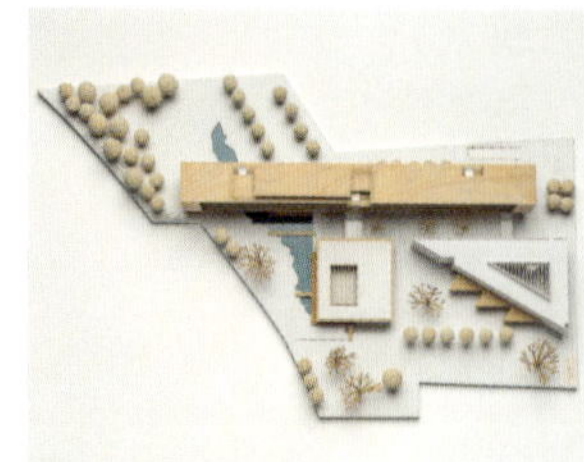

2010 | Bürogebäude in Hannover, WB → Seite 130

2010 | Wohn- und Geschäftshaus in Köln → Seite 134

2010 | Polizeipräsidium in Düsseldorf, WB

2011 | Mehrfamilienhaus in Köln-Lindenthal → Seite 136

2011 | Einkaufscenter in Dortmund → Seite 138

2011 | Bürogebäude in Berlin → Seite 142

2011 | Bürocampus in Bonn → Seite 148

2011 | Bürogebäude in Braunschweig, WB

2012 | Verwaltungsgebäude in Bochum → Seite 160

2012 | Clubhaus in Bergisch Gladbach → Seite 164

2012 | Revitalisierung Bürogebäude in Köln → Seite 166

2012 | Verwaltungsgebäude in Essen

2012 | Hochschule in Köln

2014 | Domsingschule in Köln → Seite 168

2014 | Pfarrzentrum in Köln

2014 | Mehrfamilienhäuser in Köln

2015 | Multifunktionsgebäude in Neuhausen → Seite 172

2015 | Andachtsraum in Mechernich → Seite 178

2015 | Pfarrzentrum in Köln-Bickendorf → Seite 182

2015 | Bürogebäude in Köln → Seite 190

2016 | Revitalisierung Einkaufscenter in Ludwigsburg → Seite 194

2016 | Museum in Köln → Seite 206

2016 | Pfarrzentrum in Monheim → Seite 210

2016 | Bürohaus in Essen → Seite 212

2016 | Mehrfamilienhaus in Köln-Lindenthal → Seite 214

2016 | Studierendenwohnheim in Köln → Seite 216

2016 | Bürohaus in Hannover → Seite 218

2016 | Wohngebäude in Düsseldorf → Seite 224

2016 | Gemeindezentrum in Köln → Seite 226

2016 | Kundenhalle in Köln → Seite 228

2016 | Sanierung Sporthalle in Köln

2017 | Verbandszentrale mit Moschee in Köln → Seite 230

2017 | Familienbildungsstätte in Leverkusen → Seite 234

2017 | Bürohaus in Köln → Seite 236

2017 | Polizeipräsidium in Ludwigshafen → Seite 238

2017 | Verwaltungsgebäude in Mönchengladbach → Seite 240

2017 | Multifunktionsgebäude in Köln, WB

2018 | Wartengebäude in Brauweiler → Seite 250

2018 | Konferenzzentrum in Brauweiler → Seite 258

2018 | Bürohaus und Hotel in Braunschweig → Seite 262

2018 | Revitalisierung Kühltürme Zeche Zollverein in Essen → Seite 268

2018 | Sanierung Alte Kämmerei in Düsseldorf, WB

2018 | Mehrfamilienhaus in Köln

2018 | Clubhaus in Brauweiler

2018 | Wohn- und Bildungscampus in Köln → Seite 270

2019 | Hotel Zeche Zollverein in Essen → Seite 278

2019 | Schule in Köln-Kalk → Seite 280

2019 | Institutsgebäude in Zeuthen, WB → Seite 282

2019 | Smart Hotel in Köln

2019 | Sparkasse in Solingen, WB

2019 | Sanierung der Messe Köln

2019 | Wohn- und Bürogebäude in Bonn, WB

2020 | Pfarrzentrum in Königswinter → Seite 284

2020 | Mehrfamilienhaus in Köln, WB

2020 | Wohn- und Geschäftshaus in Oldenburg, WB

2020 | Wohngebäude in Köln

2021 | Bibliotheksgebäude in Wolfenbüttel → Seite 286

2021 | Feuerwache und Institutsgebäude in Köln → Seite 288

2021 | Wohngebäude mit Jugendzentrum in Köln → Seite 302

2021 | Logistik- und Verwaltungsgebäude in Dortmund → Seite 304

2021 | Mehrfamilienhäuser in Kerpen, WB

2021 | Trauerhalle Melaten-Friedhof in Köln

2022 | Museum in Monheim → Seite 306

2023 | Büro- und Wartengebäude in Brauweiler → Seite 308

2023 | Wartengebäude in Rommerskirchen → Seite 310

2023 | Wohngebäude in Köln-Merheim → Seite 312

2023 | Mehrfamilienhaus in Köln-Lindenthal → Seite 314

2023 | Büro- und Wohnhaus in Düren → Seite 316

2023 | Wohn- und Geschäftshaus in Köln-Porz → Seite 322

2023 | Institutsgebäude in Köln-Lindenthal → Seite 328

2023 | Neue Leitstelle in Köln

2023 | Mehrfamilienhäuser in Bergheim, WB

2023 | Mehrfamilienhaus in Köln

Stand 2024 | Musikschule in Köln-Ehrenfeld → Seite 334

Stand 2024 | Wohnhaus in Köln-Ehrenfeld → Seite 336

Stand 2024 | Römische Stadtmauer in Köln → Seite 338

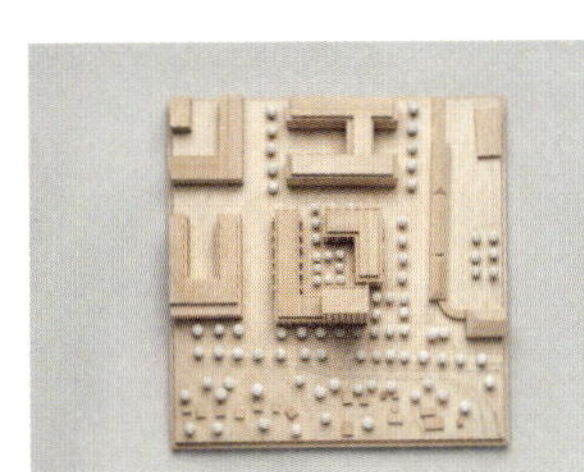

Stand 2024 | Wohn- und Bürogebäude in Düsseldorf → Seite 340

Dipl.-Ing. David Kasparek, geboren 1981, studierte Architektur in Köln und war zwischen 2006 und 2019 in unterschiedlichen Funktionen Mitglied der Redaktion der BDA-Zeitschrift *der architekt* in Bonn und Berlin. Der sozialisierte Hesse mit hanseatischem Migrationshintergrund gründete 2020 das interdisziplinäre „studio kasparek", das sich im weitesten Wortsinn mit Gestaltung und ihrer Vermittlung beschäftigt. Mit Fokus auf Architektur und Industriedesign schreibt und moderiert er, ist als Berater und Grafiker tätig sowie als davidkaspar3k in den sozialen Netzwerken umtriebig.

Dipl.-Ing. Tobias Schewe, 1980 in Bergisch Gladbach geboren, absolvierte zwischen 1996 und 1998 eine Ausbildung zum Bauzeichner. Nach dreijähriger Berufstätigkeit studierte er von 2002 bis 2008 Architektur an der FH Köln, wo er als Tutor im Fach Entwerfen & Konstruieren tätig war. Sein Studium schloss er mit Auszeichnung und dem Förderpreis des Rheinland-Pfalz-Preises des Rheinkollegs 2008 ab. Nach Mitarbeit in den Architekturbüros Prof. Peter Schmitz und KSG Kister Scheithauer Gross sowie freiberuflicher Tätigkeit arbeitet Tobias Schewe seit 2011 bei Kaspar Kraemer Architekten BDA und für die Kaspar Kraemer Architekten GmbH.

Dipl.-Ing. Kathrin Schmuck, Jahrgang 1975, studierte Architektur an der Bauhaus-Universität Weimar und am Kent Institute of Art and Design in Canterbury, Großbritannien. 2001 erlangte sie ihr Diplom mit Auszeichnung an der Bauhaus-Universität. Im Anschluss war Kathrin Schmuck bis 2002 als wissenschaftliche Mitarbeiterin am Lehrstuhl für Entwerfen und Gebäudelehre der Bauhaus-Universität Weimar tätig, in der Folge arbeitete sie als Architektin im Architekturbüro EstudioVIERNA9 im spanischen Cádiz. Von 2007 bis 2014 war sie Projektleiterin im Architekturbüro Lederer Ragnarsdóttir Oei. Gemeinsam mit Jórunn Ragnarsdóttir zeichnete sie dort unter anderem für die Gestaltung der von der Stiftung Buchkunst als eines der Schönsten Deutschen Bücher ausgezeichneten Werkmonografie *Lederer Ragnarsdóttir Oei 1* verantwortlich. 2014 gründete Kathrin Schmuck das Studio „Bucharchitektur" und ist seitdem als Buchgestalterin mit dem Fokus auf Architektur und Stadtentwicklung tätig.

Ohne anderweitigen Vermerk stammt das Abbildungsmaterial von Kaspar Kraemer Architekten GmbH, alle Freihandzeichnungen und Aquarelle von Kaspar Kraemer. Das Datum in den Kolumnentiteln bezieht sich jeweils auf das Jahr der Fertigstellung oder den aktuellen Bearbeitungsstand der Bauten und Projekte.

Käthe Buchler S. 152 **BDA Bund** S. 370 **BDA Bund / Till Budde** S. 199 (3. von unten), S. 200 (unten) **BDA Bund / Roland Horn** S. 198, S. 199 (2. v. u.), S. 464 **BDA Bund / Wolf-Dieter Köhler** S. 200 (oben), S. 384 **F. Berger (Creative Commons cc by NC)** S. 404 **Canaletto (via Wikimedia Commons)** S. 390 **Philip Henry Delamotte / Smithsonian Libraries (via Wikimedia Commons)** S. 484 **Freunde des Kölnischen Stadtmuseums e.V. / Fabian Korte** S. 203 (2. v. u.) **Vincent Eisfeld / nordhausen-wiki.de / CC BY-SA-4.0** S. 356 **HH Vision** S. 148–149, S. 339, S. 502 **HGEsch Photography** S. 37 (u.), S. 157 (o.), S. 203 (2. v. o.) **Annika Feuss** S. 178, S. 180–181 **Krzysztof Golik / CC BY-SA 4.0 (via Wikimedia Commons)** S. 450 **Heinrich Heidersberger / ARTUR IMAGES** S. 64 (o.), S. 64 (2. v. o.), S. 65 (o.) **Privatarchiv Kaspar Kraemer** S. 24 (o.), S. 24 (u.), S. 25 (o.), S. 25 (u.), S. 26 (o.), S. 26 (Mitte), S. 26 (2. v. u.), S. 29, S. 64 (u.), S. 65 (u.), S. 66–67, S. 108 (u.), S. 109 (u.), S. 110–111, S. 150–151, S. 152 (o.), S. 153, S. 159, S. 201 (2. v. u.), S. 203 (o.), S. 205 (u.), S. 242, S. 244–245, S. 246 (o.), S. 249, S. 347–S. 355, S. 363–369, S. 373–383, S. 387–389, S. 399–403, S. 410–415, S. 420–425, S. 428–435, S. 441–443, S. 445–449, S. 455–463, S. 468–469, S. 473–483, S. 489–501, S. 505–515 **David Kasparek** S. 107, S. 109 (o.), S. 156 (u.), S. 199 (u.), S. 201 (u.), S. 204, S. 248 (o.), S. 297, S. 426, S. 436 **O.M.Architekten,** S. 56 (o.), S. 57 **picture alliance / dpa / Manfred Rehm** S. 108 (o.) **picture-alliance / ZB / Hubert Link** S. 199 (o.) **Stefan Schilling** S. 1–11, S. 19–23, S. 26 (u.), S. 27, S. 28 (o.), S. 28 (2. v. o.), S. 28 (u.), S. 32–33 (o.), S. 34–37 (o.), S. 38–51, S. 54–55, S. 61 (u.), S. 62–63, S. 68–79, S. 84–91, S. 97, S. 100–105, S. 112–115, S. 118–121, S. 124–125, S. 130–131, S. 136–141, S. 157 (u.), S. 158, S. 160–165, S. 172–177, S. 182–184, S. 186–195 (o.), S. 214–223, S. 228–229, S. 239 (u.), S. 243 (u.), S. 250–266, S. 275, S. 278–279, S. 291 (o.), S. 292–295, S. 298, S. 299 (u.), S. 300 (o.), S. 301, S. 302 (o.), S. 308 (u.), S. 314–316, S. 318–321, S. 324–327, S. 330–333, S. 336, S. 340, S. 516 **Albert Speer + Partner** S. 444 **Tohma / CC BY-SA 4.0 (via Wikimedia Commons)** S. 470 **Dagmar Weidemüller** S. 197 **Elke Wetzig / CC BY-SA 4.0 (via Wikimedia Commons)** S. 154, S. 203 (u.) **Jens Willebrand** S. 26 (2. v. o.) **WaldiWuff / cc 0 (via Wikimedia Commons)** S. 296

Wir haben uns bemüht, sämtliche Rechteinhaber*innen ausfindig zu machen, und haben den gesamten Inhalt nach bestem Wissen und Gewissen geprüft. Sofern einzelne Personen oder Tatsachen fehlerhaft oder nicht vorhanden sein sollten, so bitten wir um Entschuldigung und entsprechende Benachrichtigung, um die Fehler in folgenden Auflagen beheben zu können.

Impressum

Diese Publikation erscheint anlässlich des 25-jährigen Bestehens von Kaspar Kraemer Architekten.

Herausgegeben von
Kaspar Kraemer Architekten GmbH
Am Römerturm 3
50667 Köln
www.kaspar-kraemer.de

Redaktion
David Kasparek
Fabian Kieven
Kaspar Kraemer
Sybil Kraemer
Hans-Günter Lübben
Tobias Schewe
Kathrin Schmuck

Konzept
Bucharchitektur \ Kathrin Schmuck
studio kasparek

Gestaltung
Bucharchitektur \ Kathrin Schmuck

Lektorat
Katrin Höller
Alice Sárosi

Projektmanagement Verlag
Esther Klein

Schrift
Syntax Next Pro
Adobe Garamond Pro

Papier
150g/m2 Pergraphica Classic rough

Bibliografische Information der Deutschen Nationalbibliothek. Die Deutsche Nationalbibliothek verzeichnet diese Publikation in der Deutschen Nationalbibliografie; detaillierte bibliografische Daten sind im Internet über http://dnb.d-nb.de abrufbar.

Erschienen im
Wienand Verlag
Weyertal 59
50937 Köln
www.wienand-verlag.de

ISBN 978-3-86832-797-7

Printed in EU